Desarrollo Web
en Entorno Servidor
Spring Framework

Fernando Rodríguez Diéguez

Técnico Superior en Desarrollo de Aplicaciones Web

Desarrollo Web en Entorno Servidor Spring Framework

Garceta
grupo editorial

Desarrollo Web en Entorno Servidor. Spring Framework

Fernando Rodríguez Diéguez

ISBN: 978-84-1903-446-5

IBERGARCETA PUBLICACIONES, S.L., Madrid, 2025

Edición: 1.ª

N.º de páginas: 394

Formato: 20 × 26 cm.

Materia IBIC: UMW. Programación Web

Desarrollo Web en Entorno Servidor. Spring Framework

© Fernando Rodríguez Diéguez

COPYRIGHT © 2025 IBERGARCETA PUBLICACIONES, S.L.

info@garceta.es

ISBN: 978-84-1903-446-5

Edición: 1.ª

Impresión: 1.ª

Imagen de cubierta: Portrait Landscape by Steve Oliver © Flickr, con licencia Creative Commons 001

Iconos de los cuadros de texto: Triangle Squad/Freepik

Fuente: JetBrains Mono (Licencia Apache 2.0)

Depósito Legal: M-16954-2025

Impresión: Imprenta Valle del Tietar, S.L.

OI: 0362/2025

IMPRESO EN ESPAÑA - PRINTED IN SPAIN

CONTENIDO

Prólogo

Esta obra profundiza en el desarrollo de aplicaciones web utilizando el marco de trabajo Spring Framework. Actualmente, es el entorno del lenguaje de programación Java por excelencia para el desarrollo de este tipo de aplicaciones y el más empleado en el mundo empresarial.

Es un manual real de autoaprendizaje en el que, partiendo de cero, llegaremos a crear aplicaciones complejas. Todos los ejemplos incluidos en el texto se entregan como material complementario, en forma de proyectos totalmente funcionales, de manera que el lector puede experimentar con ellos y utilizarlos como base para la resolución de los ejercicios o incluso para desarrollar sus propios proyectos.

Asimismo, en cada capítulo se proponen diferentes ejercicios que permitirán afianzar los conceptos introducidos en él. Como colofón a cada capítulo, el lector desarrollará gradualmente un proyecto llamado *BookAdvisor*, de forma que, a medida que avance en la lectura del libro, irá incrementando la funcionalidad del mismo hasta convertirse en un sitio web completo de valoración de libros.

Como conocimientos previos, sería recomendable haber tenido contacto con algún lenguaje de programación, preferiblemente alguno basado en Programación Orientada a Objetos. El lenguaje subyacente a este framework y que emplearemos será Java, y para los lectores que no lo conozcan, se ha incluido una explicación de sus pilares fundamentales en el capítulo 2, por lo que podrán seguir avanzando sin problema alguno.

El libro está dirigido tanto a estudiantes como a profesionales del mundo del desarrollo de software y desarrollo web. Soy profesor desde hace muchos años y este manual ha demostrado su valía en varias promociones de alumnado, a los que aprovecho para agradecer sus dudas, aportes e inquietudes, que me han ayudado a refinarlo para que sea auténticamente orientado al aprendizaje autodidacta.

Confío en que a través de sus páginas y del material complementario, al terminar el estudio de este libro, el lector se convierta en un experto en las tecnologías descritas, lo que le abrirá multitud de puertas en el mundo laboral.

Nota: el material complementario está compuesto por el código fuente de más de 70 proyectos Spring, que muestran en funcionamiento todos los ejemplos descritos a lo largo del libro junto con las instrucciones para ejecutarlos. Este material se encuentra en el sitio web de la editorial Garceta (www.garceta.es) en la página correspondiente a este libro, en el enlace: "Material de apoyo". Es un archivo zip al que se accede con la contraseña: Garceta@2025.

CAPÍTULO 1

INTRODUCCIÓN

Contenidos

- Desarrollo de aplicaciones web.
- Tecnologías web.
- Modelo cliente-servidor.
- Protocolo HTTP.
- Arquitectura en capas.
- Estructura de Spring Framework.

Objetivos

- Comprender el funcionamiento de las aplicaciones web.
- Conocer las bases de la programación del lado del servidor (*Back-End*).
- Presentar el *framework* Spring y su utilidad.
- Entender conceptos como MVC, arquitectura en capas y microservicios.

RESUMEN DEL CAPÍTULO

Este capítulo proporciona una descripción general de la programación web, la programación del lado del servidor (*Back-End*) y el *framework* Spring. Se presentan conceptos clave como el modelo cliente-servidor, el protocolo HTTP, la arquitectura en capas, MVC y microservicios. Finalmente, se aportan diferentes recursos complementarios para el aprendizaje.

Introducción

En este primer capítulo presentaremos conceptos generales a modo de introducción sobre programación web, programación del lado del servidor o *back end* y el *framework* Spring con el que trabajaremos a lo largo de todo este manual. Los conceptos de la parte final de este primer capítulo sobre el funcionamiento de Spring son bastante abstractos y hasta que no los pongamos en práctica puede que no los entendamos completamente. Será aconsejable releer este capítulo de nuevo más adelante, después de haber realizado nuestras primeras aplicaciones con Spring.

En el segundo capítulo realizaremos la instalación y configuración del entorno de trabajo (IDE, JDK, etc.) y en los Capítulos del 3 al 6 aprenderemos a desarrollar aplicaciones completas, esto es, con parte de servidor, pero también con una interfaz de usuario a la que se podrá acceder a través del navegador, por lo que serán totalmente operativas. Para esta parte emplearemos Spring MVC y Thymeleaf como motor de plantillas.

En el Capítulo 7 veremos cómo trabajar con distintas bases de datos, de una forma transparente para nosotros gracias a Spring Data. Continuaremos en el Capítulo 8 gestionando la seguridad en nuestras aplicaciones: gestión de usuarios y permisos, etc.

El Capítulo 9 es muy importante, ya que "convertiremos" nuestras aplicaciones en servicios REST, es decir, pasaremos de aplicaciones completas (con parte cliente y servidor) a aplicaciones de servidor "puras" que responderán a tipos de clientes totalmente diferentes mediante API Rest. También aprenderemos a construir aplicaciones híbridas. Dejaremos para el Capítulo 10 otras áreas importantes como el pase a producción, el *testing*, etc.

1.1. Funcionamiento de una aplicación web

Las aplicaciones web funcionan siguiendo el denominado **modelo cliente-servidor**, siendo el cliente un programa o dispositivo que inicia una comunicación (una petición) y el servidor el que responde a dicha petición con los datos solicitados.

Uno de los servidores web más populares es **Apache** HTTP Server Project. En el caso del cliente, frecuentemente será un **navegador web**, pero pueden ser otros como apps de dispositivos móviles, dispositivos *Internet of Things* (IoT), etc.

El protocolo de comunicación más empleado para la comunicación entre el cliente y el servidor es HTTP. A través de internet y mediante este protocolo, el servidor será accesible y será identificado por un dominio, que generalmente empieza por www.

El ordenador que actúa como servidor estará "a la escucha" de las peticiones que lleguen por determinados puertos (tradicionalmente los puertos 80 y 443).

En el caso de una aplicación web estática clásica, el servidor contendrá una carpeta donde tendrá todas las páginas HTML, y los clientes harán peticiones de esas páginas mediante una URL (la URL contiene el protocolo, el dominio y la página solicitada). Si el servidor encuentra esa página se la devolverá al usuario, que su navegador web *renderizará* para mostrar su contenido. Esas peticiones serán de archivos HTML, CSS, JavaScript y otros recursos como pueden ser archivos multimedia.

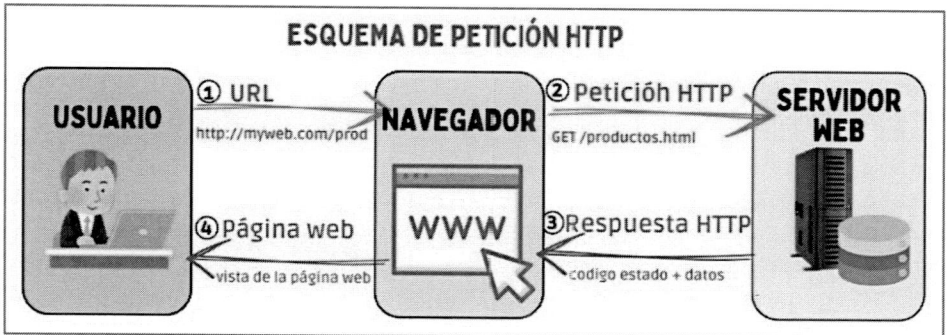

Figura 1.1. Esquema de petición HTTP

Este es un esquema muy simple ya que no permite contenido dinámico; siempre se mostraría el mismo contenido. Si deseamos añadir contenido dinámico (por ejemplo, tratar los datos enviados por el usuario en un formulario, realizar algún cálculo en el servidor, etc.) necesitamos incorporar a ese esquema el denominado **servidor de aplicaciones** que mediante algún lenguaje de programación en el servidor (Java, PHP, C#...) *se encargaría de construir la página HTML de forma dinámica.* Si en ese tratamiento queremos acceder a una base de datos para consultar o modificar datos necesitamos un gestor de base de datos (MySQL/MariaDB, SQLServer, MongoDB, etc.).

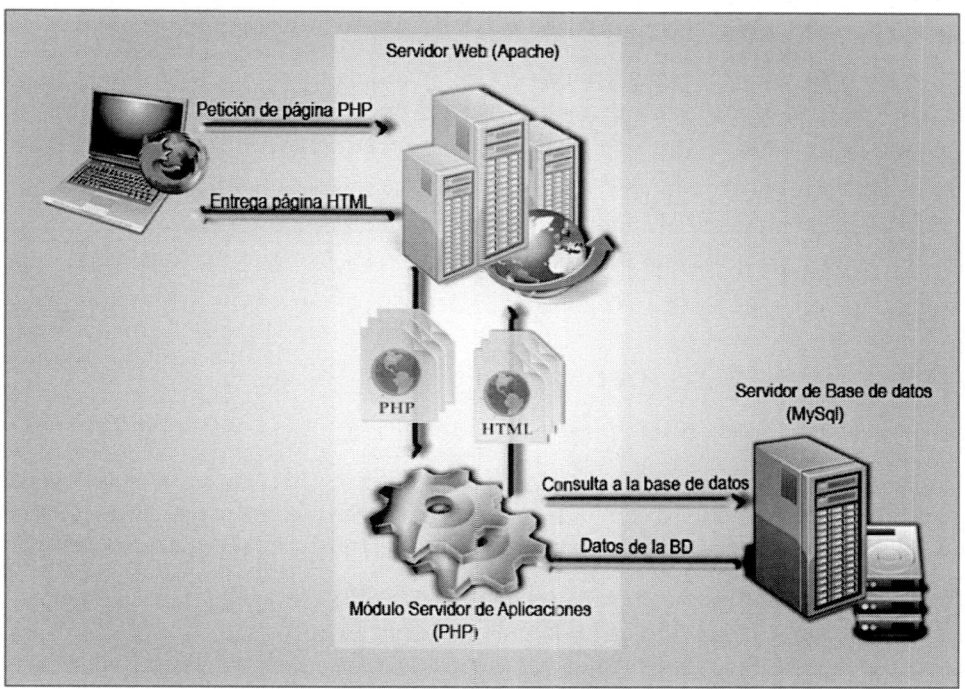

Figura 1.2. Servidor web con PHP y MySQL

En la imagen anterior se muestra el esquema que acabamos de describir, mediante lo que se conoce como una pila AMP (por las siglas: de Apache, MySQL, PHP). Existen varios paquetes comerciales con esta pila, siendo **XAMPP** uno de los más populares, gratuito y multiplataforma.

Este esquema tradicional de construir la página en el servidor de forma mixta, mezclando etiquetas HTML con los datos dinámicos para formar la página completa, también está cayendo en desuso últimamente, ya que en la actualidad se distinguen dos aplicaciones diferenciadas: la del cliente y la del servidor. La aplicación en el **servidor** no construye él mismo la página HTML, sino que simplemente obtiene los datos necesarios (API) y se los pasa a la aplicación cliente en formato JSON, XML, etc. sin maquetado.

La aplicación **cliente** (que puede ser HTML/JavaScript, pero también una app de dispositivo móvil, o cualquier otra tecnología) es la que se encargará de construir la vista final que mostrará el navegador. En apartados posteriores hablaremos más de esto diferenciando aplicación *front-end* y *back end*.

1.2. Protocolo HTTP

El protocolo de transferencia de hipertexto (en inglés, *Hypertext Transfer Protocol,* abreviado HTTP) es un protocolo de comunicación que permite las transferencias de información a través de archivos (HTML, XML, JSON, etc.) entre dispositivos a través de internet.

Es un protocolo orientado a transacciones y sigue el esquema petición-respuesta entre el cliente y el servidor. El cliente (se le suele llamar **agente de usuario**, del inglés *user agent*) realiza una petición enviando un mensaje con cierto formato al servidor y este responderá con otro mensaje.

HTTP es un protocolo sin estado, por lo que no guarda ninguna información sobre conexiones anteriores por lo que si necesitamos mantener el estado necesitaremos implementarlo con técnicas específicas como las *cookies*.

HTTPS (HTTP seguro) es la versión segura del http, una variante del mismo protocolo que se basa en la creación de un canal cifrado para la transmisión de la información, lo cual lo hace más apropiado intercambio de datos más sensibles (como claves y usuarios personales).

1.2.1. Estructura de los mensajes

De manera general, una petición HTTP se divide en 3 partes:

- **Línea de petición:** incluye el método HTTP a utilizar, URL del recurso solicitado y versión de protocolo. El método (o comando o mensaje o verbo) indica el tipo de acción (los veremos en detalle en el siguiente apartado). Ejemplo: `GET /doc/index.html HTTP/2.1`.

- **Campos de cabecera:** son metadatos sobre la petición, como el nombre del servidor, gestión de la caché, navegador empleado, idioma, tipo de contenidos, etc. Cada uno va en una línea, especificando el tipo de metadato, dos puntos, un espacio en blanco y el valor asignado.

- **Cuerpo** (*opcional*): representa el contenido de lo que queremos enviar. En el caso de un formulario, incluiría los datos introducidos por el usuario.

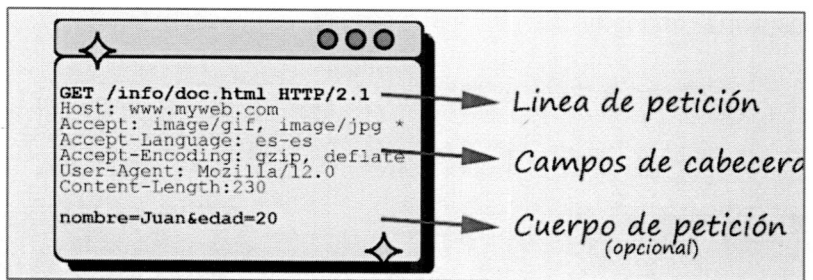

Figura 1.3. Estructura de mensaje HTTP

La respuesta HTTP tiene una estructura similar:

- Línea de status: indica el estado resultante de la petición.

- Cabecera: similar al de la petición, son metadatos sobre la respuesta.

- Cuerpo: es la parte más importante ya que incluirá los datos solicitados por el cliente, en formato HTML, JSON, etc.

➢ **Ejemplo:**

```
HTTP/1.1 200 OK
Date: Thu, 03 Jan 2022 23:26:07 GMT
Server: gws
Accept-Ranges: bytes
Content-Length: 68894
Content-Type: text/html; charset=UTF-8
<! doctype html><html . . .
```

En la primera línea (status), la respuesta fue un 200 OK. Luego tenemos las cabeceras de la respuesta. Finalmente, separado por una línea en blanco de las cabeceras, tenemos el cuerpo de la respuesta, que en este caso es un documento HTML.

- **1xx**: Mensaje informativo.
- **2xx**: Exito
  - 200 OK
  - 201 Created
  - 202 Accepted
  - 204 No Content
- **3xx**: Redirección
  - 300 Multiple Choice
  - 301 Moved Permanently
  - 302 Found
  - 304 Not Modified

- **4xx**: Error del cliente
  - 400 Bad Request
  - 401 Unauthorized
  - 403 Forbidden
  - 404 Not Found
- **5xx**: Error del servidor
  - 500 Internal Server Error
  - 501 Not Implemented
  - 502 Bad Gateway
  - 503 Service Unavailable

Figura 1.4. Códigos de respuesta HTTP habituales

Este sería el esquema completo:

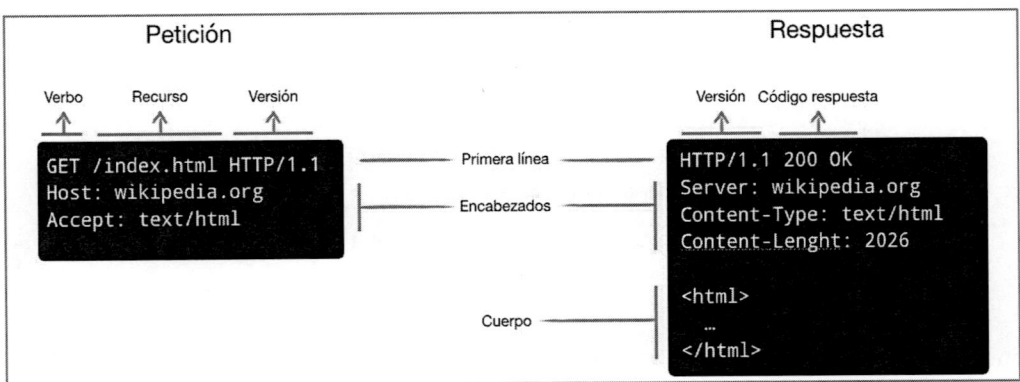

Figura 1.5. Petición y respuesta HTTP

1.2.2. Métodos de petición

HTTP define una serie predefinida de métodos de petición (algunas veces referida como *verbos*) que pueden utilizarse. Cada método indica la acción que desea que se efectúe sobre el recurso identificado por la URI, por ejemplo, el recurso puede corresponderse con un archivo que reside en el servidor. El número de métodos de petición aumenta al avanzar las versiones. Los más habituales son:

GET: el método GET solicita una representación del recurso especificado. Las solicitudes que usan GET solo deben recuperar datos y no deben tener ningún otro efecto.

HEAD: pide una respuesta idéntica a la que correspondería a una petición GET, pero en la respuesta no se devuelve el cuerpo. Esto es útil para poder recuperar los metadatos de los encabezados de respuesta, sin tener que transportar todo el contenido.

POST: envía datos para que sean procesados por el recurso identificado en la URI, como por ejemplo al enviar un formulario. Los datos se incluirán en el cuerpo de la petición. A nivel semántico está orientado a crear un nuevo recurso, cuya naturaleza vendrá especificada por la cabecera *Content-Type*.

- Para datos formularios codificados como una URL (aunque viajan en el cuerpo de la petición, no en la URL): *application/x-www-form-urlencoded*.

- Para bloques a subir, ej. ficheros: *multipart/form-data*.

- Además de los anteriores, no hay un estándar obligatorio y también podría ser otros como *text/plain*, *application/json*, etc.

PUT: envía datos al servidor pero, a diferencia del método POST, la URL de la línea de petición no hace referencia al recurso que los procesará, sino que identifica a los propios datos. Otra diferencia con POST es semántica, mientras que POST está orientado a la creación de nuevos contenidos, PUT está más orientado a la actualización de los mismos (aunque también podría crearlos).

DELETE: borra el recurso especificado.

Existen otros comandos como TRACE, OPTIONS, CONNECT, etc.

1.3. Back-end vs. Front-end

1.3.1. Front-end

Como ya adelantamos previamente, *front-end* es la parte de la aplicación que interactúa con los usuarios, y también es conocida como *"el lado del cliente"*. Básicamente es todo lo que vemos en la pantalla cuando accedemos a un sitio web o aplicación: tipos de letra, colores, disposición para distintos tipos de dispositivos (diseño *responsive*), interacción con el usuario, efectos visuales, etc. Este conjunto crea la experiencia del usuario.

Los lenguajes de programación de este entorno, siempre hablando de entorno web, son: HTML5, CSS3 y JavaScript (y su evolución TypeScript). Es también frecuente el uso de librerías como Ajax (también JQuery, aunque cayendo en desuso actualmente) para comunicación asíncrona con el servidor, de forma que podamos obtener ciertos datos para actualizar una página sin tener que solicitarla de nuevo de forma completa al servidor.

Cabe señalar que hay multitud de *frameworks* basados en JavaScript/TypeScript que facilitan la labor del desarrollo de estas aplicaciones front-end; entre las más populares citamos: Angular (de Google), React (de Facebook) o Vue.

1.3.2. Back-end

Back end se refiere al interior de las aplicaciones que viven en el servidor y al que a menudo se le denomina "el lado del servidor". En el servidor se reciben las peticiones desde el cliente, se procesan realizando las operaciones necesarias (matemáticas, lógicas, etc.) accediendo a los distintos repositorios de datos (ficheros, bases de datos, etc.) y se devuelve una respuesta al aplicativo del *front end*.

Los lenguajes más habituales en el *back end* son Java, PHP, Python, C#, Ruby, etc. También se ha incorporado a esta categoría JavaScript, lenguaje típico de *front end* pero que bajo un servidor *Node.js* es capaz de ejecutarse como lenguaje de servidor.

En cuanto a los *frameworks*: **Spring** es el más utilizado en Java, **Laravel** y **Simphony** sobre PHP, **Django** y **Flask** sobre Python, **ASP.NET** con C# en entorno Microsoft, etc.

Actividad 1.1

Realiza un pequeño estudio de los principales lenguajes de programación y *frameworks* de *front end* y *back end* más solicitados en las ofertas de empleo en tu comarca y en España.

Servidor de base de datos

Otro punto importante en el servidor son los gestores de bases de datos que mantendrán la persistencia de los datos de las aplicaciones. Existen actualmente dos paradigmas: el relacional clásico con gestores como *SQLServer*, *MySQL/MariaDB*, *Oracle*, etc. y el modelo NoSQL (*not only SQL*) siendo *MongoDB* su máximo exponente.

Aplicaciones móviles

Para cerrar el conjunto de plataformas dentro del desarrollo de software actual, tenemos que dedicarles un apartado a las aplicaciones para dispositivos móviles, dado su auge entre los usuarios. En este ámbito tenemos dos mundos totalmente diferenciados: el sistema operativo Android y el sistema operativo iOS; para el primero el lenguaje nativo más empleado es Kotlin (y también Java) y para el segundo es Swift (y también Objetive C). En cuanto a los *frameworks* en el mercado, su objetivo principal misión es la reutilización de código, de forma que con un solo desarrollo se puedan crear aplicaciones que se puedan ejecutar en ambos sistemas. Han surgido muchas a lo largo de estos años: Cordova, Xamarin, Ionic, etc., siendo las dos más populares en este momento Flutter y React Nativo.

Full-Stack

Es frecuente en las ofertas de trabajo para desarrolladores de software distinguir los dos ámbitos: *front end* y *back end*, mientras que para referirse ambos se emplea el término *Full-Stack*.

1.4. Arquitectura de aplicaciones

En este apartado vamos a ver distintos enfoques a la hora de organizar las aplicaciones de servidor, teniendo en cuenta sus ventajas e inconvenientes, especialmente en los que se refiere al escalado de la aplicación (nuevas funcionalidades y asignación de más recursos), facilidad de mantenimiento, *testing*, etc.

1.4.1. Aplicaciones web vs. API REST

El sistema clásico de desarrollo de aplicaciones web, todo el procesamiento se sitúa en el servidor: al código HTML (plantilla) se le añaden *"variables"* que, cuando se compone la página, son sustituidas por valores dinámicos, como por ejemplo datos extraídos de la base de datos. Al navegador cliente le llega la página web definitiva (una vista) y solo tiene que mostrarla. Este esquema lo utilizaban las antiguas páginas JSP y actualmente Spring con su módulo Spring MVC y con un motor de plantillas como Thymeleaf (*trabajaremos del capítulo 3 al 8 con este esquema*).

Un planteamiento totalmente diferente es API REST, en el que el servidor se despreocupa de la parte cliente; en el cliente puede haber aplicación móvil, un navegador, IoT, etc.; lo que hace el servidor es enviar los datos necesarios y estos son tratados por el cliente como él decida. El protocolo utilizado para esta comunicación suele ser HTTP y el intercambio de datos se suele hacer generalmente mediante archivos JSON (trabajaremos con este esquema en el Capítulo 9).

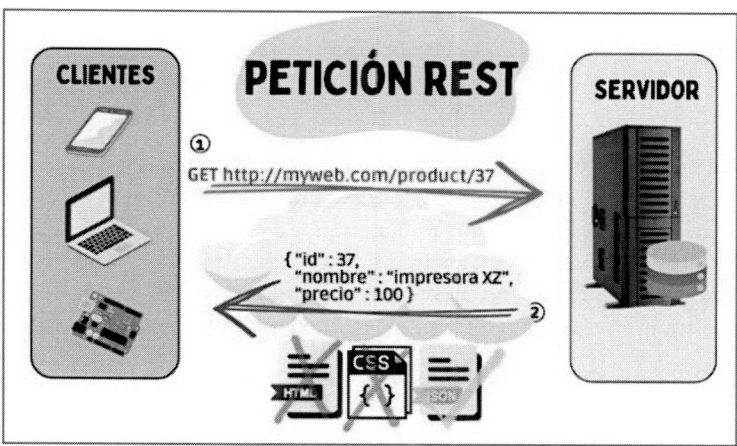

Figura 1.6. Esquema petición API Rest

Ventajas e inconvenientes de este sistema respecto al tradicional:

- Sin REST, el proceso en el servidor es un esquema más sencillo ya que solo tenemos una aplicación, la del servidor, mientras que con REST tenemos una en servidor y otra en cliente, y por tanto más tecnologías involucradas.

- Sin REST, el proceso en el servidor es más rígido: solo responde páginas web, pero no peticiones de otros dispositivos: móviles, IoT, etc. Con REST el servidor ofrece solo los datos que son respuesta a las peticiones y es compatible con cualquier dispositivo que use HTTP.

- Con REST las aplicaciones tienen menos acoplamiento, están mejor estructuradas y son mucho más fáciles de testear y ampliar.

- Para el aprendizaje es más fácil de ver los resultados con el primer paradigma. Este motivo es el que nos llevará a usar Spring MVC y Thymeleaf en los primeros capítulos para ver en API REST en los últimos.

1.4.2. Aplicaciones monolíticas vs. Microservicios

Antiguamente las aplicaciones eran **monolíticas**: esto es, aplicaciones completas con una fuerte cohesión y dependencia entre todos sus componentes en términos de su comportamiento. Toda la aplicación se implementa como una única unidad y si es necesario escalar horizontalmente este tipo de aplicación, se debe duplicar la aplicación completa en varios servidores. Cuando aumenta la complejidad de las aplicaciones, una forma de optimizarlas consiste en dividirlas en capas, de forma que cada capa tenga una responsabilidad diferente.

Este enfoque sigue el principio de separación de intereses y ayuda a mantener organizado el código, de forma que los desarrolladores puedan encontrar fácilmente dónde se implementa una función determinada. Pero la arquitectura en capas ofrece una serie de ventajas que van más allá de la simple organización del código.

Al organizar el código en capas, la funcionalidad común de bajo nivel se puede reutilizar en toda la aplicación. Además, las aplicaciones pueden aplicar restricciones sobre qué capas se pueden comunicar con otras capas.

Esta arquitectura permite lograr la encapsulación: cuando se cambia o reemplaza una capa, el impacto en otras debería ser mínimo, eso es logra por ejemplo con programación basada en interfaces e inyección de dependencias (API Rest elimina la capa de presentación de la aplicación).

Las capas (y la encapsulación) facilitan considerablemente el reemplazo de funcionalidad dentro de la aplicación. Por ejemplo, es posible que una aplicación use inicialmente una base de datos ligera (SQLite, H2), pero más adelante cambie a una base de datos más potente como Oracle, o una persistencia basada en la nube, etc. Si la aplicación ha encapsulado correctamente su implementación de persistencia dentro de una capa con las interfaces públicas adecuadas, esa capa específica de persistencia sería fácilmente reemplazada con otras implementaciones de esas interfaces.

Por último, el *testing* es mucho más sencillo en una aplicación organizada en capas, ya que podemos realizar pruebas unitarias de una funcionalidad de una capa simulando fácilmente las entradas o salidas de las capas con las que interactúa. La prueba unitaria de una funcionalidad en una aplicación sin capas implica que la prueba incluya desde la interfaz de usuario hasta el acceso a la base de datos.

Un primer enfoque de esta división en capas (aunque bastante pobre) es el patrón MVC del que hablamos a continuación. Es una aplicación dividida en capas, aunque presenta las mejoras comentadas, sigue siendo monolítica, plasmada en un solo proyecto, una sola unidad a compilar, distribuir y escalar. El siguiente nivel de optimización de diseño son los microservicios que describiremos más adelante.

MVC

Modelo-vista-controlador (MVC) es un patrón desarrollo que separa los datos y la lógica de negocio de la aplicación de su representación y el módulo encargado de gestionar los eventos. De manera genérica, los componentes de MVC se podrían definir como sigue:

Modelo: es la representación de la información con la cual el sistema opera; por lo tanto, gestiona todos los accesos a dicha información, tanto consultas como actualizaciones (lógica de negocio). Envía a la *vista* aquella parte de la información que en cada momento se le solicita para que sea mostrada (típicamente a un usuario). Las peticiones de acceso o manipulación de información llegan al *modelo* a través del *controlador*.

Controlador: responde a eventos (usualmente acciones del usuario) e invoca peticiones al modelo cuando se hace alguna solicitud sobre la información (por ejemplo, realizar un cálculo o modificar un registro en una base de datos).

También puede enviar comandos a su vista asociada si se solicita un cambio en la forma en que se presenta el modelo (por ejemplo, desplazamiento o scroll por un documento o por los diferentes registros de una base de datos), por tanto, se podría decir que el controlador hace de intermediario entre la vista y el modelo.

Vista: presenta el modelo (información y lógica de negocio) en un formato adecuado para interactuar (usualmente la interfaz de usuario), por tanto, requiere de dicho modelo la información que debe representar como salida.

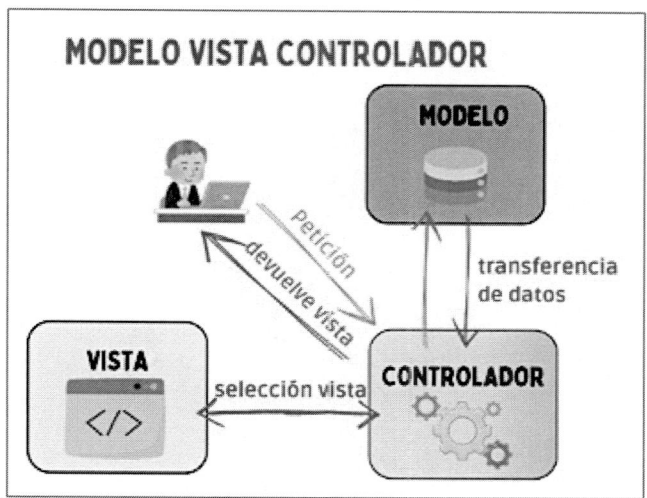

Figura 1.7. Modelo Vista Controlador

El proceso sería algo así:

1. El usuario interactúa con la interfaz de usuario, por ejemplo, pulsando un botón.

2. El controlador recibe la notificación de la acción solicitada por el usuario y accede al modelo, actualizándolo, posiblemente modificándolo de forma adecuada a la acción solicitada por el usuario (por ejemplo, el controlador actualiza el carro de la compra del usuario).

3. El controlador delega a los objetos de la vista la tarea de desplegar la interfaz de usuario. La vista obtiene sus datos del modelo para generar la interfaz apropiada para el usuario donde se reflejan los cambios en el modelo (por ejemplo, produce un listado del contenido del carro de la compra). El modelo no debe tener conocimiento directo sobre la vista.

4. La interfaz de usuario espera nuevas interacciones del usuario, comenzando el ciclo nuevamente.

Este sistema es bueno como primera aproximación, pero se queda "corto" en cuanto a la división de responsabilidades, por ejemplo, no queda clara una división entre las entidades que forman el sistema y las reglas de negocio.

Microservicios

Los **microservicios** son el enfoque opuesto a las aplicaciones monolíticas ya que se basan en que una aplicación es un conjunto de servicios independientes. La gran diferencia es que cada microservicio es un artefacto software independiente y autónomo (se compila e instala por separado, puede ejecutarse en un servidor distinto al de otros servicios de su misma aplicación global, se puede escalar sin afectar el funcionamiento de otros servicios, etc.).

Un microservicio debe ser especializado (enfocado en resolver un problema específico), por ejemplo: gestionar el login de usuario, consultar un producto, etc.

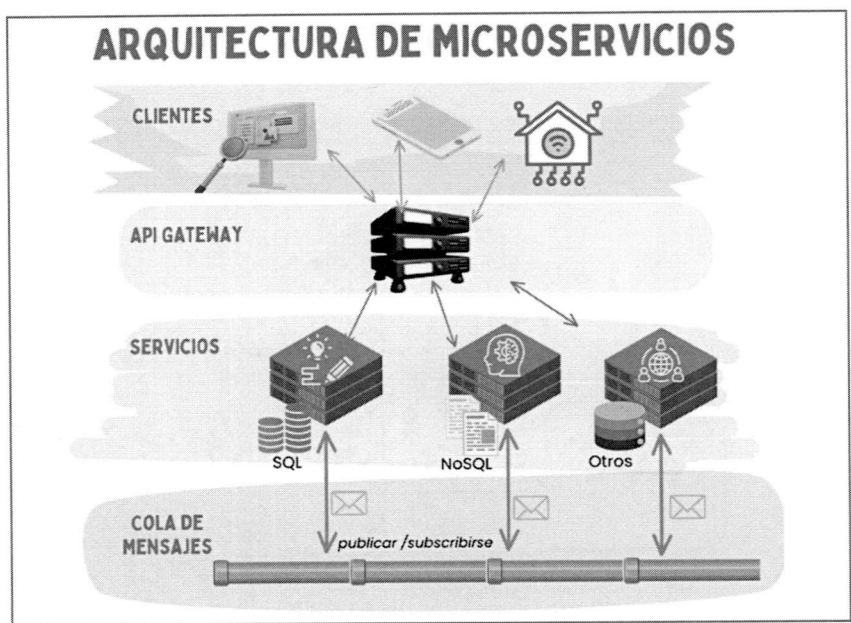

Figura 1.8. Arquitectura de microservicios

Esa independencia entre servicios hace que estas aplicaciones sean más fáciles de escalar (un servicio crítico puede estar balanceado en más servidores que otro menos usado) y más rápidas de desarrollar (no se ven afectados otros servicios).

El inconveniente principal de esta arquitectura es mantener una organización clara cuando el número de microservicios de la aplicación es elevado. La comunicación desde los clientes es a través de un elemento común, al que denominamos API Gateway, que conoce todos los servicios desplegados y cómo llegar a ellos. Será el encargado de redirigir las peticiones al microservicio adecuado.

Los microservicios se comunican entre sí mediante una cola de mensajes donde publican sus peticiones a otros servicios y reciben las peticiones de otros servicios (RabbitMQ, Kafka).

En las implementaciones reales pueden intervenir más actores para el correcto funcionamiento del sistema.

Arquitecturas limpias

Una evolución del patrón MVC son las divisiones en capas que se emplean actualmente y que frecuentemente se denominan **arquitecturas limpias**. Dentro de ellas, es común hablar de arquitectura hexagonal y arquitectura DDD. Estos principios se pueden aplicar tanto a aplicaciones monolíticas como basadas en microservicios.

Figura 1.9. Capas en arquitecturas limpias

Estas arquitecturas se basan en una serie de principios que debe cumplir nuestro código:

- Ser independiente del *framework* (no deben influir en nuestro modelo).

- Ser testeable. Debemos poder probar nuestras reglas de negocio sin pensar en base de datos, interfaz gráfica u otros componentes no esenciales de nuestro sistema.

- Ser independiente de la UI. Si la UI cambia a menudo esto no puede afectar al resto de nuestro sistema, que tiene que ser independiente.

- Ser independiente de la base de datos. Deberíamos poder cambiar de Oracle a SQLServer, a MongoDB, a Casandra o a cualquier otra base de datos sin que afectara demasiado a nuestro sistema.

- Ser independiente de cualquier entidad externa. No deberíamos saber nada de entidades externas, por lo que no deberemos depender de ellas.

Entidades: son las que **incluyen las reglas de negocio críticas para el sistema**. Estas entidades pueden ser utilizadas por distintos componentes de la arquitectura, por lo que son independientes, y no deben cambiar a consecuencia de otros elementos externos. Una entidad deberá englobar un concepto crítico para el negocio, y nosotros tendremos que separarlo lo más posible del resto de conceptos. Esa entidad recibirá los datos necesarios, y realizará operaciones sobre ellos para conseguir el objetivo deseado.

Casos de uso: en este caso nos encontramos con las **reglas de negocio aplicables a una aplicación concreta**. Estos casos de uso siguen un flujo para conseguir que las reglas definidas por las entidades se cumplan. Los casos de uso, solo definen *cómo* se comporta nuestro sistema, definiendo los datos de entrada necesarios, y cuál será su salida. Los cambios en esta capa no deberían afectar a las entidades, al igual que los cambios en otras capas externas no deberían afectar a los casos de uso. **Es**

importante que no pensemos en cómo los datos que genera un caso de uso serán presentados al usuario. No deberemos pensar en HTML, o en SQL. Un caso de uso recibe datos estructurados y devuelve más datos estructurados.

Adaptadores de interfaz: los datos generados por los casos de uso y las entidades, tienen que transformarse en algo entendible por la siguiente capa que los va a utilizar y de eso se encarga esta capa. Pensando en MVC, por ejemplo, los controladores y las vistas, pertenecerían a esta capa, y el modelo, serían los datos que se pasan entre los casos de uso y los controladores para luego poder presentar las vistas.

> 💡 **NOTA:** Si tienes interés en estos temas, investiga lo que son los principios SOLID, por ejemplo, en esta web: *https://devexperto.com/principios-solid/*

Lo mismo aplicaría para, por ejemplo, presentar información a un servicio externo, ya que en esta capa definiríamos la manera en la que el dato de las capas internas se presenta al exterior.

Frameworks y *drivers*: en la capa más externa es donde van los detalles. Y la base de datos es un detalle, nuestro *framework* web, es un detalle etc.

En definitiva, debemos pensar en nuestro sistema como un sistema de *plugins*, de forma que los componentes estén aislados y podamos sustituir unos por otros sin demasiados problemas. Estos enfoques tienen ventajas fundamentales:

- Facilidad de comprensión del problema y, por tanto, de su desarrollo.

- Independencia durante el ciclo de desarrollo: Por ejemplo, podemos empezar a desarrollar todas nuestras reglas de negocio, sin tener en cuenta su persistencia, ya que esa parte se realiza a través de una interfaz. Primero podemos utilizar objetos en memoria, y según avancemos, ir añadiendo sistemas más como usar una base de datos relacional, NoSQL, o incluso guardar la información en archivos.

- Facilidad de *testing*. Escalabilidad y despliegue.

- Evitar acoplamientos.

1.5. Spring Framework

Spring es un *framework* Open Source que facilita la creación de aplicaciones en Java, Kotlin y Groovy principalmente para el *back-end*. Se compone de herramientas y utilidades que generan aplicaciones completas descargando al desarrollador de la gestión de aspectos internos de comportamiento y generando código automático para tareas estándar, siendo las más importantes: el acceso a base de datos, gestión de la seguridad de la aplicación, generación de API, etc.

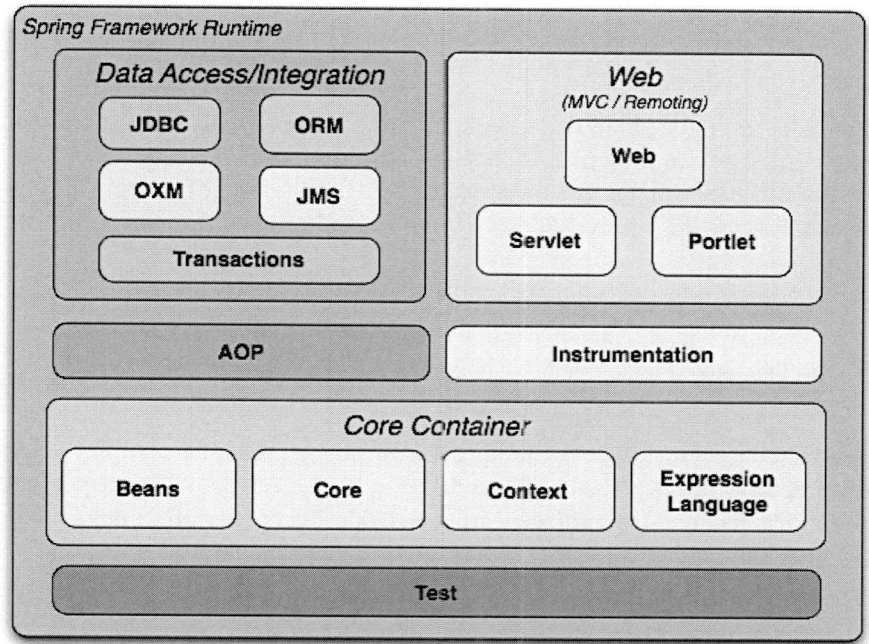

Figura 1.10. Estructura Spring Framework

Está dividido en diversos módulos que podemos utilizar, ofreciéndonos muchas más funcionalidades:

- **Core container**: es el núcleo del *framework* y proporciona entre otras cosas, inyección de dependencias e inversión de control.

- **Web**: permite crear controladores web, tanto de vistas MVC como aplicaciones REST.

- **Acceso a datos**: abstracciones sobre JDBC, ORMs como Hibernate, sistemas OXM (*Object XML Mappers*), JSM y transacciones.

- **Programación orientada a aspectos (AOP)**: ofrece el soporte para aspectos.

- **Instrumentación**: proporciona soporte para la instrumentación de clases.

- **Pruebas de código**: contiene un *framework* de *testing*, con soporte para JUnit y TestNG y todo lo necesario para probar los mecanismos de Spring.

Una de las características más importantes Spring es la **inyección de dependencias** y el **inversor de control**. Estos son conceptos un poco complejos para explicar teóricamente, pero los veremos en funcionamiento a lo largo del manual. Podemos decir que la inyección de dependencias es un patrón de software que se basa en que un elemento externo se encarga de la creación de los objetos a medida que son requeridos por otros objetos de nuestra aplicación.

Ese elemento externo que realiza esta tarea es el inversor de control (IoC). Como ejemplo, podemos decir que si en una aplicación Spring, una instancia de la clase *Alumno* necesita una instancia de la clase *Asignatura,* decimos que *Asignatura* es una dependencia de *Alumno* y será el IoC el encargado de crear esa asignatura en el alumno en vez que crearla nosotros con su constructor mediante *new Asignatura*(). En Spring el contenedor IoC está representado por la interfaz *ApplicationContext*, y es la responsable de configurar e instanciar todos los objetos (los *beans*) y manejar su ciclo de vida.

Para terminar este apartado, hemos de decir que uno de los grandes inconvenientes de Spring es su profunda configuración, bien a través de ficheros XML, clases Java (Java Config) o anotaciones (estas últimas son las más empleadas en la actualidad). Para facilitar este trabajo tenemos el módulo *Spring Boot* que realizará toda esa tediosa configuración por nosotros y que veremos a continuación.

1.6. Spring Boot

Como acabamos de comentar, la configuración con Spring es bastante compleja: tipo de proyecto (Maven *vs*. Gradle, Java *vs*. Kotlin *vs*. Groovy), configuración de Java, dependencias (¿Cuáles necesito? ¿versiones?, etc.), estructura de carpetas del proyecto, configuración y manejo de los componentes (*beans*), etc.

Spring Boot es un módulo dentro del ecosistema Spring Framework que va a facilitar toda esta configuración con un mínimo esfuerzo. Estas son sus características principales:

- Usa el patrón de diseño "**Convención sobre configuración**" (CoC) que se basa en minimizar las decisiones que tiene que tomar el desarrollador en cuanto a configuración, pero sin perder flexibilidad. Así él hace una configuración por defecto común a casi cualquier proyecto, pero nos permitirá cambiar algún parámetro para algún proyecto concreto. Por ejemplo, si tenemos una clase llamada Empleado, CoC, considerará que la tabla subyacente se llamará igual, aunque podremos cambiar este comportamiento.

- Permite crear aplicaciones Spring independientes: nuestro proyecto puede ser un archivo "jar" con un servidor embebido (Tomcat, Jetty, etc.) o bien un archivo "war" que desplegaremos en un servidor web externo.

- Incluye dependencias *starter*. Estas dependencias incluyen a su vez otras dependencias transitivamente, de forma que no tenemos que incluirlas una a una, y cada grupo de dependencias irán con una versión compatible. Por ejemplo, si añadimos la dependencia *starter* "web", esta incluirá todas las dependencias que necesite para hacer el proyecto web.

- Configuración automática tanto de librerías propias como de terceros.

- No genera código ni configuración XML, es transparente para el desarrollador.

- Requisitos: Spring Boot 3 trabaja sobre Spring 6. También necesitamos Maven 3 o superior e incluye Tomcat 10 (ya embebido, no hay que instalarlo).

- Soporte para distintos IDE (Eclipse, Visual Studio Code, Net*beans*, etc.).

1.6.1. Estereotipos

Spring dispone de un elemento llamado *ApplicationContext* que contiene las instancias de objetos que ha identificado para administrar su ciclo de vida completamente. Estos objetos se llaman *beans*.

Como ya hemos comentado, utilizando el principio de inversión de control, Spring recopila instancias de los "*beans*" de nuestra aplicación y las gestiona en el momento adecuado. Podemos mostrar las dependencias de los *beans* a Spring sin necesidad de manejar la configuración y la creación de instancias de esos objetos.

La forma de indicarle a Spring cuáles de nuestras clases son *beans* que él debe registrar en el *ApplicationContext* y administrar es anotándolos con estereotipos. El estereotipo más básico es *@Component* y si anotamos a una clase con él, simplemente estamos diciendo que es un *bean*, una clase administrada por Spring y se encargará de instanciarla e inyectarla cuando sea necesario.

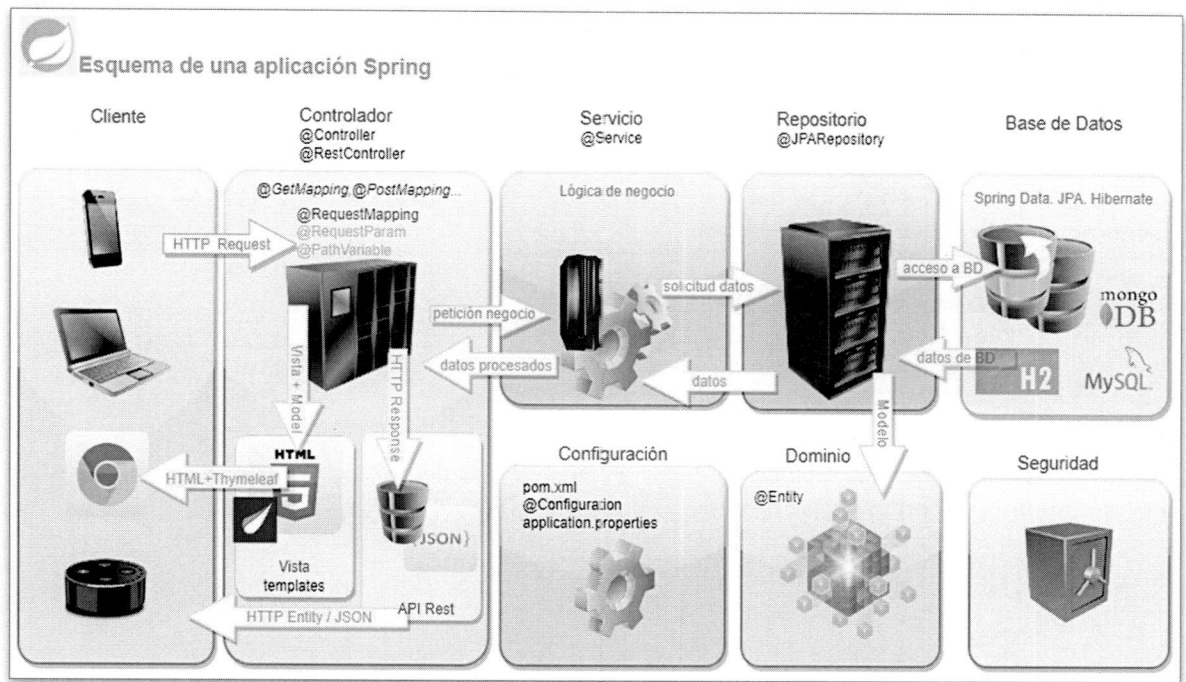

Figura 1.11. Esquema de aplicaciones Spring

Existen estereotipos más especializados, derivados de @Component, que además de la funcionalidad que acabamos de mencionar, proporcionan beneficios de automatización adicional y más semántica a nuestro código. Los que usaremos en este manual serán:

@Controller: anota clases de la capa de controladores, la capa que recibe las peticiones del cliente. Esas peticiones vienen dadas por comandos HTTP como GET, POST, etc.

@Service: anota clases en la capa de servicio. Son clases que típicamente gestionan la lógica de negocio y son invocadas desde los controladores. Será frecuente entonces, que en una clase anotada con @Controller tenga "inyectado" un @Service; es decir que tenga un atributo de tipo *Service* que será creado por Spring para nosotros.

@Repository: anota las clases en la capa de persistencia, que actuará como repositorio de la base de datos. En muchos casos las clases anotadas con @Service hacen una solicitud de datos a las clases repositorio.

En el esquema de la Figura 1.11 podemos ver el flujo completo de una petición HTTP del cliente, con todas las capas y los estereotipos implicados.

1.6.2. @Component *vs.* @*Bean*

Es una confusión bastante habitual mezclar el concepto de los estereotipos de Spring, como @Component y la anotación @*Bean*.

Como comentamos en el apartado anterior, si anotamos una clase con @Component (o alguna de sus especializaciones) esa clase será detectada automáticamente mediante el escaneo de *classpath* y creará un nuevo *bean* para ella. Por eso situamos la anotación a nivel clase.

@*Bean* se usa para declarar explícitamente un solo *bean*, en lugar de dejar que Spring lo haga automáticamente como lo hicimos con @Controller. Separa la declaración del *bean* de la definición de la clase y le permite crear y configurar *bean*s exactamente como deseemos. La notación @*Bean no se coloca a nivel de clase* (si se hace se producirá un error de compilación), se sitúa a nivel método y será ese método el que devolverá el bean.

```
@Bean
public NombreBean getNombreBean(){
    // código necesario para crear el bean
    // instanciaNombreBean = new NombreBean();
    return instanciaNombreBean;
}
```

En muchas ocasiones, los métodos que devuelven *beans* se declaran dentro de las clases anotadas @Configuration, de forma que se ejecuten al iniciar la aplicación.

1.6.3. Scopes

Entendemos por **scope** el ámbito, o forma de crear las instancias de los componentes registrados en el Application Context. por defecto Spring incluye 7 *scopes* diferentes: Singleton, Prototype, Request, Session, Global Session, Application y Websocket. Vamos a describir las cuatro primeras.

Singleton: es el ámbito por defecto de los @Component, e implica que el contenedor de Spring creará una única instancia compartida para toda la aplicación, por lo que siempre que se solicite este *Bean* se estará inyectando el mismo objeto. La instancia se almacenará en un caché gestionado por Spring.

Prototype: implica que el contenedor de Spring creará una nueva instancia del objeto cada vez que se le haga una petición. Una de las reglas básicas que indica la documentación de Spring es que para entornos donde haya un mantenimiento de sesión (*Stateful*) se emplee el Prototype Scope y cuando no se mantenga la sesión del usuario (*Stateless*) se emplee el Singleton Scope; no obstante, puede haber más casos de uso.

Request: el contenedor de Spring creará una nueva instancia del objeto definido por el *bean* cada vez que reciba un HTTP request.

Session: el contenedor de Spring creará una nueva instancia del objeto definido por el *Bean* para cada una de las sesiones HTTP (Aplicación Stateful) y entregará esa misma instancia cada vez que reciba una petición dentro de la misma sesión.

La forma de indicar el *scope* a un componente es añadiendo la anotación @Scope después de su estereotipo. Como ya comentamos en caso de ser Singleton no es necesario indicarlo. Ejemplo:

```
@Component
@Scope("session")
public class Componente { . . .
```

1.7. Herramientas para desarrolladores

Para finalizar este capítulo vamos a hacer un pequeño resumen de las herramientas interesantes para cualquier desarrollador y que trataremos en mayor o menor medida durante este manual:

IDE (Entorno de Desarrollo Integrado): es una aplicación en la que desarrollaremos nuestras aplicaciones. Están diseñados para abarcar todas las tareas de programación en un mismo sitio, ofreciendo una interfaz central con todas las herramientas que necesita un desarrollador, como editor de código, compilador, depurador o herramientas de automatización. Los hay orientados a lenguajes específicos (PyCharm para Python), Android Studio (para aplicaciones Android en Java o Kotlin), XCode (para desarrollos IOS) o genéricos para usar con cualquier lenguaje (Visual Studio Code, IntelliJ Idea, etc).

Net*bean*s se situaría a medio camino ya que nació para desarrollo en Java, pero permite de forma nativa programar en otros lenguajes como PHP y dispone de plugins para añadir otros lenguajes.

Herramientas para control de versiones: Git. Lo podemos usar en modo consola, con el propio IDE o con herramientas gráficas como Source Tree, tanto para trabajar en local como con repositorios remotos (GitHub, GitLab).

Utilidades para *testing*: JUnit, Mockito. También podemos incluir aquí *Postman*, aunque es más una herramienta que nos ayuda en el desarrollo de API Rest, más que de *testing* puro.

Herramientas de autocompletado de código: además del clásico autocompletado de todo IDE como puede ser *Emmet* (disponible en Visual Studio sin necesidad de instalación adicional alguna) existen herramientas con IA como Kite y Github Copilot.

Aplicaciones de gestión de tareas para organizar nuestro trabajo: generalmente orientadas a metodologías ágiles como Scrum, entre las más populares: Jira, Trello, Clickup, etc.

Utilidades para la documentación: JavaDoc, Swagger para API.

Gestores de contenedores: Docker y herramientas que faciliten el *deploy* de nuestras aplicaciones (lo que se conoce como Integración Continua): GitHub Actions, Jenkings, etc.

Webs con documentación oficial y foros de consultas (*stackoverflow*).

Actividad 1.2

Realiza un pequeño estudio de los principales IDE del mercado, específicos para lenguajes concretos o generalistas.

1.8. Videos de apoyo

Acompañando a este texto, dispones de la siguiente lista de reproducción:

https://www.youtube.com/playlist?list=PLUSxu1SUrJ9h8qfwuXHp OImMGZ0967Bc5

Que complementa este manual paso a paso e incluye algún ejercicio desde cero.

Otra lista de reproducción que puede resultar interesante, con videos cortos, en la que se tratan muchos de los aspectos tratados en este libro, es la que es esta en:

https://www.youtube.com/playlist?list=PL5leSwLYapPbUxGbz Wf6cb9BLP_TEqRAR

Por último, en Youtube hay multitud de tutoriales que también pueden servir de apoyo para ver diferentes formas de enfocar una aplicación con esta tecnología. Estos son algunos ejemplos:

https://www.youtube.com/playlist?list=PLRFOqDrY- 6nu_k7XrUgIgd5SA3Vg7TiWe

Muestra el desarrollo de una aplicación paso a paso con Thymeleaf. Incluye el código en Github.

https://www.youtube.com/playlist?list=PLcaI8vM1NK3ttWdID2mW9FBp- U-QoEt5K

Es otra lista de reproducción bastante completa de diferentes aspectos de una aplicación con Spring.

https://www.youtube.com/watch?v=xNZEgVJ_4Q0

Se centra en la construcción de un CRUD mediante API REST y muestra como probarla con Postman.

Comprueba tu aprendizaje

Como este es un capítulo de introducción, no habrá proyectos prácticos, simplemente unas preguntas tipo test para repasar los conceptos vistos.

Indica la respuesta correcta para cada una de las siguientes afirmaciones:

1) ¿Cuál de las siguientes NO es una característica principal de Spring Boot?

    a) Utiliza el patrón "Convención sobre Configuración" (CoC).

    b) Permite crear aplicaciones Spring independientes.

    c) Requiere una configuración extensa mediante archivos XML.

    d) Incluye dependencias *starter*.

2) ¿Cuál es el propósito principal del protocolo HTTP?

    a) Permitir la transferencia de información a través de archivos entre dispositivos.

    b) Gestionar el acceso a bases de datos.

    c) Ejecutar código en el lado del cliente.

    d) Definir la estructura de una aplicación web.

3) ¿Cuál es una de las principales ventajas de la arquitectura de microservicios?

    a) Mayor facilidad de escalabilidad.

    b) Menor complejidad en la gestión de los servicios.

    c) Reducción en la necesidad de pruebas.

    d) Eliminación total de la comunicación entre servicios.

4) ¿Qué método HTTP se utiliza para enviar datos al servidor para su procesamiento, típicamente a través de un formulario?

    a) GET

    b) PUT

    c) DELETE

    d) POST

5) ¿Qué tipo de aplicación se caracteriza por tener una fuerte cohesión y dependencia entre todos sus componentes?

    a) Aplicación basada en microservicios

    b) Aplicación en capas

    c) Aplicación monolítica

    d) Aplicación distribuida

6) ¿Cuál de los siguientes NO es un lenguaje de programación utilizado en el FrontEnd?

    a) HTML5

    b) CSS3

    c) JavaScript

    d) Java

7) ¿Qué significa el ámbito "prototype" en Spring?

    a) Se crea una nueva instancia del *bean* cada vez que se solicita.

    b) Se crea una única instancia del *bean* que se comparte en toda la aplicación.

    c) Se crea una nueva instancia del *bean* para cada solicitud HTTP.

    d) Se crea una nueva instancia del *bean* para cada sesión HTTP.

8) ¿Cuál de los siguientes es un formato de datos comúnmente utilizado para el intercambio de información en las API REST?

    a) HTML

    b) XML

    c) JSON

    d) CSV

9) ¿Qué patrón de diseño separa los datos y la lógica de negocio de una aplicación de su representación y la gestión de eventos?

    a) Singleton

    b) MVC (Modelo-vista-controlador)

    c) Inyección de Dependencias

    d) Factory

10) ¿Qué módulo de Spring facilita el trabajo con bases de datos?

    a) Spring Security

    b) Spring MVC

    c) Spring Data

    d) Spring Boot

11) ¿Cuál de los siguientes NO es un principio clave de las arquitecturas limpias?

    a) Ser independiente del *framework*

    b) Ser testeable

    c) Ser dependiente de la base de datos

    d) Ser independiente de la interfaz de usuario

12) ¿Cuál de los siguientes lenguajes de programación NO se menciona en el texto como adecuado para el desarrollo de aplicaciones móviles?

   a) Kotlin

   b) Swift

   c) C++

   d) Java

13) ¿Cuál es el objetivo principal del principio de "Convención sobre Configuración" (CoC)?

   a) Minimizar las decisiones de configuración del desarrollador.

   b) Forzar al desarrollador a seguir una estructura de código específica.

   c) Aumentar la complejidad de la configuración de la aplicación.

   d) Eliminar por completo la necesidad de configuración.

14) ¿Qué herramienta se utiliza para la "contenerización" de aplicaciones, lo que permite que se ejecuten en entornos aislados?

   a) Git

   b) JUnit

   c) Docker

   d) Swagger

15) ¿En qué tipo de arquitectura es más sencillo realizar pruebas unitarias?

   a) Arquitectura monolítica

   b) Arquitectura limpia

   c) Arquitectura sin capas

   d) Arquitectura cliente-servidor

16) ¿Para qué tipo de desarrollo se utiliza principalmente Spring Framework?

   a) Desarrollo *front-end*

   b) Desarrollo de bases de datos

   c) Desarrollo de aplicaciones móviles

   d) Desarrollo *back-end*

CAPÍTULO 2

INSTALACIÓN Y PRIMER CONTACTO

Contenidos

- Instalación de JDK, Visual Studio Code, Maven y Git.
- Creación de un proyecto Spring Boot.
- Estructura de carpetas y código de un proyecto Spring.
- Tipos de datos, variables, operadores y bucles en Java.
- Clases, objetos, métodos y colecciones en Java.

Objetivos

- Instalar y configurar el entorno de desarrollo para Spring.
- Aprender a crear un proyecto Spring Boot.
- Familiarizarse con la estructura de un proyecto Spring.
- Repasar conceptos básicos de programación en Java.

RESUMEN DEL CAPÍTULO

Este capítulo guía al lector a través de la instalación y configuración del entorno de trabajo para el desarrollo con Spring, incluyendo JDK, Visual Studio Code, Maven y Git. Se explica cómo crear un proyecto Spring Boot, se describe la estructura del código y se repasan conceptos básicos de Java como bucles, funciones, clases y colecciones.

2.1. Instalar JDK

Java™ Development Kit (JDK) es el software imprescindible para desarrollar cualquier tipo de aplicación en Java: incluye el intérprete Java, clases Java y herramientas de desarrollo Java (JDT): compilador, depurador, generador de documentación, etc. Es imprescindible su instalación para el desarrollo de aplicaciones en cualquier ecosistema de Java.

Podemos instalarlo de forma independiente, o bien mediante las utilidades que nos ofrece Visual Studio. Vamos a hacerlo con la primera opción, descargamos el zip de **JDK 21** desde: *https://www.oracle.com/es/java/technologies/downloads/#jdk21-windows.*

Descomprimimos en la misma carpeta y movemos la carpeta obtenida a la ubicación que deseemos, por ejemplo: *c:\Archivos de Programa\java\jdk-21.0.5* o simplemente *c:\jdk-21.0.5*

2.2. Visual Studio Code

Ya comentamos en el capítulo anterior lo que era un IDE. En nuestro caso usaremos Visual Studio Code, uno de los más empleados actualmente: es multiplataforma, gratuito y de código abierto, multilenguaje y es configurable y personalizable con multitud de extensiones para desarrollar de forma rápida en prácticamente cualquier lenguaje y framework. Es uno de los recomendados oficialmente por Spring para desarrollar bajo este framework.

2.2.1. Instalación

Para su instalación seguiremos estos pasos:

1. Ir a la página de descargas de la herramienta:

    https://code.visualstudio.com/#alt-downloads

2. Seleccionar Windows-System Installer 64 bits y descargar. (La versión *System Installer* lo instala en Archivos de Programa mientras que la versión *User Installer* lo instala en la carpeta del usuario)

3. Iniciamos instalación haciendo doble clic sobre el archivo descargado. Aceptamos el acuerdo de licencia y dejamos la carpeta de instalación por defecto: *C:\Program Files\Microsoft VS Code* y dejamos el resto de opciones de la instalación con la configuración ofrecida.

2.2.2. Configurar Visual Studio Code

1. La primera vez que lo ejecutemos nos ofrecerá opciones de configuración:

    - Cerramos la pestaña *"Get Started"* sin cambiar ningún parámetro.

    - En la ventana emergente *"Instalar paquete de idioma español"* no lo instalaremos para acostumbrarnos a trabajar en inglés.

2. El paso siguiente será instalar las extensiones para trabajar con Java y Spring. Para ello pulsamos el botón en la barra lateral o pulsamos Cntrl + Alt + X. Buscamos "Java Extension Pack for Java (*VMware*)" y pulsamos *[Install]*.

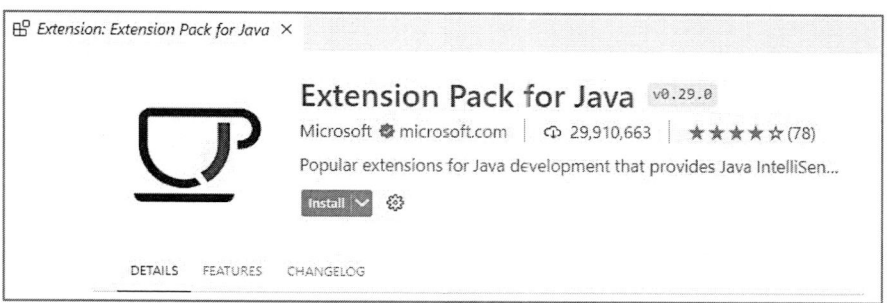

Figura 2.1. Extensión de VSC para Java

3. Buscamos *"Spring Boot Extension Pack"* y pulsamos *[Install]*. Este pack incluye:

   - *Spring Boot* Extension: herramientas para editar y configurar proyectos *Spring*.

   - *Spring Initializr*: generación rápida de la estructura de un proyecto con las dependencias necesarias.

     Más información sobre VSC en: *https://code.visualstudio.com/docs/?dv=win64*

4. Configuración de JDK. Debemos indicar la ubicación del jdk que emplearemos para compilar y ejecutar nuestros proyectos. Hay varias formas de hacerlo, una de ellas sería actualizando la variable de entorno JAVA_HOME, aunque esto podría afectar a otros programas de nuestro ordenador. Otra forma, y es la que vamos a emplear, es añadir a nuestro fichero de configuración ***settings.json*** la variable `java.jdt.ls.java.home` con la ruta donde hayamos instalado el JDK. Esto podemos hacerlo a nivel usuario, para todos sus proyectos (aunque también podría ser a nivel workspace/proyecto). Para ello:

   - Paleta de comandos (*Cntrl + May + P*): escribimos *"Preferences: Open User Settings (JSON)"*.

   - Añadimos la línea con la variable y su valor. Recuerda que en un archivo *json* las líneas (par variable: valor) deben estar separadas por una coma.

     ```
     "java.jdt.ls.java.home": "C:\\Program Files\\Java\\jdk-21.0.5"
     ```

Figura 2.2. Configuración JDK en VSC

- Guardar el archivo y reiniciar Visual Studio Code.

Más información en: *https://code.visualstudio.com/docs/java/java-tutorial*

En caso de tener varios JDK instalados consultar: *https://code.visualstudio.com/docs/java/java-project#_configure-runtime-for-projects*

Podemos configurar muchos más parámetros. Para ello, desde la paleta de comandos, podemos escribir: *Preferences: Open User Settings* y buscar las que consideremos interesantes y configurarlas, por ejemplo, el autoguardado de archivos, formato automático al guardar, etc. Todos ellos añadirán nuevas entradas en el archivo *settings.json*.

2.2.3. Instalación de Maven

Apache Maven es un software que se encarga de la construcción y gestión de nuestros proyectos, haciendo especial hincapié en la gestión de dependencias, de forma que, si nuestro proyecto necesita una determinada librería externa, Maven se encarga de su descarga e incorporación al proyecto de forma sencilla (solo debemos incluir esa dependencia en el fichero de configuración pom.xml). Además, Maven dispone de comandos de consola, entre otros para la ejecución de nuestra aplicación.

Con lo que acabamos de comentar podríamos pensar que es imprescindible instalar Maven para el desarrollo de proyectos Spring, pero en realidad, Spring Boot incluye un plugin llamado *"Maven Wrapper"* que nos permite ejecutar las funcionalidades de este software sin necesidad de instalarlo. Veremos más adelante como nuestro proyecto Spring Boot tendrá archivos y carpetas comenzando por "mvn" que se corresponden con este plugin.

En nuestro caso, vamos a instalarlo para tener mayor flexibilidad y poder ejecutar sus comandos de consola en caso de que surjan problemas con algún proyecto. Para instalarlo:

- Descargar el zip con los binarios (ejecutables) de Apache Maven desde:

  https://maven.apache.org/download.cgi y descomprimirlo en una carpeta cualquiera. Podemos descargarlo "cerca" del JDK por tener todo bien organizado.

- En Visual Studio, instalar la extensión "Maven for Java".

- Añadir en la variable de entorno **PATH** de nuestro sistema, la carpeta */bin* del directorio donde hemos instalado Maven y en la variable **JAVA_HOME** la ruta del jdk (sin /bin).

- Para comprobar que todo está correcto, reiniciar y abrir una consola CMD: `mvn -version`

Una vez instalado, los comandos más habituales que emplearemos son los siguientes:

- `mvn clean`: borra la carpeta /target (código compilado).
- `mvn package`:compila la aplicación y genera el archivo "jar" en la carpeta /target.
- `mvn clean package`: ejecuta los dos comandos anteriores.
- `mvn clean package -DskipTests`:Igual que el anterior, pero sin ejecutar los tests que tuviésemos programados.
- `mvn spring-boot:run`:ejecuta la aplicación Spring Boot.
- `mvn test`: ejecuta los test que tengamos programados.

2.2.4. Git y GitHub

Git no forma parte de Visual Studio Code, sino que es un software independiente de control de versiones utilizado universalmente. Por otra parte, GitHub es un sitio web que permite alojar aplicaciones en la nube y permite la gestión de sus versiones con Git.

Sería muy extenso y no abarcable en este manual explicar las características de Git. Aunque está basado en comandos de texto, Visual Studio Code lo tiene integrado de forma que no es necesario conocer estos comandos, sino que podemos operar directamente desde los menús del IDE.

Descarga e instalación

Git se descarga gratuitamente desde su página oficial: *https://git-scm.com/downloads* y su instalación es sencilla, pudiendo dejar las opciones por defecto que nos ofrece el asistente de instalación. La propia instalación añadirá a la variable PATH la ruta de la aplicación.

No es necesario instalar ninguna extensión en Visual Studio Code para usar Git, podemos acceder a todas sus operaciones desde el panel *"Source Control"* que se activa al pulsar el icono lateral de control de versiones: .

En la web: *https://programacionfacil.org/blog/como-utilizar-git-desde-visual-studio-code/* tienes más información sobre su uso. Existen extensiones como *Git Graph, Git Lens, Git Blame*, etc. que pueden optimizar la gestión de versiones desde VSC, aunque nosotros no las usaremos.

Inicio del repositorio

En Visual Studio abrimos la carpeta raíz del proyecto del que queremos mantener versiones. Pulsamos el icono lateral indicado previamente y se abrirá el panel: *Control de Versiones*. Debemos pulsar el botón: *Iniciar Repositorio*.

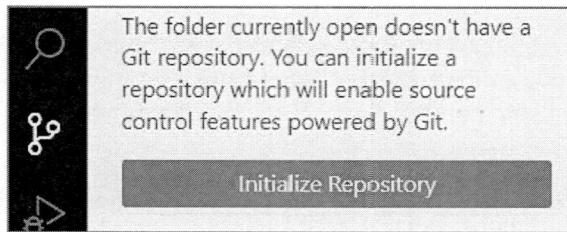

Figura 2.3. Inicio de repositorio Git en VSC

A partir de este momento, esa carpeta y sus subcarpetas estarán bajo control de versiones, aunque en principio, solo a nivel local. Esta carpeta raíz puede ser un proyecto o una carpeta base que englobe distintos proyectos.

La primera vez que creemos un repositorio solicitará una configuración inicial consistente en nuestro email y nombre. Para asignarlo, simplemente abrimos un terminal y ejecutamos estas dos órdenes:

```
git config --global user.email "you@example.com"
git config --global user.name "Your Name"
```

Comandos git

Como hemos comentado no vamos a explicar la arquitectura de git y sus comandos, simplemente comentar que todas las operaciones que realizaremos estarán disponibles en el panel *Control de Versiones,* en el icono de los tres puntitos.

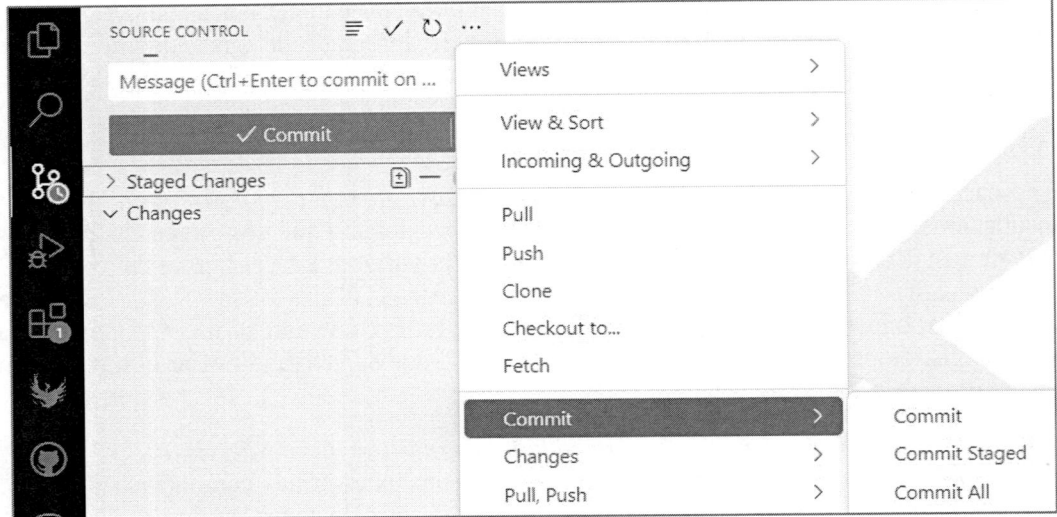

Figura 2.4. Commit en VSC

La operación más habitual será hacer ***commit*** de los cambios producidos y no es necesario hacer *stage* previamente, ya que se pueden hacer ambas operaciones conjuntamente. En el panel de explorador, los archivos modificados a los que no se les haya hecho *commit*, aparecerán en distintos colores y con una letra indicando su situación (*untracked*, *staged*).

Sincronización con Github

Sin crear el repositorio remoto en GitHub, desde el panel *Control de Versiones*, con la opción de menú *Publish* pedirá nuestras credenciales en Github para, a continuación, crear un nuevo repositorio remoto en GitHub con el mismo nombre que el local (nos preguntará si lo queremos hacer público o privado).

Otra opción, para que no cree el nuevo repositorio en GitHub, es crearlo nosotros previamente "a mano" desde la página de Github, copiar la URL asignada y en VSC, añadirlo mediante la opción: ***Remote > Add Remote***. Si trabajamos en varios ordenadores, y ya hemos creado el repositorio en Github anteriormente, esta será la opción a emplear en los nuevos ordenadores en los que trabajemos.

Si queremos actualizar al revés, desde GitHub a local (por ejemplo, para tener en el ordenador de casa todo el trabajo realizado en clase y subido a GitHub), utilizaremos la opción *Pull* del panel.

Permisos en GitHub

Sobre un repositorio, sea público o privado, se pueden añadir colaboradores que tengan acceso al mismo. En la página de GitHub: *Settings > Collaborators*. Para ver todos los repositorios de los que eres colaborador: *https://github.com/* (sin nada más en la URL). Por el contrario, para dejar de ser colaborador, en tu propio perfil abrir *Settings > Repositories > Leave* en el repositorio seleccionado.

2.2.5. Más sobre Visual Studio Code

Teclas aceleradoras más útiles:

- $\boxed{\text{Cntrl}}$ + $\boxed{\text{May}}$ + $\boxed{\text{P}}$: paleta de comandos.

- $\boxed{\text{Cntrl}}$ + $\boxed{+}$ (o bien $\boxed{-}$) : zoom in (o bien zoom out).

- $\boxed{\text{Cntrl}}$ + $\boxed{\text{F5}}$: ejecutar aplicación (sobre el archivo con el main). Al lanzarlo nos aparece la ventana de herramientas para gestionar el servidor:

- $\boxed{\text{May}}$ + $\boxed{\text{F5}}$: parar el servidor

- $\boxed{\text{Cntrl}}$ + $\boxed{\text{C}}$ y $\boxed{\text{Cntrl}}$ + $\boxed{\text{V}}$: duplica línea en la que está el cursor, sin tener que seleccionarla

- En documentos HTML, nombre de etiqueta sin <,> + TAB: genera la etiqueta completa (*doc + TAB genera un esqueleto de documento completo*).

- $\boxed{\text{Alt}}$ + $\boxed{\uparrow}$ Flecha arriba / $\boxed{\text{Alt}}$ + $\boxed{\downarrow}$: mueve arriba/abajo la línea en la que está el cursor. *Si hay un grupo de líneas seleccionada, mueve todas.*

- $\boxed{\text{Cntrl}}$ + $\boxed{\text{K C}}$: comenta la línea actual, o el bloque seleccionado.

- $\boxed{\text{Cntrl}}$ + $\boxed{\text{K U}}$: descomenta la línea actual, o el bloque seleccionado.

- $\boxed{\text{Cntrl}}$ + $\boxed{\text{S}}$: guarda el documento.

- $\boxed{\text{May}}$ + $\boxed{\text{Alt}}$ + $\boxed{\text{F}}$: formatea el documento para que quede bien indentado.

- $\boxed{\text{May}}$ + $\boxed{\text{Alt}}$ + $\boxed{\text{O}}$: añade los imports necesarios de las clases usadas en el archivo.

- $\boxed{\text{F2}}$: renombrar archivos, variables, etc.

- $\boxed{\text{F8}}$: si hay errores de compilación, nos sitúa en ellos (menú: *Go > Next Problem*).

Extensiones interesantes:

- Thymeleaf (tiene *snippets* de código).

- HTML preview (permite ver la apariencia HTML en el propio VSC, icono arriba derecha).

- Open in browser (con botón derecho se muestra la página en el navegador que queramos).

- MySQL (cliente para MySQL), DataBase client for VS Code, DataBase Explorer.

- Thunder Client (como Postman, pero sin necesidad de registro ni conexión a internet).

- Snippets de código Java y Spring.

- SpotBugs, CheckStyle, etc.

Configuración

En el archivo **settings.json** (*donde añadimos la variable: java.jdt.ls.java.home*) podemos añadir otros parámetros de personalización, por ejemplo, si no queremos que sugiera el nombre de los parámetros de los métodos a medida que vamos escribiendo, añadiríamos:

```
"java.inlayHints.parameterNames.enabled": "none"
```

Otro parámetro que podemos incluir es la gama de colores, por ejemplo, para fondo claro: `"workbench.colorTheme": "Solarized Light"` o bien `"Default Light+"` aunque también podría cambiarlo desde la paleta de comandos: *Preferences >> Color Theme*.

Ejercicio 2.1

Instala JDK21 y Visual Studio Code. Sobre este último instala las extensiones necesarias. A continuación, realiza la configuración necesaria para proyectos Java/Spring.

2.3. Primer proyecto

Tenemos dos formas de crear un proyecto desde cero, o bien a través de la web oficial que Spring ofrece para ello: *https://start.spring.io* o bien a través del propio Visual Studio. Si elegimos la primera opción descargará un zip que debemos descomprimir sobre una carpeta y en el segundo caso pedirá el nombre de la carpeta "padre" sobre la que creará la carpeta del proyecto.

VSC trabaja con el concepto de *WorkSpace* que podemos asimilar a carpeta de proyecto. Podríamos crear subcarpetas con distintos proyectos relacionados, pero en ciertos casos pueden provocar algún conflicto. Todas las subcarpetas del workspace se mostrarán en un solo panel lateral de VSC.

Para crear el proyecto desde VSC, abrimos la paleta de comandos (*Menú View > Command Palette* o bien Ctrl + May + P) y seleccionamos ***"Spring Initializr: Create a Maven Project"***.

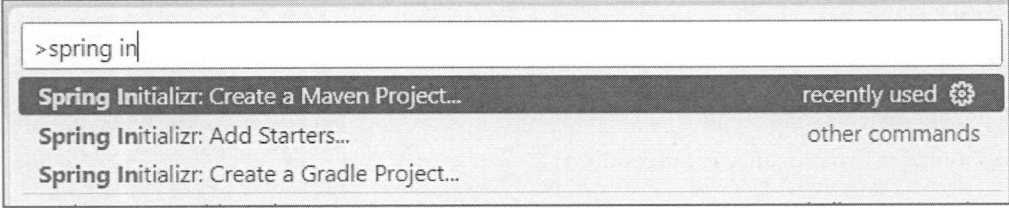

Figura 2.5. Crear proyecto Spring en VSC

Seguimos los pasos que nos va indicando:

- **Versión de Spring**: dejamos la que nos indica por defecto

- **Lenguaje**: Java

- **Group id**: esta será la raíz de los paquetes de nuestro proyecto, suele ser: *com.nombreOrganizacion*, pero por ahora podemos dejarlo con su valor por defecto.

- **Artifact id**: será el nombre del programa, podemos generar un estándar de nombres para los ejercicios de este manual, pero en este primer caso, podemos dejarle su nombre por defecto.

- **Packaging type**: jar. Al generar un archivo jar, el propio programa tendrá un servidor web embebido por lo que podremos ejecutarlo de forma independiente. El empaquetado "war" sería para ubicar el proyecto en un servidor web externo.

- **Versión de Java**: deberá coincidir con alguno de los jdk que tengamos instalado, vamos a seleccionar 21, que es la última versión de Java LTS (Long Time Support).

- **Dependencias**: marcaremos aquí las dependencias (librerías) que serán necesarias para nuestro proyecto. Por ahora solo seleccionaremos starter-Web, Spring Boot DevTools, aunque más adelante incorporaremos otras como Lombok o las relativas al gestor de base de datos que empleemos en nuestros proyectos. Pulsamos *[Enter]* cuando no queramos introducir más.

Finalmente, preguntará en que carpeta guardar el proyecto, seleccionamos una carpeta raíz en la que almacenaremos todos nuestros proyectos. Visual Studio creará una carpeta con el nombre que le hayamos dado a nuestro artifact id, con la estructura de archivos y carpetas de un proyecto Spring.

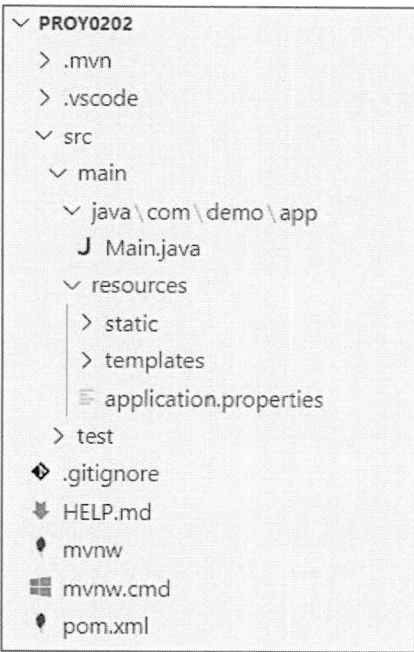

Figura 2.6. Estructura de carpetas del proyecto

2.3.1. Estructura de un proyecto Spring Boot

En el panel lateral "Explorer" podemos ver la estructura del proyecto creado. En la imagen siguiente tendríamos una carpeta raíz llamada en este caso *PROYECTOS-SPRING* y en ella se habría generado la carpeta 'ejemplo01' al crear el proyecto. Podemos ver nuestro proyecto desde ese panel o desde el panel **Java Projects**.

Viendo la estructura del proyecto vemos las carpetas generadas, siendo 'src' donde está todo el código fuente y la que más nos interesa en estos momentos.

- **src\main** contiene, organizado en paquetes, el código fuente de nuestra aplicación.

- **resources\static** contiene elementos estáticos como imágenes, archivos HTML (estáticos), CSS, etc.

- **resources\templates** contiene, como se verá más adelante, las páginas HTML que verán los visitantes, pero HTML que contendrá código dinámico.

- Fichero **application.properties** que mantiene configuración por defecto del proyecto y al que podemos añadir parámetros de comportamiento. Por ejemplo, se puede cambiar el puerto en el que se ejecuta el servidor embebido. Los cambios en este fichero implican recargar el proyecto.

En la carpeta **src/** vemos que ya hay un primer archivo .java que contiene el método *main* y será lo que arranque primero el servidor web (por defecto Tomcat) y a continuación nuestra aplicación. Esta clase deberá estar anotada con ***@SpringBootApplication***.

```
src > main > java > com > example > myapp > J Main.java > ...
 1    package com.example.myapp;
 2
 3    import org.springframework.boot.SpringApplication;
 4    import org.springframework.boot.autoconfigure.SpringBootApplication;
 5
 6    @SpringBootApplication
 7    public class Main {
 8
      Run | Debug
 9        public static void main(String[] args) {
10            SpringApplication.run(Main.class, args);
11        }
12    }
```

Figura 2.7. Clase "main" del proyecto

Otro panel interesante es "Java Projects", que aparece cuando hacemos clic en un archivo java (en la carpeta src/main). Desde este panel crearemos nuevos paquetes en nuestro proyecto.

2.3.2. pom.xml y dependencias starter

Uno de los ficheros más importantes dentro de un proyecto Spring Boot con Maven es el *pom.xml* en el que se refleja la configuración que le asignamos al crear el proyecto y que podremos modificar, por ejemplo, para añadir nuevas dependencias, cambiar el empaquetado de *jar* a *war*, cambiar la versión de Java, etc.

Nuestro *pom.xml* (**pom simple**) hereda configuración por defecto de un pom "padre", o **super pom** por lo que el pom.xml real (se llama **pom efectivo**) es más completo aún del que vemos en el proyecto. Así nos despreocupamos de mucha de la configuración.

```xml
<parent>
    <groupId>org.springframework.boot</groupId>
    <artifactId>spring-boot-starter-parent</artifactId>
    <version>3.2.5</version>
    <relativePath/>
</parent>
```

```
pom.xml
1    <?xml version="1.0" encoding="UTF-8"?>
2    <project xmlns="http://maven.apache.org/POM/4.0.0" xmlns:xsi="http://www.w3.org/2001/
3        xsi:schemaLocation="http://maven.apache.org/POM/4.0.0 https://maven.apache.org/xs
4        <modelVersion>4.0.0</modelVersion>
5        <parent>
6            <groupId>org.springframework.boot</groupId>
7            <artifactId>spring-boot-starter-parent</artifactId>
8            <version>3.2.2</version>
9            <relativePath/> <!-- lookup parent from repository -->
10       </parent>
11       <groupId>com.proyectosspring</groupId>
12       <artifactId>proy0202</artifactId>
13       <version>0.0.1-SNAPSHOT</version>
14       <name>proy0202</name>
15       <description>Demo project for Spring Boot</description>
16       <properties>
17           <java.version>17</java.version>
18       </properties>
19       <dependencies>
20           <dependency>
21               <groupId>org.springframework.boot</groupId>
22               <artifactId>spring-boot-starter-thymeleaf</artifactId>
23           </dependency>
24           <dependency>
25               <groupId>org.springframework.boot</groupId>
26               <artifactId>spring-boot-starter-web</artifactId>
27           </dependency>
28
```

Figura 2.8. Archivo pom.xml

También observamos es que las dependencias que llevan el prefijo starter no incluyen la versión. También es gestionado de forma automática mediante el pom "padre".

Las dependencias starter son dependencias (librerías necesarias para la aplicación) que añadirán a su vez otras dependencias necesarias para el funcionamiento de las primeras, y así transitivamente. Esto hará que se añadan un número elevado de jar, pero lo más importante es que también se añadirá una configuración por defecto de las mismas.

Así pues, las dependencias starter nos evitan mucho trabajo de elegir las dependencias necesarias, qué otras dependencias necesitan estas, versiones de cada una de ellas y su configuración. Por ejemplo, si añadimos la dependencia starter "jpa" añadirá todas las dependencias para trabajar con repositorios JPA como veremos más adelante.

Además de añadir las dependencias starter en el momento de crear el proyecto como acabamos de ver, también podríamos añadirlas posteriormente, durante el desarrollo del proyecto. Para ello, debemos buscarlas en el repositorio Maven (mvnrepository.com) y añadirlas directamente en el pom.xml.

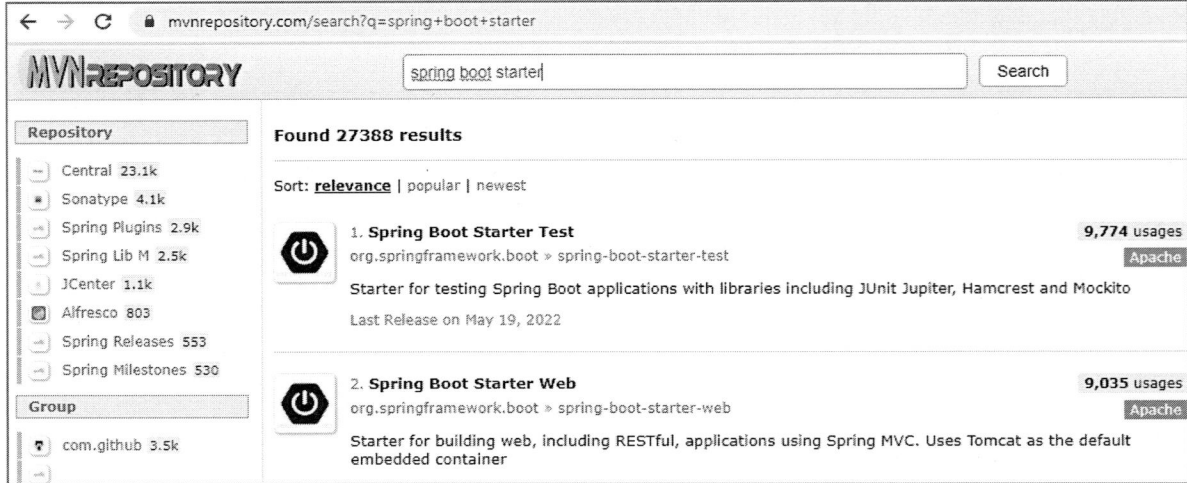

Figura 2.9. Repositorio de dependencias Maven

Todas las oficiales empiezan por "spring-boot-starter-" y las más usuales son:

- *web*: para aplicaciones Web, API REST, MVC.
- *data-jpa:* Acceso a datos mediante JPA e Hibernate
- *thymeleaf*: motor de plantillas para hacer dinámicas las vistas MVC.
- *validation:* contiene anotaciones para validaciones automáticas de atributos de las clases.
- *test:* testing con JUnit, Hamcrest y Mockito.

Serán las típicas que incluiremos en nuestros proyectos, además de *webtools*, que no es *starter,* pero permite el *reload* automático del servidor embebido cuando guardamos los cambios en el proyecto. Así no es necesario reiniciar el servidor cada vez que hacemos un cambio, esta característica es muy útil en fases de desarrollo. *Lombok* será otra dependencia frecuente de la que hablaremos más adelante.

2.3.3. Ejecutar un proyecto Spring

La forma más sencilla de ejecutar nuestra aplicación desde VSC será pulsando $\boxed{\text{Cntrl}}$ + $\boxed{\text{F5}}$ sobre el archivo que contiene el main (o botón derecho > *Run*). Esto realizará la compilación y, si no hay errores, lanzará el servidor web embebido (Tomcat) y comenzará la ejecución de nuestra aplicación. Con $\boxed{\text{May}}$ + $\boxed{\text{F5}}$ paramos el servidor.

Como comentábamos previamente, al ejecutarlo se abre un pequeño panel de gestión del servidor que nos permite pararlo, relanzarlo, etc.

En la ventana de **terminal** podemos comprobar el resultado del proceso de compilación, el lanzamiento del servidor, veremos también el puerto en el que se está ejecutando nuestra aplicación y los eventos de *logging* que se produzcan. También se mostrarán los mensajes de nuestra aplicación que hagamos mediante *System.out.print* y similares.

Para ejecutar nuestra aplicación abriremos un navegador en *http://localhost:8080*.

```
  .   ___ _            _           ___  ___
 /\\ / ___'_ _ _ _(_)_ __ __ _ \ \ \ \
( ( )\___ | '_ | '_| | '_ \/ _` | \ \ \ \
 \\/  ___)| |_)| | | | | || (_| |  ) ) ) )
  '  |____| .__|_| |_|_| |_\__, | / / / /
 =========|_|==============|___/=/_/_/_/
 :: Spring Boot ::                (v3.2.2)

2024-09-22T19:53:16.776+02:00  INFO 10396 --- [  restartedMain] com.demo.app.Main                        : Starting
Main using Java 17.0.11 with PID 10396 (F:\_Curso_Actual (sync @rdf)\2_SPRING\Ejercicios Resueltos\TEMA2\proy0202\ta
rget\classes started by Usuario in F:\_Curso_Actual (sync @rdf)\2_SPRING\Ejercicios Resueltos\TEMA2\proy0202)
2024-09-22T19:53:16.776+02:00  INFO 10396 --- [  restartedMain] com.demo.app.Main                        : No active
 profile set, falling back to 1 default profile: "default"
2024-09-22T19:53:17.     00  INFO 10396 --- [  restartedMain] o.s.b.w.embedded.tomcat.TomcatWebServer  : Tomcat in
itialized with port 8080 (http)
2024-09-22T19:53:17.     00  INFO 10396 --- [  restartedMain] o.apache.catalina.core.StandardService   : Starting
service [Tomcat]
```

Figura 2.10. Aplicación ejecutándose

Podemos cambiar este puerto por defecto en el fichero *application.properties* como veremos a continuación. Como no tenemos ninguna página de inicio en nuestra aplicación, se producirá el siguiente error:

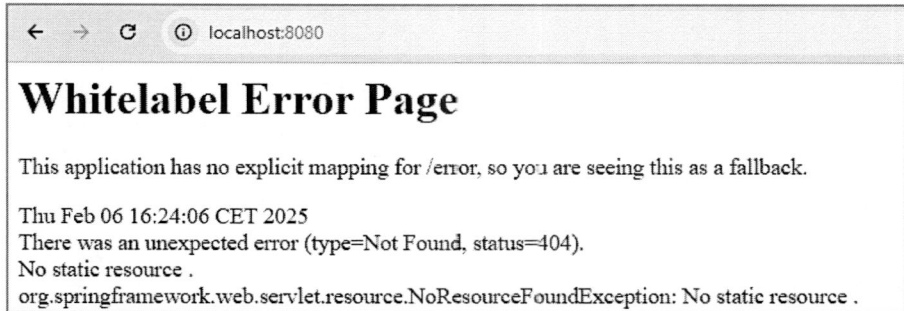

Figura 2.11. Mensaje de error estándar

Para evitar este error, a modo de prueba, puedes incluir en la carpeta *resources/static* un archivo *index.html* con un contenido cualquiera, que mostrará, en vez del mensaje de error.

Otras formas de ejecutar un proyecto, sería desde el terminal, con comandos Maven, situados en la carpeta raíz del proyecto:

```
mvn clean
mvn install
mvn spring-boot:run
```

También podríamos generar el archivo .jar con el comando Maven: mvn package (lo crearía en la carpeta target) y luego ejecutarlo desde esa misma carpeta, mediante el comando:

```
java -jar nombreProyecto.jar
```

Para el comando *java -jar* utilizará la primera versión de *jdk* que se encuentre en las rutas de la variable de entorno *PATH* del sistema.

Dentro de los archivos que componen nuestro proyecto, disponemos de un archivo ***mvnw.cmd*** que es un script Maven Wrapper para Windows que verifica si la versión correcta de Maven está disponible. Si no lo está, descarga e instala la versión especificada de Maven para el proyecto. Podemos usar todos los comandos Maven vistos previamente, por ejemplo, así:

```
./mvnw.cmd clean install
```

2.3.4. Spring Boot Initializr

Otra forma de crear un proyecto, independiente del IDE con el que trabajemos, es a través de la página que nos ofrece Spring para esta tarea: *https://start.spring.io/.* En ella, parametrizaremos el proyecto al igual que hicimos desde VSC (versión de Java, artifact Id, etc.) y nos generará un zip que podremos descomprimir en nuestro workspace.

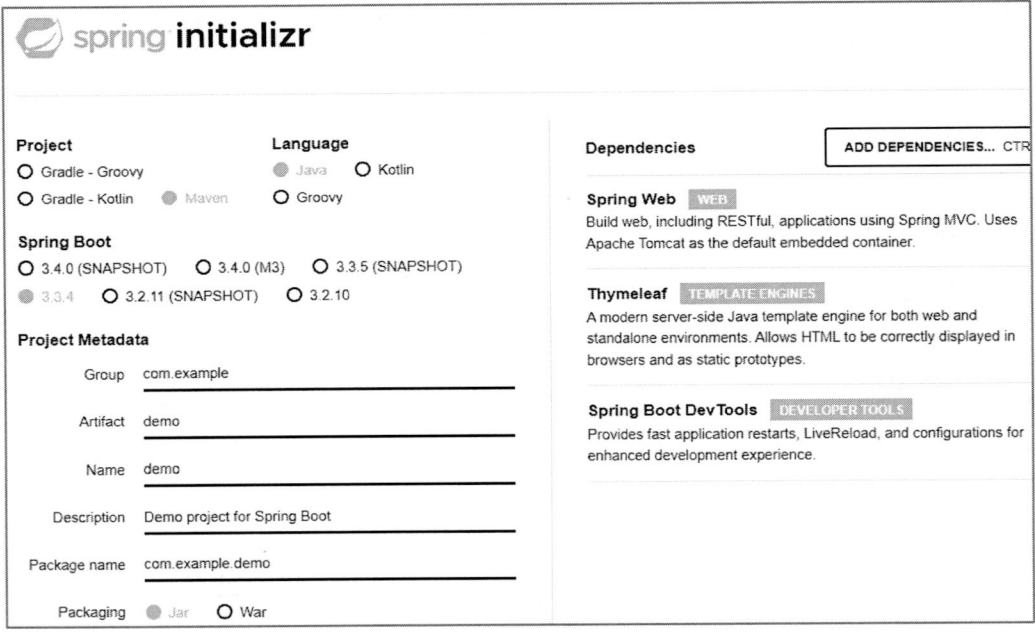

Figura 2.12. Spring Initilizr

Una tercera forma de crear un proyecto será copiando y pegando otro proyecto (la carpeta global que contiene todo el proyecto). Para desarrollar los ejercicios de este manual, será muy habitual, ya que haremos en los distintos ejercicios distintas versiones de una misma aplicación. Esto nos obliga a cambiar en el *pom.xml* el *ArtefactId* y el *name* y también las dependencias, en caso de que necesitásemos otras distintas.

Por otra parte, el nombre por defecto asignado al paquete raíz es el del *ArtifactId*, así que, si no queremos tener que renombrarlo cada vez que hagamos una nueva copia del proyecto, deberíamos asignarle un nombre más general a ese paquete, y no el nombre del proyecto. Y hacer lo mismo con el nombre de la clase java que contiene el *main*.

2.3.5. Estructura del código

Spring Boot no condiciona la estructura de un proyecto, **pero debemos crear todas las clases en el paquete raíz** (es el que se ha generado al crear el proyecto y donde está la clase anotada con @SpringBootApplication) **o bien en subpaquetes del mismo**. No podemos crear clases sin paquete (paquete "default") o fuera de esa jerarquía que parte en el paquete principal, si no, no serán reconocidas por Spring en ese escaneo de componentes que realiza el inversor de control que comentábamos en el primer capítulo *¡Esto suele ser un error frecuente!*

La nomenclatura de los paquetes está pensada como un dominio web al revés, por ejemplo: *com.miempresa.miproyecto*. Ahí estará la clase con la anotación principal de nuestra aplicación: *@SpringBootApplication* y a partir de ahí, diferentes paquetes.

2.3.6. Configuración del proyecto

Existen varias formas de configurar el proyecto y todas son complementarias.

- **Archivo pom.xml:** como ya hemos visto, en este archivo se configuran parámetros generales, como versión de JDK, empaquetado jar o war, dependencias, etc.

- **Clases con la anotación @Configuration:** serían clases Java "normales" pero dedicadas a la configuración. Se ejecutan al iniciar la aplicación.

- **Archivo application.properties:** podemos fijar ciertos parámetros en este archivo que se genera vacío cuando creamos el proyecto. Un parámetro típico es el cambio de puerto en el que se ejecutará la aplicación ya que, por defecto, se usa el puerto 8080 y este puerto suele ser empleado por muchas aplicaciones y puede generar algún conflicto a la hora de ejecutar el proyecto. Haríamos: `server.port=9000`

- **Anotaciones:** a lo largo de este manual veremos cómo al anotar clases o métodos logramos que se configuren con un comportamiento determinado. Ya hemos visto *@SpringBootApplication* que generaba una configuración completa para que nuestro proyecto funcionase. Otros ejemplos son los estereotipos vistos en el primer capítulo: @Component, @Service, @GetMapping…

2.4. Contenido estático

Al crear un proyecto, Spring Boot considera la carpeta *src/main/resources/static* como la carpeta raíz de nuestro proyecto, de cara a mapear URL de recursos. La carpeta */static* es la ubicación habitual para el contenido estático: esto es páginas HTML estáticas, archivos CSS, imágenes, etc. Si ponemos en */static* un fichero *index.html*, la aplicación arrancaría directamente mostrando ese documento.

Podemos crear dentro de */static* carpetas */images*, */css*, etc. y en nuestros proyectos referenciarlos como si */static* fuera la raíz de documentos. Por ejemplo, si en */static/images* añadimos una imagen con nombre *logo.png* la URL `http://localhost/img/logo.png` sería correcta. También, en cualquier página de proyecto podríamos incluir: `<img src="/images/logo.jpg"/>`.

2.4.1. WebJars

JQuery, BootStrap y otras librerías son recursos estáticos que se emplean frecuentemente. La forma de incorporarlos a nuestros proyectos en muchos casos es incluyendo las URL originales de las librerías (CDN) o bien descargándolas en nuestro servidor, y emplear URL locales.

Esta forma de trabajar tiene algunos problemas: en el primer caso (CDN) hay una penalización temporal en la descarga de las librerías y dependemos de que el servidor de las mismas esté operativo. En el segundo caso, obliga a la descarga esos archivos y gestionar sus versiones. Spring nos aporta mediante *WebJars* una forma de trabajar con estos recursos estáticos similar al resto de dependencias Maven, de forma que, si en nuestra configuración cambiamos la versión del recurso, se descargue de forma automática esa nueva versión de forma transparente para nosotros.

En su web: *https://www.webjars.org* podemos acceder a esas dependencias que incluiríamos en nuestro pom.xml. La web dispone de una casilla de búsqueda en la que podemos seleccionar el formato de la dependencia, en nuestro caso "Maven". Para BootStrap:

```
<dependency>
    <groupId>org.webjars</groupId>
    <artifactId>bootstrap</artifactId>
    <version>5.1.2</version>
</dependency>
```

Podemos añadir una dependencia adicional desde el repositorio Maven para no tener que indicar en cada plantilla la versión de BootStrap que estamos usando. Simplemente cambiando la versión de la dependencia anterior en el pom.xml, se actualizaría automáticamente la versión de todas las plantillas. Se dice que estamos trabajando con "versiones agnósticas". Esta dependencia se llama *webjars-locator* y la incluimos así en el pom.xml:

```
<dependency>
    <groupId>org.webjars</groupId>
    <artifactId>webjars-locator</artifactId>
    <version>0.45</version>
</dependency>
```

Ahora tenemos que cambiar nuestras plantillas, para que "apunten" a las webjars en vez de a las URL habituales:

```
<link href="/webjars/bootstrap/css/bootstrap.min.css" rel="stylesheet">
<script src="/webjars/bootstrap/js/bootstrap.bundle.min.js"></script>
```

Se puede comprobar en las URL que, al incluir la dependencia *webjar-locator*, no tenemos que indicar en cada página la versión de las librerías, solo cambiando el pom.xml se actualizarían todas las páginas.

Ejercicio 2.2

Crea un primer proyecto Spring Boot a través del asistente de VSC. Incluye las dependencias starter spring-Web, starter-Thymeleaf y DevTools, en Java 21, empaquetado jar. Configura para que escuche por el puerto 9000 y que solo contenga una página index.html con un titular *"Hola mundo"*. Ejecuta la aplicación y comprueba en el navegador que funciona correctamente.

Ejercicio 2.3

Crea un segundo proyecto a partir de *https://start.spring.io* con las mismas características que el anterior. En este caso consistirá en una web *estática* de tu equipo favorito del deporte que prefieras (también puede ser de un grupo de música o un director de cine, etc.) crea una estructura de cuatro páginas HTML estáticas:

- *index.html* : descripción general del equipo, historia, etc.

- *palmares.html* : lista de títulos obtenidos.

- *galería-fotos.html* : fotos relevantes del equipo.

- *enlaces-externos.html* : URL a otras páginas: página oficial del equipo, Wikipedia, etc.

Configúralo para que se ejecute en el puerto 9000. Añade alguna imagen a todas las páginas.

Ten cuenta que la carpeta raíz para *css*, *scripts*, imágenes y *html* estático es 'static' por lo que nunca aparecerá la partícula 'static' en las URLs. Por ejemplo, un enlace a 'palmares.html' que está directamente en */static* será así: <a href="/palmares.html">palmarés<a>.

 **NOTA.**

En Visual Studio Code: Pulsa: ! + TAB al empezar a editar un documento HTML. Generará una plantilla.

Figura 2.13. Ejemplo de solución ejercicio 2.3

2.5. El lenguaje Java

Aunque la materia de este manual se centra en el marco de trabajo Spring Framework, la programación subyacente que hay sobre el mismo es el lenguaje Java, y nuestras aplicaciones web estarán escritas en Java. Explicar este lenguaje sería objeto de un manual completo en sí mismo, pero vamos a hacer un resumen de sus características fundamentales. Conociendo cualquier otro lenguaje de programación y el paradigma de la programación orientada a objetos, no es complicado adquirir soltura rápidamente en el desarrollo de aplicaciones en Java.

Java es un lenguaje que no es compilado ni interpretado, sino que junta las ventajas de ambas visiones. Una aplicación Java se compila a un código intermedio (llamado *bytecode*) y este puede ejecutarse en cualquier ordenador que tenga instalado un software denominado "máquina virtual Java" (JVM) sin importar la arquitectura de este ordenador. Esto hace que el mismo código pueda ser ejecutado en un ordenador con Linux, Windows, etc.

Al programar en Java, es importante entender dos componentes clave: el JDK y el JRE. Ambos son esenciales para desarrollar y ejecutar aplicaciones Java, pero tienen roles diferentes.

- **JRE (Java Runtime Environment)** es el entorno de ejecución de Java. Incluye la Máquina Virtual de Java (JVM) que interpreta y ejecuta el *bytecode* Java y las librerías estándares necesarias para ejecutar programas. El JRE es imprescindible para ejecutar los programas Java, pero no incluye herramientas para desarrollar programas.

- **JDK (Java Development Kit)** es el Kit de Desarrollo de Java. Es un conjunto de herramientas necesarias para desarrollar aplicaciones en Java. Incluye el JRE y contiene el compilador para generar el bytecode y también otras herramientas como el *debugger* (ayuda a solucionar problemas en el código), el empaquetador de archivos jar, generador de documentación, etc. El JDK es imprescindible para el programador en Java, pero no es necesario para los usuarios que quieran ejecutar programas Java.

  Existen distintas distribuciones de JDK entre las que destacamos:

  - ✓ **Oracle JDK:** es la versión oficial, proporcionada por Oracle Corporation. Incluye características adicionales y optimizaciones específicas que no siempre están presentes en otras distribuciones. Es gratuito para desarrollo personal y a partir de la versión 21, también para uso comercial.

  - ✓ **OpenJDK:** proporcionado por la comunidad OpenJDK, patrocinada por Oracle y otros contribuyentes con licencia GPL. Es de código abierto e incluye las mismas características que Oracle JDK, pero puede carecer de algunas optimizaciones y herramientas adicionales específicas de Oracle.

  - ✓ **Amazon Corretto:** otra distribución gratuita similar a OpenJDK proporcionada por Amazon Web Services (AWS).

Los archivos de código fuente tienen extensión *.java*, generando en el proceso de compilación archivos con extensión *.class*. La aplicación final, que incluye los archivos *.class* y el resto de recursos, será un archivo con extensión *.jar*, que podrá ser ejecutado en cualquier máquina con un JRE en una versión compatible.

2.5.1. Conceptos básicos

Creación de un programa

Para crear un programa en Visual Studio Code, teniendo la misma configuración de entorno que la descrita para Spring Framework (JDK, extensiones, etc.), haremos lo siguiente: desde el menú superior: *View >> Command Palette >> Java: Create Java Project*, completando los parámetros que solicita secuencialmente: *Maven >> No arquetype*, e indicando un nombre cualquiera para el *group id* y para *artifact id*.

El *group id* determinará la estructura inicial de paquetes (carpetas) en las que se organiza el código y el *artifact id* será el nombre del programa en el archivo de configuración *pom.xml*.

Finalmente solicita la carpeta en la que insertar el proyecto y en ella creará una carpeta que llevará por nombre el que le hayamos dado al *artifact id*. Esta carpeta contendrá la estructura del proyecto en formato Maven, con el archivo de configuración *pom.xml* y la carpeta *src*.

Bajo la carpeta *src* veremos la estructura paquetes (carpetas) predeterminada y finalmente los archivos *.java* sobre los que trabajaremos. Inicialmente, partimos de un único archivo: *App.java*, que contiene el método *main,* y que será el que contiene el código que se ejecutará.

Tipos de datos y variables

Java dispone de tipos de datos no orientados a objetos, a los que llamamos tipos primitivos, y son los siguientes:

- `byte, short, int, long:`   números enteros de 1,2,4 y 8 bytes respectivamente.

- `char:`   un único carácter.

- `float, double:`   números decimales de 4 y 8 bytes respectivamente.

- `boolean:`   valores true y false.

➤ **Ejemplos**:
```
int a, A, edad;        // declara tres variables enteras: a, A, y edad
int d = 3, e, f1 = 5;   // tres enteros más, inicializando d y f1
byte z = 22;       // inicializa z.
double pi = 3.14159;    // declara una aproximación de PI
char x = 'x';       // la variable x tiene el valor 'x'
```

Las variables se pueden declarar en cualquier punto del programa, pero solo son válidas en el ámbito del programa en el que se han definido, pudiendo ser globales para todo el programa, locales a un método o incluso locales a una estructura *while, if,* etc. El ámbito lo define el bloque de código delimitado por llaves {} donde se ha definido la variable.

Las variables globales de la aplicación deben precederse de *static*.

Si anteponemos a una variable el atributo *final,* se convierte en una constante, de forma que no se puede modificar una vez que se le dé un valor.

> **NOTA.** Es un estándar de Java el que los nombres de las variables (y métodos) comiencen con minúscula y empleen notación "camelcase", los nombres de las clases comiencen con mayúscula también con notación "camelcase", y las variables finales (constantes) con todas sus letras en mayúsculas y guion bajo para separar partículas. Ejemplos:
> ```
> String nombreAlumno;
> class CalificacionAlumno . . .
> final int PORCENTAJE_IMPUESTO=0.21;
> ```

Java es muy estricto en con los tipos de datos y su conversión entre los mismos, por ello, si en una operación se espera un tipo y le ofrecemos un tipo compatible, pero con menos precisión, se producirá un error (por ejemplo, entre *double* y *float*).

Para solucionar este problema disponemos del *casting,* mediante el que le decimos a un variable que se comporte como un tipo diferente al que tiene, pero compatible. Se realiza, anteponiendo a la variable, el tipo final entre paréntesis.

➢ **Ejemplo:**
```
double numeroDecimal = 9.78;

int numeroEntero = (int) numeroDecimal;
```

Cadenas

Las **cadenas** en Java no son un tipo primitivo, son objetos inmutables, concretamente de la clase String (también disponemos de clases más evolucionadas como *StringBuilder* y *StringBuffer*). Para crearlas podemos emplear distintos medios. Simplemente:
```
String cad="Hola mundo";
```
O con una notación más propia de objetos:
```
String cad = new String("Hola mundo");
```
Esta clase tiene muchos métodos útiles. Sería muy extenso enumerarlos todos, pero estos serían algunos de los que emplearemos más frecuentemente:

- `length()`   devuelve la longitud de la cadena.
- `charAt(int posición)`   devuelve el *char* (letra), situado en la posición indicada.
- `indexOf(char letra)`   devuelve la posición en la que se encuentra *letra* o bien -1 si no la encuentra.
- `equals (String cad)`   devuelve *true* si la cadena es igual a *cad*.

Las posiciones de una cadena empiezan en cero y terminan en *length()-1*. Por otra parte, al ser objetos, estos métodos se invocan sobre una instancia de una cadena, seguidos de un punto; por ejemplo:
```
int pos=cad.indexOf('a');
```

Operadores

Estos son los operadores aritméticos y lógicos:

```
+ , - , * , /      : Suma, resta, multiplicación, división.
++ , --            : Incremento y decremento
+=                 : Suma y asignación    (también -=, *=, /=)
%                  : Módulo (resto de división entera)
&&                 : And lógico
||                 : Or lógico
!                  : Not lógico
```

Entrada/Salida por consola

La **entrada/salida** se hace mediante una instancia de la clase *Scanner* que debemos crear e inicializar previamente: `Scanner sc = new Scanner (System.in);`

Luego, disponemos de distintos métodos: *nextInt(), nextFloat(), nextLine()*, etc. para leer enteros, números con decimales o cadenas, respectivamente.

```
int num = sc.nextInt();
```

La salida se puede realizar mediante varios métodos. El más habitual es *System.out.println* al que se le pasa como parámetro una cadena. Podemos emplear el operador + para concatenar cadenas.

```
System.out.println ("El resultado es " + importe + " euros");
```

Existen otros métodos similares como *print* y *printf*.

Estructura condicional

La estructura condicional tiene el siguiente formato:

```
if (temperatura > 25)
    System.out.println("A la playa!!!");
else
    System.out.println("A la montaña!!!");
```

La condición debe poder evaluarse como verdadero o falso, puede ser una variable *boolean*, puede emplear un operador lógico, etc. Si la rama "then" o la rama "else" incluye más de una línea, el bloque irá entre llaves.

Para una condición múltiple sobre la misma variable disponemos del *switch* con dos formatos diferentes:

```
switch (expresión) {
    case valor1:    //sentencias;
                    break;
    case valor2:    // secuencias;
                    break;
    case valorN:    // sentencias;
                    break;
    default:        // secuencia de sentencias por omisión
}
```

La expresión debe ser del tipo *byte, short, int, char o String*. La sentencia **break** se utiliza dentro del *switch* para terminar la ejecución del *switch*. Si omitimos el *break* en un *case:* la ejecución continuaría por los siguiente *case*.

Desde Java 14, existe una nueva versión de *switch* que sustituye los dos puntos por "->" y no necesita *break*, de forma que solo se ejecuta el código de cada *case* y no de los siguientes (como ocurría en el caso anterior si no incluíamos *break*). En este caso, si el código de un *case* incluye más de una línea, debe ir entre llaves.

```
switch (numMes) {
      case 1,3,5, 7,8,10,12 -> { numDias = 31;
                                 mesLargo = true; }
      case 2                 -> numDias = 28;
      case 4,6,9,11          -> numDias = 30;
}
```

Disponemos de un operador condicional más: "?", denominado comúnmente, operador "Elvis" con esta estructura: `condicion ? expresionTrue : expresionFalse` y que se usa en condiciones simples y también para asignar el resultado de la expresión a una variable.

Como ejemplo, el código: `if (x > y) mayor = x; else mayor = y;` podría escribirse como: `mayor = (x > y) ? x: y;`

Estructura repetitiva

Tenemos tres estructuras diferentes: for, while y do-while, con la siguiente sintaxis:

```
for (inicialización; condición; iteración) {
   // operaciones que se van a ejecutar repetidamente
}
while (condición) {
   // operaciones que se van a ejecutar repetidamente
}

do {
   // operaciones que se van a ejecutar repetidamente
} while (condición);
```

La primera se ejecuta un número fijo de veces, determinado por los valores de inicio, condición e iteración. La segunda se puede ejecutar cero o más veces ya que se evalúa la condición antes de ejecutar las instrucciones del interior y, por último, la tercera se ejecutará una o más veces, ya que primero se ejecutan las instrucciones del bucle y al final se evalúa la condición.

En las instrucciones dentro del bucle tenemos dos sentencias de salto posible: *break* y *continue*. La primera finaliza el bucle, pasando a la siguiente instrucción del programa, mientras que la segunda termina la iteración actual del bucle pasando a la siguiente iteración.

Funciones

Aunque el concepto de **función** o **subprograma** de la programación estructurada se denomina *método* en los lenguajes orientados a objetos, un programa estará formado por un conjunto de funciones. La función principal se llamará siempre *main* y contendrá el código a ejecutar. Desde esta función principal podremos llamar a otras funciones definidas en el mismo programa/clase (en el mismo archivo *.java*) o bien en otros programas/clases.

Una función comienza por la palabra *static,* luego el tipo de dato que devuelve, su nombre y finalmente los parámetros que recibe. A continuación, entre llaves, todo su código incluyendo una sentencia *return* devolviendo el valor requerido.

La ejecución de la instrucción *return* implica el fin de la función y la vuelta al método que lo haya llamado.

```
static boolean esPar (int num) {
    if (num % 2 == 0) return true;
    else return false;
}
```

Y lo llamaríamos así:

```
int num=7;
boolean resultado = esPar (num);
```

En cuanto a los parámetros, en Java se pasan por valor, es decir, se puede trabajar con la variable pasada pero no modificar su valor.

Enumeraciones

Las **enumeraciones** definen un conjunto cerrado de valores constantes, similares a las cadenas. Podremos crear variables que tengan como tipo la enumeración, asignarle valores, comparar, etc. Un ejemplo podrían ser los días de la semana, o el estado civil de una persona:

```
public enum DiaSemana
        {LUNES, MARTES, MIERCOLES, JUEVES, VIERNES, SABADO, DOMINGO};
public enum EstadoCivil {SOLTERO, CASADO, DIVORCIADO, VIUDO};
```

Luego, las podríamos usar así:

```
DiaSemana dia1 = DiaSemana.LUNES;
if (dia1 == DiaSemana.DOMINGO) {. . . }
```

Excepciones

Una **excepción** es un error en tiempo de ejecución que finaliza el programa, por ejemplo, una división de un entero entre cero, intentar abrir un fichero que no existe, etc.

Para evitar esta finalización abrupta del programa y que continúe su ejecución, podemos controlar las excepciones, situando el código que la puede producir en un bloque *try* e incluir un bloque *catch* que se ejecutará solo si se produce la excepción.

➤ **Ejemplo:**

```
try {
    division = num1 / num2;  // instrucción que puede provocar excepción
}
    catch (Exception e ) { division = 0;  //si se produce excepción
}
```

Puede haber varios grupos de sentencias *catch,* cada uno para una excepción distinta: ArithmeticException, *NullPointerException*, etc.

Hay dos tipos de excepciones:

- excepciones *checked* y
- excepciones *unchecked*.

Una excepción *checked* representa un error del cual debemos tener en cuenta obligatoriamente en nuestro código. Por ejemplo, una operación de lectura/escritura en disco puede fallar porque el fichero no exista. Representan situaciones ajenas al propio código, y obligatoriamente deben ser capturadas mediante *try...catch* o relanzadas (***throws***) hacia el método que haya llamado al código que produce la excepción.

Programación funcional

Todo lo descrito previamente corresponde al paradigma imperativo pero Java soporta el paradigma declarativo a través de la **programación funcional**, basada en el uso de funciones, *API Stream* y funciones *Lambda*. No vamos a incluirla en este manual, pero ponemos un ejemplo para ver su apariencia.

```
Set cuadradosPares = numeros.stream()
                .filter(x -> x%2==0)
                .map(x -> x*x)
                .collect(Collectors.toSet());
```

Ejemplo de programa de consola

Mostramos a continuación un ejemplo completo de un **programa de consola** para ver en conjunto los conceptos descritos previamente.

En este programa se solicita al usuario que introduzca por teclado distintos números y el programa informará, para cada uno, si son pares o impares. El programa finaliza cuando se introduzca el número cero.

```
1   package com.example;
2
3   /* Este es un programa ejemplo
4      de aplicación de consola en Java
5   */
6   import java.util.Scanner;
7
8   public class ProgramaEjemplo {
9
10      static Scanner teclado;
11
12      public static void main(String[] args) {
13          teclado = new Scanner(System.in);
14          int n;
15          do {
16              System.out.println("Introduce un número (0 para terminar):");
17              n = teclado.nextInt();
18              if (n != 0) {
19                  boolean res = esPar(n);
20                  if (res) // igual a: if (res==true)
21                      System.out.println(n + " es par");
22                  else
23                      System.out.println(n + " es impar");
24              }
25          } while (n != 0);
26      }
27
28      static boolean esPar(int num) {
29          if (num % 2 == 0)
30              return true;
31          return false;
32      }
33  }
```

Figura 2.14. Ejemplo de programa de consola

Vamos a explicar línea a línea el código mostrado:

- Línea 1: *package* indica el paquete (carpeta) en la que se encuentra el archivo. Es importante cara a la organización del proyecto y también para la accesibilidad de los métodos y atributos de las clases.
- Líneas 3 a 5: comentario de varias líneas.
- Línea 6: *import* incorpora en nuestro programa clases que no están en nuestro paquete. Con las teclas *May+Alt+O* se incorporan automáticamente todos los *imports* necesarios.
- Línea 8: *public class* y el nombre del programa. Este debe ser igual al nombre del archivo *.java* en el que está contenido. Todo el código del programa irá después de las llaves de apertura de esta línea y su llave de cierre será el último elemento del programa (línea 33).
- Línea 10: definición de variable global, precedida de *static.*
- Línea 12: método *main.* toda aplicación debe tener uno y solo un método con este nombre y contendrá el código que se ejecutará. Desde este método podremos llamar a otros métodos.

- Línea 13: inicialización de la variable global *teclado* mediante un constructor de la clase *Scanner*. Se hablará en el siguiente apartado de estos aspectos. A partir de este momento se podrán realizar operaciones de entrada de datos por teclado.

- Línea 14: creación de la variable *n* sin inicializar.

- Línea 15 y 25: bucle *do*-while, mientras n sea distintos de cero.

- Línea 16 y 17: entrada por teclado de la variable n.

- Línea 18: condición, si n es distinto de cero, se procesa.

- Línea 19: se llama al método *esPar* pasando n como parámetro y recibiendo el valor retornado por *esPar* en la variable res de tipo boolean.

- Línea 20 y 22: en función del valor recibido en res muestra uno u otro mensaje por pantalla. En la línea 22 se incluye además un comentario de una sola línea.

- Línea 26: fin del método main.

- Línea 28: firma del método *esPar* con el prefijo *static* e indicando qué tipo de dato devuelve, el nombre del método y los parámetros requeridos. Comienza con la apertura de llave y terminará con la llave de cierre (línea 32).

- Línea 29: condición para evaluar si el parámetro recibido es par o no (resto de división entre dos es igual a cero).

- Línea 30: en caso de cumplirse la condición anterior devuelve true a la línea del main donde se invocó finalizando la ejecución del método *esPar*. No se ejecutaría la línea 31.

- Línea 31: en caso de no cumplirse la condición de la línea 29, no se ejecuta el return de la línea 30, por lo que sigue la ejecución a esta línea, esto es, el número no es par, y devuelve false.

- Línea 32 y 33: llave de fin de bloque del método *esPar* y llave de fin de programa.

2.5.2. Programación orientada a objetos

Clases y objetos

La **clase** se corresponde con la definición de la entidad que queremos modelar y se compone de atributos (las características de la entidad) y métodos (comportamiento de la entidad). Por **objeto** entendemos cada una de las instancias de una clase. Los objetos se crean con un método especial que tienen todas las clases que se denomina *constructor*.

Como un programa era en realidad también una clase, podemos decir lo mismo que decíamos para los programas: una clase se define con: *public class* y su nombre, y debe estar almacenada en un archivo con el mismo nombre y extensión *.java*.

➢ **Ejemplo** de una clase llamada *Circulo* con un solo atributo llamado *radio* y métodos para calcular su circunferencia, área y diámetro.

```
src > main > java > ProgT06 >  J Circulo.java > ...
 1    package ProgT06;
 2
 3    public class Circulo {
 4       private double radio;
 5
 6       Circulo(double radio) {
 7          this.radio = radio;
 8       }
 9
10       public void setRadio(float radio) {
11          this.radio = radio;
12       }
13
14       public double getRadio() {
15          return this.radio;
16       }
17
18       public double calcularCircunferencia() {
19          return 2 * Math.PI * this.radio;
20       }
21
22       public double calcularSuperficie() {
23          return Math.PI * this.radio * this.radio;
24       }
25
26       public double calcularDiametro() {
27          return 2 * this.radio;
28       }
29    }
```

Figura 2.15. Ejemplo de clase Java

Los constructores (línea 6 del ejemplo anterior) se llaman como la propia clase y podemos tener tantos como deseemos (cada uno con distintos parámetros). Si no creamos ningún constructor, se crea uno por defecto (sin ningún parámetro).

Los métodos siguen una sintaxis idéntica a lo explicado en el apartado previo de funciones.

En una clase empleamos *this* para especificar que estamos hablando de un atributo o método de ella misma. Tiene efectos de claridad de código, por lo que, en muchos casos, se puede suprimir.

Cada atributo y cada método tiene un modificador de acceso que define su visibilidad, esto es, desde donde puede ser accedido:

- *public*: el elemento es accesible desde cualquier otra clase o programa.

- *private*: el elemento es solo accesible desde métodos de la propia clase.

- *protected*: permite acceso a los elementos con dicho modificador desde la misma clase, clases del mismo paquete y clases que hereden de ella (incluso en diferentes paquetes)

- *default*: es el acceso por defecto cuando no se asigna ninguno de los anteriores. El elemento en este caso sería accesible desde la propia clase y desde las clases del mismo paquete.

Un *paquete* es un contenedor de clases que permite agrupar las distintas clases que por lo general tienen una funcionalidad y elementos comunes. Un paquete se corresponde con una carpeta dentro de la estructura jerárquica del proyecto. El paquete al que pertenece cada clase se especifica en la primera línea de la clase, con la palabra reservada "package".

Es típico definir los atributos como privados y hacer métodos de lectura y escritura de dichos atributos de tipo público: se llaman *getters* y *setters* respectivamente.

NOTA

En Visual Studio Code: editando una clase, botón derecho > "Source Action" permite generar constructores, getters y setters, y otros métodos de forma automática.

Otros métodos típicos de cualquier clase son:

- *toString*: se emplea para convertir una clase en un String, mostrando los atributos que deseemos. Por ejemplo, sobre la clase *Circulo:*

  ```
  public String toString () {return "Clase Circulo" + this.radio);}
  ```

- *equals* y *hashcode*: no podemos comparar si dos objetos son iguales mediante ==, debemos hacerlo mediante el método *equals* en el que definimos cuál o cuáles de los atributos determinan si un objeto es igual a otro. *hashcode* tiene la misma función, pero para cuando los objetos están en una colección de tipo *hash,* como *HashMap* o *HashSet,* que veremos más adelante. Es imprescindible definir estos métodos en nuestras clases para su correcto funcionamiento.

Una vez definida la clase, podemos crear instancias de la misma mediante su constructor (o uno de ellos, si tiene varios) e invocar a sus métodos:

```
Circulo circ1=new Circulo(2.5);

double area=circ1.calcularSuperficie();
```

Elementos static

Static hace referencia a métodos o atributos de clase, esto es, que tienen el mismo valor para todas las instancias de la clase y no es necesario crear una instancia mediante un constructor para emplearlos. Por ejemplo, la clase *Character* tiene un método estático llamado *isDigit* (*char*) que devuelve si el carácter pasado como parámetro es un dígito o no. Para invocar este método haríamos *Character.isDigit* (*x*) sin crear una instancia de *Character*.

Cuando un atributo o método no es estático, siempre debemos aplicarlo sobre una instancia de la clase, no sobre la propia clase, es decir:

```
Circulo circ2 = new Circulo (1.75);

circ2.setRadio (3.5);   //y no: Circulo.setRadio(3.5);
```

Clases Útiles

Son clases predefinidas que pueden ser utilidad en nuestras aplicaciones:

Random: genera números aleatorios mediante diferentes métodos. El más utilizado es el siguiente: *nextInt* (*límiteInferior, límiteSuperior*) que genera un entero comprendido entre el primer parámetro y el segundo parámetro menos uno:

```
Random random = new Random();        // constructor
int dado= random.nextInt (1,7);      // valor entre 1 y 6, ambos incluídos.
```

Dispone de otros métodos como *nextFloat*.

Math: incluye atributos estáticos como *Math.PI* y métodos estáticos como *abs* para calcular el valor absoluto, *pow* para potencias, *round* para redondear, etc.

```
double resultado=Math.pow (base, exponente);
int numPositivo = Math.abs(num);
```

LocalDate, LocalTime, LocalDateTime: para almacenar una fecha, para una hora determinada con precisión de milisegundos y fecha+hora respectivamente. Para crear una fecha no se emplean constructores sino métodos destinados a esa tarea, que internamente llaman al constructor (este tipo de métodos se llaman *"de factoría"*).

➢ **Ejemplo:**

```
LocalDate fecha1 = LocalDate.now();
LocalDate fecha2 = LocalDate.of(2024,11,29);
LocalDate fecha3 = LocalDate.parse("1990-12-31");
LocalTime hora4 = LocalTime.parse('08:30");
LocalDateTime fechahora5 = LocalDateTime.parse("2024-12-31T11:25");
```

Una vez creada la fecha, disponemos de multitud de métodos útiles: *getYear()*, *getMonth()*, *getDayOfWeek()*, *isLeapYear()*, *lengthOfMonth()*, etc.

También podemos comparar fechas con *isEqual(fecha)*, *isBefore(fecha)* y *isAfter(fecha)* y sumar y restar unidades a una fecha, mediante los métodos *plus* y *minus*.

Wrapper class

Son clases que "envuelven" tipos primitivos para que estos puedan ser tratados como objetos. Las más empleadas son: Integer, Long, Float, Double, Boolean, Character, etc. Esto permite usar tipos primitivos en situaciones donde solo se permiten objetos (ver ArrayList) y los dotan de métodos adicionales además de la posibilidad de tener valor *null*.

Herencia

La **herencia** permite definir una clase a partir de otra ya existente, "heredando" sus atributos y métodos (se heredan todos los elementos con acceso public y protected) y empleamos la palabra reservada *extends* en la clase que hereda.

```
public class Empleado {
    public String nombre;
    public Float salario;
}
public class Directivo extends Empleado {
    public Float bonus;
}
```

El constructor de una clase que hereda (subclase) debe llamar a un constructor de la clase de la que hereda (superclase). Para ello, en la primera línea del constructor de la subclase incluirá el método *super* () con los parámetros que tenga alguno de los constructores de la superclase. Si no se incluye esta primera línea, por defecto se llama al constructor de la superclase sin parámetros.

Los métodos de la superclase se pueden sobrescribir en sus subclases incluyendo la anotación @*Override* antes de su firma. En el ejemplo anterior, en *Empleado* podríamos tener:

```
public float calcularSalarioNeto (float impuesto){
    return this.salario - (this.salario * impuesto);
}
```

y en Directivo:

```
@Override
public float calcularSalarioNeto (int impuesto){
    return (this.salario + this.bonus) - (this.salario * impuesto);
}
```

Otras consideraciones sobre herencia:

- Una clase puede tener muchas subclases, pero una subclase solo tiene una superclase.
- Todas las clases en Java son subclases de otras, siendo *Object* la clase en la cima de la jerarquía.
- Al contrario que los métodos, los atributos de una superclase no se pueden reescribir en una subclase, solo se heredan o no.
- Los constructores no se heredan.

Polimorfismo

El **polimorfismo** nos dice que una variable de un determinado tipo, además de referenciar objetos de este tipo, también puede referenciar objetos de subclases. Sobre el ejemplo de herencia anterior, sería correcto:

```
Empleado empleado = new Directivo ();
```

Sobre la variable *empleado* podré acceder a métodos y atributos de la clase *Empleado*, y también a los de *Directivo*, pero en este último caso con un casting previo.

```
System.out.println (empleado.salario);

System.out.println (((Directivo)empleado).bonus);
```

Clases abstractas

Una **clase abstracta** es aquella que tiene algún método abstracto. Un **método abstracto** es el que se define su firma en una clase, pero su código se desarrolla en las subclases de la misma. Un ejemplo clásico sería una figura geométrica de dos dimensiones, que tiene un método llamado *calcularSuperficie* (), pero es abstracto ya que es cada clase hija: Rectángulo, Triángulo, etc. la que desarrolla el método en sí.

```
public abstract class Figura {
    public float alto;
    public float ancho;
    //constructores y métodos
      ...
    public abstract float calcularSuperficie ();
}

public class Triangulo extends Figura {
    //atributos, constructores, métodos…
    public float calcularSuperficie (){
        return this.alto * this.ancho / 2;
    }
}
```

Una clase abstracta nunca se puede instanciar pero, por el polimorfismo, una variable de tipo abstracto se puede instanciar con una subclase no abstracta:

```
Figura fig = new Triangulo();
```

Interfaces

Podríamos definir una **interfaz** como una clase abstracta pura, en el sentido de que todos sus métodos son abstractos, y además no tiene atributos. Puede verse como un "compromiso" para una clase, de forma que, si la clase se compromete a implementar la interfaz, tiene que desarrollar todos sus métodos (también podría implementar solo algunos, pero entonces sería abstracta):

```
public interface Figura {
   float calcularSuperficie ();
}

public class Circulo implements Figura {
      public float radio;
      Circulo (float radio) {
            this.radio = radio;
      }
      public float calcularSuperficie (){
            return this.radio * this.radio * Math.PI;
      }
}
```

Consideraciones sobre interfaces:

- Por defecto los métodos de una interface son *public* y *abstract* por lo que ya no se incluyen dichos modificadores.

- Una clase puede implementar varias interfaces:

  ```
  public class Triangulo implements Figura, Poligono { . . .
  ```

- Sobre interfaces también se aplica el polimorfismo:

  ```
  Figura fig = new Circulo(2.5f);
  fig.calcularSuperficie();
  ```

- En Java, las interfaces pueden tener métodos estáticos, privados y por defecto.

2.5.3. Colecciones

Las **colecciones** son estructuras de datos que permiten almacenar en memoria un conjunto de elementos homogéneos, a diferencia de las variables, que solo permiten almacenar un único elemento.

Arrays

Es la colección más sencilla y común a todos los lenguajes de programación. En Java tienen un tamaño fijo que se define a la hora de crearlas, puede contener tanto tipos primitivos como clases y se accede a cada elemento referenciando su posición en el array entre corchetes.

➤ **Ejemplo:**

```
int [] edades = new int[10];

String [] meses = new String[12];

String [] coches = {"Volvo","BMW","Ford","Mazda"};
```

El atributo *length* contiene el tamaño del array.

```
for (int i = 0; i < coches.length; i++)
    System.out.println(coches[i]);    //La primera posición es la cero
```

Para recorrer completamente una colección, disponemos de una sintaxis más sencilla:

```
for (String coche : coches)

    System.out.println(coche);
```

ArrayList

Es una mejora de array, que permite cambiar su cantidad de elementos dinámicamente. Además, ofrece muchos métodos útiles. No se pueden crear ArrayList de tipos primitivos, deben ser clases (para ArrayList de tipos primitivos se puede emplear su *wrapper class*).

Para crearlos se incluye el tipo entre < y >. Se dice que ArrayList es de tipo "genérico", por ejemplo:

```
ArrayList <Integer> miLista = new ArrayList <> ();
```

Disponemos de métodos para trabajar con sus elementos, estos son los más habituales:

- `size()`   Devuelve el número de elementos (int)
- `add(obj)`   Añade el objeto *obj* al final. Devuelve true.
- `get(posición)`   Devuelve el elemento que está en la posición indicada.
- `remove(posición)`   Elimina el elemento que se encuentra en la posición indicada.
- `remove(obj)`   Si encuentra *obj*, elimina su primera ocurrencia devolviendo

    true (si no lo encuentra, false).
- `clear()`   Elimina todos los elementos.
- `set(posic, obj)`   Sustituye el elemento que se encuentra en la posición *pos*

    por *obj*.
- `contains(obj)`   Comprueba si la colección contiene *obj*. Devuelve true o false.
- `indexOf(obj)`   Devuelve la primera posición de *obj*. Si no existe devuelve -1.

Disponemos de una clase llamada *Collections* con métodos interesantes sobre *ArrayList* para ordenar, obtener el valor máximo, mínimo, etc. Por ejemplo:

```
Collections.sort(miLista);    //ordena por el atributo/s de equals()
```

ArrayList es una clase que implementa la interfaz *List*, y tenemos otras clases similares a *ArrayList* que también la implementan, como pueden ser *LinkedList*. Aplicando polimorfismo podemos ver:

```
List <String> lista1 = new ArrayList<>();
List <String> lista2 = new LinkedList<>();
```

Ejercicio 2.4

Realiza una sencilla aplicación de consola que tenga definida una clase llamada Persona con atributos privados: DNI, nombre y edad. Añádele un constructor que incluya todos los atributos, *getters*, *setters*, *toString* y *equals* y *hashcode* basado en el DNI.

Incluye un programa que defina un ArrayList con 6 personas (puedes meter sus valores por "hardcode" o hacer un sencillo método para que el usuario introduzca sus valores).

Desarrolla distintos métodos en el programa anterior con las siguientes características:

- Método al que se pasa un ArrayList de Persona y devuelve la edad del mayor.
- Método al que se pasa un ArrayList de Persona y devuelve la edad media.
- Método al que se pasa un ArrayList de Persona y devuelve el nombre del mayor.
- Método al que se pasa un ArrayList de Persona y devuelve la Persona mayor.
- Método al que se pasa un ArrayList de Persona y devuelve los mayores de edad.
- Método al que se pasa un ArrayList de Persona y devuelve todos los que tienen una edad mayor o igual a la media.

En el main del programa haz llamadas a los métodos anteriores y muestra por pantalla su resultado.

Nota: a la hora de crear los métodos puedes reutilizar código de forma que unos llamen a otros y minimizar el código duplicado.

Ejercicio 2.5

Se desea hacer la gestión de las habitaciones de un hotel. Todas las habitaciones tienen un número de habitación y un proceso de *check-in* y *check-out*.

- En el hotel hay tres tipos de habitaciones, aunque podría haber más en el futuro:
  - 3 habitaciones *low cost* (cuesta 50 euros/día todo el año).
  - 10 habitaciones dobles. Tienen una tarifa normal de 100 euros/día y un incremento del 20% si el día de salida es abril, julio o agosto.
  - 5 habitaciones Suite. 200 euros/día con 20% de descuento para estancias de 10 o más días.
- Debes crear una o más clases para las habitaciones y una clase para el Hotel. La clase Hotel tendrá las 18 habitaciones en un ArrayList y las marcará inicialmente como "no ocupadas".
- El programa tendrá un menú para hacer *check-in* entre las habitaciones libres, *check-out* entre las ocupadas y listar habitaciones libres y ocupadas.
- El *check-in* es común para todas las habitaciones, consiste en marcar la habitación como ocupada. El *check-out* consiste en marcar la habitación como libre y calcular el importe a pagar que se calculará en función del tipo de habitación y de los días de estancia (quizás sea necesario almacenar la fecha de llegada en el momento del *check-in*)

Sugerencia. Para probar el programa, al hacer el *check-out*, puedes considerar cada día como un segundo, así, si han pasado 3 segundos, considerar 3 días.

Cuestión 1: ¿Habitación debería ser una clase abstracta o una interfaz? ¿Por qué?

Cuestión 2: ¿Es útil que el método toString () en la clase Habitación?

Ejercicio 2.6

Se desea desarrollar un programa que gestione los dispositivos domóticos de un edificio. Para ello tendremos un ArrayList que contenga en principio 3 elementos, uno para el termostato de la calefacción, otro para el ascensor y otro para el dial de la radio del hilo musical, pero en el futuro podríamos tener más elementos.

El termostato tiene una fecha de última revisión, un valor entero en grados centígrados: mínimo 15, máximo 80 y la temperatura inicial es 20. El ascensor tiene una planta en la que se encuentra, pudiendo ser desde 0 a 8. La planta inicial es la cero. El dial de radio va desde 88.0 a 104.0 avanzando de décima en décima, siendo el valor inicial 88.0.

De cada elemento (y los futuros que aparezcan) deben ser capaces de realizar las siguientes funciones:

- **subir**(), incrementa una unidad el elemento domótico. Devuelve true si la operación se realiza, o false si no se realiza por estar al máximo.
- **bajar**(): decrementa una unidad el elemento domótico. Devuelve true si la operación se realiza, o false si no se puede hacer por estar al mínimo.
- **reset**(): pone en la situación inicial el elemento domótico. No devuelve nada.
- **verEstado**(): Devuelve un String con el tipo de dispositivo y su estado actual.

Además, el termostato debe incluir un nuevo método:

- **revisar**(). Fija a la fecha de revisión a la fecha actual. No devuelve nada.

Una vez definido el sistema, crea un programa que inicie un ArrayList con una instancia de cada uno de los 3 dispositivos y luego mediante un menú permita hacer operaciones, primero qué operación queremos realizar (0: Salir, 1: subir un dispositivo, 2: bajar un dispositivo, 3: resetear un dispositivo, 4: revisar termostato) y luego seleccionar sobre qué elemento queremos trabajar (verificando que sea un valor entre 0 y el tamaño del ArrayList -1).

El menú, además de las opciones nos mostrará siempre el estado de todos los dispositivos.

Conjuntos

Son colecciones similares a las listas, pero no admiten duplicados y cada elemento no dispone de un índice posicional como era el caso de los *ArrayList*. Si intentamos añadir (método *add*) un elemento igual a uno ya insertado, no se añade. La igualdad la marcan sus métodos *equals*() y *hashCode*() .

Disponemos de diferentes métodos para añadir —*add*—, eliminar elementos —*remove*—, etc.

Como en el caso de las listas, disponemos de una interface llamada Set y de varias clases que la implementan *HashSet*, *LinkedHashSet* y *TreeSet* con pequeñas diferencias.

```
Set<Jugador> equipo = new HashSet<>();
equipo.add(new Jugador("Lamine Yamal",LocalDate.parse("2007-07-13")));
```

Podemos recorrer un Set con *for-each*:

```
for (Jugador jugador : equipo)
    System.out.println (jugador.nombre);
```

Ejercicio 2.7

Realizar una clase llamada Primitiva que tenga definido una colección de 6 elementos con el resultado de un sorteo de la primitiva (serán 6 enteros con valores comprendidos entre 1 y 49 y sin repetidos). Los números se deberán mostrar ordenados ascendentemente así que decide cual es la colección que mejor se adapta a estos requisitos.

La clase dispondrá de un constructor en el que se generan y almacenen esos números al azar, también tendrá un método al que se le pase una combinación jugada como parámetro (no necesariamente ordenada) y devuelva el número de aciertos.

Realiza a continuación un programa en el que el usuario introduzca boletos (6 números sin repetidos) y le diga cuántos ha acertado.

Realizar control de errores, tanto si el usuario introduce valores no numéricos, números repetidos o valores no comprendidos entre 1 y 49.

Mapas

Un **mapa** es un objeto que relaciona una clave (*key*) con un valor. Contendrá un conjunto de claves, y a cada clave se le asociará un determinado valor, con una estructura similar a un diccionario. Si en un *array* se accede a su elemento por su posición en el mismo, en los mapas se accede mediante su clave. Como en el caso de las listas y conjuntos, disponemos de una interface llamada *Map* y de varias clases que la implementan *HashMap*, *LinkedHashMap* y *TreeMap* con pequeñas diferencias.

Disponemos de diferentes métodos para añadir —*put*—, obtener un valor —*get(clave)*—, eliminar elementos (*remove*), etc.

Para definirlo le indicamos el tipo de dato de la clave y del valor.

➤ **Ejemplo** de países con su población:

```
Map<String, Integer> mapaPaises = new HashMap<>();
poblacionPaises.put("España", 47000000);

if (mapaPaises.containsKey("Portugal"))
    mapaPaises.put ("Portugal", mapaPaises.get("Portugal ")+100000);
else
    mapaPaises.put ("Portugal", 0);
```

Para recorrerlos podremos utilizar un *for-each*:

```
for (String key : mapaPaises.keySet())
    System.out.println(key + " tiene " + mapaPaises.get(key) + " habitant.");
```

Ejercicio 2.8

Realizar un programa donde el usuario introduce un String y se muestre la cantidad de veces que aparece cada letra (ordenadas alfabéticamente, no por orden de aparición). Para tener un rendimiento óptimo, se debe recorrer el String solo una vez. Elige la colección óptima para minimizar el código necesario.

➢ **Ejemplo:**

```
Introduce una cadena:

zbcabcdddd

Respuesta: {a=1, b=2, c=2, d=4, z=1}
```

2.5.4. Ficheros

Disponemos de distintas clases para el acceso a ficheros en disco: para lectura, escritura, acceso secuencial o aleatorio, para convertir a fichero conjuntos de objetos (serializar), etc.

Sus operaciones pueden producir excepciones por lo que en muchos casos habrá que operar con ellos con *try...catch.*

Solo vamos a ver una operación muy frecuente: vamos a leer un fichero de texto con *Files.readAllLines* de forma que cada línea se almacena en una posición distinta de un *ArrayList* para su posterior tratamiento:

```
List<String> lineasFichero;
try { Path path = Paths.get("path/file.txt");
    lineasFichero=Files.readAllLines(path,StandardCharsets.UTF_8);
            //Si fichero en formato ANSI:StandardCharsets.ISO_8859_1
}
catch (IOException ex) {
        System.out.println("Error:"+ex.getMessage());}
```

2.5.5. Acceso a una base de datos

Para trabajar con una base de datos, en Maven, debemos incluir su driver en el archivo pom.xml. Luego, ya en el código los pasos a seguir son:

- Establecer los datos de conexión y conectarse con la B.D. mediante un objeto *Connection*.

- Ejecutar el SQL, generalmente mediante un objeto *PreparedStatement*. Método *executeQuery*() para consultas y *executeUpdate*() para UPDATE, INSERT, DELETE.

- Tratar los resultados devueltos por la consulta; en el caso de SELECT será en un objeto *ResultSet,* para el resto será un *Integer,* el número de filas afectadas por la operación.

- Cerrar los objetos empleados (*ResultSet, PreparedStatement* y *Connection*).

➢ **Ejemplo.** Vamos a ver un ejemplo completo:

```
6    public class Main {
         Run | Debug
7        public static void main(String[] args) throws SQLException {
8            final String URL = "jdbc:sqlite:archivos/empleados.db";
9            final String QUERY = "SELECT * FROM empleados WHERE salario >= ? and salario <= ?";
10           ArrayList<Empleado> resultado = new ArrayList<>();
11           try (Connection connection = DriverManager.getConnection(URL)) {
12               PreparedStatement ps = connection.prepareStatement(QUERY);
13               ps.setDouble(1, 30000);
14               ps.setDouble(2, 60000);
15               ResultSet rs = ps.executeQuery();
16               while (rs.next()) {
17                   resultado.add(new Empleado(rs.getLong("id"),
18                           rs.getString("nombre"),
19                           rs.getDouble("salario")));
20               }
21               rs.close(); ps.close();
22           } catch (SQLException e) {
23               System.out.println("Error:"+e.getMessage());
24           }
25           System.out.println(resultado);
26       }
27   }
```

Figura 2.16. Acceso a base de datos SQL

- Línea 9: construir una cadena con la consulta. La interrogación indica un parámetro al que se le asignará un valor en tiempo de ejecución. Los parámetros se numeran: ?1, ?2,…

- Líneas 8 y 11: se establece la conexión con el servidor de base de datos, en este caso SQLite indicando su ubicación local, no siendo necesaria autentificación con usuario y contraseña.

- Líneas 12-15: crea el *preparedStatement* con la consulta SQL, le asigna un valor a los parámetros de la misma (*en este caso, salario entre 30000 y 60000*) y la ejecuta. El conjunto de filas del resultado se guarda en una colección *ResultSet*.

- Líneas 16-20: bucle para recorrer el *ResultSet* y, para cada fila devuelta, obtenemos cada atributo o columna de la consulta: *getlLong("id")* recoge el valor la columna *id* que es de tipo *Long*, *getString("nombre")* recoge el valor de la columna *nombre*, que es *String*, etc.

- Línea 22: se captura cualquier excepción que se produzca al acceder a la base de datos.

En el caso de un UPDATE, SELECT o DELETE, cambiaríamos la sentencia SQL y en vez de *executeQuery*() sería *executeUpdate*()*:*

```
int cantFilas =  ps.executeUpdate();

System.out.println( cantFilas  + " fila/s afectadas");
```

Ejercicio 2.9

Realiza un programa de consola para la gestión de los empleados de una empresa sobre una base de datos *SQLite*. De los empleados mantenemos un identificador único para cada empleado, su nombre completo y su salario. El programa inicialmente cargará la tabla de empleados desde un fichero *csv* y luego presentará un menú para realizar las siguientes operaciones:

- **Alta**: solicita el id, nombre y salario. Opcional: puedes validar que no exista el id.

- **Baja**: solicita un id y si lo encuentra elimina el empleado correspondiente.

- **Modificación**: solicita un id y si lo encuentra, solicita nombre y salario y lo modifica.

- **Consulta**: solicita salario mínimo y máximo, y muestra los empleados con salario comprendido entre los valores introducidos.

El menú, además de las acciones anteriores, siempre mostrará el conjunto de empleados existentes en la tabla en cada momento.

En el área de descargas dispones de un esqueleto base con el código del programa para que lo completes y también el archivo con la base de datos SQLite, aunque este último se puede crear desde el plugin de Chrome: '*Sqlite Manager*'. En la siguiente imagen se ve el proceso: se crearía la tabla con el nombre que queramos (por ejemplo, empleados) y luego en el botón inferior *"Save"*, guardamos la base de datos, que contiene esa única tabla, con el nombre que queramos. La base de datos se guardará en un solo fichero.

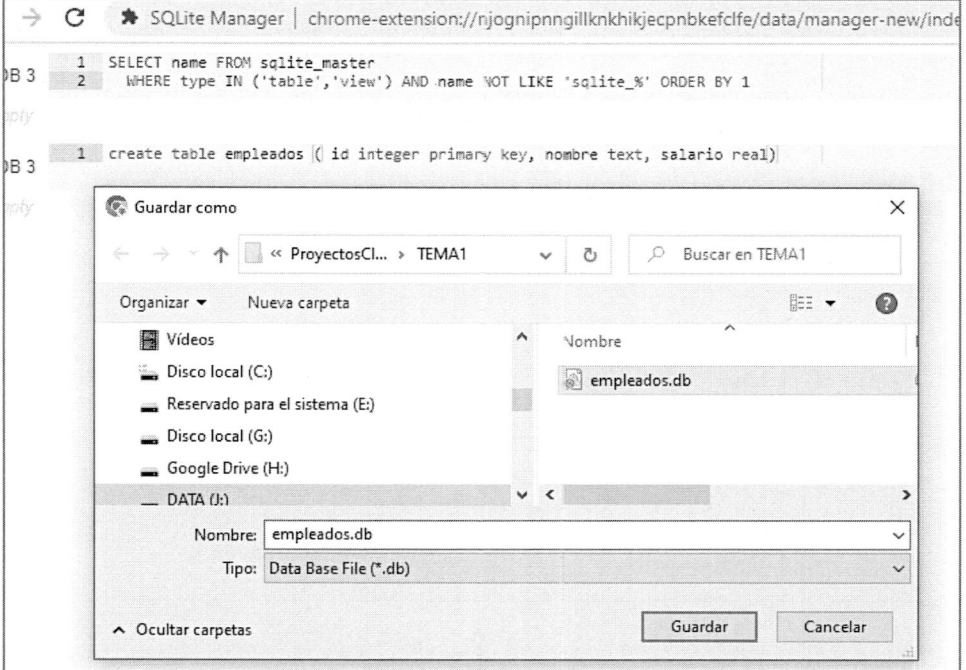

Figura 2.17. Guardar base de datos SQLite

Cuestiones:

- Estudia qué es el patrón de diseño "*Repository*" y comprueba si en este ejercicio se cumple.

- ¿Qué ventajas aporta el uso de una clase *BdManagerImpl* y una interfaz *BdManager*?

2.6. Apache Netbeans

Aunque en este manual vamos a usar Visual Studio Code, también podríamos usar Netbeans para nuestros proyectos con Spring. Los pasos serían los siguientes:

1. Instalación de JDK, es igual al proceso que vimos para Visual Studio, imprescindible para el desarrollo de cualquier proyecto en Java.

2. Instalación de Netbeans, consiste en la descompresión del archivo .zip descargado de la web oficial *https://netbeans.apache.org/*. En Windows podemos descomprimirlo en *c:\Archivos de Programa*. Se creará una carpeta llamada *netbeans,* que si queremos podemos renombrar a *netbeans14* o a lo que queramos.

3. Antes de la primera ejecución hay que informar a Netbeans dónde está instalado Java. Para ello debemos editar el archivo *netbeans.conf* situado en la carpeta *etc,* en la ruta donde esté instalado el jdk de Java (*otra opción sería configurar la variable PATH dentro de las variables de entorno de nuestro sistema Windows para incorporar la ruta de los archivos de Java: jdk/bin*).

4. Opcionalmente, podemos crear en el escritorio un icono del ejecutable situado en *c:\Archivos de Programa\netbeans\bin* para acceder al IDE de una forma más cómoda.

Figura 2.18. Configuración del JDK en Netbeans

5. Descargar el plugin de Spring Boot desde el portal de Plugins de Apache Netbeans para poder trabajar con Spring Framework.

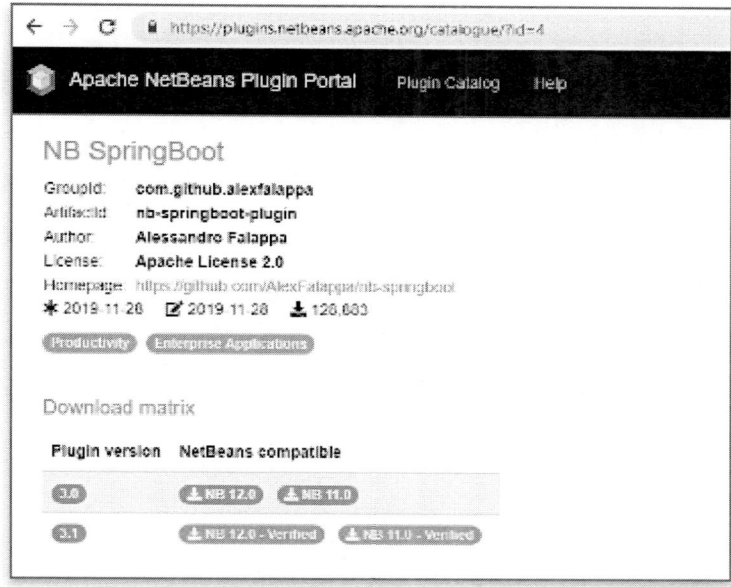

Figura 2.19. Plugin de Spring para Netbeans

6. Instalar el plugin Spring Boot desde el menú superior *Tools > Plugins*.

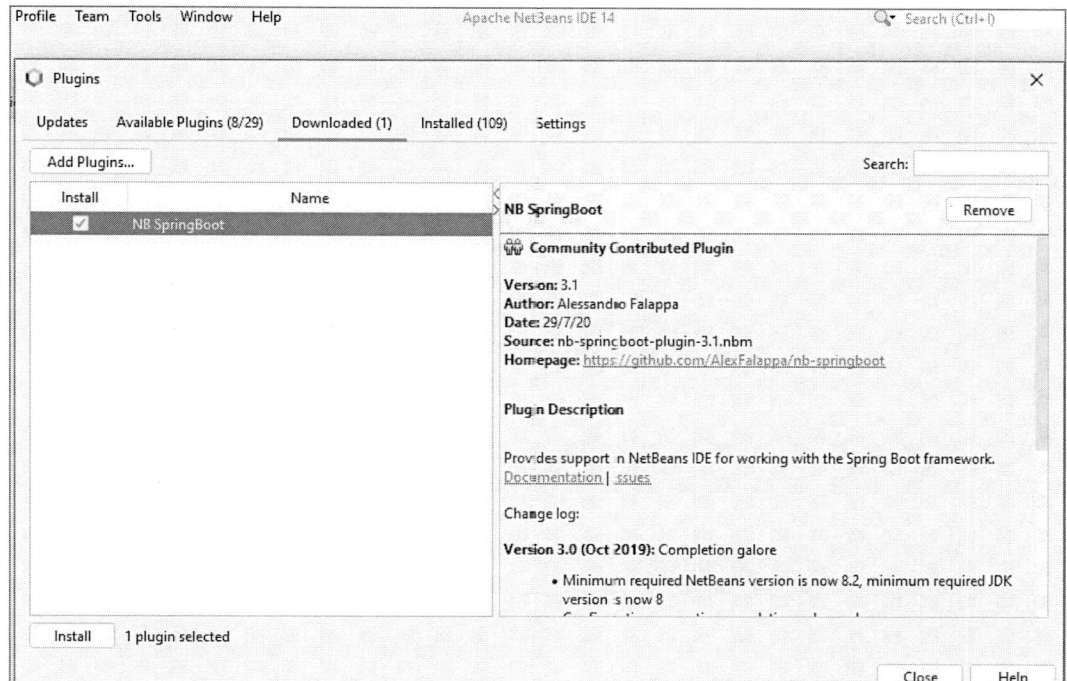

Figura 2.20. Instalación de plugins en Netbeans

7. Ahora, para crear un proyecto Spring Boot, menú *File > New Project. Java with Maven > Spring Boot Initialzr Project*:

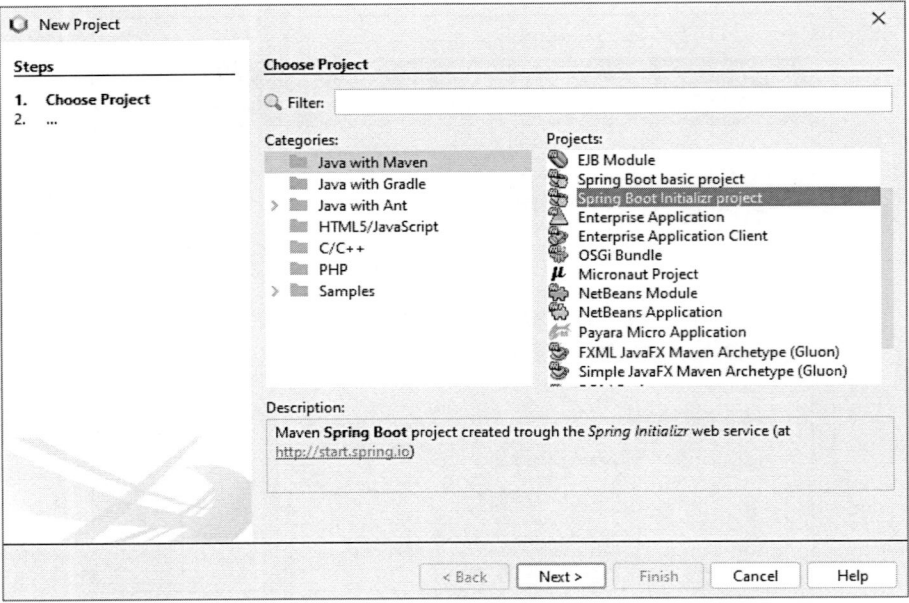

Figura 2.21. Nuevo proyecto en Netbeans

8. Luego, seguimos el asistente con los pasos de configuración del proyecto, de forma análoga al proceso visto con Visual Studio Code: datos del proyecto como el *artifact Id*, descripción, versión de Java, etc.

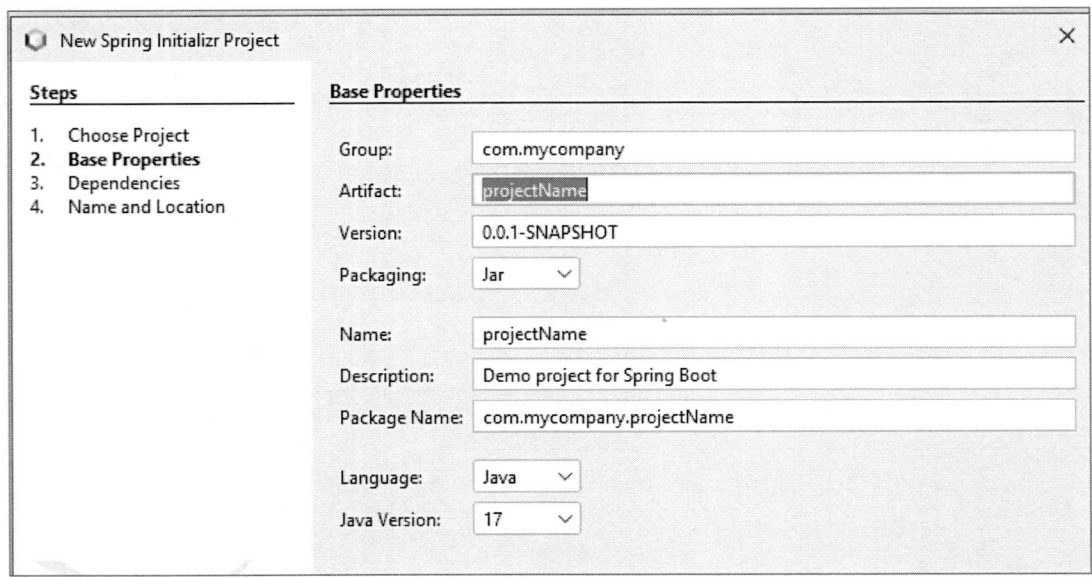

Figura 2.22. Parámetros de nuevo proyecto en Netbeans

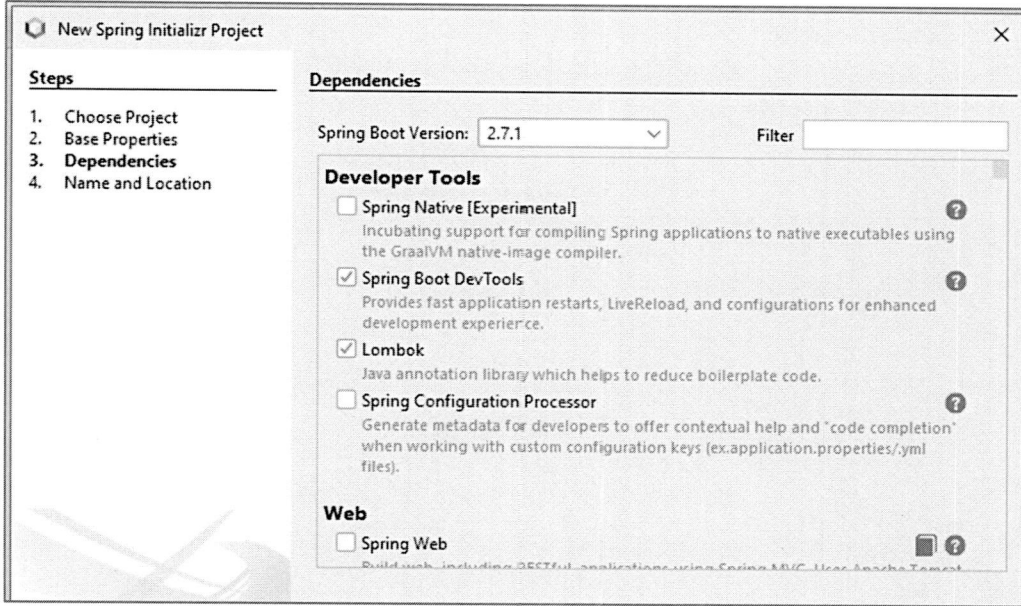

Figura 2.23. Dependencias de nuevo proyecto en Netbeans

9. Una vez creado, podemos ver la estructura del proyecto generado:

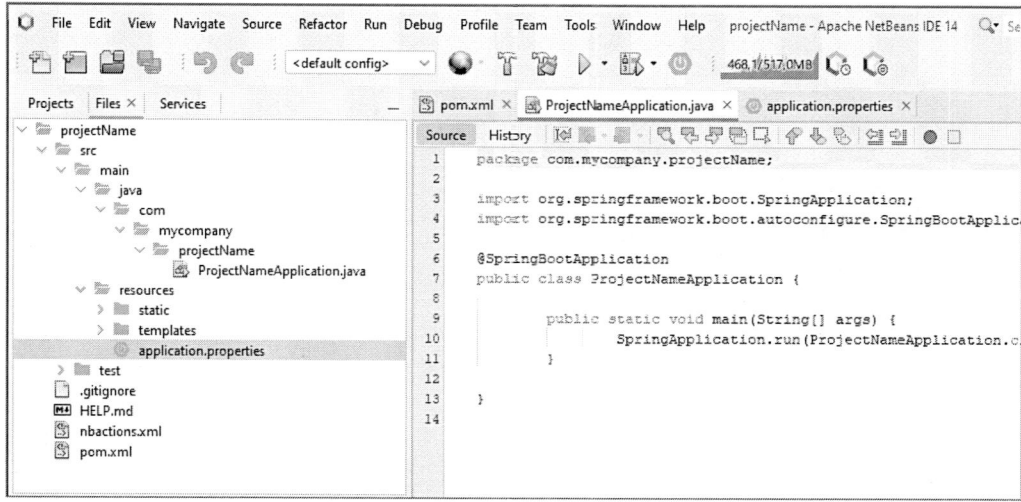

Figura 2.24. Estructura de proyecto en Netbeans

CAPÍTULO 3

CONTROLADORES Y VISTAS

Contenidos

- Controladores y manejo de solicitudes HTTP.
- Motor de plantillas Thymeleaf y sus etiquetas.
- Paso de datos del controlador a la vista.
- Rescate de parámetros de las URL.

Objetivos

- Entender la función de los controladores.
- Aprender a usar Thymeleaf como motor de plantillas.
- Manejar solicitudes HTTP y generar respuestas dinámicas.
- Crear vistas con contenido estático y dinámico.

RESUMEN DEL CAPÍTULO

Este capítulo explica el rol de los controladores en el manejo de solicitudes HTTP y la generación de vistas. Se introduce Thymeleaf como motor de plantillas y se explican sus características principales como etiquetas básicas, condiciones, iteraciones, fragmentos y tratamiento de nulos.

El **controlador** es la clase que se encarga de recibir las peticiones de nuestra aplicación. Las recibirán mediante el protocolo HTTP, en unos casos será de una página web creada por nosotros mismos (que será lo primero que veamos en este manual) pero también pueden venir de otro tipo de dispositivos (IoT, aplicaciones móviles, etc.). Esto lo veremos en el capítulo de API Rest.

Para crear en Spring un Controlador debemos crear una clase simple, lo que se denomina POJO (Plain Old Java Object) y anotarla con *@Controller*.

Lo siguiente que necesitaremos es crear en esa clase distintos métodos y asociarlos a las distintas peticiones HTTP (URL) que vamos a recibir y a las que el controlador va a responder. Recordemos que mediante HTTP podemos recibir multitud de comandos, pero los más típicos son GET, POST, PUT o DELETE.

Entonces, cada método del controlador deberá saber a qué URL y el comando tiene que responder. Para ello, anotaremos al controlador con: *@RequestMapping* pasando como parámetro la URL y el comando, o bien, desde la versión 4.3 Spring, anotándolo con sus derivadas *@GetMapping, @PostMapping, @PutMapping, @DeleteMapping*, etc. en las que el comando HTTP va implícito en la anotación y solo requieren la URL.

3.1. Características del controlador

El **nombre** que le demos a la clase controlador es indiferente. Suele nombrarse según su función: es típico ponerle nombres como *MainController* o *FrontController* para controladores que reciban todas las peticiones de la aplicación, o bien tener un controlador por cada área de negocio: *UserController*, *ProductController*, etc. También podemos hacer un controlador separado para páginas más genéricas y llamarle algo como *MainController*.

En cuanto a su **ubicación**, como decíamos previamente, *debe estar en el paquete raíz de la aplicación Spring Boot o bien en un subpaquete del mismo*. Podemos llamarle al paquete como queramos. Podemos agrupar todas las clases controladoras en un único paquete y llamarle *Controllers* o bien crear un paquete por área de negocio (Usuario, Producto, etc.) y que en ese paquete se introduzcan los controladores asociados a esa área de negocio junto con otras clases que veremos en próximos capítulos, como será la capa de servicio, repositorios, etc.

La clase contendrá un **método** por cada comando HTTP o URL que requieran el mismo tratamiento. El interior el método contendría las operaciones que será necesario hacer en el servidor para obtener los datos dinámicos que compondrán la respuesta y finalmente devolverá al solicitante (por ejemplo, al navegador) la respuesta.

Esas *"operaciones que se necesite hacer en el servidor para obtener los datos dinámicos que compondrán la respuesta"* serán la lógica de negocio y pueden incluir multitud de operaciones (lógicas, matemáticas, acceso a datos, etc.)

Veremos más adelante que, si estructuramos bien nuestra aplicación en capas, estas tareas (la lógica de negocio) las pasaremos a otras clases que formarán la llamada **capa de servicio** y el controlador simplemente llamará a esos servicios.

En cuanto a la respuesta, en estos primeros capítulos, será simplemente una página web con contenido estático (HTML, CSS, etc.) y con contenido dinámico generado por nuestra aplicación. Estas páginas web con contenido dinámico las llamaremos **vistas**, de acuerdo con el patrón MVC.

➢ **Ejemplo**. Con un ejemplo, van a quedar todos estos conceptos más claros:

```
package com.example.myproject.controllers;  //paquete para controladores

import org.springframework.stereotype.Controller;
import org.springframework.web.bind.annotation.GetMapping;

@Controller                                  // anotación controlador
  public class HomeController {
      @GetMapping("/")                       // ruta a la que responde por GET
      public String showHome() {
      return "indexView";                    // vista que devuelve
  }
}
```

> **NOTA.** En Visual Studio Code la combinación de teclas: ALT + May + *letra O* hace los imports necesarios.

En este ejemplo vemos cómo la anotación @GetMapping incluye como parámetro la URL que hará que se ejecute este controlador, en este caso la URL "/" sería la correspondiente a la raíz de nuestra web: *http://midominio.es/* o en local: *http://localhost/*

El nombre del método asociado al *mapping* puede ser cualquiera y no tiene por qué recibir ningún parámetro obligatoriamente.

El método puede devolver diferentes tipos de datos, el más sencillo es el que estamos viendo aquí, que devuelva un String. Ese String se corresponderá con la página web (la vista) que devolverá al usuario. Por defecto se sobreentiende la extensión .html para las vistas, por lo que el controlador del ejemplo devolverá la vista *indexView.html* (ojo: **debemos tener la dependencia thymeleaf en nuestro pom.xml**).

El último paso para que este ejemplo funcione, es crear la vista *indexView.html*. Esta **vista deberá estar ubicada en la carpeta** *templates* de nuestra aplicación (no en static, como veíamos en el capítulo anterior) y puede ser algo tan sencillo como:

```
<!DOCTYPE html>
<html lang="es">
  <head><meta charset="UTF-8"></head>
  <body>
     <h1>Bienvenido</h1>
  </body>
</html>
```

Obviamente, esta sería una página totalmente estática. En los apartados siguientes, mediante Thymeleaf veremos cómo añadir contenido dinámico a la vista.

3.1.1. Consideraciones sobre los controladores

- **La URL que figura en la anotación es la ruta de la petición, no representa la ruta de la vista que devolverá.** Las rutas de URL de las anotaciones se estructuran en "carpetas" solo por claridad de código, pero no hay una carpeta real en el servidor Por ejemplo: *@PostMapping("/producto/alta")* no implica que haya una carpeta *producto*.

- **En la anotación podemos incluir varias rutas**, por ejemplo, si con la URL *http://localhost/home* también queremos mostrar misma vista que vista con *http://localhost/*, o *http://localhost* modificaríamos la anotación añadiendo las rutas entre llaves {}, separadas por comas. Ejemplo: @GetMapping({ "/", "/home", "" }).

> **NOTA.** Vemos entonces que no hay relación entre las URL y las páginas (vistas) que se muestran. Esto no es así en una web tradicional en HTML, en la que sí hay una relación directa entre URL y página HTML mostrada.

- Decíamos que por defecto **la vista tiene que tener extensión HTML y ya no se incluye *.html* en el String** devuelto, pero se puede cambiar está configuración por defecto para que devuelva otro tipo de archivos, como por ejemplo los clásicos *.jsp*.

- Trabajando con Spring Boot, y así evitando engorrosa configuración, **las vistas deberán estar en la carpeta *templates*,** pero pueden estructurarse en subcarpetas, pero habrá que reflejar esa estructura en el return del controlador. Ejemplo: return "usuarios/bajaView", devolvería la página *bajaView.html* de la carpeta *templates/usuarios*.

- Los métodos de los controladores pueden devolver otros objetos (además de String que representa a la vista) como pueden ser archivos JSON u objetos de tipo respuesta HTTP, todo ello lo veremos más adelante.

- En cuanto a la estructuración de los *" mappings"*, una costumbre habitual, es definir a nivel clase controladora un *@RequestMapping* con la ruta base de ese controlador y luego *@GetMapping*, *@PostMapping*, etc. para cada uno de los métodos de la clase, sin necesidad de repetir la ruta base.

- En el siguiente ejemplo, el *@RequestMapping* inicial hace que todas las rutas tratadas por el controlador se refieran a *"/app"*, por lo que el *@GetMapping "/productos"* manejaría la URL *"/app/productos"* y así con el resto de métodos del controlador.

➤ **Ejemplo:** Clase de tipo controlador:
```
import org.springframework.stereotype.Controller;
import org.springframework.web.bind.annotation.GetMapping;
import org.springframework.web.bind.annotation.PathVariable;
import org.springframework.web.bind.annotation.RequestMapping;

@Controller
@RequestMapping("/app")
public class ProductosController {
```

```java
@GetMapping("/productos")
public String getList() {
    // proceso
    return "productoListView";
}

@GetMapping("/eliminar/{id}")
public String removeItem(@PathVariable Long id) {
    // proceso
    return "productoDeleteView";
}

@GetMapping("/nuevo")
public String newItem() {
    // proceso
    return "productoNewView";
}
}
```

Ejercicio 3.1

Toma el proyecto del Ejercicio **2.3** del capítulo anterior y desarrolla una clase de tipo *@Controller* que contenga diferentes *@GetMapping* con las rutas quieras que devuelvan las vistas solicitadas (*index, palmares, galería-fotos, enlaces-externos*).

Contesta a las siguientes cuestiones:

a) ¿Tienes que cambiar de ubicación las vistas? ¿Por qué?

b) ¿Tienes que cambiar el código HTML del menú de navegación de las páginas?

c) ¿Tienen que llamarse igual las rutas del *GetMapping* y las vistas?

La página *index* será servida para las URL: */index, /home*, o simplemente /. Ya que las rutas y las vistas no tienen por qué llamarse igual, renombra las vistas con el sufijo "*view*": *indexView.html, palmaresView.html, photogalleryView.html, linksView.html,* etc. Así podemos distinguir bien por el propio nombre lo que es una vista y lo que es una ruta o URL gestionada por el controlador.

3.2. Thymeleaf y contenido dinámico

La vista es la interfaz con la que interactuará el usuario, y su núcleo será una página HTML como acabamos de ver. También hemos comprobado en las páginas anteriores que todo el contenido es estático, no podemos parametrizarlo ni aportarle ninguna lógica de negocio.

Para poder hacer esto, dotar de dinamismo nuestras vistas, necesitamos modificar nuestra aplicación en varios aspectos:

- Incluir en la vista ciertos "códigos" que no se muestren al usuario tal cual, si no que sean sustituidos por contenido dinámico en tiempo de ejecución.

- Pasar a la vista los valores o datos que sustituirán los códigos que acabamos de mencionar. Nos referiremos a este conjunto de datos como el *modelo de datos de la vista*.

Spring, dentro de todos sus proyectos, incluye uno llamado Spring MVC que se encarga de facilitarnos este aspecto. Spring MVC es independiente de la tecnología empleada para esta tarea, por defecto usamos Thymeleaf, un motor de plantillas poco invasivo en el HTML y de integración inmediata en Spring Boot. Asimismo, con pequeños cambios de configuración podríamos usar las antiguas JSP u otras tecnologías como FreeMaker, Groovy Markup, Apache Tiles, etc.

Thymeleaf va a tomar una plantilla HTML (podría ser también CSS, XML, etc.) junto con un modelo de datos (por ejemplo, datos tomados de una consulta de una base de datos) y generará una vista que será renderizada por el navegador. Por ejemplo, sobre la vista que contuviese:

```
<h1>Bienvenido
  <span th:text="${nombre}">nombre por defecto</span>
</h1>
```

Si pasamos a esta vista el valor *"José"* para la variable *"nombre"*, el navegador del usuario final recibiría:

```
<h1>Bienvenido
  <span>José</span>
</h1>
```

> 💡 **NOTA.** Thymeleaf es muy completo pero no lo veremos en profundidad ya que nos centraremos en la parte servidor. Por otra parte, la tendencia actual es que la parte cliente sea una aplicación independiente (JavaScript, Kotlin, Swift) por lo que no siempre el back-end servirá HTML.
>
> El back-end debería entonces ser flexible y encargarse solo de entregar al cliente los datos necesarios en un formato sencillo (por ejemplo, JSON) para que sea la aplicación cliente quien se encargue de implementar la vista de usuario. Esta forma de trabajo la veremos en el capítulo de API REST, pero por ahora trabajaremos con Thymeleaf, muy útil para aplicaciones sencillas, basadas en navegador y que nos facilita la visualización de los resultados sin tecnologías adicionales.

"Natural templating" hace referencia a que no agrega nuevas etiquetas a la plantilla, sino que lo que aporta son nuevos atributos a etiquetas ya existentes. Así, si trabajamos con la plantilla sin pasar por el motor de plantillas, podemos renderizarlo de forma estática, sin procesar los atributos Thymeleaf y veríamos los textos por defecto.

En el ejemplo anterior, mostraría:

```
<h1>Bienvenido
  <span>nombre por defecto</span>
</h1>
```

Así es muy cómodo trabajar con la plantilla, en la fase de diseño y maquetación, para luego añadir los atributos que dotarán de dinamismo a la plantilla.

Thymeleaf dispone distintos "dialectos", es decir, dispone de distintas formas de añadir las expresiones a nuestra plantilla para ser renderizada. Aunque existe un dialecto por defecto, nosotros emplearemos uno propio de Spring: SpEL (Spring Expression Language).

Para emplear Thymeleaf en un proyecto solo debemos añadirle al archivo *pom.xml,* bien al crearlo bien posteriormente, la dependencia starter Thymeleaf, además de la dependencia web. Ello incluirá las librerías necesarias, pero también aplicará una configuración por defecto, por ejemplo, la ruta en la que estarán las plantillas y su extensión o sufijo por defecto.

```xml
<dependency>
        <groupId>org.springframework.boot</groupId>
        <artifactId>spring-boot-starter-web</artifactId>
</dependency>
<dependency>
        <groupId>org.springframework.boot</groupId>
        <artifactId>spring-boot-starter-thymeleaf</artifactId>
</dependency>
```

Si no empleásemos Spring Boot deberíamos hacer toda esta configuración "a mano", o bien mediante un archivo XML o bien mediante clases Java, como muestra la siguiente figura:

```java
@Configuration
public class ThymeleafConfiguration  {
    @Bean
    public SpringResourceTemplateResolver templateResolver() {
        SpringResourceTemplateResolver templateResolver =
                                new SpringResourceTemplateResolver();
        templateResolver.setPrefix("classpath:/templates/");
        templateResolver.setSuffix(".html");
        templateResolver.setCharacterEncoding("UTF-8");
        return templateResolver;
    }

    @Bean
    public SpringTemplateEngine templateEngine() {
        SpringTemplateEngine templateEngine = new SpringTemplateEngine();
        templateEngine.setTemplateResolver(templateResolver());
        templateEngine.setEnableSpringELCompiler(true);
        return templateEngine;
    }
}
```

Figura 3.1. Configuración manual sin Spring Boot

Si queremos configurar ciertos aspectos del comportamiento de Thymeleaf podemos hacerlo mediante el archivo de configuración del proyecto: *application.properties* (es el archivo en el que previamente habíamos cambiado el puerto de escucha de la aplicación). Un parámetro típico a añadir es: ***thymeleaf.cache***: por defecto está a *true* porque aumenta la velocidad, pero si la ponemos a *false*, cuando cambiemos solo la plantilla, no el controlador, podremos "refrescar" el navegador para ver los cambios sin necesidad de relanzar el proyecto (útil cuando estemos en desarrollo). Esto se denomina "hot swapping".

```
spring.thymeleaf.cache=false
```

Ahora ya en nuestras plantillas tendremos que modificar la etiqueta *<html>* de nuestra vista para indicarle que será procesada por Thymeleaf. Para ello haríamos:

```html
<html xmlns:th="http://www.thymeleaf.org">
```

3.2.1. Etiquetas Thymeleaf básicas

Thymeleaf es una librería muy potente, con multitud de características que podemos incorporar en nuestras vistas, aunque como comentábamos previamente, este ámbito pertenece más al *Front-End* que a lo que nos interesa a nosotros, y cuando trabajemos con API Rest (que será lo habitual) no emplearemos Thymeleaf en absoluto.

Vamos a ver entonces, lo imprescindible para componer páginas MVC, pero con un tratamiento mínimo en el cliente. Por ejemplo, aunque Thymeleaf dispone de funciones para pasar a mayúsculas un valor procedente del servidor, nosotros haremos el pase a mayúsculas en el servidor para que Thymeleaf solo lo muestre en la página.

La operación más básica es la que nos permite mostrar en una etiqueta un valor procedente del servidor. Para ello añadiríamos a la etiqueta el atributo *th:text* y la variable procedente del servidor entre ${…}

```
<h1 th:text="${city}">ciudad por defecto</h1>
```

En el caso de que el texto pasado sea una fecha (LocalDate, LocalDateTime) podemos formatearla:

```
<p th:text="${#temporals.format( fecha, 'dd-MM-yyyy HH:mm')}">
        2024-12-31</p>
```

3.2.2. Condiciones

Otra operación básica consistiría en establecer una condición de forma que haya una parte de nuestro HTML que se muestre o no. Utilizaríamos *th:if* para la parte "if" y *th:unless* para el "else".

Como operadores de comparación empleamos los mismos que en Java: >, >=, <, <=, ==, !=.

➢ **Ejemplo**:

```
<div th:if="${result>10}">      resultado mayor de 10        </div>

<div th:unless="${result>10}"> resultado no es mayor de 10 </div>
```

Y mostrando la variable *result*:

```
<div th:if="${result>10}">
    <span th:text="${result}">*</span> es mayor de 10
</div>
<div th:unless="${result>10}">
    <span th:text="${result}">*</span> no es mayor de 10
</div>
```

Otra forma de implementar una condición es mediante el operador *?* ('elvis'). Este operador se sitúa después de la condición y luego fijaríamos la sentencia en caso de que la condición se evalúe positivamente, luego dos puntos : y la sentencia en caso de que la condición se evalúe como negativa.

```
<span th:text="${result>10} ? 'Número mayor 10' :
                        'Número no mayor 10'">*</span>
```

Los operadores lógicos en Thymeleaf, a diferencia de Java, no son &&, || y ! sino que son **and, or** y **not**. Estos serían algunos ejemplos:

```
<p th:if="${edad > 18 and registrado==true}">Login correcto</p>
<p th:if="${edad != null or edad < 18}">Usuario no válido</p>
<p th:if="${not activo}">El usuario no está activo</p>
```

Al igual que en Java, la precedencia de operadores es: *not*, después *and* y finalmente *or*, pudiendo emplear paréntesis para cambiar esa precedencia de evaluación.

3.2.3. Iteraciones

Para **iterar** sobre una colección, utilizaremos ***th:each***. Contendrá una variable que será la que tome el valor que irá variando en cada iteración, a continuación, dos puntos y para terminar la colección sobre la que iterar entre ${...}. Luego la variable se tratará, por ejemplo, con *th:text*.

➤ **Ejemplo**

```
<p th:each="producto:${listaProd}">
    <span th:text="${producto}">default product</span>
</p>
```

En este ejemplo, *listaProd* podría ser un ArrayList de *String,* un *array*, un *Set*, etc. Si en el caso anterior, el elemento pasado no es un tipo básico, como String, sino que es un objeto con atributos, podemos acceder a ellos siempre que la clase tenga getters con formato estándar: *getId()*, *getNombre()*, etc.

```
<table><tr th:each="empleado:${listaEmpleados}">
        <td th:text="${empleado.id}">id</td>
        <td th:text="${empleado.nombre}">nombre</td>
        <td th:text="${empleado.email}">email@mail.com</td>
        <td th:text="${empleado.salario}">0</td>
    </tr>
</table>
```

En algún caso puede interesarnos tener el número de iteración en la que estamos en cada momento, por ejemplo, para mostrarlo en la vista, a modo de numeración. Añadiríamos una variable a la iteración y tendríamos dos atributos que podemos usar sobre esa variable: ***index***, que comienza en cero, o ***count*** que comienza en 1. Esta sería su sintaxis:

```
<tr th:each="empleado, iterador:${listaEmpleados}">
    <td th:text="${iterador.count}'>contador</td>
    <td th:text="${empleado.nombre}">nombre</td>
</tr>
```

3.2.4. Fragmentos

Los **fragmentos** son bloques de código que podemos guardar en un archivo para poder reutilizar esos bloques en distintas páginas, evitando duplicidad de código. Un uso típico es el <head>, los pies de página, o los menús generales de la aplicación que se repetirán en varias páginas de nuestra web.

Cada fragmento se identifica mediante el atributo ***th:fragment**="nombre_fragmento"* pudiendo incluir varios fragmentos en un solo archivo. Si el fragmento va a contener código de la cabecera se incluirá en la parte *<head>* de ese archivo, y si el fragmento va a contener código del cuerpo, se incluirá en la parte *<body>*; es fácil de ver en el siguiente ejemplo

➤ **Ejemplo**

```
<!DOCTYPE HTML>
<html xmlns:th="http://www.thymeleaf.org">
  <head th:fragment="cabecera">
      <meta charset="UTF-8" />
      <title>Título de todas las páginas</title>
      <link th:href="@{/css/styles.css}" rel="stylesheet">
  </head>
  <body>
   <footer th:fragment="pie">
      <a href="https://www.mycompany.com">&copy;My Company</a>
   </footer>
  </body>
</html>
```

La ubicación por defecto de estos archivos será la carpeta */templates* y si vamos a crear muchos archivos de fragmentos sería adecuado crear una subcarpeta a la que podemos llamar *"fragments"* o *"common"*. El nombre del fragmento puede ser el que deseemos, por ejemplo: *fragmentos.html*.

Una vez creados los fragmentos, en cada página de nuestra web que los queramos emplear, añadiremos ***th:replace*** para sustituir la etiqueta HTML indicada por el fragmento. A continuación, indicaremos la ruta del archivo + :: + nombre de fragmento. Por ejemplo:

```
<head th:replace="~{/fragmentos.html::cabecera}"></head>
```

que sustituiría esa etiqueta *<head>* por todo el fragmento tal como lo construimos. Si no queremos sustituir la etiqueta original completamente por el fragmento, sino que queremos conservar lo que incluya y añadir el fragmento emplearemos ***th:insert*** en vez de *th:replace*.

El problema de *th:insert* es que añade la etiqueta del fragmento, por lo que, en el caso del ejemplo anterior, tendríamos dos etiquetas *<head>*, la del documento original y la que inserta el fragmento. Para hacer *inserts*, emplearemos en el fragmento ***th:block*** en vez de la etiqueta HTML. Esta etiqueta nos sirve para agrupar el contenido del fragmento, pero no se traslada al documento final.

➤ **Ejemplo** de otro archivo, al que llamaremos *fragmentos2.html*:

```
<!DOCTYPE HTML>
<html xmlns:th="http://www.thymeleaf.org">
  <head>
    <th:block th:fragment="cabecera">
      <meta charset="UTF-8" />
      <title>Título de todas las páginas</title>
      <link th:href="@{/css/styles.css}" rel="stylesheet">
    </th:block>
  </head>
</html>
```

Y luego en la vista que queremos añadir el fragmento:

```
<head>
<meta name="viewport" content="width=device-width, initial-scale=1.0">
    <th:block th:insert="~{fragmentos2.html :: cabecera}"></th:block>
</head>
```

> NOTA. Veamos otro ejemplo de *th:block*. Imaginemos que queremos hacer una estructura repetitiva *th:each* sobre una colección y queremos que, para cada iteración, generar dos filas de una tabla. No podemos hacer *<tr th:each="elem:${colección}">* ya que solo generaría una fila en cada iteración. Haríamos:
> ```
> <th:block th:each="elem : ${coleccion}">
>     <tr><td th:text="${elem}"></tc></tr>
>     <tr><td th:text="${elem}"></tc></tr>
> </th:block>
> ```

Hay que señalar que *th:block* es la única etiqueta Thymeleaf que emplearemos en este manual, con ese fin de agrupar líneas de código, el resto de elementos de Thymeleaf son atributos *th:* sobre etiquetas HTML.

Los fragmentos pueden tener incluso otras etiquetas Thymeleaf en su interior. Por ejemplo, si en el fragmento *"cabecera"* quisiésemos que el título fuese distinto para cada página podríamos incluir:
```
<title th:text="${titulo}"></title>
```

Obviamente, al invocar a cualquier vista que incluya el fragmento, debemos añadir un valor para ese título, como varemos más adelante, mediante *Model*.

3.2.5. Tratamiento de nulos

Si el elemento que recibimos del servidor para una etiqueta es un objeto nulo, al acceder a sus atributos se producirá una excepción. Para evitar esto, Thymeleaf tiene varios mecanismos. El primero es mediante el operador *?* a continuación del objeto del que queremos verificar la existencia de nulos. En caso de ser nulo, mostrará la etiqueta vacía. Ejemplo:
```
<td th:text="${empleado?.nombre}">nombre</td>
```

En caso de que necesitemos que la etiqueta tome un valor en caso que el objeto sea nulo (no etiqueta vacía), podemos usar el operador *"? :"* que es similar al operador condicional *elvis "?"* pero añadiendo solo la parte *else* que incluirá el contenido a mostrar en caso de nulos, por ejemplo:
```
<td th:text="${empleado.nombre}?:'sin nombre'">*</td>
```

> NOTA. Además de lo visto en este apartado, en los formularios tendremos características ThymeLeaf específicas, las veremos en el Capítulo 5.

3.2.6. Thymeleaf y CSS

Thymeleaf ofrece la posibilidad de incorporar o modificar dinámicamente atributos y clases CSS. Para ello disponemos de etiquetas como **th:style** (añadir a la etiqueta HTML una propiedad CSS) o **th:classappend** (añadir a la etiqueta HTML una clase CSS). En muchos casos lo incorporaremos dentro de una estructura condicional, como por ejemplo en:
```
<table th:style="${numero>0} ? 'display:block':'display:none'">
       . . .
</table>
```

En el ejemplo anterior, si el número pasado a la plantilla es mayor 0 añadirá el estilo *display='block'*, esto es, se mostrará la tabla, en caso contrario, se añadirá el estilo *display='none'*, esto es, la tabla no se mostrará.

```
<span th:classappend="${numero>50}?'highNumber':'lowNumber'"
  th:text="${numero}">*</span>
```

En este caso, si el número pasado a la plantilla es mayor que 50 añadirá la clase CSS creada por nosotros *'highNumber'* a la etiqueta, y en caso contrario añadirá la clase *'lowNumber'*.

3.3. Paso de datos a la plantilla

En el apartado anterior hemos visto cómo situar en la plantilla etiquetas (más bien atributos sobre etiquetas HTML) para mostrar el contenido procedente del servidor. Ahora nos hace falta la parte complementaria de este tratamiento: cómo pasarle esos valores a la plantilla.

Para ello, al método del controlador le pasaremos como parámetro una instancia de una clase *Model* y antes de hacer el *return* de la vista, debemos añadirle a ese *model* los elementos que queremos pasarle a la vista.

Un Model (o ModelMap) es similar a un Map. Recordamos que un Map es una colección que almacena pares clave-valor, no posiciones númericas como un arraylist. En este caso, pasaremos los pares: etiqueta thymeleaf + valor por el que sustituir la etiqueta.

Para añadir esos pares al **Model** utilizaremos su método **addAttribute**. Así, para el primer ejemplo que vimos tenemos:

```
<h1 th:text="${city}">ciudad por defecto</h1>
```

Podríamos añadir este código en el controlador:

```
@GetMapping({ "/", "/home" })
public String showHome(Model model) {
    String ciudad = "Londres";
    model.addAttribute("city", ciudad);
    return "homeView";
}
```

El import de *Model* es: org.springframework.ui.Model.

En el ejemplo de iteración con Thymeleaf del apartado anterior:

```
<li th:each="producto:${listaProd}">
  <span th:text="${producto}">default product</span>
</li>
```

Esta podría ser una posibilidad para pasarle datos a a vista.

```
@GetMapping("/productos")
public String showProducts(Model model) {
    List<String> listaProductos =
            new ArrayList<>(Arrays.asList("Pr1", "Pr2", "Pr3"));
    model.addAttribute("listaProd", listaProductos);
    return "productsView";
}
```

Ejercicio 3.2

Añade al proyecto del Ejercicio anterior, 3.1, contenido dinámico pasándole información a las plantillas mediante un *model* y representándolo con etiquetas Thymeleaf. La página de inicio puede tener el año actual, por ejemplo ©2025 tomado de la fecha del sistema del servidor. Para ello puedes usar el método estático *LocalDate.now()*.

La página de *palmarés* puede recibir la lista con los nombres de los títulos obtenidos por el equipo *(por ahora será un ArrayList de String en el controlador, pero más adelante debería tomar los datos desde una base de datos).*

Recuerda añadir en el *application.properties* la propiedad: *spring.thymeleaf.cache=false* y recuerda también de que la etiqueta *<html>* lleva un atributo *xmlns*.

3.4. Rescatar parámetros de las URL

Una de las formas más habituales del paso de datos desde el cliente al servidor será mediante parámetros en la URL. Primero veamos las partes de una URL en el siguiente esquema.

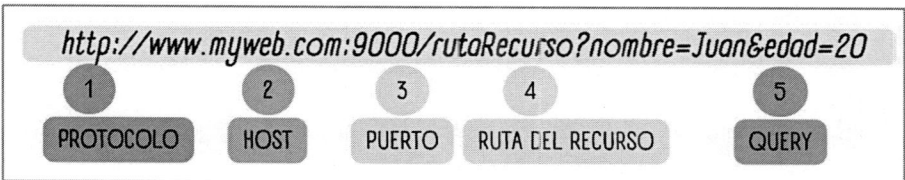

Figura 3.2: Estructura de una URL

Tendremos dos formas de pasar los parámetros en la URL:

- Pasar los parámetros en la parte de la *query*: después del *path*, después de la interrogación y separados por & en pares variable=valor. Por ejemplo:

    www.devschool.com **?** profesor=rdf **&** modulo=programacion

- Pasar los parámetros en el "path" de la URL (el path es lo que va antes de "?": normalmente incluye el protocolo, dominio y rutas separadas por /). Por ejemplo:

    www.devschool.com/profesores/rdf

Para rescatar los valores proporcionados en la parte query usaremos @RequestParam y para los proporcionados en el path usaremos @PathVariable. Los vemos uno a uno.

3.4.1. @RequestParam

Esta anotación será un parámetro que le pasaremos al método del controlador y que incluirá el nombre de la variable en la URL y a continuación la variable que recogerá el dato de ese parámetro de la URL. Recordemos que también le pasábamos un *Model* a estos métodos para pasarle datos a la vista.

Con todo esto, un ejemplo típico de firma de controlador, por ejemplo, para la URL: *www.devschool.com?profesor=rdf* sería:

```
@GetMapping("/")
public String showHome (
@RequestParam("profesor") String nombreProfesor, Model model){
```

Vemos como *@RequestParam* hace referencia al nombre de la variable. Ahora el String *nombreProfesor* contendría *"rdf"*. Este tipo de datos suele ser String, pero podría ser de otro tipo: Long, Double, Date, etc.

Si tenemos dos parámetros en la query de la URL, repetiríamos la anotación, por ejemplo, para la URL: *www.devschool.com ? profesor=rdf & modulo=programacion* sería:

```
@GetMapping("/")
public String showHome (
        @RequestParam("profesor") String nombreProfesor,
        @RequestParam("modulo") String nombreModulo,
        Model model){
```

En el caso de que la variable que recoge el valor se llame como la variable en la URL simplificamos la notación, quedando así:

```
@GetMapping("/")
public String showHome (@RequestParam String profesor,
                        @RequestParam String modulo, Model model){
```

Ahora podemos usar esas variables en el cuerpo del controlador y pasárselas a la vista a través del model.

➢ **Ejemplo**

```
@GetMapping("/")
public String showHome (@RequestParam String profesor,
                        @RequestParam String modulo,
                        Model model){
    model.addAttribute ("profe", profesor);
    model.addAttribute ("modul", modulo);
    return "indexView";
}
```

y ahora deberíamos añadir las expresiones Thymeleaf para mostrar ambos valores.

```
<!DOCTYPE html>
<html xmlns:th="http://www.thymeleaf.org">
 <head><meta charset="UTF-8"></head>
 <body>
  <p>El profesor  <span th:text="${profe}">profesor por defecto</span>
     imparte:<span th:text="${modul}">módulo por defecto</span>
  </p>
 </body>
</html>
```

Un problema que nos encontraremos es que si el usuario invoca a la URL mapeada (en el ejemplo era la ruta raíz "/") sin parámetros, o no se ajustan a los parámetros que esperamos, se producirá un error 400 (URL mal formada). Para evitarlo podemos incluir a *@RequestParam* el parámetro *required*=false para que no se produzca el error. Adicionalmente podemos añadirle *defaultValue* para que si no introducen el parámetro la variable tome ese valor y no *null*.

➢ **Ejemplo:** @RequestParam con valores por defecto:

```
@GetMapping("/")
public String showHome (
    @RequestParam (name="profesor",required=false) String nombreProf,
    @RequestParam (name="modulo", required=false, defaultValue="X")
                        String nombreModulo, Model model){

    if (nombreProf == null) nombreProf ="X";
    model.addAttribute ("profe", nombreProf);
    model.addAttribute ("modul", nombreModulo);
    return "indexView";
}
```

o, más sencillo, con los nombres de variable iguales en URL y controlador:

```
@GetMapping("/")
public String showHome (
        @RequestParam (required=false)  String profesor,
        @RequestParam (required=false, defaultValue="X")  String modulo,
        Model model){

    if (profesor==null) profesor="X";
    model.addAttribute ("profe", profesor);
    model.addAttribute ("modul", modulo);
    return "indexView";
}
```

Hay otra forma de hacerlo, empleando la clase ***Optional*** que recordemos que es una clase genérica, a forma de envoltorio de otra clase, en este caso String, que evita errores de ejecución por valores nulos y nos ofrece métodos para tratar esos nulos. En nuestro caso, el método ***orElse()*** que devuelve el valor que le pasemos en caso de que el objeto sea nulo. Quedaría así:

```
@GetMapping("/")
public String showHome (
        @RequestParam Optional <String> profesor,
        @RequestParam Optional <String> modulo, Model model) {

    model.addAttribute ("profe", profesor.orElse("X"));
    model.addAttribute ("modul", modulo.orElse("X"));
    return "indexView";
}
```

El método ***get()*** de *Optional* nos ofrecerá el valor de su contenido. También puede ser útil el método ***isEmpty()*** para comprobar si el contenido tiene algún valor o es nulo:

```
if (profesor.isEmpty()) { . . . }
```

3.4.2. @PathVariable

Veremos ahora como rescatar valores de la URL cuando nos los pasan de la otra forma que comentábamos, en la parte *path* de la URL. En los últimos años está muy de moda ya que la URL queda más legible. Nos encontraremos entonces los valores separados por barras, y no necesariamente tienen que estar al final de la URL:

```
www.devschool.com/buscaprofe/rdf
www.devschool.com/buscaprofe/rdf/horario
```

Para tratarlo, incluimos en la anotación del controlador, junto con la ruta, una variable entre llaves que represente el valor que pretendemos capturar.

```
@GetMapping ("/buscaprofe/{nombreProfesor}")
```

Y en los parámetros del método, el parámetro *@PathVariable* con el mismo nombre.

```
@GetMapping ("/buscaprofe/{nombreProfesor}")
public String showProfe (@PathVariable String nombreProfesor,
                         Model model){

    model.addAttribute ("profe", nombreProfesor.toUpperCase());
    return "profeView";
}
```

y deberíamos hacer la vista *profeView.html* con la expresión Thymeleaf *${profe}*.

En este caso no hay valores por defecto ni posible prevención de errores, porque si la URL no es correcta el servidor devolverá directamente un error 404.

> **NOTA.** Tanto en *@RequestParam* como *@PathVariable*, si definimos las variables como no String, por ejemplo, Double, Integer...y los valores introducidos por el usuario no son coherentes con ese tipo, se producirá un error. En algunos casos puede ser útil definirla como String y luego, dentro de un try...catch hacer la conversión al formato adecuado.
>
> ➤ **Ejemplo**:
>
> ```
> public String showPage( @PathVariable String num, Model model) {
>     int numero;
>     try {
>         numero = Integer.parseInt(num);
>     } catch (Exception e) {
>         //redireccionar a página de error
>     }
> }
> ```

3.5. Retorno de los métodos del controlador

Por ahora, hemos visto que **un método de un controlador devuelve un String, que se corresponde con la vista que va a devolver al cliente** (sin la extensión *.html*).

Otra opción distinta sería la de redirigir hacia otro controlador, esto es muy frecuente, por ejemplo, si se produce un error, para redirigirlo al controlador que hará el tratamiento de errores, o también después de insertar un elemento en una base de datos, que redirija a un listado de elementos de esa base de datos, para verlo actualizado.

Para hacer esto, en el return ponemos: *redirect:* y la ruta de del controlador, tal y como estamos haciendo en las anotaciones @GetMapping.

```
@GetMapping({ "/", "/menuprincipal" })
public String showMenu(Model model) {

    model.addAttribute("fechaActual", LocalDate.now().getYear());
    return "menuView";
}

@GetMapping("/par/{num}")
public String showPar(@PathVariable Integer num, Model model) {

    if (num < 1)
        return "redirect:/menuprincipal";
    model.addAttribute("par", num % 2);
    return "parView";
}
```

Sobre el ejemplo anterior, podría surgirnos la duda sobre qué diferencia hay entre hacer: *return "redirect:/menuprincipal"* o directamente *return "menuView"*, si al fin y al cabo es esa a la vista a la que irá. La respuesta es que tal como está el ejemplo, con redirect, llegará a *menuView.html* a través del controlador y por tanto con las variables del *model,* esto es, el año en curso. En caso de hacerlo sin *redirect* llegaría a esa vista, pero sin *model*.

Además de una vista o una redirección a otro controlador, el controlador podrá devolver otros tipos de objetos como veremos en el capítulo de API REST: (ResponseBody + cualquier tipo de datos), HttpEntity, ResponseEntity, etc.

Antiguamente también se utilizaban objetos de tipo *ModelAndView* para devolver la vista y el modelo en un solo objeto, pero actualmente ha sido sustituido por el String que contiene la vista. En este caso se devolvía un *Model* pero uno de los atributos de ese *model* contenía la vista a mostrar.

```
@GetMapping("/menuConModelAndView")
public ModelAndView showMenu2() {

    ModelAndView modelAndview = new ModelAndView();
    modelAndview.addObject("fechaActual", LocalDate.now().getYear());
    modelAndview.setViewName("menuView");
    return modelAndview;
}
```

3.6. Construcción de URL dinámicas en la vista

En los enlaces de las vistas tenemos las rutas que luego serán gestionadas por los controladores. Algunas de esas rutas son fijas en nuestra aplicación como la página de inicio, la página de "quienes somos", etc., pero habrá otras que será necesario construir dinámicamente, por ejemplo, imaginemos que la vista muestra una lista de productos y queremos al clicar en ellos visite la página del cada producto.

La expresión en Thymeleaf para referirse a URL es @{...} y entre las llaves tenemos distintas opciones dependiendo del tipo de enlace que necesitemos:

- **URL absolutas**: hacía otros servidores. Son rutas completas incluyendo el protocolo. En caso de no contener ninguna parte dinámica, en realidad, no es necesario Thymeleaf para ellas.

```
<a th:href="@{http://www.thymeleaf.org/documentation.html}">link</a>
```

- **URL relativas al contexto**. Son las más utilizadas, empiezan por "/" y esa barra representa la raíz de nuestra aplicación. Siguen por tanto una formación similar a los *mappings* que estamos viendo hasta ahora.

```
<a th:href="@{/quienes-somos/}">link</a>
```

Cuando el proyecto se empaqueta como *'jar'*, con el propio servidor Tomcat embebido, la aplicación se sitúa en la raíz del mismo, por lo que no hay diferencia entre *<a th:href="@{/quienes-somos/}">* y *<a href="/quienes-somos/">*.

Por el contrario, en empaquetado 'war', la aplicación puede situarse en otra ruta, por ejemplo bajo *"/app"*, por lo que obtendríamos con la primera opción: */app/quienes-somos/,* y */quienes-somos* en la segunda opción que no incluye Thymeleaf.

- Existen otras similares a las anteriores llamadas "**relativas al servidor**", que como su nombre indica, son relativas al servidor global, en vez de al contexto:

```
<a th:href="@{~/quienes-somos/}">@{~/quienes-somos/}</a>link</a>
```

- Por último, existen otras llamadas "**relativas al protocolo**" para enlazar con recursos externos como hojas de estilos o scripts.

```
<script th:src=
    "@{//cdnjs.cloudflare.com/ajax/libs/Chart.js/4.4.1/chart.min.js}">
</script>
```

Las que más emplearemos serán las segundas, las relativas al contexto. Podemos usar estas expresiones no solo con *th:href*, sino que podemos usarlas en cualquier lugar:

```
<form th:action="@{/formulario/procesar}">
```

Añadir parámetros a URL en la vista

Podemos añadir parámetros *en la parte query* de una URL con @{...} poniendo los parámetros entre paréntesis:

```
<a th:href="@{/product(id=3)}">
```

que quedaría una vez procesado así:

```
<a href="/product?id=3">
```

Si son varios parámetros los separamos por comas:

```
<a th:href="@{/product(id=3 , size='big')}">
```

Quedaría en el navegador:

```
<a href="/product?id=3&size=big">
```

Para añadir parámetros, pero en el path, seguimos el mismo proceso, pero añadimos la variable también en la posición del path, entre llaves:

```
<a th:href="@{/product/{id}/{size}(id=3,size='big')}">
```

Quedaría en el navegador:

```
<a href="/product/3/big>
```

3.6.1. Expresiones en las URL en la vista

La potencia de las URL dinámicas viene dada porque, además de lo que acabamos de ver, podemos incluir variables dinámicas, tomadas del modelo que recibe la vista, en tiempo de ejecución.

Supongamos la siguiente URL:

```
<a th:href="@{/product/(id=3,size='big')}">
```

Pero que los valores que toma *id* (en este caso 3) y *size* (en este caso "*big*") no los conocemos previamente, se obtienen en tiempo de ejecución. Pues bien, podríamos sustituirlos por variables u otras expresiones, por ejemplo:

```
<a th:href="@{/product(id=${myId},size=${mySize})}"> <!--query-->
```

Podemos usar también operadores condicionales:

```
<a th:href="@{/product(id=${myId},size=${mySize>100} ?'big': 'small')}">
```

Y en caso de querer que los parámetro estuviesen en la parte *path* y no en la parte *query,* los añadimos también en el primer parámetro, entre llaves:

```
<a th:href="@{/product/{id}/{size}(id=${myId},size=${mySize})}">
```

Desde el controlador enviaremos los valores para esas variables con instrucciones como:

```
model.addAttribute("myId", 3);
model.addAttribute("mySize", "big");
```

En todos estos ejemplos solo hemos puesto la parte de hipervínculo de la etiqueta <a> pero hace falta añadir el texto sobre el que pulsar, y éste puede ser estático, no un simple texto, pero también puede ser dinámico.

➢ **Ejemplo**

```
<a th:href="@{/product(id=${myId})}">Enlace al producto</a>
```

Pero también:

```
<a th:href="@{/product(id=${myId})}">
Enlace a producto:<span th:text="${myId}">*</span></a>
```

Realmente lo que enviamos en el parámetro *th:href* es una cadena, y en Thymeleaf podemos hacer operaciones con cadenas, siendo la concatenación, con el operando '+', la más habitual. Esa concatenación puede ser de variables Thymeleaf como de literales (que reflejaremos entre comillas simples).

Así pues, el ejemplo visto previamente:

```
<a th:href="@{/product(id=${myId} , size=${mySize})}">enlace</a>
```

que si pasábamos desde el controlador *myId=3* y *mySize='big'*, acababa generando en el navegador:

```
/product?id=3&size=big
```

Podríamos haberlos escrito así:

```
<a th:href="@{'/product?id='+${myId}+'&size='+${mySize}}">enlace</a>
```

Y lo mismo para el caso de variable en el *path*. El ejemplo:

```
<a th:href="@{/product/{id}/{size}(id=${myId},size=${mySize})}">enlace</a>
```

Podríamos escribirlo así:

```
<a th:href="@{'/product/'+${myId}+'/'+${mySize}}">enlace</a>
```

3.6.2. URL dinámicas con JavaScript

Una última opción para enviar parámetros a la URL es el empleo de JavaScript. Esto será especialmente útil si los parámetros están en otros elementos, como por ejemplo cajas de texto, en vez de ser variables enviadas desde el controlador.

El siguiente ejemplo crea una URL similar a las de ejemplos anteriores *(/product/3/big)* pero tomando los valores de sendas cajas de texto.

```
<body>
  Id:<input id="ident" type="text">
  Size:<input id="size" type="text">
  <button onclick="enviarEnlace()">Enlace</button>

  <script>
    function enviarEnlace() {
      var txt1 = document.querySelector("#ident").value;
      var txt2 = document.querySelector("#size").value;
      window.location.href = "/product/" + txt1 + "/" + txt2;     }
  </script>

</body>
```

Podríamos haber utilizado también *getElementById* para obtener el valor de las cajas de texto y *addEventListener* en vez de *onclick*.

La función JavaScript *window.location.href* envía al servidor la URL asignada. En este caso, la componemos por concatenación de cadenas que pueden ser tanto literales como variables. Sería un comportamiento similar a los formularios que veremos en un capítulo posterior.

La diferencia entre este envío (como el de una etiqueta <a>) con respecto a los formularios, es el método HTTP empleado: en este caso es GET, mientras que el envío de formularios se hará generalmente mediante POST.

Ejercicio 3.3

Haz una copia del proyecto del Ejercicio, 3.2, y realiza los siguientes cambios:

- Si en la página de inicio, en la URL, se le pasa el parámetro: ?*usuario=XXX* mostrará el mensaje de bienvenida con un texto personalizado para ese usuario, pero si no le pasa nada, será un mensaje genérico *(Bienvenido XXX a nuestra web vs. Bienvenido a nuestra web)*. Hazlo primero sin *Optional*, luego ponla entre comentarios y haz una segunda versión con *Optional*.

- Añade BootStrap en su versión agnóstica (esto es, se define la versión empleada en el *pom.xml* mediante webjars-locator).

- Utiliza fragmentos para no tener duplicado el código html tanto del <*head*> como del menú.

- El menú podría utilizar la etiqueta <*nav*> y ser algo así:

```
<nav th:fragment="menu" class="navbar navbar-expand-sm">
  <ul class="navbar-nav">
    <li><a class="nav-link active" th:href="@{/}">Home</a></li>
    <li><a class="nav-link active"
          th:href="@{/palmares}">Palmarés</a></li>
    <li><a class="nav-link active"
          th:href="@{/galeria-fotos}">Galería de fotos</a></li>
    <li><a class="nav-link active"
          th:href="@{/enlaces}">Enlaces externos</a></li>
  </ul>
</nav>
```

BUENAS PRÁCTICAS

Es buena práctica que las clases estén agrupadas en carpetas (paquetes) por lo que podrías hacer una carpeta 'controllers' para los controladores y otra 'config' para la clase de configuración creada previamente. A medida que avance el curso tendremos nuevas carpetas: *services, repositories, utils, security*, etc.

3.7. Resumen de Controlador + Vista

Como resumen, vamos una aplicación muy sencilla con un controlador y una vista para ver cómo se relacionan ambos. En concreto, presenta una tabla con números generados al azar (inicialmente vacía) y nos permite añadir nuevos números pulsando el enlace 'nuevo número' o eliminar los generados previamente, pulsando el enlace 'delete' que hay al lado de cada número.

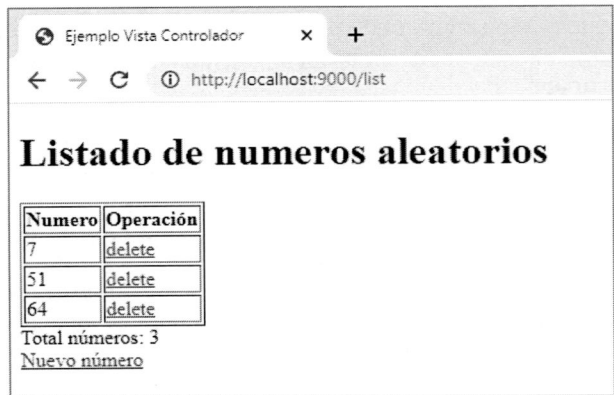

Figura 3.3. Ejemplo de Controlador + Vista

El controlador *NumerosController.java* estará ubicado en la misma carpeta/paquete que la clase principal con el main (aunque podríamos crear una carpeta *Controllers)* y la vista *listView.html* estará en la carpeta */templates*.

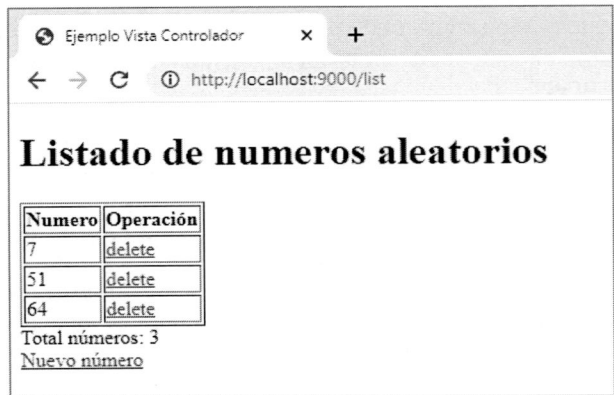

Figura 3.4. Código fuente Controlador + Vista

Controlador (líneas 15-20): este método del controlador se ejecutará como respuesta a peticiones como *http://localhost/*, *http://localhost/list* o *http://localhost*. Añadirá al modelo dos valores para enviárselos a la vista: *cantidadTotal* que contendrá la cantidad de elementos del *LinkedHashSet* y *listaNumeros* que será el contenido completo del *LinkedHashSet*. Finalmente invoca a la vista */templates/listView.html*

Vista: *listView.html:* en la línea 2 indicamos que tiene que procesar los atributos Thymeleaf. En la línea 18 escribe el total de líneas (el total de elementos del HashSet en el servidor), pero antes compone una tabla dinámicamente con una fila *<tr>* por cada número en *listaNumeros*, que es el mismo *LinkedHashSet*.

En la primera celda de cada fila pone el número y en la segunda pone una URL: */delete/X* siendo X el número del Set que estamos tratando en ese momento. Finalmente, en la línea 16 tiene un enlace a */new* (recordemos que es al GetMapping */new* del controlador, no a una vista)

Controlador (líneas 22-28): este método del controlador se ejecutará como respuesta a peticiones como *http://localhost/new* y que vendrá del enlace de la vista *'nuevo número'* añadirá un nuevo número aleatorio al Set y nos redirige al GetMapping */list*, esto es, el que llamará a la vista inicial que muestra la tabla de números.

Controlador (líneas 30-34): este método del controlador se ejecutará como respuesta a peticiones como *http://localhost/delete/X* que vendrán de los enlaces de la segunda columna de la tabla. Lo primero que hace es tomar el número X (a través de la anotación @PathVariable) y lo elimina del HashSet. Luego, al igual que el método anterior, nos redirige al GetMapping */list*.

NOTA. El nombre de los métodos del controlador no es relevante, por defecto podemos hacer que empiecen por 'show' o por 'get'. En cuanto a las vistas, quizás el que terminen en "View" puede ayudarnos a diferenciarlas bien de las partes de la URL que usamos en los *GetMapping* de los controladores.

Ejercicio 3.4

Implementa el ejemplo que acabamos de mostrar que genera números aleatorios en un nuevo proyecto. Simplemente debes crear el controlador y la plantilla con el código mostrado.

Una vez que funcione correctamente, añade estilos CSS dinámicos. Los cambios a realizar serán los siguientes:

- Si la lista de números está vacía no se mostrará la tabla.

- Los números menores de 50 se mostrarán con color de letra verde oscuro sobre fondo verde claro.

- Los números mayores o iguales a 50 con color de letra rojo y fondo rosa.

- Deberás crear las clases CSS que contengan los atributos de los dos puntos anteriores.

Figura 3.5. Ejecución del Ejercicio 3.4

3.7.1. Interfaz WebMvcConfigurer

Esta interfaz permite configurar aspectos básicos del funcionamiento de nuestra aplicación. Más adelante la emplearemos para evitar problemas de seguridad CORS, pero también podemos indicarle mappings directos entre una ruta y la vista que se mostrará, evitando tener que desarrollar el método controlador. Solo será válido cuando no se le pase a la vista ningún dato, es decir cuando sea una vinculación directa entre ruta y vista, sin nada más.

Para implementar esta interfaz, crearemos una clase con la anotación *@Configuration* (para que se ejecute al iniciar la aplicación) y que implemente los métodos de configuración que nos interesen, en este caso: *addViewController()*:

```
@Configuration
public class WebMvcConfig implements WebMvcConfigurer {
    @Override
    public void addViewControllers(ViewControllerRegistry registry) {
        registry.addViewController("/quienesSomos").setViewName("quienesView");
        registry.addViewController("/dondeEstamos").setViewName("dondeView");
    }
}
```

La clase puede tener el nombre que quieras. En este caso, si el usuario solicita la ruta */quienesSomos*, le mostrará la vista */quienesView.html*.

Esta clase, como todas las de nuestro proyecto, debe estar en el paquete raíz o subpaquete. En algunos casos verás que esta clase también está anotada con *@EnableWebMvc,* pero, con Spring Boot no es necesario.

Ejercicio 3.5

Toma el proyecto del Ejercicio 3.3 y haz un nuevo proyecto eliminando el mapping para los *enlaces-externos*. La vista *linksView.html* se mostrará mediante un archivo de configuración. Debes crear una clase que implemente *WebMvcConfigurer*, puedes llamarle como quieras: *WebMvcConfigurerImpl*, *WebMvcConfig*, etc.

3.7.2. Páginas de error personalizadas

Como ya habrás comprobado, si se produce un error en nuestra aplicación, el navegador nos muestra una página de error por defecto. Los errores típicos suelen ser 404 (página no encontrada), 500 (Error interno del servidor), 403 (acceso denegado), etc.

Si queremos que muestre páginas personalizadas con un mensaje más amigable, con enlaces de vuelta a la aplicación, etc. basta con crear una carpeta llamada */error* debajo de /templates y dentro de ella crear archivos *.html* con nombre igual al número de error, esto es, *404.html*, *500.html*, *403.html*.

Ejercicios de ampliación

Ejercicio 3.6

Realiza una aplicación con la apariencia que se muestra en la figura siguiente, de forma que presente tres imágenes a las que los visitantes pueden votar. Al clicar sobre cada una de las imágenes aumentará la cantidad de votos de esa imagen que se muestra debajo de ella. Se podría mantener el contador de votos en tres variables distintas, una para cada imagen, pero en un futuro podríamos añadir más imágenes.

Figura 3.6. Ejecución del Ejercicio 3.6

Puedes partir de esta plantilla HTML, eligiendo tú las imágenes de las películas que prefieras:

```
<!DOCTYPE html>
<html>
  <head>
    <meta charset="UTF-8">
    <meta http-equiv="X-UA-Compatible" content="IE=edge">
    <meta name="viewport" content="width=device-width, initial-scale=1.0">
    <title>Elige tu película favorita</title>
    <link href="/webjars/bootstrap/css/bootstrap.min.css"
                        rel="stylesheet">
    <script src="/webjars/bootstrap/js/bootstrap.bundle.min.js"></script>
    <link rel="stylesheet" href=
       "https://cdn.jsdelivr.net/npm/bootstrap-
                        icons@1.3.0/font/bootstrap-    icons.css">
    <style> td { border: 1px solid #ddd;} </style>
  </head>
```

```
<body>
<h1>Elige tu película favorita</h1>
<table>
<tr>
    <td><a href="/voto?foto=0"> <img src="images/avatar.jpg"
        alt="Avatar" style="width:200px;"></a></td>
    <td><a href="/voto?foto=1"> <img src="images/cadenaPerpetua.jpg"
        alt="Cadena Perpetua" style="width:200px;"></a></td>
    <td><a href="/voto?foto=2"> <img src="images/pulpFiction.jpg"
        alt="Pulp Fiction" style="width:200px;"></a></td>
</tr>
<tr><td><i class="bi bi-heart"></i><span>0</span></td>
    <td><i class="bi bi-heart"></i><span>0</span></td>
    <td><i class="bi bi-heart"></i><span>0</span></td>
</tr>
</table>
</body>
</html>
```

Por ahora estamos trabajando en memoria por lo que el contador de votos no se guardará cuando cerremos la aplicación. En capítulos posteriores lo pasaremos a un repositorio persistente para arreglar esta situación.

Tampoco estamos controlando que un usuario vote varias veces a una misma película, también solucionaremos esto más adelante.

Ejercicio 3.7

Realiza una aplicación que implemente una calculadora como la mostrada en la figura siguiente.

El usuario iniciará introduciendo los dígitos del primer operando clicando en la botonera. Al pulsar en el botón '+' pasará al segundo operando (si se pulsa ese botón en otra situación no hará nada). Luego introducirá los dígitos del segundo operando y finalmente pulsará el botón '=' para mostrar el resultado (si pulsa el botón'=' en otra situación, tampoco hará nada). El botón 'clear' vuelve a la situación inicial.

Te hará falta una variable de tipo enumeración para saber en qué estado estás: si introduciendo el primero operando, el segundo o acabas de mostrar el resultado.

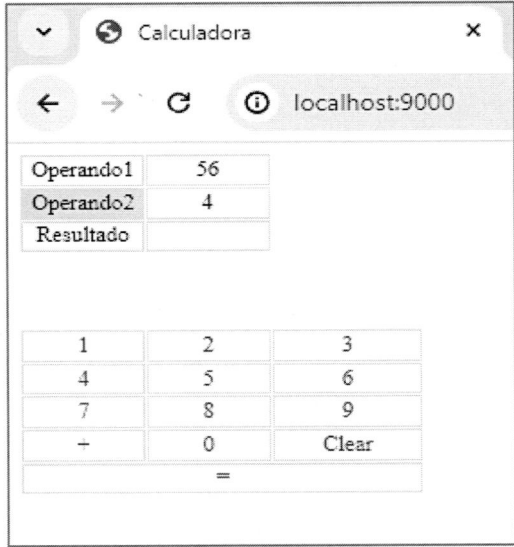

Figura 3.7. Ejecución del Ejercicio 3.7

Si la vista se llama indexView.html y se llega a ella desde el mapping raíz: @GetMapping("/"), el resto de mappings (añadir dígito, pulsar en el '+', etc.) lo más normal es que los métodos de esos mappings terminen con: return "redirect:/" para volver a la vista inicial con sus datos en el Model.

Puedes partir de la siguiente plantilla HTML. Recuerda sustituir los atributos *href* de los enlaces, por los equivalentes en Thymeleaf *th:href*.

```html
<!DOCTYPE html>
<html>
  <head>
    <meta charset="UTF-8">
    <meta http-equiv="X-UA-Compatible" content="IE=edge">
    <meta name="viewport" content="width=device-width, initial-scale=1.0">
    <title>Calculadora</title>
    <style>
     .focus {background-color: yellow;}
      a {text-decoration: none; width: 100%;
         padding-left: 2em; padding-right: 2em;
      }
      table td { border: 1px solid #ddd; width:5em;
         text-align: center;
      }
  </style>
  </head>

  <body>
  <table><tr><td class="focus">Operando1</td><td></td></tr>
        <tr><td>Operando2</td><td></td></tr>
        <tr><td>Resultado</td><td></td> </tr>
  </table><br/> <br/> <br/>
  <table>
    <tr><td><a href="/digito/1">1</a></td>
        <td><a href="/digito/2">2</a></td>
        <td><a href="/digito/3">3</a></td>
    </tr>
    <tr><td><a href="/digito/4">4</a></td>
        <td><a href="/digito/5">5</a></td>
        <td><a href="/digito/6">6</a></td>
    </tr>
    <tr><td><a href="/digito/7">7</a></td>
        <td><a href="/digito/8">8</a></td>
        <td><a href="/digito/9">9</a></td>
    </tr>
    <tr><td><a href="/suma">+</a></td>
      <td><a href="/digito/0">0</a></td>
      <td><a href="/clear">Clear</a></td>
    </tr>
    <tr><td colspan="3"><a href="/igual">=</a></td>
    </tr>
  </table>
  </body>
</html>
```

Proyecto BookAdvisor

Vamos a realizar a lo largo de este capítulo y de los siguientes una aplicación completa en la que reflejaremos todo lo que aprendamos en el curso. Se llamará *BookAdvisor* y se trata de un catálogo de libros donde los usuarios, además de hacer consultas varias sobre el catálogo, podrán puntuar los libros y hacer comentarios sobre los mismos.

Podrán hacer también búsquedas por distintos criterios y obtener rankings en función de las puntuaciones de todos los usuarios (algo similar a *TripAdvisor*).

Vamos a dividir el proyecto en distintas fases (*sprints*), que coincidirán con los ejercicios de este capítulo y los siguientes. En cada *sprint* realizaremos las actividades relativas a lo aprendido en ese capítulo.

En este primer *sprint* implementaremos lo siguiente:

- Crear el proyecto Spring Boot con Thymeleaf.

- Añadir BootStrap al proyecto.

- Hacer un archivo de fragmentos que compartirán todas las páginas para el *<head>* y *<nav>* para la cabecera, que será el menú principal de la aplicación.

- Hacer una página de bienvenida y una página *quienes-somos* accesibles desde el menú principal. La página de bienvenida puede contener una imagen y algún dato dinámico como, por ejemplo, el año actual, tal como se muestra en la figura siguiente:

Figura 3.8. Ejecución del proyecto BookAdvisor

CAPÍTULO 4

CAPA DE SERVICIO

Contenidos

- Creación de clases de servicio.
- Inyección de dependencias con @Autowired.
- Manejo de excepciones de la capa de servicio.
- Uso de interfaces para el desacoplamiento.
- Ejecución de código al inicio con *CommandLineRunner*.

Objetivos

- Comprender la necesidad de la capa de servicio.
- Implementar la lógica de negocio en clases de servicio.
- Inyectar dependencias y manejar excepciones.
- Usar interfaces para desacoplar el código.
- Ejecutar código al inicio de la aplicación.

RESUMEN DEL CAPÍTULO

Este capítulo se centra en la capa de servicio, responsable de la lógica de negocio de la aplicación. Se explica cómo crear servicios, inyectarlos en los controladores y manejar sus excepciones. Se introduce el uso de interfaces para desacoplar el código y se describe cómo ejecutar código al inicio de la aplicación.

4.1. La capa de servicio

Como ya comentamos al principio del libro, la capa de servicio se encarga de la lógica de negocio, de las reglas y cálculos que la aplicación debe hacer en cada caso.

Típicamente, los métodos de una clase de servicio son invocados desde un controlador y es éste último el que le pasa como parámetro al servicio los valores proporcionados por el cliente para hacer los cálculos necesarios. Es también común que el servicio necesite acceder a repositorios de datos, para obtener información adicional para ejecutar esas reglas de negocio (pero eso lo veremos en capítulos posteriores). Finalmente, los métodos de la capa de servicio devolverán el resultado al controlador para que lo envíe al cliente.

Las clases de servicio se anotan con *@Service* y en vez de crear instancias en el controlador con un constructor como haríamos con otras clases, Spring **inyecta** el servicio en el controlador mediante la anotación @Autowired, reduciendo así el **acoplamiento de código**.

En cuanto a la ubicación de los servicios, podemos crear un paquete (carpeta) llamada *services* y meterlos todos ahí, o si hemos optado por una organización más orientada a dominio, irán en la misma carpeta que los controladores de la misma área (*Cliente*, *Producto*, etc.) Spring no pone limitaciones en cuanto a esa organización, pero deben ser sub-paquetes del paquete raíz, como ocurría con los controladores.

➢ **Ejemplo.** Este sería un ejemplo de estructura de un controlador + servicio que recibe en la URL dos números y devuelve una vista con su suma.

En la capa de servicio simplemente creamos el método con la operación solicitada:

```java
@Service
public class SumaService {

    public Integer suma(Integer a, Integer b) {
        return a + b;
    }
}
```

En el controlador inyectamos la clase de la capa de servicio e invocamos a su método.

```java
@Controller
public class SumaController {

    @Autowired
    private SumaService sumaService;

    @GetMapping("/suma/{numX}/{numY}")
      public String showSuma(@PathVariable Integer numX,
                             @PathVariable Integer numY, Model model){

        Integer result = sumaService.suma(numX, numY);
        model.addAttribute("resultado", result);
        return "resultSumaView";
    }
}
```

Podemos fijarnos en el ejemplo que:

- Al añadir *@Autowired* no llamamos al constructor del servicio:

```
SumaService sumaService = new SumaService();
```

Más adelante veremos cómo podemos incluso evitar la anotación @Autowired usando Lombok.

- Si hubiese que validar los datos de entrada, se podría hacer en otro método de este servicio o de otro servicio y ser invocado previamente desde el controlador.

 NOTA. EL ACOPLAMIENTO DE CÓDIGO E INYECCIÓN:

Supongamos que tenemos una clase 'Coche' que tiene como atributo una clase llamada 'Motor'. Cuando instanciemos un coche tendremos que instanciar también su motor mediante algún constructor de Motor. En esta situación decimos que 'Coche' y 'Motor' están fuertemente acoplados: cualquier cambio en el constructor de 'Motor' haría que el constructor de 'Coche' fallase. El problema se agrava si pensamos que un coche tiene multitud de componentes además del motor: ruedas, volante, etc.

Una forma de solucionar este problema es "inyectar" la instancia de Motor en el constructor de Coche pasándoselo como parámetro, así evitamos los problemas en Coche si hay cambios en el constructor de Motor.

Es una entidad externa (en nuestro caso el propio framework) el que hace la instanciación de Motor para pasárselo al constructor de Coche.

```
CODIGO ACOPLADO:                    CODIGO DESACOPLADO:

class Coche {                       class Coche {
  String modelo;                      String modelo;
  Motor motor;                        Motor motor;
  Coche (String m, int i,int p){      Coche (String mod, Motor mot) {
  this.modelo = m;                      this.modelo = mod;
  this.motor = new Motor (i,p);         this.motor = mot;
 }                                    }
}                                   }
class Motor {                       class Motor {
  int id                              int id
  int potencia;                       int potencia;

  Motor (int i, int p)   {            Motor (int i, int p)   {
    this.id=i; this.potencia=p;         this.id=i; this.potencia=p;
  }                                   }
}                                   }
```

Los objetivos principales de esta capa de servicio son:

- Separar la lógica de negocio de la vista de los datos. Cualquier cambio en la forma de recibir los datos y mostrarlos (por ejemplo, cuando veamos API REST) no afectará a esta parte de la aplicación.

- Código más estructurado, métodos y clases más pequeños.

- Facilidad para *testing* unitario: podemos hacer pruebas con los diferentes servicios sin necesidad de simular todo el proceso de interacción con el usuario.

Ejercicio 4.1

Haz una copia del proyecto del Ejercicio 3.4 (Números aleatorios) pasando la lógica de negocio a una capa de servicio que contenga la colección con los números aleatorios y los métodos para añadir nuevos números, eliminar números existentes, devolver los elementos de la colección y devolver la cantidad de elementos de la colección.

4.2. Gestión de errores

Los servicios pueden incurrir en distintas situaciones de error: puede ser porque los parámetros recibidos no tengan los valores esperados, porque los cálculos que pretende realizar no se puedan llevar a cabo, porque cuando accede a repositorios de datos, estos datos no estén disponibles, o bien por muchas otras razones.

Cuando un servicio se encuentra una situación de error, lo más correcto es que lance una excepción (*throw*) y que esta excepción sea capturada (try…catch) por el método que llamó al servicio, que generalmente será un método de controlador o bien otro método de servicio.

➢ **Ejemplo.** El siguiente ejemplo muestra una clase de servicio, con un solo método, que calcula el valor de la hipotenusa a partir de sus dos catetos. En el caso de que alguno de los catetos sea negativo lanza una excepción.

```
@Service
public class MathService {
  public Double calcularHipotenusa (Double cat1, Double cat2)
                                          throws RuntimeException {
    if (cat1 <= 0 || cat2 <= 0)
      throw new RuntimeException("Error en parámetros de entrada");

    return Math.hypot(cat1, cat2);
  }
}
```

Podríamos haber creado una excepción propia en vez de lanzar la genérica *RuntimeException* pero, por ahora, el planteamiento visto es suficiente. A continuación, desde el controlador, se llamará al método de servicio capturando la excepción.

➤ **Ejemplo.** En este ejemplo, los datos de los catetos provienen de variables en el *path* de la URL.

```
@GetMapping("/calcularHipotenusa/{cat1}/{cat2}")
public String showHipot(@PathVariable Double cat1,
                        @PathVariable Double cat2, Model model){
    try {
        model.addAttribute("resultado",
            mathService.calcularHipotenusa(cat1,cat2));
        return "resultadoView";
    }
    catch (RuntimeException ex) {
        model.addAttribute("txtError", ex.getMessage());
        return "errorView";
} }
```

En este caso, al capturar la excepción, envía al usuario una vista de error que informaría al usuario del problema ocurrido a través de esa variable "*txtError*". No tiene por qué ser una vista propia para los errores, sino que en la vista inicial (en este caso *indexView.html)* podemos añadir esa misma variable y con Thymeleaf, mostrarla en caso de que no sea nula.

Este planteamiento no funciona si la respuesta devuelta por el controlador no una vista, si no que hace un redirect a otro *mapping,* ya que en este caso no podemos pasar nada por el *model.* Una solución para esta situación sería pasarle al *mapping,* mediante parámetro, un código de error (o incluso el propio texto de la excepción) y que sea el método del controlador el que lo procese. En la excepción haríamos:

```
try {     . . . }
catch (RuntimeException ex) {
        return "redirect:/home?err=1";
}
```

Y en el controlador que muestra la vista:

```
@GetMapping("/home")
public String showHome(@RequestParam (required=false) Integer err,
                       Model model){
    if (err!=null)  model.addAttribute("txtErr", "Error en parámetros");
    return "indexView";
}
```

Un inconveniente de esta opción es que "perdemos" el *message* de la excepción generada, ya que al usar *redirect,* al *mapping* destino solo le llegan los parámetros, pero no el *model.*

Una solución a este problema sería que el controlador tuviese una variable global accesible por todos los *mapping* y que el *try...catch* le asigne el mensaje de la excepción a esa variable: así el *mapping* que devuelve la vista, puede incorporar al *model* el texto de la excepción a través de esa variable global.

➤ **Ejemplo:** controlador con variable global para mensajes de error:

```
@Controller
public class MathController {
        @Autowired
        private MathService mathService;
        private String txtError=null;

        @GetMapping("/calcularHipotenusa/{cat1}/{cat2}")
        public String showHipot(@PathVariable Double cat1,
                                @PathVariable Double cat2, Model model) {
        try {
            model.addAttribute("resultado",
            mathService.calcularHipotenusa(cat1, cat2));
            return "resultadoView";
         }
        catch (RuntimeException ex) {
            txtError = ex.getMessage();
            return "redirect:/home";
        }
    }
    @GetMapping({ "/", "/home" })
    public String showHome(Model model) {
      if (txtError != null) {
          model.addAttribute("txtErr", txtError);
          txtError = null; // vacía la variable para usarla de nuevo
      }
      return "indexView";
  }
}
```

Vemos como esa variable puede servir no solo para mensajes de error, sino para cualquier tipo de texto variable que queramos incorporar (podríamos llamarla *status* o similar). Para probar este ejemplo del cálculo de la hipotenusa, con control de errores, la vista *indexView.html* debe gestionar esta variable *txtError*.

➤ **Ejemplo:** vista mostrando control de errores:

```
<!DOCTYPE html>
<html xmlns:th="http://www.thymeleaf.org">
<head><meta charset="UTF-8">
  <meta http-equiv="X-UA-Compatible" content="IE=edge">
  <meta name="viewport" content="width=device-width, initial-scale=1.0">
  <link href="/webjars/bootstrap/css/bootstrap.min.css" rel="stylesheet">
  <script src="/webjars/bootstrap/js/bootstrap.bundle.min.js"></script>
  <title>Calcular hipotenusa</title>
</head>

 <body>
 <h3>Cálculos de hipotenusa:</h3>
 Cateto 1:<input type="text" id="cateto1"/>
 Cateto 2:<input type="text" id="cateto2"/>
 <button onclick="calcularHipotenusa()">Calcular</button>
```

```
  <div th:if="${txtErr!=null}">
    <p class="alert alert-danger" role="alert" th:text="${txtErr}">error</p>
  </div>

<script>
  function calcularHipotenusa() {
    var cateto1 = document.querySelector("#cateto1").value;
    var cateto2 = document.querySelector("#cateto2").value;
    window.location.href="/calcularHipotenusa/" + cateto1 + "/" + cateto2;
  }
</script>
</body>
</html>
```

Recuerda añadir las *webjars* en el *pom.xml* para visualizarlo correctamente con BootStrap. Se ha incluido un pequeño código JavaScript para enviar el valor de los dos catetos, pero puedes hacerlo introduciendo los valores de los catetos directamente en la URL, en la parte *path,* por ejemplo: *http:localhost:{puerto}/calcularHipotenusa/3/2.*

Si se produce alguna excepción, se redirige de nuevo a esta vista, pero con el texto de la excepción. Finalmente necesitamos una segunda vista llamada *resultadoView.html* para mostrar el resultado:

```
<!DOCTYPE html>
<html xmlns:th="http://www.thymeleaf.org">
  <head>
    <meta charset="UTF-8">
    <meta http-equiv="X-UA-Compatible" content="IE=edge">
    <meta name="viewport" content="width=device-width, initial-scale=1.0">
    <link href="/webjars/bootstrap/css/bootstrap.min.css" rel="stylesheet">
    <script src="/webjars/bootstrap/js/bootstrap.bundle.min.js"></script>
    <title>Resultado hipotenusa</title>
  </head>
  <body>
    <p class="alert alert-primary" role="alert">
       Resultado:<span th:text="${resultado}">resultado</span></p>
  </body>
</html>
```

En caso de error veríamos algo así:

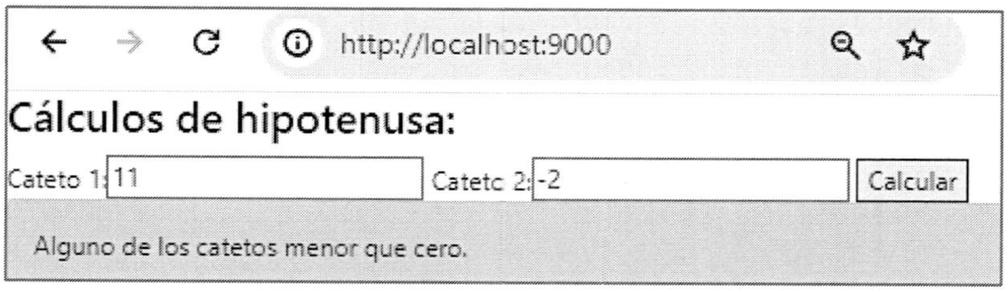

Figura 4.1. Mostrando error en la vista

Ejercicio 4.2

Implementa un proyecto similar al que se acaba de describir que calcule la hipotenusa de un triángulo a partir de sus catetos. Lanzará excepciones si los catetos no son numéricos, o menores que cero, o mayores que 1000.

En el servicio se lanzará *RuntimeException* si no se cumplen los criterios expuestos y esas excepciones serán capturadas en el controlador. Si ocurre un error, volverá a la vista inicial mostrando el mensaje de la excepción *("algún cateto no numérico", "algún cateto menor que cero", "algún cateto mayor que 1000")*. Si no ocurre ningún error mostrará una vista con el resultado.

Puedes utilizar el código mostrado previamente.

Ejercicio 4.3

Crea un nuevo proyecto para realizar cálculos matemáticos a partir de los valores que le pasaremos en la URL (o bien en la parte *path* o bien en la parte *query)*. Deberás crear un controlador que reciba los datos y una clase de tipo @Service que realice los cálculos (lo que llamamos la lógica de negocio), puedes llamarla *CalculosService.java*. Esto es lo que debe gestionar la aplicación.

- Mediante la URL: */calculos/primo?numero=X* devolverá una página diciendo que el número X es primo o no.

- Mediante la URL */calculos/hipotenusa/X/Y* devolverá una página con el valor de la hipotenusa correspondiente a los catetos X e Y. No realices control de errores.

- Mediante la URL */calculos/divisores/X* devolverá una lista con divisores del número X (cada número en un párrafo). Cada elemento de esa lista será un enlace, de forma que si el usuario clica en uno de ellos mostrará los divisores del mismo. Por ejemplo: para la URL */cálculos/divisores/12* mostrará 1,2,3,6, 12 y podremos clicar, por ejemplo, en el 6 y mostrará 1,2,3,6 y así sucesivamente.

Puedes crear una página inicial con enlaces a distintas URL probar de forma sencilla los casos anteriores y no tener que escribirlas a mano en el navegador.

```
<body>
  <h1>Cálculos</h1>
  <a th:href="@{/calculos/primo?numero=7}"> Calculos - primo 7 </a><br/>
  <a th:href="@{/calculos/primo?numero=8}"> Calculos - primo 8 </a><br/>
  <a th:href="@{/calculos/primo}"> Calculos - error (sin numero)</a><br/>
  <a th:href="@{/calculos/hipotenusa/3/5}"> Calculos - hipotenusa 3/5 </a><br/>
  <a th:href="@{/calculos/hipotenusa/-3/5}"> Calculos - hipotenusa -3/5 </a><br/>
  <a th:href="@{/calculos/divisores/20}"> Calculos - divisores 20 </a><br/>
</body>
```

- Una vez que funcione correctamente, añade control de errores a la aplicación, de forma que, si se produce cualquier error, muestre una vista llamada *errorView.html* con el texto del error correspondiente. Los errores a controlar serían:

  — En la URL */cálculos/primo* se debe pasar un parámetro por*@RequestParam*.

  — El número del que queremos saber si es primo o no, debe ser mayor de cero.

  — Los catetos de la hipotenusa deben ser mayores que cero.

  — El número del que queremos saber sus divisores, debe ser mayor de cero.

4.3. Capa de servicio mediante interfaces y clases

Si busca ejemplos de clases de la capa de servicio en internet verás que, en muchos casos, en vez de utilizar directamente una clase con la anotación @Service, tal como hemos hecho con nuestra clase *SumaService,* lo que hacen es crear una interfaz con la firma de los métodos y una clase que implementa la interfaz.

La clase estaría anotada con *@Service*, pero en el controlador se inyecta la interfaz.

➢ **Ejemplo:** servicio con interfaz y servicio y controlador con servicio inyectado.

```
public interface SumaService {
        Integer suma(Integer a, Integer b);
}
```

```
@Service
public class SumaServiceImpl implements SumaService {
    public Integer suma (Integer a, Integer b) {   return a + b;    }
}
```

```
@Controller
public class SumaController {
    @Autowired
    private SumaService sumaService;
    . . .
}
```

Puede parecer un poco confuso al principio y no ver la utilidad. La explicación es que de esta forma logramos más independencia entre las capas, como comentábamos en el primer capítulo de este libro. Si en un futuro quisiésemos hacer una nueva implementación de la interfaz con otra clase, no tendríamos que cambiar nada en las otras capas como el controlador, ya que tiene inyectada la interfaz y no la clase.

```
@Service
public class SumaServiceImplPositivos implements SumaService {
      public Integer suma (Integer a, Integer b) {
          if (a < 0 || b < 0 ) return -1;
          return a + b;
      }
}
```

En el Capítulo 6 veremos un ejemplo muy claro: haremos un servicio a gestión de Empleados (altas, bajas, modificaciones, etc.) sobre un ArrayList en memoria. Tendremos:

- Interfaz de servicio: *EmpleadoService* con métodos *añadirEmpleado*, *borrarEmpleado*, etc.

- Clase de servicio: *EmpleadoServiceImplMem* (implementa la interfaz anterior con ArrayList)

- Clase controlador: *EmpleadoController*, con *@Autowired EmpleadoService*

En el Capítulo 7 pasaremos esa gestión de hacerla en memoria con el ArrayList a hacerla mediante una base de datos, y veremos que no tendremos que hacer ningún cambio en el controlador, solo cambiaremos la clase de servicio: *EmpleadoServiceImplBD* (implementará la interfaz anterior con base de datos) y no habría que cambiar nada ni en la interfaz de servicio ni en la clase controlador.

Sobre este planteamiento surgen dos dudas:

Duda 1: ¿Es necesario este esquema de Interfaz y Clase?

La respuesta obviamente es que no, no es necesario, pero si lo hacemos, logramos:

- Código más estructurado, más independencia entre las capas de la aplicación.

- Facilidad para *testing* (es más fácil sustituir clases reales por "mocks" si empleamos interfaces).

- Separación de entornos: en una fase de desarrollo podemos trabajar con una clase y en producción sustituir por otra, siempre manteniendo la misma interfaz.

- Seguridad: la interfaz representa únicamente una declaración de intenciones. No aparece código por ninguna parte. Al exponer una interfaz no estás comprometiendo el código fuente del servicio.

- Como colofón a estas consideraciones está el **desacoplamiento de código,** del que seguiremos hablando a lo largo del libro.

Duda 2: Si lo que inyectamos en el Controlador es la interfaz ¿Qué ocurre cuando tenemos varias implementaciones de una interfaz? ¿Cuál elige el controlador?

Lo habitual es tener una sola implementación. Si tenemos varias clases, podemos indicar que una de ellas es por defecto, aplicándole la anotación *@Primary*.

Así será la que inyectará por defecto. Cuando queramos aplicar otra clase podemos inyectarla directamente, sin la interfaz, aunque queda más elegante añadirles a las clases la anotación *@Qualifier* con un calificador e indicarle dicho calificador en la inyección.

```
@Service
@Primary
@Qualifer ("mem")
public class EmpleadoServiceImplMem implements EmpleadoService {
        . . .
}
@Service
@Qualifer ("bd")
public class EmpleadoServiceImplBD implements EmpleadoService {
        . . .
}
@Controller
public class EmpleadoController {
        @Autowired
        @Qualifer ("mem")
        private EmpleadoService empleadoService;. . . }
```

> **NOTA.** Nunca se puede anotar con @Service (o @Component o cualquier otra anotación derivada de @Component) una interfaz, ya que cuando Spring trate de instanciarla se producirá un error. Estas anotaciones siempre en clases.

Ejercicio 4.4

Haz una copia del proyecto del Ejercicio 4.3 y crea una interfaz *CalculosService* pasando la clase anterior a llamarse *CalculosServiceImpl*.

4.4. CommandLineRunner

CommandLineRunner es una interfaz funcional con un solo método llamado *run*. Spring Boot llamará automáticamente al método de ejecución de todos los *beans* que implementen esta interfaz después de que se haya cargado el contexto de la aplicación, es decir, que su código se ejecutará en el arranque de nuestro programa.

En muchos casos se suele incluir en el archivo que contiene el *main* de la aplicación y la anotación *@SpringBootApplication*. Como interfaz funcional que es, se puede implementar de forma sencilla mediante una función lambda. Esta será la forma que empleemos habitualmente:

```
@SpringBootApplication
public class Main {
    public static void main(String[] args) {
        SpringApplication.run(Main.class, args);
    }
    @Bean
    CommandLineRunner initData() {
        return args -> {
            System.out.println("Hola Mundo!");
        };
    }
}
```

En los argumentos del método podemos inyectar componentes, pero lo veremos más adelante.

```
@Bean
public CommandLineRunner initData(ProductService ps) {
    return args -> { ps.añadir(new Product("Prod 1", 100.0f));
                     ps.añadir(new Product("Prod 2", 200.0f));
    };
}
```

También puede ser la propia aplicación Spring Boot la que implemente la interfaz:

```
@SpringBootApplication
public class MyApp implements CommandLineRunner {
    public static void main(String[] args) {
        SpringApplication.run(MyApp.class, args);
    }
    @Override
    public void run(String... args) throws Exception {
        System.out.println("Welcome to our app!");
    }}
```

O incluso en archivos aparte, como clases que implementan la interfaz:

```
@Component
public class MyRunner implements CommandLineRunner {
    @Override
    public void run(String... args) throws Exception {
        . . .
        });
    }
}
```

Ejercicios de ampliación

Ejercicio 4.5

Haz una copia del proyecto del Ejercicio 3.7 (Calculadora) pasando la lógica de negocio a una capa de servicio. Esta capa contendrá los operandos y el resultado (también la variable que contiene el estado de la operación actual). Añade un nuevo botón que permita la resta de números.

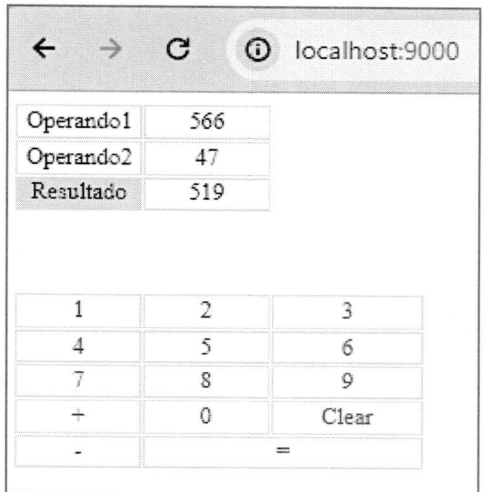

Figura 4.2. Ejecución del Ejercicio 4.5

Proyecto Bookadvisor

En este capítulo no haremos ninguna modificación al proyecto.

CAPÍTULO 5

FORMULARIOS

Contenidos

- Creación de formularios con etiquetas HTML y Thymeleaf.
- Vinculación de formularios y datos.
- Gestión de campos de formulario con Thymeleaf.
- Validación de formularios con anotaciones.
- Subida, almacenamiento de archivos y envío de emails.

Objetivos

- Crear formularios con Spring y Thymeleaf.
- Vincular formularios con sus datos asociados.
- Manejar diferentes tipos de campos de formulario.
- Validar la entrada del usuario en los formularios.
- Subir archivos al servidor y enviar emails.

RESUMEN DEL CAPÍTULO

Este capítulo trata el desarrollo de formularios con Spring y Thymeleaf. Se explica cómo crear formularios, vincularlos a un objeto que recibirá el servidor, manejar diferentes tipos de campos y validar la entrada del usuario. También se aborda la subida de archivos, el almacenamiento de ficheros en el servidor y el envío de emails desde la aplicación.

5.1. Desarrollo de formularios

Spring (junto con Thymeleaf) permite una gestión muy sencilla de los formularios. La forma de trabajar será asociando al formulario HTML un objeto llamado *commandObject* que será un reflejo de los campos de dicho formulario, es decir, será una clase que tendrá un atributo por cada campo. Ese objeto puede ser una entidad de nuestro modelo, es decir corresponderse con un Producto, Cliente, etc. o ser una clase creada expresamente para esta función. La gestión del formulario se hace en tres pasos:

1) Crear un controlador que invoca mediante *@GetMapping* a la página que contiene el formulario, pasándole el objeto *commandObject* que contendrá los campos del formulario.

2) A la página HTML que tiene el formulario, le asociamos ese objeto que contendrá los campos mediante **th:object**. También haremos uno a uno la asociación: campo de formulario-atributo del objeto, mediante el atributo Thymeleaf **th:field**. El *submit* de ese formulario se enviará al *@PostMapping* del controlador indicado mediante **th:action**, donde se procesará el formulario.

3) En el *@PostMapping* del mismo controlador recogemos los datos del objeto, los procesamos y redirigimos al usuario a otra vista o *redirect*.

> 💡 **NOTA.** Recordemos que en el protocolo HTTP los formularios se envían generalmente mediante POST, no GET.

5.1.1. Crear formulario paso a paso

1. Crear el *commandObject* y añadirlo al controlador en la presentación del formulario.

```
@GetMapping ("/myForm")
public String showForm (Model model) {

    model.addAttribute ("formInfo", new FormInfo());
    return "formView";              //vista con el formulario
}
```

En este caso el *commandObject* no es una instancia de una clase de nuestro modelo, es de una clase a la que hemos llamado *FormInfo,* por lo que debemos crearla (puede ser en el mismo paquete que los controladores, o en otro cualquiera.

```
public class FormInfo {
    private String nombre;
    private Integer edad;

    // los atributos deben tener getters públicos con nombre estándar
```

```
public String getNombre () {
     return nombre;
}
public Integer getEdad () {
     return edad;
}
public void setNombre (String nombre) {
     this.nombre = nombre;
}
public void setEdad (Integer edad) {
     this.edad = edad;
}
}
```

2. **Crear la plantilla**: *formView.html* con el formulario y la referencia al objeto.

```
<form action="#" method="post"
   th:action="@{/myForm/submit}"       <!--ruta del PostMapping -->
   th:object="${formInfo}">       <!--nombre del objeto en controller-->
   . . .
   <input type="submit" value="Enviar"/>
</form>
```

En la segunda línea vemos el controlador al que se redirigirá cuando se envíe el formulario y en la tercera línea el nombre del objeto que contendrá los valores introducidos por el usuario. Luego, para cada campo de formulario le indicamos el atributo del objeto *commandObject* con el que se corresponde:

```
<input type="text" id="nombre" th:field="*{nombre}">
<input type="text" id="edad" th:field="*{edad}">
```

En este caso *{nombre}* y *{edad}* son atributos de la clase que sea *formInfo*. Si la etiqueta HTML del elemento incluye el atributo *name* con el mismo nombre que el atributo en la clase del objeto *commandObject,* no sería obligatorio *th:field*.

3. **Recoger los datos del formulario en el controlador,** en la ruta indicada en el *submit* del formulario y con una anotación *@PostMapping*.

```
@PostMapping("/myForm/submit")
public String showMyformSubmit(FormInfo formInfo) {
     //tratamiento de los datos recibidos
     return . . .; //vista o redirect a donde dirigir la respuesta
}
```

Si necesitamos pasar los datos recibidos a la vista a mostrar, podemos hacerlo de dos formas: como se vio en el Capítulo 3: añadiendo el parámetro *Model* y la instrucción *model.addAttribute* o bien añadiendo la anotación **@ModelAttribute** al parámetro que representa el objeto del formulario; esta anotación inyecta directamente el objeto en el modelo de datos de la vista:

```
public String showMyformSubmit(FormInfo formInfo, Model model) {
    //tratamiento de los datos recibidos
    model.addAttribute("formInfo", formInfo);
    return "formSubmitView";
}

public String showMyformSubmit(@ModelAttribute FormInfo formInfo) {
        //tratamiento de los datos recibidos
        return "formSubmitView";
}
```

Tal como está en los ejemplos, la vista devolverá al servidor en el @PostMapping el objeto con nombre *formInfo*, y con este nombre lo trataremos en el método del controlador, pero si quisiésemos renombrarlo en la llegada, podríamos especificárselo en la firma del método:

```
@ModelAttribute("formInfo") FormInfo datosFormulario
```

 NOTA: anotación @ModelAttribute

Esta anotación se emplea en los controladores y tiene dos usos: anotar un parámetro de un método de un request del controlador o anotar todo un método.

— Si está en un parámetro de un método: inyecta ese parámetro directamente en el modelo de la vista que devolverá el método, sin necesidad de addAttribute (es lo que acabamos de ver en este apartado de formularios).

— Si está a nivel de método de controlador, se ejecutará este método antes de cualquiera de sus *mappings* con lo que podemos añadir elementos "globales" a los Model de todas las peticiones de ese controlador.

➢ **Ejemplo:**

```
@ModelAttribute
public void nombreMetodo (Model model) {
    model.addAttribute("msg", "Hola mundo!");
}
```

En el ejemplo anterior, sea cual sea el request del controlador, todos los Model pasados a las vistas tendrán el atributo *msg* con el valor "*Hola mundo!*".

De todas formas, lo más probable es que los datos recibidos del formulario sean tratados por la capa de servicio de nuestra aplicación para procesarlos de alguna forma. Finalmente mostraríamos una vista en la que informaríamos al usuario que el formulario ha sido procesado (o podríamos redirigimos la salida a otro controlador).

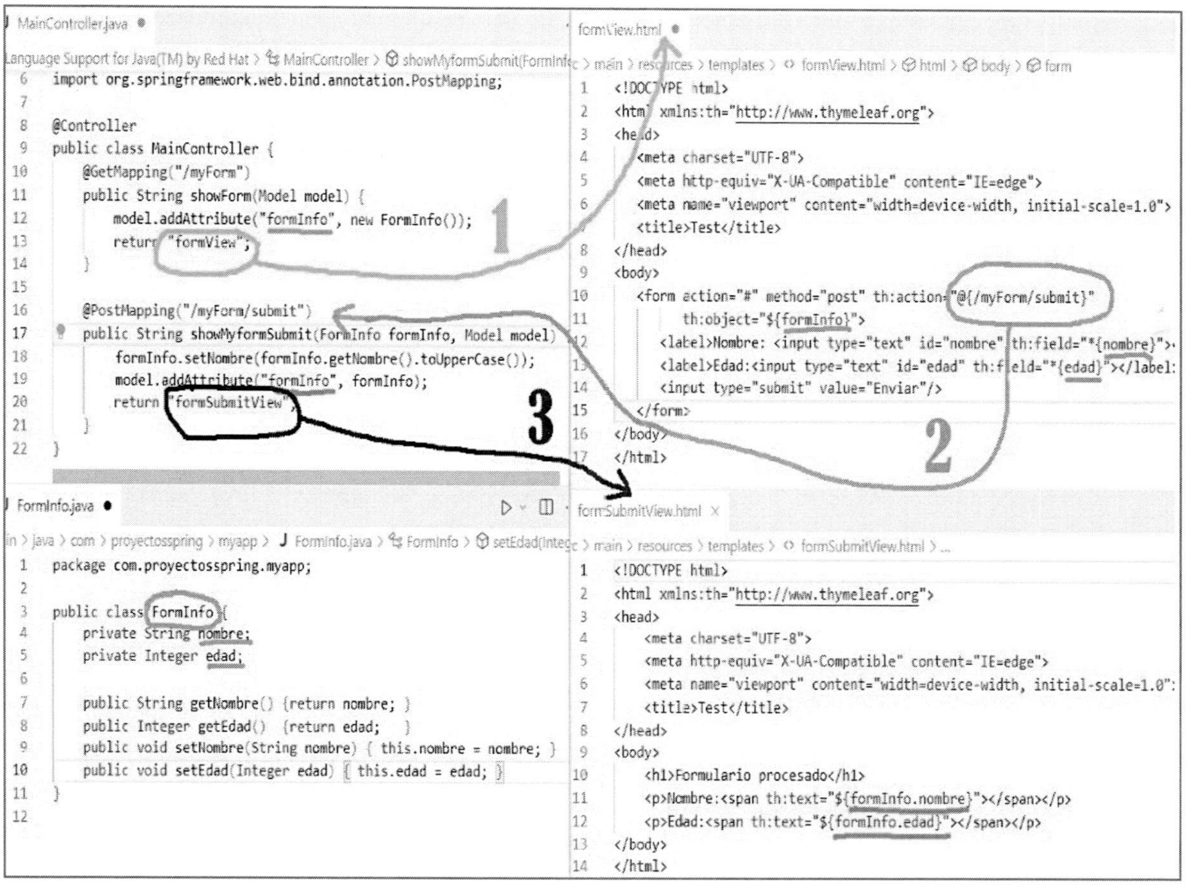

Figura 5.1. Proceso de un formulario

Ejercicio 5.1

Realiza un proyecto desde cero que contenga un formulario con dos campos de texto, en los que el usuario introducirá sendos números enteros. En el controlador realizaremos la suma de los mismos y devolveremos el resultado a una nueva vista. Ya que la lógica de negocio es tan sencilla, no crearemos en este caso una capa de servicio.

5.1.2. Campos de formulario

Hasta este momento solo hemos utilizado campos de texto para la entrada de datos en el formulario, para su vinculación con el *commandObject*. Podemos emplear otros tipos de entrada de formularios.

Vamos a enumerar los más importantes:

Caja de texto (TextBox):

```
<label>Nombre:<input type="text" th:field="*{nombre}" /></label>
```

Siendo *{nombre} un atributo del objeto asociado. En principio de tipo String, aunque puede tomar otros valores como por ejemplo numéricos o fechas. En el caso de estas últimas, es aconsejable añadirle al atributo en el objeto la siguiente anotación para especificar el formato y evitar errores.

```
@DateTimeFormat(pattern = "yyyy-MM-dd")
private LocalDate fechaNacimiento;
```

Cuando incorporamos etiquetas Thymeleaf, no funcionan bien los valores por defecto HTML en las cajas de texto (etiqueta 'value') por lo que, para estos casos, una opción es eliminar *th:field* y añadir el atributo HTML *name*, asumiendo este la función de *th:field*, como ocurre por ejemplo en:

```
<input type="text" name="nombre" value="valor por defecto"/>
```

Botón de chequeo (CheckBox):

```
<label>Acepto:<input type="checkbox" th:field="*{acepto}" ></label>
```

siendo *{acepto} un atributo del *commandObject*, de tipo boolean. Tomará valores true o false dependiendo de si se marca o no el check.

Botón de radio (RadioButton):

```
<label><input type="radio" name="button1" value="1"
              th:field="*{estadoCivil}">Soltero</label>
<label><input type="radio" name="button1" value="2"
              th:field="*{estadoCivil}">Casado</label>
<label><input type="radio" name="button1" value="3"
              th:field="*{estadoCivil}">Otro</label>
```

siendo *{estadoCivil} un atributo del *commandObject*, de tipo String, Long, etc. Tomará el valor indicado en el atributo *value* de la etiqueta HTML. En la mayor parte de los casos, los distintos valores de los botones de opción provendrán del servidor, por ejemplo, de una enumeración o de una colección.

➢ **Ejemplo.** Supongamos la siguiente enumeración, que está situada en el paquete: *com.example.demo:*

```
public enum Genero { MASCULINO, FEMENINO, OTROS };
```

Esta sería la estructura a aplicar en el formulario para generar dinámicamente un botón de radio para cada uno de los elementos de la enumeración:

```
<div th:each="genero : ${T(com.example.demo.Genero).values()}">
    <input type="radio" name="button1" th:value="${genero}"
           th:text="${genero}" th:field="*{generoPersona}" />
</div>
```

siendo *{generoPersona} un atributo del *commandObject* de tipo de la enumeración que tomará como valor el elemento de la enumeración seleccionado.

Hay que destacar particularidad en la sintaxis de la enumeración en la vista, ya que debe incluir el nombre de su paquete y precederse del operador Thymeleaf "T".

En el caso de ser una *List* incluida en el *Model* y no una enumeración, cambiaríamos solo la primera línea: `<div th:each=" elem: ${myList}">`

Listas desplegadas/desplegables (ListBox, DropdownBox):

```
<select size="3" th:field="*{curso}">
    <option value="1">Primero</option>
    <option value="2">Segundo</option>
    <option value="3">Prácticas</option>
</select>
```

Siendo *{curso}* un atributo del *commandObject*, de tipo String, Long, etc. Tomará el valor indicado en el atributo *value* de la etiqueta HTML. El atributo *size* mayor que uno determina que sea una lista desplegable o desplegada. Como en el caso de los botones de radio podemos llenarla con valores dinámicos tomados del servidor.

➢ **Ejemplo**. En el ejemplo siguiente, la vista recibiría a través del *Model* una lista llamada *listaProvincias* (por ejemplo, un ArrayList de provincias, con atributos 'id' y 'nombre') y cada elemento se introduciría como una opción, tanto en el valor como en el texto a mostrar.

```
<select th:field="*{provinciaNacimiento}'">
  <option value="0">selecciona una opción</option> <!--opc.por defecto-->
  <option th:each="provin:${listaProvincias}"
          th:value="${provin.id}" th:text="${provin.nombre}">
  </option>
</select>
```

Si lo que queremos en la lista son los valores de una enumeración, deberemos referenciarla de la misma forma que hacíamos en los botones de opción:

```
<select th:field="*{generoPersona}" >
   <option value="">Seleccione un valor</option>   <!--opcional-->
   <option th:each="genero : ${T(com.example.demo.Genero).values()}"
       th:value="${genero}" th:text="${genero}"></option>
</select>
```

> **NOTA.** Análogamente a lo comentado en el caso de las cajas de texto, cuando incorporamos etiquetas Thymeleaf, no funcionan bien los valores por defecto HTML en las listas (etiqueta '*selected*' en el '*option*') por lo que, para estos casos, una opción es eliminar *th:field* y añadir el atributo HTML '*name*', asumiendo éste la función de *th:field*.
> ```
> <select name="curso">
>         <option value="1" selected>Primero</option>
>         <option value="2">Segundo</option>
>         <option value="3">Prácticas</option>
> </select>
> ```

5.2. Formularios de edición

Estos formularios permiten editar campos que ya tienen un valor asignado previamente, en vez de estar vacíos como era el caso anterior. Estos son los típicos formularios de actualización de elementos de nuestro modelo introducidos previamente (*updates*). La forma de trabajar con ellos es muy similar al caso anterior, pero en este caso el controlador no le pasa a la vista un *commandObject* vacío, sino que tiene los datos del elemento que queremos modificar.

Sería el mismo proceso que para un formulario vacío, pero en el paso 1, donde hacíamos:

```
model.addAttribute ("formInfo", new FormInfo());
```

haríamos:

```
FormInfo formInfo = new FormInfo();
formInfo.setNombre("Ana");
formInfo.setFechaNacimiento(LocalDate.of(2000,01,01));
model.addAttribute ("formInfo", formInfo);
```

5.3. Validación de formularios

Spring nos ofrece un objeto llamado *BindingResult* que combinado con la anotación *@Valid* permite validar de forma automática que los valores enviados desde el formulario coinciden con los tipos de datos definidos en el objeto asociado al formulario (al que llamamos *commandObject*).

También ofrece anotaciones que podemos incorporar en la clase del *commandObject* para limitar más los valores permitidos en sus atributos. En este caso los usaremos para validar los datos enviados en el formulario, pero podríamos emplearlos en cualquier clase Java.

Esas anotaciones las proporciona Hibernate y preceden a cada atributo.

Las más usadas son:

➢ *@NotNull*: el atributo no puede ser null.

➢ *@Min(n)*, *@Max(m)*: especifica un valor mínimo / máximo para el atributo.

➢ *@NotEmpty*: no puede estar vacío (solo para **String**, Colecciones, Arrays…).

➢ *@Email*: debe tener formato de email válido.

➢ *@Size(min = 5, max = 11)*: debe tener un tamaño que cumpla los requisitos.

➢ *@Past (una fecha en el pasado)*. También: *@PastOrPresent, @Future*.

➢ *@AssertTrue*: útil por ejemplo para checkbox que deben estar marcados obligatoriamente.

➢ **Ejemplo:**

```
public class FormInfo {
        @NotNull @Min(0)
          private Long id;

        @NotEmpty
          private String nombre;
        @Email
          private String email;
        @Past
        @DateTimeFormat(pattern = "yyyy-MM-dd")
          private LocalDate fechaNacimiento;
        private double salario;
}
```

Lista completa:

https://jakarta.ee/specifications/bean-validation/3.0/
apidocs/jakarta/validation/constraints/package-summary

Si Visual Studio Code no encuentra los imports, que serían de la librería:

jakarta.validation.constraints, es porque en el *pom.xml* falta la dependencia:

```
<dependency>
    <groupId>org.springframework.boot</groupId>
    <artifactId>spring-boot-starter-validation</artifactId>
</dependency>
```

Una vez modificada la clase que forma el *commandObject*, deberemos cambiar el método que procesa el *submit* en el controlador (*@PostMapping*) para que valide si lo introducido en los campos de formulario cumplen las restricciones que hemos definido. Veamos los pasos a seguir.

5.3.1. Validar formulario paso a paso

1. Añadimos **@Valid** al objeto que recibe los datos del formulario (con o sin *@ModelAttribute*):

```
@PostMapping("/myForm/submit")
public String myFormSubmit (@Valid FormInfo formInfo, Model model) {
```

2. Añadimos un nuevo parámetro al método, de tipo *BindingResult,* que nos valdrá para validar el formulario. *Este parámetro debe ir justo después del commandObject que lleva @Valid, si no, no funciona correctamente.*

```
@PostMapping("/myForm/submit")
public String myformProcessSubmit (@Valid FormInfo formInfo,
                        BindingResult bindingResult, Model model) {
```

3. Añadiríamos la validación en sí, mediante el método **hasErrors()** de *BindingResult*:

```
@PostMapping("/myForm/submit")
public String myformProcessSubmit
    (@Valid FormInfo formInfo, BindingResult bindingResult, Model model) {
        if (bindingResult.hasErrors()) return "errorView";
        model.addAttribute("datosProcesados",formInfo.toString());
        return "formularioPRocesadoView";
}
```

Si no añadimos ninguna anotación en la clase de *commandObject*, el *bindingResult* solo validará que los valores introducidos se correspondan con los tipos de la clase, es decir, si es un campo de fecha, que sea una fecha válida, si es un número entero, que no contenga letras ni decimales, etc.

Hay dos aspectos a tener en cuenta:

➢ Si a un atributo lo anotamos con *@Min(3)* o similares, no se produce error de validación si no se le asigna ningún valor, para ello hay que añadirle también *@NotNull*.

➢ Si en un formulario, cuando el usuario deja una caja de texto sin cubrir, queremos que *BindingResult* produzca un error debemos incluir *@NotEmpty* y no *@NotNull*.

4. En la plantilla del formulario, podemos añadir código Thymeleaf para informar de los errores encontrados. El modificador **th:classappend** evalúa una expresión y, en caso de que se cumpla, añade una clase CSS a la etiqueta. Si la combinamos con **#fields.hasErrors** sobre un atributo del *commandObject*, conseguimos que, si hay un error, se cambie la apariencia de esa etiqueta HTML.

Para poder visualizarlo, en caso de error, obviamente hay que volver a mostrar la vista con los datos introducidos; añadiremos *@ModelAttribute* a continuación de *@Valid* para incluir los datos de FormInfo y, desde el controlador, llamaremos a la vista de nuevo:

```
@PostMapping("/myForm/submit")
public String myformProcessSubmit
        (@Valid @ModelAttribute ("formInfo") FormInfo formInfo,
        BindingResult bindingResult, Model model) {
    if (bindingResult.hasErrors()) return "formView";
    model.addAttribute("datosProcesados",formInfo.toString());
    return "formularioProcesadoView";
}
```

➢ **Ejemplo.** En el siguiente ejemplo vamos a verificar que el email introducido cumple el requisito de formato de email que establecimos en la clase *FormInfo*, que es el *commandObject* de este formulario. Si no lo cumple, aplicará al elemento el estilo *css* que indiquemos (en este caso *'cssError'*)

```
<div th:classappend="${#fields.hasErrors('email')} ? 'cssError'">
    <label>Email:<input type="text" id="email" th:field="*{email}"/></label>
</div>
```

Para que este ejemplo funcione, tendríamos que definir en un archivo aparte o en el *head* el estilo *cssError* (o emplear un estilo de errores externo, por ejemplo *'has-error'* de BootStrap):

```
<style>.cssError{ background-color:red; }</style>
```

También podemos añadir un mensaje de error con el atributo Thymeleaf **th:errors**. Este mensaje se define en la clase, con la anotación de validación. En nuestro ejemplo:

```
@Email(message = "Debe tener formato email valido")
private String email;
```

y en el formulario, además del código anterior para el formato, añadiríamos un *<span>* para que mostrase el mensaje.

```
<div th:classappend="${#fields.hasErrors('email')} ? 'cssError'">
  <label>Email:<input type="text" id="email" th:field="*{email}"/></label>
  <span th:if="${#fields.hasErrors('email')}" th:errors="*{email}"
        class="cssError">texto error</span>
</div>
```

Podríamos repetir este proceso para todos los campos del formulario. Hay que señalar que estos textos de error escritos en la clase, podrían también leerse desde fichero.

Ejercicio 5.2

Vamos a hacer una aplicación para trabajar con fechas. Tendrá dos cajas de texto en las que el usuario podrá introducir dos fechas y un conjunto de botones de opción en los que el usuario seleccionará la operación a realizar, a saber:

a) Cuántos días hay entre ambas fechas.

b) Lista de los años bisiestos comprendidos entre las fechas introducidas (ambas incluidas).

c) En cuántos años, entre ambas fechas, coincidió que el 1 de enero fuese domingo.

El programa debe validar que se han cubierto todos los campos y que las fechas son correctas e informar de los errores sobre la misma vista del formulario.

Ejercicio 5.3

En el Ejercicio 3.6 (votos de películas) teníamos el problema de que un usuario podía votar varias veces. Haz una copia de aquel proyecto y añade un formulario con una caja de texto en la que el usuario deba introducir su email; añade también un conjunto de botones de opción, uno debajo de cada foto, que el usuario debe seleccionar y, por último, agrega un botón para enviar la votación. Guardar en una colección (por ejemplo, ArrayList) todos los emails de los usuarios que ya han votado, de forma que no pueda votar nadie dos veces.

Este formulario es distinto a los vistos previamente ya que la página ruta destino del *submit* es la misma que la de presentación del formulario. Esto hará que, en el controlador, el GET y POST atiendan a la misma ruta.

Dos incisos a tener en cuenta:

- Recuerda que la lógica de negocio no debe estar en el controlador, si no en un servicio.

- Queda pendiente aún guardar los datos de forma permanente, lo haremos más adelante. También habría que validar la autentificación del usuario que vota (Capítulo 8).

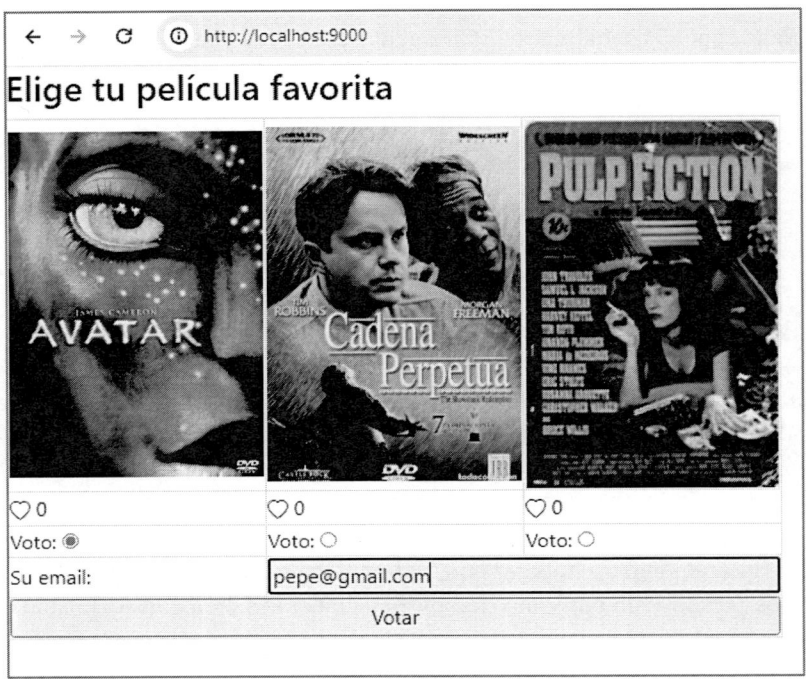

Figura 5.2. Ejecución del Ejercicio 5.3

5.4. Subida de ficheros

En nuestros formularios podemos querer anexar archivos para ser enviados al servidor. Esto lo haremos mediante la propiedad '*multipart*' del protocolo HTTP. Entendemos por '*multipart*' aquel mensaje que tiene diferentes secciones o partes, y que cada una de ellas puede tener un tipo de contenido diferente de forma que en una respuesta podríamos enviar texto plano, ficheros de texto, una imagen, etc. Cada parte vendrá delimitada por una línea con el atributo *"Content-type"* que indicará el tipo de contenido de esa parte.

Los pasos a seguir serán:

1. Añadir a la etiqueta `<form>` del formulario de subida el atributo:

   ```
   enctype="multipart/form-data".
   ```

2. El formulario incluirá un campo para la subida de ficheros:

   ```
   <label>Adjuntar fichero:<input type="file" name="file"/></label><br/>
   ```

3. En el controlador, añadir en la firma del método que procesa el formulario (@*PostMapping*) un nuevo parámetro: @RequestParam MultipartFile file, siendo "file" el nombre que hemos dado en el formulario al campo para la subida de ficheros. La clase **MultipartFile** permitirá, mediante sus métodos, procesar el fichero recibido: *getName()*, *isEmpty()*, etc.

4. En el método del punto anterior, añadiremos la lógica que necesitemos aplicar al fichero, probablemente en un servicio:

```
@PostMapping("/myForm/submit")
public String processForm( FormInfo formInfo,
                           @RequestParam MultipartFile file) {
    myService.tratarFichero(file);
    . . .
```

Lo habitual es almacenarlo en nuestro sistema, como veremos en el apartado siguiente.

5. No sería necesario modificar el *commandObject* del formulario ya que el fichero viene en un parámetro aparte, pero en muchos casos sí querremos almacenar la ruta donde hemos almacenado el fichero. Si el *commandObject* es una clase de nuestro modelo (Cliente, Producto, etc.) es frecuente añadir a esa clase un atributo nuevo de tipo String para almacenar la ruta local del fichero subido.

5.5. Almacenamiento de ficheros

Vamos a ver cómo almacenar los ficheros que suban los usuarios mediante un formulario. En el mundo real probablemente usásemos un servidor externo para el almacenamiento de ficheros, en nuestro caso, para simplificarlo, se guardarán en el propio servidor.

Tenemos que modificar el controlador, pero necesitamos un servicio que implemente las operaciones sobre el fichero. Si siguiésemos la metodología mostrada en el capítulo dedicado a servicios definiríamos una interfaz con los métodos necesarios y luego una clase que los implementase; vamos a obviar esta propuesta, y hacer una clase lo más sencilla posible.

El servicio tendría un atributo que representaría la ruta donde almacenaríamos los archivos y tres métodos: uno para guardar el archivo (cuando se envía el formulario), otro para recuperarlo (cuando queremos mostrarlo, por ejemplo) y uno de borrado para eliminarlo cuando ya no sea necesario.

➢ **Ejemplo.** Servicio con operaciones para almacenamiento de ficheros

```
import java.io.IOException;
import java.io.InputStream;
import java.nio.file.*;     //Files,Path,Paths, StandardCopyOoption
import org.springframework.core.io.Resource;
import org.springframework.core.io.UrlResource;
import org.springframework.stereotype.Service;
import org.springframework.util.StringUtils;
import org.springframework.web.multipart.MultipartFile;
```

```java
@Service
public class FileStorageService {
  private final Path rootLocation = Paths.get("uploadDir");

  public String store(MultipartFile file) throws RuntimeException {
    if (file.isEmpty()) throw new RuntimeException("Fichero vacío");
    String filename = StringUtils.cleanPath(file.getOriginalFilename());
    if (filename.contains(".."))
       throw new RuntimeException("Fichero incorrecto");
    String extension = StringUtils.getFilenameExtension(filename);
    String storedFilename = System.currentTimeMillis() + "." + extension;
    try (InputStream inputStream = file.getInputStream()) {
       Files.copy(inputStream, this.rootLocation.resolve(storedFilename),
                  StandardCopyOption.REPLACE_EXISTING);
       return storedFilename;
     } catch (IOException ioe) {
          throw new RuntimeException("Error en escritura");
     }
  }

  public void delete(String filename) throws RuntimeException {
      try {
        Path file = rootLocation.resolve(filename);
        if (!Files.exists(file))
           throw new RuntimeException("No existe el fichero");
        Files.delete(file);
      } catch (IOException ioe) {
          throw new RuntimeException("Error en borrado");
      }
  }

  public Resource loadAsResource(String filename) throws RuntimeException {
      try {
        Path file = rootLocation.resolve(filename);
        Resource resource = new UrlResource(file.toUri());
        if (resource.exists() || resource.isReadable())
           return resource;
        else throw new RuntimeException("Error IO");
      }
      catch (Exception e) { throw new RuntimeException("Error IO");
      }
   }
}
```

La carpeta en la que almacenaremos los archivos, en este ejemplo *'uploadDir'* debe crearse previamente y estará situada en la ruta raíz del proyecto cuando lo ejecutamos desde el IDE y en la misma carpeta que el "jar" cuando la aplicación esté desplegada.

En el controlador inyectaríamos este nuevo servicio creado:

```
@Controller
public class MainController {
    @Autowired
    private FileStorageService fileStorageService;
```

y en el método que recibe el *submit* del formulario añadimos lo que comentamos en el apartado anterior: *@RequestParam MultipartFile file:*

```
@PostMapping("/myForm/submit")
public String showMyFormSubmit(FormData formData,
                                @RequestParam MultipartFile file) {
    try { String newFileName = fileStorageService.store(file);
        //devuelve el nombre definitivo con el que se ha guardado.
        System.out.println("Fichero almacenado:" + newFileName);
    } catch (Exception e) { return "redirect:/myForm?err=1";
}
```

Si en alguna vista queremos mostrar un fichero guardado en el servidor, por ejemplo, una imagen, añadiríamos una etiqueta como esta:

```
<img th:src="'/files/'+${imagen}" width="64px"/>
```

siendo *${imagen}* una variable que contendrá el nombre con la que esté guardada la imagen. Finalmente, en el controlador tendremos que recepcionar esa ruta y devolver al navegador la imagen:

```
@GetMapping("/files/{filename:.+}")
public ResponseEntity<Resource> serveFile(
                                @PathVariable String filename) {
    Resource file = fileStorageService.loadAsResource(filename);
    return ResponseEntity.ok().body(file);
}
```

Podemos limitar el tamaño de los archivos que permitimos subir al servidor mediante estas dos propiedades en el archivo *application.properties:*

```
spring.servlet.multipart.max-file-size=256KB
spring.servlet.multipart.max-request-size=256KB
```

Si se sobrepasa el límite se producirá una *java.lang.IllegalStateException* que debemos tratar.

> **NOTA.** En el área de descargas de este libro, dispones de un proyecto totalmente operativo en el que se muestran todas estas operaciones sobre ficheros, a partir del código que acabamos de describir. Recordamos que en esa área de descargas, se puede acceder a todo el código fuente mostrado en este libro, en proyectos ejecutables.

5.6. Envío de emails

Será bastante habitual que nuestras aplicaciones necesiten enviar emails, tanto a los usuarios externos como a los administradores de la aplicación cuando se produzcan ciertos eventos. Ejemplos típicos pueden ser formularios de contacto, la recepción de un pedido, una notificación de baja de cliente, etc.

Una opción para enviar emails sería la instalación de un servidor de correo, pero sería bastante compleja; tenemos una opción más sencilla que consiste en usar a Gmail como reenviador de emails, es decir, en vez de enviar nosotros el email, le diremos a Gmail que lo haga por nosotros.

Como requisito solo precisamos tener una cuenta de Google con la verificación en dos pasos activada y que disponga de una contraseña de aplicaciones; tienes más información en este enlace sobre este proceso: *https://support.google.com/accounts/answer/185833?hl=es.*

El proceso es muy sencillo, ya que simplemente debemos invocar una función a la que le pasamos como parámetro el destinatario, asunto del mensaje, cuerpo del mensaje y, opcionalmente, archivos adjuntos. Lo habitual será crear una clase de servicio que incluya esta función, y que podrá ser invocada desde cualquier punto de la aplicación.

5.6.1. Enviar emails con Gmail paso a paso

1. Añadir la dependencia *starter-mail* en el *pom.xml.*

```
<dependency>
    <groupId>org.springframework.boot</groupId>
    <artifactId>spring-boot-starter-mail</artifactId>
</dependency>
```

2. Configuración del *application.properties*

```
spring.mail.host=smtp.gmail.com
spring.mail.port=587
spring.mail.username=correo de Gmail con verificación en dos pasos
spring.mail.password=contraseña de aplicaciones, no pass de usuario
spring.mail.properties.mail.smtp.starttls.enable=true
spring.mail.properties.mail.smtp.starttls.required=true
spring.mail.properties.mail.smtp.auth=true
spring.mail.properties.mail.smtp.connectiontimeout=5000
spring.mail.properties.mail.smtp.timeout=5000
spring.mail.properties.mail.smtp.writetimeout=5000
```

> **NOTA.** Si al ejecutar el envío de correos se produce una excepción de autentificación *(SSLHandshakeException)* puede ser debido a la configuración de los certificados de seguridad. Puedes añadir la siguiente línea al *application.properties* para evitar esta excepción, aunque no sería seguro para un entorno de producción:
>
> ```
> spring.mail.properties.mail.smtp.ssl.trust=*
> ```

3. Crear el servicio con método que realiza el envío:

```java
import org.springframework.beans.factory.annotation.Autowired;
import org.springframework.mail.javamail.JavaMailSender;
import org.springframework.mail.javamail.MimeMessageHelper;
import org.springframework.stereotype.Service;
import jakarta.mail.MessagingException;
import jakarta.mail.internet.MimeMessage;


@Service
public class EmailService {
    @Autowired
    private JavaMailSender sender;

    public boolean enviarEmail(String destination, String subject,
                        String textMessage) {
      try { MimeMessage message = sender.createMimeMessage();
            MimeMessageHelper helper = new MimeMessageHelper(message);
            helper.setTo(destination);
            helper.setText(textMessage, true);
            helper.setSubject(subject);
            sender.send(message);
            return true;
        } catch (MessagingException e) { e.printStackTrace();return false;   }
    }
}
```

4. Podemos llamar a este método desde cualquier punto de la aplicación, inyectando el servicio *EmailService* y llamando al método anterior. El cuerpo del mensaje admite etiquetas HTML que se reflejarán en el email recibido.

```java
@Autowired
private EmailService emailService;
    String cuerpoMensaje = "<h1>Cuerpo del mensaje</h1>";
    String destinatario =  "destinatario@mycompany.com"
    String asunto = "Asunto del mensaje";
    boolean envioEmail =
            emailService.enviarEmail(destinatario,asunto,cuerpoMensaje);
    if (envioEmail) . . .
```

Podemos modificar el método de servicio para enviar a varios destinatarios, ya que el método *helper.setTo* puede recibir un String para un destinatario o bien un String[] para varios:

```java
public boolean enviarEmail(String [] destinations, String subject,
                        String textMessage) {
    try {
       MimeMessage message = sender.createMimeMessage();
       MimeMessageHelper helper = new MimeMessageHelper(message);
       helper.setTo(destinations);
       . . .
```

Y la llamada la modificaríamos así:

```
String [] destinatarios=
                new String[] {"rdf@mycompany.com","zzz@mycompany.com"};
boolean envioEmail =
                emailService.sendEmail(destinatarios, asunto, cuerpoMensaje);
```

5. Podemos también enviar uno o más ficheros adjuntos, para ello, pasaremos como parámetro al método el nombre del archivo (o un array con los nombres de los archivos) a enviar y añadiremos un segundo parámetro al objeto *MimeMessageHelper* con valor *true*. Finalmente, adjuntaremos el o los archivos mediante el método ***addAttachement***. Este sería el código para un archivo:

```
public boolean sendEmail(String destination, String subject,
                            String textMessage, String attachment) {
   try {
       MimeMessage message = sender.createMimeMessage();
       MimeMessageHelper helper = new MimeMessageHelper(message, true);
       helper.setTo(destination);
       helper.setText(textMessage, true);
       helper.setSubject(subject);
       File archivoAdjunto = new File(attachment);
       helper.addAttachment(archivoAdjunto.getName(), archivoAdjunto);
       sender.send(message);
       return true;
   }
catch (MessagingException e) { e.printStackTrace();return false;
   }
}
```

Y este para varios archivos adjuntos sería:

```
public boolean sendEmail(String destination, String subject,
                            String textMessage, String[] attachments) {
    try {
        MimeMessage message = sender.createMimeMessage();
        MimeMessageHelper helper = new MimeMessageHelper(message, true);
        helper.setTo(destination);
        helper.setText(textMessage, true);
        helper.setSubject(subject);
        for (String attachment : attachments) {
            File archivoAdjunto = new File(attachment);
            helper.addAttachment(archivoAdjunto.getName(),archivoAdjunto);
        }
        . . .
```

Y la llamada sería así:

```
String archivo= "myFiles/img.png";
boolean envioEmail=
     emailService.sendEmail(destinatario, asunto,cuerpoMensaje, archivo);
if (envioEmailOk) . . .
```

O bien:

```
String [] archivo= new String[] {"myFiles/img.png", "myFiles/img2.png" };
boolean envioEmail=
    emailService.sendEmail(destinatario, asunto,cuerpoMensaje, archivos);
if (envioEmailOk) . . .
```

siendo *myfiles* una carpeta ubicada en la raíz del proyecto.

Ejecución asíncrona

Tal y como lo hemos planteado, el envío del correo puede tardar unos segundos. Si no queremos que el navegador del cliente se quede a la espera de que el envío sea efectivo, podemos hacer un envío asíncrono. De esta forma, se devolverá el control a la línea de código posterior al envío de correo de forma inmediata, sin espera alguna. En este caso, no podremos confirmarle al cliente si el correo se ha enviado correctamente o no. Para hacer una llamada asíncrona deberemos hacer las siguientes modificaciones en nuestro código:

— Añadir a la clase main (además de *@SpringBootApplication*) la anotación: *@EnableAsync*.

— Añadir al método que hace el envío de email la anotación: *@Async*, por ejemplo:

```
@Async
public void sendEmail(String destination, String subject, String textMessage){
```

— Este método deberá devolver *void* ya que no se esperará a su finalización y por tanto no puede devolver nada.

Ejercicio 5.4

Haz una copia del proyecto del Ejercicio 3.5 (web de tu equipo favorito). Resulta que el equipo envía merchandising gratuito a los socios que lo soliciten, así que debemos añadir un formulario para los usuarios soliciten este material.

El formulario incluirá: *nombre, DNI, email, dirección de envío*, un conjunto de botones de opción con los valores siguientes: *foto firmada, entrada VIP, bufanda* (esto puede ser una enumeración) y, finalmente tendrá también un botón de chequeo con el texto *"Acepto las condiciones de servicio"*.

El usuario debe adjuntar su carnet de socio escaneado: este fichero se guardará en el servidor en la ruta */uploadFiles* pero renombrándolo *(mantendrá su extensión, pero el nuevo nombre será el DNI introducido)*. Para ello solo es necesario incluir en tu servicio el método *store()* mostrado en los apuntes y modificar la línea en la que da el nuevo nombre al fichero *(variable storeFilename)*.

Al llegar el formulario se enviará un email al gerente de la web *(puedes poner tu propio email)* con los datos del formulario y el archivo adjunto.

Recuerda que la lógica de negocio no debe estar en el controlador, si no en un servicio.

Figura 5.3. Ejecución del Ejercicio 5.4

Ejercicios de ampliación

Ejercicio 5.5

Realiza una aplicación con un formulario como el de la figura, en la que, al seleccionar un país en el desplegable, muestre su capital y población.

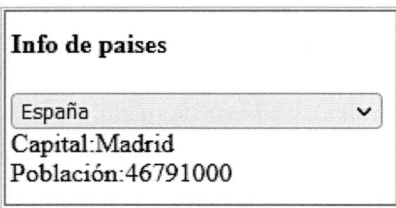

Figura 5.4. Ejecución del Ejercicio 5.5

Para ello habrá que realizar los siguientes pasos:

- La clase de servicio deberá incluir una colección con los datos de los países (nombre, capital, población), por ejemplo:

```
private List<Pais> paises = new ArrayList<>();
```

y los métodos necesarios para su gestión:

- `cargarPaisesDesdeFichero()`: empleará el método estático *Files.readAllLines()* para pasar todas las líneas del archivo *países.csv* proporcionado en el área de descargas a un *List<String>*. Luego, aplicando el método *split()* a cada String podremos cargar la colección definida en el punto anterior. Este método se debe ejecutar al iniciar la aplicación, por lo tanto, se incluirá en un *CommandLineRunner*.

- getPaises(): para pasarle al controlador (y de ahí al desplegable de la vista) todos los nombres de todos los países.

- getPais (String nombre): obtendrá los datos de un país concreto a partir de su nombre. Se invocará desde el controlador cuando se envíe el formulario, con un país seleccionado.

Nota: El formulario solo tiene un solo atributo, el nombre del país, deberíamos hacer un objeto (*commandObject*) con solo ese atributo, pero, por comodidad, podemos hacer que el *commandObject* sea de tipo *Pais*.

Finalmente, y una vez que el programa funcione correctamente, para hacer más ágil la aplicación, se puede eliminar el botón de *submit* del formulario y añadir el código JavaScript necesario para que, al cambiar un valor de la lista desplegable, se envíe el formulario:

```
<select onchange="this.form.submit()" th:field="*{nombre}">
```

Ejercicio 5.6

Toma el proyecto *MasterMind* del área de descargas y realiza las siguientes tareas:

- Estudia el código y comenta su estructura y funcionamiento.

- ¿Para qué incluye el controlador y servicio la anotación *@Scope("session")* ?

- Modifica el proyecto de forma que en la página de inicio se solicite mediante un campo de texto la cantidad de intentos que tiene cada jugador para adivinar el número y mediante una lista desplegable la cantidad de dígitos que tendrá el número a adivinar.

- Modifica el proyecto para que en la página de juego muestre la cantidad de intentos restantes y también si se produce algún error cuando el usuario introduce un intento de adivinar el número (longitud incorrecta, número con duplicados, dígitos no numéricos o número introducido previamente).

Figura 5.5. Ejecución del Ejercicio 5.6

Proyecto BookAdvisor

Toma el proyecto del *sprint* anterior y añádele un elemento de menú *'contacta'* al menú principal que nos llevará a un formulario de contacto. El formulario tendrá una estructura típica: nombre, email, motivo del contacto y un *check* de aceptar las condiciones de servicio.

A la llegada del formulario se le enviará un email al gerente de la aplicación (puede ser tu dirección de correo personal) con los datos recibidos desde el formulario.

Figura 5.6. Ejecución del proyecto BookAdvisor

CAPÍTULO 6

MODELO Y REPOSITORIOS

Contenidos

- Entidades y atributos con anotaciones JPA.
- Uso de Lombok para generar código automáticamente.
- Repositorios en memoria con colecciones de Java.
- Operaciones CRUD (Crear, Leer, Actualizar, Eliminar).
- Lectura de parámetros desde archivos de configuración.

Objetivos

- Definir el modelo de dominio de la aplicación.
- Usar Lombok para reducir el código común.
- Implementar repositorios en memoria.
- Realizar operaciones CRUD sobre entidades.
- Leer parámetros de archivos de configuración.

RESUMEN DEL CAPÍTULO

Este capítulo se centra en el modelo de dominio de la aplicación y los repositorios. Se explica cómo definir entidades, usar Lombok para reducir el código, implementar repositorios en memoria y realizar operaciones CRUD. Se complementa el capítulo con la lectura de parámetros desde archivos de propiedades.

6.1. Entidades

El modelo de dominio de nuestro sistema va a ser el conjunto de toda la información relevante para la aplicación. Cada elemento de ese esquema se denomina *entidad* y cada entidad tendrá características que la describen y que tomarán diferentes valores para cada instancia de entidad. Por otra parte, esas entidades tendrán relaciones y asociaciones entre ellas.

En el caso de la programación orientada a objetos esas entidades serán clases y sus características serán los atributos de cada clase. Finalmente, en un ambiente relacional, esas clases serán mapeadas a tablas y los atributos a columnas de las tablas, para lograr su persistencia, aunque eso lo veremos en el capítulo siguiente.

Las clases que son las entidades de nuestro modelo incluirán generalmente los atributos con acceso privado, getters, setters, constructores, métodos comunes (*equals*, *hashCode*, *toString*, etc) y métodos propios de su comportamiento.

Como vimos en el Capítulo 5 dedicado a loa formularios, adicionalmente las clases pueden incorporar ciertas restricciones en sus atributos, que serán validadas de forma automática por el sistema, produciendo una excepción en el caso de que no se cumplan. Ya las comentamos en la validación de formularios, pero recordamos estas:

- *@Min (value=0, message="{empleado.id.mayorquecero}")*
- *@NotEmpty*
- *@Email*

En cuanto a la ubicación de las clases que forma el modelo de dominio, podemos hacer un paquete con todas ellas y llamarle por ejemplo *domain*, o bien crear paquetes orientados a cada dominio, y que un mismo paquete (Cliente, Producto, etc.) contenga su controlador, servicio, etc. Como siempre estos paquetes deben ser subpaquetes del paquete raíz que contiene la aplicación (la clase con el main).

Los *commandObject* de los formularios, si son hechos *ad-hoc* y no se corresponden con ninguna entidad del dominio, podemos guardarlos en una carpeta/paquete llamada **dto** (Data Transfer Objects), hablaremos de ellos en el capítulo siguiente.

6.2. Lombok

Lombok es una librería que, a través de anotaciones, reduce el código común que tenemos que codificar ahorrándonos tiempo y mejorando la legibilidad del mismo. Con esas anotaciones se pueden generar de forma automática getters, setters, constructores, etc. y esas transformaciones en el código se realizan en tiempo de compilación.

Tiene multitud de anotaciones, que se pueden emplear a nivel atributo, método, clase, etc. Estas serían algunas de las más utilizadas:

- *@Getter*: genera getter público para el atributo. Si lo ponemos antes de la clase, lo genera para todos sus atributos. Los getters comienzan por 'get' salvo para atributos de tipo *boolean* que comienzan por 'is'.
- *@Setter*: análogo a getter, pero generando setters.

- **@EqualsAndHashCode**: genera los métodos *equals* y *hashCode* de la clase. Por defecto, ambos métodos se basarán en todos los atributos de la clase, aunque se puede modificar este comportamiento como veremos a continuación.

- **@ToString**: genera una cadena con el nombre de la clase y con cada atributo y su valor separado por comas.

- **@NoArgsConstructor**: genera el constructor por defecto.

- **@AllArgsConstructor**: genera el constructor con parámetros para todos los atributos.

- **@Data**: es de los más utilizados y agrupa las anotaciones: *@Getter, @Setter, @ToString, @EqualsAndHashCode* y *@RequiredArgsConstructor*.

- **@Builder**: genera un método para instanciar la clase de una forma más legible que con un constructor y desacopla dicha instanciación, de forma que, aunque en un futuro cambien los constructores de la clase, la instanciación con *builder* seguirá funcionando.

Estas anotaciones y muchas otras son parametrizables, de forma que podemos adaptar su comportamiento a nuestras necesidades. Por ejemplo, si queremos que los métodos *equals* y *hashCode* solo tengan en cuenta un atributo para la comparación, podemos parametrizarlo así:

```
@EqualsAndHashCode(of="abributo")
```

Para emplear Lombok en proyectos Maven solo debemos buscar su dependencia en el repositorio oficial: *https://mvnrepository.com/* e incluirla en el pom.xml de nuestro proyecto.

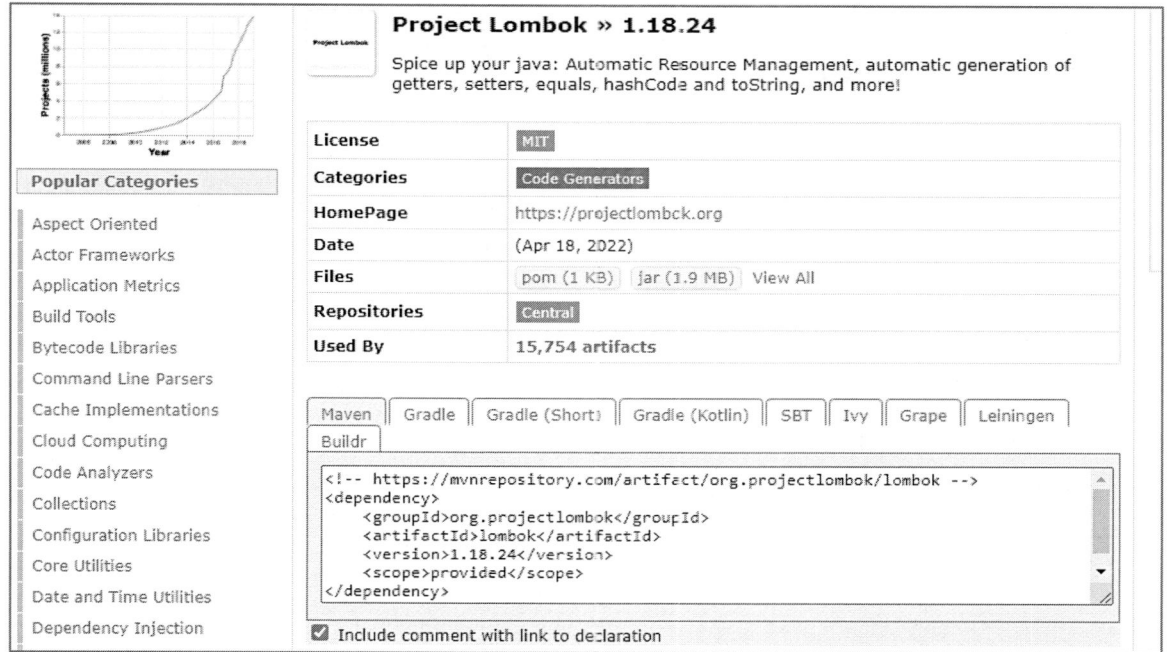

Figura 6.1. Dependencia Lombok en mvnrepository.com

Ahora, en la clase que deseemos, añadiremos las anotaciones que generarán el código, por ejemplo:

```
1    package com.mycompany.mavenproject4;
2
3    import lombok.AllArgsConstructor;
4    import lombok.Builder;
5    import lombok.Data;
6    import lombok.EqualsAndHashCode;
7    import lombok.NoArgsConstructor;
8
9
10   @Data
11   @AllArgsConstructor
12   @NoArgsConstructor
13   @EqualsAndHashCode(of="nombre")
14   //@EqualsAndHashCode(of = {"nombre", "edad"})
15   @Builder
16   public class Alumno {
17       private String nombre;
18       private int edad;
19       private boolean graduado;
20   }
```

Figura 6.2. Ejemplo clase con Lombok

En este caso se generarían getters, setters, toString, el constructor con todos los parámetros, el constructor sin parámetros, los métodos *equals* y *hashCode* basados solo en el atributo nombre y el método *builder* que comentamos antes.

NOTA: Eliminando @Autowired con Lombok:

Desde la versión 4.3 de Spring, si a una clase le añadimos la anotación @RequiredArgsConstructor y a los elementos que queremos "autocablear" les añadimos el atributo *final,* ya no es necesario añadir la anotación @Autowired. Por ejemplo:

```
@Controller
public class EmpleadoController {
    @Autowired
    private EmpleadoService empleadoService;
```

Sería equivalente a:

```
@Controller
@RequiredArgsConstructor
public class EmpleadoController {
    private final EmpleadoService empleadoService;
```

Ahora podemos emplear todo el código generado como si lo hubiésemos escrito nosotros mismos:

```
Alumno a1 = new Alumno("José", 13, false);
Alumno a2 = Alumno.builder()
            .nombre("José")
            .edad(12)
            .build();

a2.setGraduado(true);
if (a1.equals(a2))  System.out.println(a1.toString());
```

6.3. *Logging*

El sistema de *logging* de nuestra aplicación se encarga de mostrar los distintos eventos que están ocurriendo durante la ejecución. Con los logs podemos descubrir errores, comportamientos extraños, pero también auditar ataques. En Java hay varios sistemas de *logging* (Log4j, logback, java.util.logging) y existe una capa de abstracción sobre todos ellos: slf4j. En el capítulo 10 se estudian los logs en detalle.

En estas librerías de *logging* las trazas se emiten a través de un *logger* que normalmente se corresponde con el nombre de la clase en la que se emite la traza. De esta forma las trazas se pueden filtrar por el nivel de importancia de la traza (*debug*, *info*, *warn*, …) y por el nombre del *logger* de forma que podemos obtener un registro de las trazas emitidas por los *loggers* que deseamos.

Si añadimos la anotación Lombok *@Slf4j* en nuestra clase, se generará un log así:

```
private static final org.slf4j.Logger log =
                org.slf4j.LoggerFactory.getLogger(LogExample.class);
```

Una vez incorporada, podemos usar sus métodos para añadir información al log con distintos niveles de criticidad (*info*, *warn*, *error*…) y que veremos por consola.

```
log.info ("Información al log. . . ");
```

6.4. Repositorios

Un **repositorio** es una capa adicional de nuestra aplicación que permite gestionar los datos almacenados en alguna colección. Generalmente la capa de servicio (o directamente el controlador) incluirá un repositorio e invocará a sus métodos que harán el acceso a los datos. Así pues, la capa de repositorio actuará sobre el modelo y tendrá métodos para añadir a la colección, modificar, eliminar, consultar, etc.

En principio, en este capítulo, vamos a ver repositorios creados por nosotros mismos y en memoria y en el siguiente capítulo veremos los repositorios con persistencia, sobre una base de datos, y comprobaremos como Spring hace prácticamente todo el "trabajo sucio" por nosotros.

Así pues, si estamos trabajando con la clase *Empleado*, un repositorio sería algo tan sencillo como definir una lista (interfaz *List*) instanciada con un *ArrayList* de *Empleado*.

La interfaz *List* cumple su función como repositorio ya que tiene definidos métodos como *get()*, *add()*, *remove()*, *set()*, etc. La clase *ArrayList* implementa dichos métodos.

Este esquema se repetirá en el capítulo siguiente a nivel base de datos, las interfaces *JpaRepository* o *CRUDRepository* definirán métodos para acceder a nuestros datos en la base de datos e Hibernate implementará dichos métodos para acceder a la base de datos. Nosotros solo configuraremos y los invocaremos.

La forma de encajar el repositorio en nuestra aplicación es incluyéndolo en nuestro servicio. En el caso un repositorio en memoria podría ser algo como:

```
@Service
public class EmpleadoService {
        private List<Empleado> repositorio = new ArrayList<>();
        . . .
}
```

Y definiendo las operaciones que queremos implementar sobre el mismo. Las más básicas serían las referidas habitualmente con el acrónimo CRUD (*Create*, *Read*, *Update*, *Delete*), además de alguna otra como listar todos los elementos de repositorio, búsquedas, etc. Por ejemplo, para añadir un elemento al repositorio (al ArrayList en este caso):

```
public void addEmpleado (Empleado empleado) {
        repositorio.add(empleado);
        //podría devolver boolean en caso de que no siempre se añadiese
}
```

Y de forma análoga el resto de métodos que precisemos, como vamos a ver en el siguiente apartado.

6.5. CRUD con repositorios en memoria

Con lo que hemos visto hasta ahora ya podemos hacer una aplicación completa que sea capaz de gestionar una entidad de nuestro modelo, con las operaciones típicas sobre el mismo. Vamos a verlo paso a paso, con un ejemplo concreto.

Supongamos que queremos gestionar un repositorio de los empleados de una empresa, en este caso con un repositorio en memoria. En el capítulo siguiente lo haremos persistente, mediante un repositorio sobre base de datos. Los pasos a seguir serían:

1. Crear un nuevo proyecto. Dependencias: *starter-web, devtools, lombok, starter-thymeleaf y starter-validation*. Opcionalmente *webjars-bootstrap* y *webjars-locator*.

2. Crear la estructura de carpetas/paquete que precisemos: podemos optar por carpetas: *domain, controllers* y *services* mejor que todos los elementos una única carpeta.

3. Crear las clases que conforman el modelo de dominio. En este caso sería solo la clase Empleado.

   Podemos ayudarnos de Lombok para escribir menos código.

```java
@Data
@AllArgsConstructor
@NoArgsConstructor
@EqualsAndHashCode(of = "id")
public class Empleado {
    @Min(value = 0)
      private Long id;
    @NotEmpty
      private String nombre;
    @Email (message = "Debe tener formato email valido")
      private String email;
    private Double salario;
    private boolean enActivo;
    private Genero genero;
 }
```

Y creamos también la enumeración para el género, dentro de la carpeta *domain*, en un archivo *Genero.java:*

```java
public enum Genero { MASCULINO, FEMENINO, OTROS };
```

4. Crear el servicio que contiene el repositorio con los métodos CRUD del servicio que invocan finalmente a los métodos del repositorio (en este caso de *List*)

```java
@Service
public class EmpleadoService {
    private List<Empleado> repositorio = new ArrayList<>();

    public List<Empleado> obtenerTodos() {
        return repositorio;
    }
    public Empleado obtenerPorId(long id) {
        for (Empleado empleado : repositorio)
            if (empleado.getId() == id)  return empleado;
        return null;         //podría lanzar excepción si no encontrado
    }
    public Empleado añadir (Empleado empleado) {
        if (repositorio.contains(empleado)) return null;
        //ver equals Empleado (mismo id)
        repositorio.add(empleado);
        return empleado;     //podría no devolver nada, o boolean, etc.
    }
    public Empleado editar (Empleado empleado) {
        int pos = repositorio.indexOf(empleado);
        if (pos == -1)  return null;         //podría lanzar excepción
        repositorio.set(pos, empleado);      //si encuentra, sustituye
        return empleado;
    }
    public void borrar (Long id) {
        Empleado empleado = this.obtenerPorId(id);
        if (empleado != null) {
            repositorio.remove(empleado);    //podría devolver boolean
        }
    }
}
```

En el código expuesto no se contemplan excepciones, devolviendo valores *null* al controlador en caso de que exista algún error en tiempo de ejecución. Una solución más profesional, como comentamos en capítulos previos, sería que el servicio lanzase excepciones; bien creadas por nosotros, bien de tipo *RuntimeException*. Ejemplo:

```
public Empleado editar(Empleado empleado) throws RuntimeException {
    int pos = repositorio.indexOf(empleado);
    if (pos == -1)  throw new RuntimeException ("Empleado no encontrado");
    repositorio.set(pos, empleado);
    return empleado;
}
```

El controlador sería el encargado de capturarlas mediante *try...catch* y pasar el mensaje de excepción a las vistas tal y como comentamos en el capítulo 4.

5. Crear el controlador que recibe las peticiones del usuario e invoca al servicio adecuado. El servicio está inyectado (@Autowired) en el controlador. Para el alta de un nuevo empleado o para editar un empleado existente necesitaremos formularios (@*PostMapping*). Las URL podrían ser la siguientes:

```
/list    (o simplemente / )     : listar todos los empleados
/{id}                           : obtener los datos solo del empleado 'id'
/nuevo                          : formulario para añadir un nuevo empleado
/editar/{id}                    : formulario para modificar empleado 'id'
/borrar/{id}                    : eliminar el empleado 'id'
```

➢ **Ejemplo** de controlador para un servicio que no lanza excepciones, si no que devuelve nulos en caso de error. En caso de que sí devolviese excepciones sustituiríamos los 'if' por 'try...catch'.

```
@Controller
public class EmpleadoController {

@Autowired
private EmpleadoService empleadoService;
private String txtMsg;

@GetMapping({ "/", "/list" })
public String showList(Integer numMsg,Model model) {

  if (txtMsg != null) { model.addAttribute("msg", txtMsg);txtMsg=null;}
  model.addAttribute("listaEmpleados", empleadoService.obtenerTodos());
  return "listView";
}

@GetMapping("/{id}")
public String showElement(@PathVariable long id, Model model) {
    Empleado empleado =empleadoService.obtenerPorId(id);
    if (empleado == null) {
      txtMsg = "Empleado no encontrado";
       return "redirect:/";
    }
```

```java
        model.addAttribute("empleado", empleado);
        return "listOneView";
    }

@GetMapping("/nuevo")
public String showNew(Model model) {
    //el commandobject del formulario es una instancia de empleado vacia
        model.addAttribute("empleadoForm", new Empleado());
        return "newFormView";
    }

@PostMapping("/nuevo/submit")
public String showNewSubmit(@Valid Empleado empleadoForm,
                            BindingResult bindingResult) {
        if (bindingResult.hasErrors()) {
            txtMsg = "Error en formulario";
            return "redirect:/";
        }
        empleadoService.añadir(empleadoForm);
        txtMsg = "Operación realizada con éxito";
        return "redirect:/";
    }


@GetMapping("/editar/{id}")
public String showEditForm (@PathVariable long id, Model model) {
        Empleado empleado = empleadoService.obtenerPorId(id);
        //el commandobject del formulario es el empleado con el id solicitado
        if (empleado == null) {
            txtMsg = "Empleado no encontrado";return "redirect:/";  }
        model.addAttribute("empleadoForm", empleado);
        return "editFormView";
    }


@PostMapping("/editar/{id}/submit")
public String showEditSubmit(@PathVariable Long id,
            @Valid Empleado empleadoForm, BindingResult bindingResult) {
        if (bindingResult.hasErrors()) {txtMsg = "Error en formulario";
                                        return "redirect:/";        }
        Empleado empleado = empleadoService.editar(empleadoForm);
        if (empleado == null) txtMsg = "Empleado no encontrado";
        else  txtMsg = "Operación realizada con éxito";
        return "redirect:/";
    }

@GetMapping("/borrar/{id}")

public String showDelete(@PathVariable long id) {
        empleadoService.borrar(id);
        txtMsg = "Operación realizada con éxito";
        return "redirect:/";
    }
}
```

6. Ahora hay que crear vistas del cliente. Empezamos por el listado inicial: *listView.html*

```
<!DOCTYPE html>
<html lang="es" xmlns:th="http://www.thymeleaf.org">
<head> . . . </head>
<body> <h1>Listado de empleados de la empresa</h1>
<table>
<thead><tr><th>ID</th><th>Nombre</th><th>Email</th>
        <th>Editar</th><th>Borrar</th></tr>
</thead>
<tbody>
<tr th:each="empleado : ${listaEmpleados}">
  <td th:text="${empleado.id}">Id</td>
  //el nombre es enlace a la vista de detalle:
  <td><a th:href="@{/{id}(id=${empleado.id})}"
        th:text="${empleado.nombre}">nombre</a></td>
  <td th:text="${empleado.email}">email@mail.com</td>
  <td><a th:href="@{/editar/{id}(id=${empleado.id})}">Editar</a></td>
  <td><a th:href="@{/borrar/{id}(id=${empleado.id})}">Borrar</a></td>
</tr>
</tbody>
</table>
<p th:if="${msg!=null}"> <span th:text="${msg}">err</span></p>
<a th:href="@{/nuevo}">Nuevo empleado</a><br/>
</body>
</html>
```

7. El formulario para nuevo empleado, cuyo *<body>* sería:

```
<h1>Nuevo empleado</h1>
<form method="post" action="#" th:action="@{/nuevo/submit}"
                              th:object="${empleadoForm}">
 <label>Id:<input type="text" th:field="*{id}" /></label><br/>
 <label>Nombre:<input type="text" th:field="*{nombre}" /></label><br/>
 <label>Email:<input type="text" th:field="*{email}" /></label><br/>
 <label>Salario:<input type="text" th:field="*{salario}" /></label><br/>
 <label>En Activo:<input type="checkbox" th:field="*{enActivo}"></label><br>
 Genero:<br/>
 <div th:each="gen : ${T(com.example.myapp.domain.Genero).values()}">
   <input type="radio" name="button1" th:value="${gen}"
            th:text="${gen}" th:field="*{genero}" />
 </div>
 <input type="submit" value="Enviar"/>
</form>
```

Podríamos añadir un tratamiento si no cumple alguno de los requisitos establecidos en la entidad, como por ejemplo, la validación de formato de email. Para ello podemos definir estilos CSS (o usar uno de BootStrap como *'has-error'*).

```
<style>.cssError { background-color:red; } </style>
```

Y modificar el campo de formulario para que si hay algún error muestre el texto de error que se estableció en la entidad mediante el atributo *message*, y formatearlo con el estilo CSS creado.

```
<div th:classappend="${#fields.hasErrors('email')} ? 'cssError'">
  <label>Email:<input type="text" id="email" th:field="*{email}"/>
    <span th:if="${#fields.hasErrors('email')}"
          th:errors="*{email}" class="cssError">texto error</span>
  </label>
</div>
```

8. El formulario de edición de empleado, que sería prácticamente igual al anterior salvo la línea:

```
<form method="post" action="#"
      th:action="@{/editar/submit}" th:object="${empleadoForm}">
```

O para tener una URL que incluya el *id* del elemento a modificar, *th:action* podría ser:

```
th:action="@{/edit/{id}/submit(id=${empleadoForm.id})}"
```

y al input atributo *id* le añadiríamos el atributo *readonly* ya que no tiene sentido cambiar el identificador único; no sería una modificación, sería crear un nuevo elemento:

```
Id:<input type="text" readonly id="id" th:field="*{id}" />
```

9. La vista *listOneView.html* sería muy sencilla, mostrando todos los atributos de un solo empleado, en una tabla de dos columnas, la primera con el nombre del atributo y la segunda con el valor de dicho atributo.

10. Podemos crear un *commandLineRunner* para añadir inicialmente algún dato y que no arranque con la lista vacía. Añadiríamos en la clase aplicación (la que contiene el main y la anotación *@SpringBootApplication*).

```
@SpringBootApplication
public class EmpleadoApplication {
    public static void main(String[] args) {
        SpringApplication.run(EmpleadoApplication.class, args);
    }
    @Bean
    CommandLineRunner initData(EmpleadoService empleadoService) {
        return args -> {
          empleadoService.añadir( new Empleado(1L,
            "José López","jl@mail.con",25000d,true, Genero.MASCULINO));
          empleadoService.añadir( new Empleado(2L,
            "Ana Pérez", "ana@mail.com", 28000d, true, Genero.FEMENINO));
        }; } }
```

INCERTIDUMBRE:

Esta instancia de EmpleadoService que se inyecta en el *CommandLineRunner* ¿es la misma que la que se inyecta en el controlador con *@Autowired*? Y otra cuestión: en el *CommandLineRunner* es parámetro de un método ¿Quién lo instancia?

La respuesta a ambas dudas es parte del funcionamiento del Inversor de Control de Spring. El IoC crea una instancia de cada componente bajo su control cuando es necesario, y como lo hace con el patrón Singleton (una misma instancia para todas las peticiones), efectivamente es el mismo servicio en toda la ejecución de la aplicación.

11. Por último, podríamos crear una interfaz para el servicio y que la clase anterior *EmpleadoService* fuese refactorizada a *EmpleadoServiceImpl* la implementase.

```
public interface EmpleadoService {
    Empleado añadir (Empleado empleado);
    List<Empleado> obtenerTodos ();
    Empleado obtenerPorId (long id);
    Empleado editar (Empleado empleado);
    void borrar (Long id);
}

@Service
public class EmpleadoServiceImpl implements EmpleadoService {
. . .
```

12. De forma opcional, podríamos poner en práctica lo visto en el capítulo de formularios para añadir una imagen al empleado, pero no lo haremos por ahora.

Ejercicio 6.1

Tomando como ejemplo la gestión de la entidad Empleado que acabamos de mostrar, crea un proyecto para administrar los cursos online de una academia. Debes implementar un CRUD básico en memoria (en un ArrayList) de una entidad llamada *Curso*.

De cada curso mantendremos un atributo llamado *id*, que identifica unívocamente un curso, *nombre* (String), *precio* (Double) y *temática* (enumeración con valores: PROGRAMACION, REDES, SISTEMAS, OTROS).

Debes desarrollar las vistas *(listView.html, listOneView.html, newFormView.html* y *editFormView.html)*, el controlador y el servicio que permita el alta, baja y modificación de cursos. Opcionalmente, añade elementos *BootStrap* para mejorar su presentación.

Figura 6.3. Ejecución del Ejercicio 6.1

6.5.1. Filtros en la vista

El proceso visto hasta ahora permite realizar un CRUD completo sobre la entidad *Empleado*, pero generalmente necesitaremos filtros para que, cuando consultamos los empleados, podamos filtrar por algún atributo y obtener un subconjunto de los mismos.

Filtro por texto

Este es un filtro típico en el que al usuario se le presenta una caja de texto en la que el usuario introduce un texto y al enviarlo al servidor, filtrará los elementos que coincidan total o parcialmente en un determinado atributo. En general no se distinguen minúsculas y mayúsculas en estos filtros.

➤ **Ejemplo**. Veamos un ejemplo de filtro por nombre de empleado:

Vista:

```
<form method="post" action="#" th:action="@{/findByName}"
            th:object="${findForm}">
    <label>Buscar por nombre:
    <input type="text" name="nombre' th:field="*{nombre}"/></label>
    <input type="submit" value="Buscar"/>
</form>
```

Debemos enviar al formulario un Empleado como *commandObject* pero en realidad podríamos enviarle una clase mucho más sencilla (un DTO) solo con un String para recibir el texto a buscar en el nombre.

```
model.addAttribute("findForm", new Empleado());
```

Controlador:

```
@PostMapping("/findByName")
public String showFindByNameSubmit(Empleado empleadoForm, Model model) {
    model.addAttribute("listaEmpleados",
            empleadoService.buscarPorNombre(empleadoForm.getNombre()));
    model.addAttribute("findForm", empleadoForm);
    return "listView";
}
```

Servicio:

```
public List<Empleado> buscarPorNombre(String textoNombre) {
    textoNombre = textoNombre.toLowerCase();
    List<Empleado> encontrados = new ArrayList<>();
    for (Empleado empleado : repositorio)
        if (empleado.getNombre().toLowerCase().contains(textoNombre))
            encontrados.add(empleado);
    return encontrados;
}
```

Filtro por elemento de lista

Otra forma habitual de filtrar para aquellos atributos que tengan un conjunto cerrado de valores, será a través de una lista en la que el usuario pueda seleccionar un valor concreto y muestren solo los elementos que contienen ese valor en el atributo.

➢ **Ejemplo** de filtro por el género de Empleado, que recordemos que era una enumeración.

Vista:

```
Seleccionar género:
<select id="genero" onChange="changeGenero();">
  <option value="">Todos</option>
  <option
    th:each="gen : ${T(com.example.myapp.domain.Genero).values()}"
    th:value="${gen}" th:text="${gen}"
    th:selected="${gen} == ${generoSeleccionado} ? true : false">
  </option>
</select>
<script>
  function changeGenero(){
    const select = document.getElementById("genero");
    if (select.value == "") window.location.href = "/";
    else window.location.href = "/findByGenero/"+select.value;
  }
</script>
```

La línea: `th:selected="${gen} == ${generoSeleccionado} ? true : false"` no sería obligatoria, pero es aconsejable para que, cuando muestre los resultados filtrados, en el desplegable aparezca seleccionada la opción que se envió, y no la primera opción u opción por defecto. Como consecuencia, en el *model* habrá que enviarle esa variable '*generoSeleccionado*'.

Controlador:

```
@GetMapping("/findByGenero/{genero}")
public String showFindByGen(@PathVariable Genero genero, Model model) {
    model.addAttribute("listaEmpleados",
                        empleadoService.buscarPorGenero(genero));
    model.addAttribute("findForm", new Empleado());//para busq. por nombre
    model.addAttribute("generoSeleccionadc",genero);
    return "listView";
}
```

Servicio:

```
public List<Empleado> buscarPorGenero(Genero genero) {
    List<Empleado> encontrados = new ArrayList<>();
    for (Empleado empleado : repositorio)
       if (empleado.getGenero()==genero) encontrados.add(empleado);
    return encontrados;
}
```

Estos dos ejemplos de filtros son independientes, no se suman los filtros por defecto, o se aplica uno u otro. Habría que programar su funcionalidad conjunta.

6.5.2. Atributos no usados en formulario

En algunos casos (por ejemplo, al hacer el alta de un elemento en un CRUD) puede ser que haya atributos que no deseemos que sean introducidos en el formulario, bien por que toman un valor por defecto, bien porque se calculan en un servicio, etc. Un ejemplo podría ser la fecha de registro del empleado, que se podría tomar del sistema de forma automática.

En estos casos, si la vista con el formulario no tiene ningún *<input>* asociado a un atributo, al hacer el *submit*, ese atributo llegará con valor nulo al controlador. Para solucionar este posible problema tenemos varias opciones.

a) Asignar el valor después de recibirlo del *submit* y no antes.

b) Si es necesario asignarlo antes, por ejemplo en el constructor, añadir un *<input type="hidden">* en la vista, que hace que permanezca oculto, pero conserve el valor asignado previamente.

c) Crear una clase *ad-hoc* solo con los campos de formulario (lo que se llama un DTO), y al recibirlo, mover esos atributos del *dto* al objeto real. Esta sería la mejor opción.

Vamos a ver todo esto en un ejemplo. Supongamos que seguimos en el CRUD de la entidad *Empleado* y que, además de los atributos anteriores, tiene un nuevo llamado *fechaRegistro*.

Supongamos que este último atributo se toma de la fecha del sistema. Las posibilidades vistas se plasmarían así:

a) En el servicio (o controlador) asignar el valor después de recibirlo del *submit* y no antes.

```
public Empleado añadir(Empleado empleado) {
    empleado.setFechaRegistro(LocalDate.now());
    repositorio.add(empleado);
    return empleado;
}
```

b) Si el valor se ha añadido previamente, añadir un *<input type="hidden">* en la vista del formulario, para no perderlo, entonces, en la clase *Empleado*, modificamos el constructor por defecto, para asignarle el valor antes de enviarlo al formulario:

```
public Empleado (){
        this.fechaRegistro=LocalDate.now();

}
```

En la vista:

```
<input type="hidden" th:field="*{fechaRegistro}" />
```

c) Crear una clase *ad-hoc* solo con los campos de formulario (lo que se llama un DTO), y al recibirlo, mover esos atributos del *dto* al objeto real. Creamos *EmpleadoDto*, con todos los atributos salvo la fecha de registro:

```
public class EmpleadoDto {
    private Long id;
    private String nombre;
    . . .
}
//getters, setters, constructor por defecto
```

A la vista con el formulario de nuevo empleado le pasaríamos un *EmpleadoDto* y no un *Empleado*. Al recibir el *dto* llamamos a un método de servicio que asigne los campos del *dto* al empleado.

```
@PostMapping("/nuevo/submit")
public String showNewSubmit(EmpleadoDto empleadoForm) {
    Empleado empl=empleadoService.buildEmpleadoFromDto(empleadoForm);
    empleadoService.add(empleado);
    return "redirect:/";
}
```

El método *buildEmpleadoFromDto* sería algo así:

```
public Empleado buildEmpleadoFromDto(EmpleadoDto empleadoDto){
    Empleado empleado = new Empleado ();
    empleado.setId (empleadoDto.getId());
    empleado.setNombre (empleadoDto.getNombre());
    . . .
    empleado.setFechaRegistro(LocalDate.now());
    return empleado;
}
```

 **NOTA**

Desde Java 14, disponemos de una nueva forma de definir clases sencillas, en una sola línea, con datos inmutables, getters con el mismo nombre que los atributos, toString() con todos sus atributos, y equals()/hashCode() basados también en todos los atributos. Se denominan 'record' y se definen así:

```
public record EmpleadoDto (Long id, String nombre, Double salario) {}
```

Pueden ser muy útiles para crear DTOs.

Ejercicio 6.2

Crea un proyecto nuevo copiando el proyecto del Ejercicio 6.1 y añade las siguientes mejoras *(prueba que cada una de las mejoras funciona correctamente antes de pasar a la siguiente)*:

- Hacer que el servicio lance excepciones en caso de error, que el controlador las capture y que lleguen al usuario como textos (opcionalmente puedes usar el formato *alert* de *BootStrap*). No es necesario que crees tus propias excepciones, pueden ser de tipo *RuntimeException*.

- No se admiten cursos de más de 5000 euros en el alta ni en la modificación de los cursos ¿En qué capa debe ir este código?

- Añade a la vista principal una caja de búsqueda en la que el usuario pueda introducir un texto y se muestren los cursos que tienen ese texto incluido en alguna parte de su nombre sin distinguir mayúsculas de minúsculas. Incluirá también un botón *'Reestablecer'* para volver a la situación inicial en la que sí se muestran todos *(ver figura siguiente)*.

Figura 6.4. Ejecución del Ejercicio 6.2. Filtro por nombre.

- Añade a la vista principal una lista desplegable con los valores de la enumeración *Temática* para que los usuarios puedan filtrar la vista según el valor seleccionado de la lista.

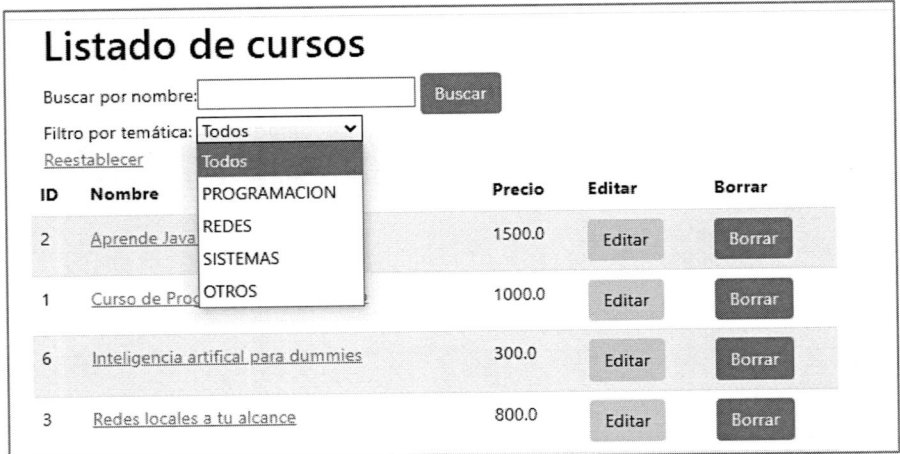

Figura 6.5. Ejecución del Ejercicio 6.2. Filtro por temática

- La vista de todos los cursos debe estar ordenada por nombre.

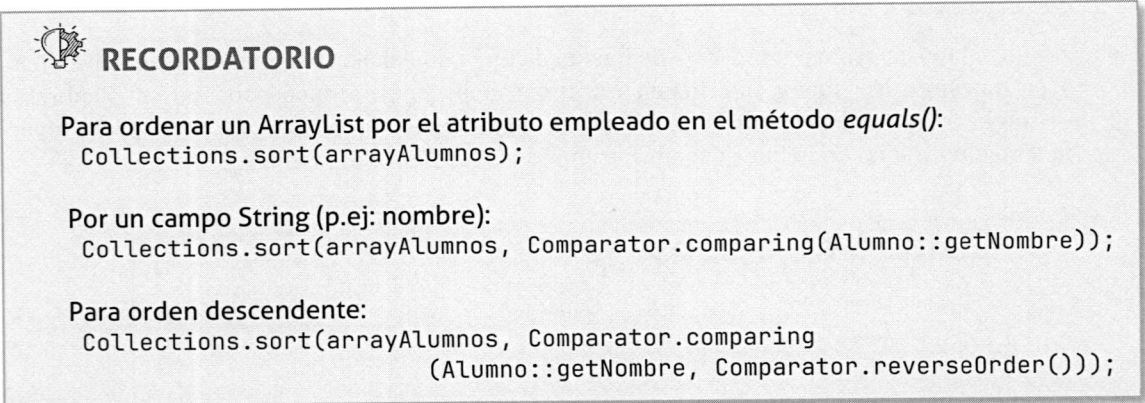

RECORDATORIO

Para ordenar un ArrayList por el atributo empleado en el método *equals()*:
```
Collections.sort(arrayAlumnos);
```

Por un campo String (p.ej: nombre):
```
Collections.sort(arrayAlumnos, Comparator.comparing(Alumno::getNombre));
```

Para orden descendente:
```
Collections.sort(arrayAlumnos, Comparator.comparing
                    (Alumno::getNombre, Comparator.reverseOrder()));
```

6.6. Lectura de parámetros de ficheros

Una operación típica de nuestras aplicaciones será obtener determinados valores de variables o constantes de nuestra aplicación desde un archivo de configuración: por ejemplo, el porcentaje de IVA a aplicar en nuestras facturas, importes o fechas globales para toda la aplicación, etc. o incluso los mensajes de texto que se mostrarán dependiendo del idioma seleccionado.

Esos parámetros pueden almacenarse en distintos formatos: XML, JSON, etc. pero es muy típico guardarlos en un fichero de tipo *properties*, similar al *application.properties* que ya conocemos.

Este podría ser un ejemplo:

```
porcentajeImpuesto = 0.19
bonus = 200
```

La forma de trabajar con este tipo de archivos es muy sencilla. Estos serían los pasos a seguir:

1. Crear el archivo con extensión *.properties* y almacenarlo en la carpeta */resources* o en una subcarpeta de esta.

2. Crear una clase que recoja los parámetros del fichero en variables que luego podremos utilizar. La clase estará en el paquete donde están el resto de clases, típicamente en un subpaquete */config* y deberá cumplir estos requisitos:

   - Estar anotada con **@Configuration**. Así se creará al inicio de la aplicación.

   - Estar anotada con **@PropertySource**("classpath:/ruta/archivo").

   - Crear getters y setters (por ejemplo, con anotaciones Lombok: @Getter y @Setter).

   - Tener un atributo para cada variable contenida en el archivo, y cada uno de estos atributos debe estar anotado con **@Value** *("$nombreVariableEnArchivo")*.

   ➤ **Ejemplo.** Clase de configuración que captura parámetros de un fichero *properties*.

   ```
   @Configuration
   @Getter
   @Setter
   @PropertySource("classpath:/config/parametros.properties")
   public class Parametros {
           @Value("${porcentajeImpuesto}")
           private Double porcentajeImpuesto;
           @Value("${bonus}")
           private Integer bonus;
   }
   ```

3. Luego, simplemente inyectamos la clase en donde sea necesario, generalmente en las clases de servicio:

   ```
   @Autowired
   private Parametros parametros;
   ```
   y usar sus valores normalmente a través de sus getters y setters:
   ```
   Double salarioFinal = empleado.getSalarioBase() *
           (1 - parametros.getPorcentajeImpuesto()) + parametros.getBonus();
   empleado.setSalarioFinal(salarioFinal);
   repositorio.add(empleado);
   ```

6.6.1. Fichero .properties para envío de emails

Podemos usar esta técnica para almacenar parámetros constantes en el envío de correos; por ejemplo, si el destinatario del correo es siempre el mismo (el email del gerente, el Community Manager, etc), podemos meterlo en un fichero de este tipo y leerlo a la hora de enviar el mensaje. También lo podemos hacer con el asunto del mensaje.

Fichero: *resources/emailParams.properties:*

```
email.destination=usuarioId@mycompany.com
email.subject="Asunto del mensaje"
```

Clase: *EmailLoadParams.java:*

```
@Configuration
@Getter
@Setter
@PropertySource("classpath:/emailParams.properties")
public class EmailLoadParams {
    @Value("${email.destination}")
    private String emailDestination;

    @Value("${email.subject}")
    private String emailSubject;
}
```

Y la llamada desde el servicio sería:

```
@Autowired
private EmailLoadParams emailLoadParams;
. . .
boolean envioEmail = emailService.sendEmail(
                        emailLoadParams.getEmailDestination(),
                        emailLoadParams.getEmailSubject(),
                        cuerpoMensaje);
```

Ejercicios de ampliación

Ejercicio 6.3

Realiza una aplicación que permita al usuario contestar un conjunto de preguntas tipo test. El test será de 6 preguntas y cada pregunta presentará 4 posibles respuestas siendo solo una de ellas la correcta.

Al usuario se le irán pasando las preguntas una a una, mediante un formulario, para que elija la respuesta correcta, y al llegar al final mostrará el resultado obtenido.

Las preguntas del test se cargarán en memoria al inicio del test desde un archivo CSV con formato que podría ser:

- Número de pregunta.
- Texto de la pregunta.
- Posible respuesta 1.
- Posible respuesta 2.
- Posible respuesta 3.
- Posible respuesta 4.
- Número de respuesta correcta (valores entre 1 y 4).

Pista: En memoria deberemos tener una colección (ArrayList) con el test leído desde el archivo y, además, una variable que contenga el número de pregunta en la que está el jugador en cada momento.

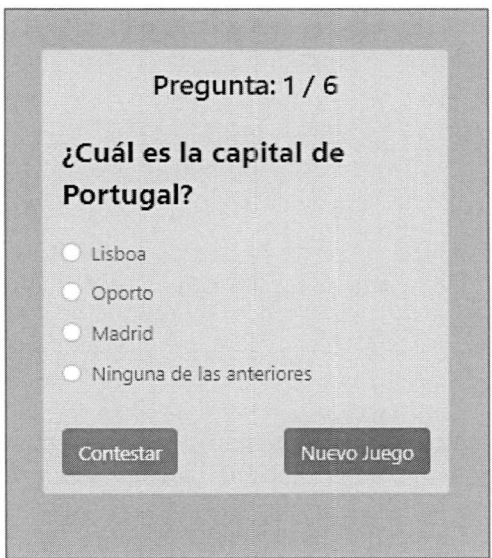

Figura 6.6: Ejecución del Ejercicio 6.3

Pista. Para leer un fichero CSV puedes usar el método *Files.readAllLines*, que lee un fichero de texto completamente y crea un ArrayList de String con un elemento por cada línea leída. Luego puedes usar el método *split* de String para obtener las partículas separadas por comas.

```
List<String> lineas;
try {
    Path path = Paths.get("preguntas.csv");
    lineas = Files.readAllLines(path, StandardCharsets.UTF_8);
} catch (IOException ex) {
    throw new RuntimeException ("Error I/O"+ ex.getMessage());
}
String[] partes = new String[7];      //CSV de 7 elem por linea
```

```
for (String linea : lineas) {
    partes = linea.split(";");
    // partes[0]   número de pregunta
    // partes[1]   texto de la pregunta
```

Pista: Puedes elegir la temática que quieras para el test y puedes ayudarte de alguna aplicación de IA generativa como *ChatGpt* para construir el fichero CSV.

Ejercicio 6.4

Modifica el ejercicio anterior para convertirlo en un juego tipo "Atrapa un millón" de forma que el jugador parte de una cantidad inicial (1 millón de euros) y va apostando a las distintas opciones tratando de perder lo menos posible en cada pregunta. El usuario tiene que apostar todo el dinero disponible, pero puede repartirlo como quiera entre las cuatro opciones *(cuando esté seguro de una respuesta apostará todo a la que cree correcta y cero al resto)*. El objetivo es llegar al final de las 7 preguntas con la mayor cantidad de dinero.

Otra versión posible del ejercicio inicial podría ser que el fichero CSV no tuviera solo 7 preguntas. Podrías hacerlo de forma que el fichero tenga muchas preguntas y que la aplicación las elija al azar al iniciar cada juego.

Ejercicio 6.5

Vamos a trabajar ahora con herencia y con la lectura de parámetros desde un archivo. Se trata de hacer una aplicación que gestione la sala de espera de una consulta médica mediante un repositorio en memoria (*ArrayList*, *LinkedList*).

Los requisitos son los siguientes.

- Cuando llega un paciente (en se le solicitan sus datos y pone al final de la lista (añadir al ArrayList). La vista principal de la aplicación mostrará en una tabla el nombre, DNI y fecha de nacimiento de los pacientes en la sala de espera, ordenados por orden de llegada.

- Cuando se llama a consulta a un paciente, se le calcula lo que tiene que pagar y se saca de la lista de espera. Se llama a consulta siempre el primer paciente de la lista, no se elige (es una cola FIFO).

- De todos los pacientes queremos saber: nombre, DNI y fecha de nacimiento. Hay tres tipos de pacientes: los que van a consulta (queremos saber el motivo de consulta), los que van por recetas (queremos saber la lista de recetas), y los que van a revisión (queremos saber la fecha de la última revisión).

- Todos los tipos de paciente (y los nuevos que puedan surgir) deben tener un método que se llame *facturar,* aunque su fórmula depende del tipo de paciente: para consulta es una tarifa fija (100 €), para medicamentos es un importe por cada medicamento (5 €) y para revisión es una tarifa fija si es jubilado (30 €) y otra si no lo es (50 €).

- Estas cantidades están almacenadas en un fichero de tipo *properties* que se leerá al principio del programa. El método *facturar* recibirá como parámetro una instancia de la clase que contenga estos valores de las tarifas.

- Para simplificar haremos un único formulario con todos los datos del apartado anterior (y un botón de radio seleccionando el tipo de paciente). Obviamente no hay que cubrir todos los datos del formulario, por ejemplo, un paciente que va a consulta, no se cubrirá la lista de medicamentos. También podemos hacer que la lista de medicamentos sea una caja de texto y que el operario los introduzca separados por comas.

Figura 6.7. Ejecución del Ejercicio 6.5

- La vista principal tendrá entonces: la lista de pacientes, un enlace o botón para añadir un nuevo paciente al final de la lista (invocando a un formulario de solicitud de datos) y un enlace o botón para llamar y facturar al primero de la lista.

- El importe a pagar por el paciente que se llama a consulta puede ser una etiqueta en esa misma vista principal que solo sea visible cuando se llama a un paciente.

Pista. La aplicación de debe tener las clases: Paciente (abstracta) y sus tres clases hijas. Una clase para gestionar las tarifas y una clase adicional para recibir todos los campos del formulario.

Pista. El servicio debe contener un método que, a partir de los datos recibidos del formulario, cree el paciente del tipo correspondiente y cubra todos sus datos.

Pista. Si en la clase padre tenemos *@EqualsAndHashCode*, en las clases hijas debemos incluir: `@EqualsAndHashCode(callSuper = true)`.

El video solución de este ejercicio puede encontrarse en la dirección: *https://youtu.be/BJj7VHtHOiw*

Proyecto BookAdvisor

Toma el proyecto del *sprint* anterior e incorpora las siguientes características:

- Definir la entidad 'Libro': id, titulo, año, género, autor, idioma, sinopsis, fecha de alta, etc.

- Los géneros estarán inicialmente en una enumeración con los siguientes valores: ACCIÓN, COMEDIA, DRAMA, AVENTURA, CIENCIA FICCIÓN, TERROR, FANTASÍA, THRILLER, ROMANCE, MISTERIO, etc.. En siguientes capítulos lo convertiremos en una clase Java.

- El idioma también será una enumeración, con los valores que quieras, por ejemplo: ESPAÑOL, INGLÉS, OTROS.

- Realizar el CRUD de la entidad libro, en memoria, sobre un ArrayList: con servicio, controlador y vistas. El servicio debe lanzar excepciones de tipo *RuntimeException*.

- Hacer una página con la lista de libros (bookListView.html), con todos sus datos y con acceso a las operaciones de edición, borrado de cada libro y enlace para añadir un nuevo libro (lo que se denomina CRUD).

- En la vista del punto anterior, el nombre del libro será a su vez un enlace a una vista en detalle con los datos únicamente de este libro (bookView.html). En el siguiente sprint haremos que la vista del punto anterior bookListView.html sea más sencilla y no incluya todos los datos de cada libro, que sea solo la información más relevante. Será en la vista de detalle de cada libro bookView.html donde se verá toda la información de cada libro en conjunto. Esta vista de detalle dispondrá de botones de Editar y Borrar.

- En la vista de todos los libros, implementar búsqueda a partir de una caja de texto, que permita introducir una palabra del título y filtre los resultados que cumplan el criterio. Incluir también un desplegable, por género, que permita también filtrar los libros mostrados. Incorporará un botón de reestablecer para volver a la situación inicial en la que se muestran todos los libros.

- El menú principal de la aplicación debería tener las siguientes entradas, aunque algunas no estarán implementadas por el momento:

  — Inicio: vista principal descrita previamente.

  — Quienes somos: ya incluido en el primer sprint.

  — Libros: se muestra la lista de libros con su CRUD.

  — Contacta: formulario implementado en sprints anteriores.

- Añadir una imagen a cada libro, con la portada del mismo. En la vista de todos los libros se verá en miniatura, y en la vista de detalle de cada libro se verá en tamaño más grande.

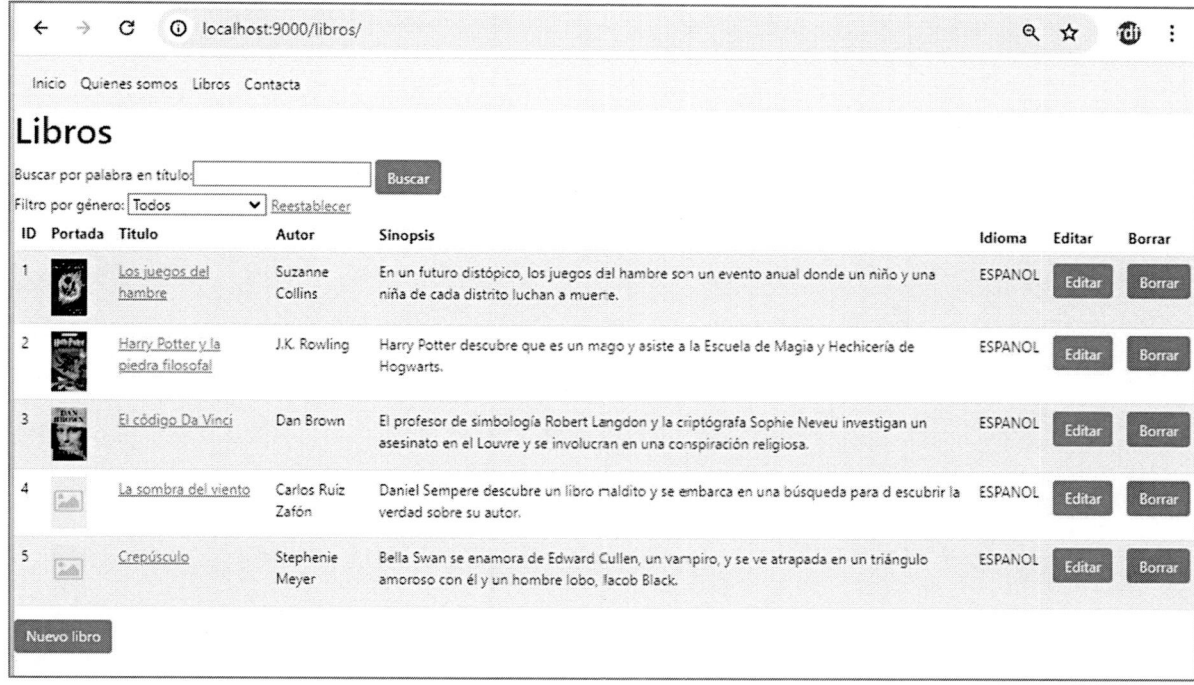

Figura 6.8. Ejecución del proyecto BookAdvisor

La vista de nuevo libro, puede ser algo como esto:

Figura 6.9. Alta de l bro en BookAdvisor

CAPÍTULO 7

ACCESO A DATOS

Contenidos

- Gestores de bases de datos como H2 y MySQL.
- Mapeo de entidades con anotaciones JPA.
- Relaciones entre entidades: @OneToMany, @ManyToOne, @ManyToMany.
- Métodos derivados por nombre y consultas con JPQL y @Query.
- Paginación y estrategias de herencia de entidades.

Objetivos

- Entender el concepto de persistencia de datos.
- Usar JPA y Spring Data para acceder a bases de datos.
- Mapear entidades a tablas y definir relaciones entre ellas.
- Definir métodos de repositorio de distintos tipos.
- Implementar paginación y herencia de entidades.

RESUMEN DEL CAPÍTULO

Este capítulo trata el acceso a datos de forma persistente. Se introduce el concepto de persistencia, se describen diferentes tipos de gestores de bases de datos como H2 y MySQL, y se explica cómo usar JPA y Spring Data para interactuar con bases de datos. Se abordan temas como el mapeo de entidades, las relaciones entre entidades, las consultas personalizadas, la paginación y la herencia.

7.1. Introducción

Antes de empezar a trabajar con el acceso a datos, debemos definir varios conceptos:

Persistencia: consiste en el almacenamiento de los datos de forma permanente. En las aplicaciones vistas previamente, al finalizar la ejecución, los datos con los que hubiésemos trabajado se perdían. Por persistencia entendemos conservar esos datos en algún soporte que pueda ser accesible posteriormente. Estos soportes típicamente son ficheros y bases de datos.

Repositorio: como ya vimos en el capítulo anterior, es una capa adicional de nuestra aplicación que permite gestionar los datos almacenados en alguna colección (generalmente persistente). Habitualmente la capa de servicio hará una solicitud de datos y las clases del repositorio harán el acceso a los datos. *En caso de aplicaciones muy sencillas, se elimina la capa de servicio, y es directamente el controlador el que interactúa con el repositorio.*

Bases de datos relacionales vs. base de datos NoSQL. Son los dos modelos actuales de SGBD. El primero es el más clásico y se basa en un almacenamiento en forma de tablas (con filas y columnas) con recursos como la integridad referencial, índices, garantía de no duplicidades, etc. Como inconveniente destaca su dificultad para trabajar con datos no fácilmente "tabulables", es decir cuando cada elemento (fila) puede tener atributos totalmente diferentes (columnas). El modelo NoSQL (not only SQL) permite trabajar con distintos modelos de datos y pretendiendo una mayor flexibilidad que en un gestor relacional.

JDBC: es la interfaz más básica de Java para conectarnos a cualquier SGBD relacional. Proporciona una API completa para trabajar de forma que sea cual sea el motor de base de datos con el que conectemos, la API siempre será la misma. Simplemente tendremos que obtener el *driver* correspondiente al motor de base de datos que queramos usar, que sí que dependerá totalmente de éste.

Trabajando con JDBC debemos conectarnos al SGBD y componer manualmente nosotros las operaciones en SQL. En el caso de consultas, JDBC devolverá una estructura similar a un array bidimensional con filas y columnas y que debemos procesar también manualmente.

Hibernate y el Mapeo objeto-relacional (ORM): Nuestras aplicaciones son orientadas a objetos, pero las bases de datos con las que trabajan están orientadas a tablas/columnas. Son estructuras que no tienen nada que ver entre ellas por lo que se debe hacer su mapeo, haciendo coincidir cada atributo de cada clase con cada campo de una tabla (y viceversa) cada vez que queramos leer o escribir un objeto desde y hacia la base de datos, respectivamente. **Hibernate** es el framework más popular que se encarga de realizar este mapeo de forma transparente para nosotros.

JPA: Define un estándar de forma de trabajo, pero no lo implementa, son los ORM como Hibernate, los que se ajustan a este estándar. JPA define como se relacionan los objetos con el esquema de base de datos, ofrece una API sencilla para realizar las operaciones CRUD y consultas sobre los datos con un lenguaje similar a SQL, pero sobre objetos (JPQL) y otros elementos de optimización.

Spring Data: es un proyecto "paraguas" que nos permite trabajar con distintas bases de datos con la tecnología que queramos (JDBC, Hibernate, JPA…) sobre bases de datos relacionales o NoSQL, facilita auditoría, configuración sencilla, etc. Ofrece clases con multitud de utilidades implementadas, realizando mucho trabajo por nosotros y permitiendo cambiar de soporte (por ejemplo, de un tipo de base de datos a otra) de forma casi transparente para nosotros.

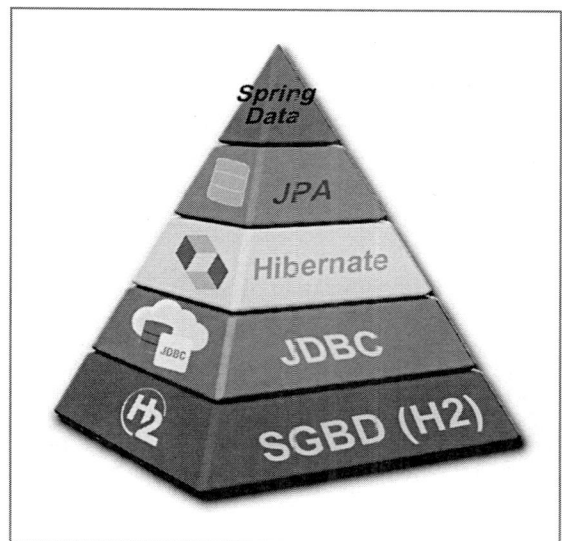

Figura 7.1. Arquitectura de Acceso a Base de Datos

7.1.1. SGBD

Como acabamos de comentar, Spring soporta multitud de sistemas gestores de bases de datos (SGBD), tanto relacionales como no relacionales. En este curso vamos a trabajar principalmente con H2, pero también con MySQL.

H2. Es un gestor de base de datos ligero, que nos permite trabajar con él de forma embebida en nuestro proyecto (mediante Maven como una dependencia más) y muy utilizado en las fases tempranas de desarrollo y también en testing.

Ofrece la posibilidad de trabajar en memoria o bien guardar los datos de forma persistente en disco. Este aspecto lo configuraremos en el fichero *application.properties*. Otra de sus características es su fácil integración con Spring por lo que para nosotros será muy cómodo trabajar con este gestor para evitar instalaciones, conexiones, etc. con gestores de base de datos más potentes.

MySQL. Es un SGBD relacional de código abierto desarrollado bajo licencia dual: Licencia Pública General/Licencia comercial y, junto con Oracle y SQLServer, son las bases más empleadas. En 2009 se creó un *fork* denominado MariaDB por algunos desarrolladores de MySQL descontentos con el modelo de desarrollo y el hecho de que una misma empresa controle a la vez los productos MySQL y Oracle.

Al contrario de H2, MySQL necesita ser instalado bien en el mismo ordenador que ejecutará nuestra aplicación, bien en otro servidor. En el último capítulo de este manual incluimos un apartado para su instalación pura o mediante un contenedor Docker y también su configuración en proyectos Spring.

Para acceder a los contenidos de nuestras bases de datos MySQL y ejecutar consultas SQL existe una herramienta de escritorio, oficial, de interfaz gráfica llamada MySQL Workbench, pero podríamos usar otras como *phpmyadmin*.

7.1.2. JDBCTemplate

JDBCTemplate es una clase que facilita el simplifica el acceso a base de datos mediante JDBC. Se encarga de establecer la conexión con la base de datos de forma transparente, ofrece métodos para realizar las consultas SQL de forma sencilla y convierte las filas recibidas a objetos de nuestro dominio. Mostramos un sencillo ejemplo que podría ir en un servicio:

➤ **Ejemplo**

```
@Autowired private JdbcTemplate jdbcTemplate;

@Override
public int añadir(Producto producto) {
  return
   jdbcTemplate.update("INSERT INTO producto (nombre, precio) VALUES(?,?)",
            new Object[] { producto.getNombre(), producto.getPrecio() });
}

@Override
public Producto obtenerPorClave(Long id) {
  try { Producto producto =
          jdbcTemplate.queryForObject("SELECT * FROM producto WHERE id=?",
                    BeanPropertyRowMapper.newInstance(Producto.class), id);
      return producto;
  } catch (IncorrectResultSizeDataAccessException e) {return null; }
```

En el material adicional de este libro se incorpora un ejemplo completo de un CRUD de una entidad sencilla, pero nosotros optaremos por JPA e Hibernate, una opción más sofisticada y que optimiza nuestros tiempos de desarrollo.

7.2. Configuración inicial de H2

Para poder trabajar con H2 en nuestros proyectos Spring Boot no necesitamos instalar software adicional, pero deberemos realizar la siguiente configuración:

1. **Agregar H2 al proyecto:** debemos añadir al fichero pom.xml las dependencias **starter-jpa** y la de la base de datos con la que trabajaremos, en nuestro caso emplearemos por ahora **H2**. En el Anexo de MySQL tenemos sus dependencias. Las obtenemos como siempre de Maven Repository.

```
<dependency>
    <groupId>org.springframework.boot</groupId>
    <artifactId>spring-boot-starter-data-jpa</artifactId>
</dependency>
<dependency>
    <groupId>com.h2database</groupId>
    <artifactId>h2</artifactId>
    <scope>runtime</scope>
</dependency>
```

Maven permite añadir incluso varios gestores de bases de datos diferentes en el pom.xml y emplear uno en cada entorno, por ejemplo, H2 en desarrollo y testing, y MySQL en producción. Se hace mediante las etiquetas <profile> y <scope>.

2. **Configuración de la base de datos H2:** por defecto, Spring Boot configura la aplicación con almacenamiento en memoria (no en disco) y con un usuario administrador llamado '*sa*' con contraseña vacía. Añadiremos estos parámetros al fichero *application.properties* proyecto:

```
spring.datasource.url=jdbc:h2:mem:nombreBD

spring.datasource.driverClassName=org.h2.Driver

spring.datasource.username=sa

spring.datasource.password=

spring.jpa.database-platform=org.hibernate.dialect.H2Dialect
```

Desde la consola de H2 podríamos cambiar la contraseña del usuario '*sa*' mediante la instrucción SQL: `ALTER USER sa SET PASSWORD 'newpass';`

En caso de querer trabajar en disco (y no perder los datos al cerrar el proyecto) cambiaríamos la primera línea: `spring.datasource.url=jdbc:h2:file:./ruta/nombreBD` para almacenarlo en la ruta especificada. *Generará dos archivos: nombreBD.mv.db y nombreBD.trace.db.* Al empezar la ruta por punto, creará la/s carpeta/s de la ruta a partir del directorio actual, esto es, la raíz del proyecto.

Por defecto, cada vez que se inicia la aplicación (sea en memoria o fichero) la base de datos será recreada, por lo que, cuando el desarrollo llegue a una fase estable, si no queremos que se lleve ningún cambio sobre el esquema cada vez que arranquemos la aplicación añadiremos la propiedad:

```
spring.jpa.hibernate.ddl-auto = none
```

Otros valores de esta propiedad son: `create` (crear la base de datos de nuevo cada vez), `create-drop` (crearla al inicializar el servidor y borrarla al pararlo), `validate` (revisar si hay diferencias entre la base de datos y las clases de la aplicación provocando una excepción en caso afirmativo) y `update` (actualizar los cambios, pero sin borrar tablas ni columnas).

Otra propiedad interesante, sobre todo en tiempo de desarrollo, es la que indica que aparezcan en el log las consultas SQL que realice la plataforma, para ello añadimos:

```
spring.jpa.show-sql=true
```

Por el contrario, en un entorno de producción podemos establecer, para evitar que se muestre en el log "trazas" de sus ejecuciones y para deshabilitar el acceso remoto, las siguientes dos variables:

```
spring.h2.console.settings.trace=false
spring.h2.console.settings.web-allow-others=false
```

3. **Creación del esquema de la base de datos:** como acabamos de comentar, Hibernate por defecto, recrea el esquema de la base de datos en cada ejecución. Otra opción que tenemos, es que, si queremos crear el esquema de forma manual, podemos añadir un script al que llamaríamos *schema.sql* con la definición del esquema (mayormente instrucciones de tipo

CREATE TABLE...) en la carpeta *src/main/resources* del proyecto. Debemos tener las siguientes propiedades:

```
spring.jpa.hibernate.ddl-auto=none
```

```
spring.sql.init.mode=always
```

De todas formas, siempre podemos ejecutar ese script, directamente contra el gestor de base de datos. También hay que ser cuidadosos con el orden de creación de tablas en el script, por las dependencias entre unas y otras (claves foráneas).

4. **Inicialización de la base de datos:** en el momento que arranque el proyecto podemos hacer la inicialización de las distintas tablas añadiendo datos a las mismas. Lo haríamos mediante un script de sentencias SQL (por ejemplo, INSERTS) al que llamaríamos ***data.sql*** en la carpeta *src/main/resources* del proyecto. Podemos cambiar este comportamiento por defecto desde el archivo *application.properties* para que no se realice esta carga inicial:

```
spring.sql.init.mode=never
```

Como veremos más adelante, Hibernate creará el esquema de tablas a partir de las entidades (clases) definidas en el proyecto en la inicialización del mismo.

Desde la versión 2.5 de Spring, el archivo *data.sql* se ejecuta antes de la inicialización de Hibernate, esto es, antes de crear las tablas, por lo que se podría producir un error al tratar de insertar antes de tener las tablas creadas.

Para cambiar este comportamiento y que la inicialización del *data.sql* se produzca después de la inicialización Hibernate en la que crea las tablas, tenemos que añadir una nueva propiedad: `spring.jpa.defer-datasource-initialization=true`.

Además de volver a 'always' la propiedad que permite la ejecución de scripts:

```
spring.sql.init.mode=always
```

Así hacemos la carga de las tablas después de la creación del esquema generado por Hibernate. Por otra parte, el uso simultáneo de *data.sql* y *schema.sql* suele ser problemático.

Hay que tener cuidado con la inicialización con datos si trabajamos con persistencia en disco y sin recrear la base de datos en cada ejecución (por ejemplo, cuando la aplicación ya está en producción) ya que podría insertar duplicados. Algo parecido con la creación del esquema, en un entorno de producción debería hacerse una sola vez, y de forma cuidadosa.

5. **Acceso a la consola H2:** este gestor de base de datos tiene una consola en entorno gráfico para ver el contenido de la base de datos y ejecutar sentencias SQL. Por defecto, la consola no está habilitada; para habilitarla debemos añadir la siguiente propiedad al archivo de configuración *application.properties*: `spring.h2.console.enabled=true`

Una vez arrancado el proyecto podemos acceder a la consola desde un navegador, en la ruta */h2-console* de la aplicación.

Suponiendo que nuestro servidor corre en el puerto 9000, accederíamos mediante: *http://localhost:9000/h2-console* con las mismas credenciales incluidas en el *application.properties*.

7.3. Entidades

Ya describimos en el capítulo anterior el modelo de dominio de nuestro sistema y las entidades del mismo. Comentábamos que, en un ambiente relacional, esas clases son mapeadas a tablas y los atributos a columnas de las tablas, para lograr su persistencia (en un ambiente NoSQL sería similar, pero hablamos de colecciones en vez de tablas).

Para que ese mapeo sea realizado por Spring Data de forma transparente para nosotros, las clases de nuestro modelo deben cumplir estas características:

- Ser clases POJO (*Plain Old Java Object*) esto es, una clase simple que no implementa ni hereda ni depende de un framework en especial.

- Estar anotadas con ***@Entity*** (*cuidado con el import: debe ser jakarta.persistence.Entity*).

- Tener un atributo que sea clave primaria, anotado con ***@Id***. Si queremos que ese identificador sea un valor autonumérico generado por el gestor de base de datos, añadiremos ***@GeneratedValue***.

- Tener el constructor sin argumentos. Si trabajamos con Lombok simplemente habría que añadirle la anotación: `@NoArgsConstructor`

➢ **Ejemplo.** Entidad que se corresponde con una tabla en base de datos.

```
//Anotaciones Lombok:
// @Data, @NoArgsConstructor, @AllArgsConstructor, etc.
@Entity
public class Producto {
        @Id
        @GeneratedValue
        private Long idProd
        private String nombre;
        private float pvp;
        //resto de métodos }
```

En este ejemplo, se crearía una tabla con el mismo nombre que la clase y con columnas con el mismo nombre que los atributos, y como hemos comentado el atributo *idProd* sería la clave primaria de la tabla.

En cuanto a los tipos de datos que podemos emplear en los atributos, son válidos los tipos primitivos y sus envoltorios (int, Integer, float, Float, etc.), String, y otros propios de Java como: *BigInteger, BigDecimal, util.Date, util.Calendar, sql.Date, sql.Time, sql.TimeStamp*, etc.

7.3.1. Anotaciones

Además de las que acabamos de mencionar, disponemos de anotaciones adicionales para refinar el comportamiento por defecto del ORM:

`@Table (name="nombreTabla")`

Asignaría *nombreTabla* como nombre de la tabla en vez de ponerle el mismo nombre que la clase. Esta anotación iría a continuación de *@Entity*.

`@Column (name="nombreColumna")`

Asignaría *nombreColumna* como nombre de la columna en vez de ponerle el mismo nombre que el atributo situado a continuación de la anotación. Esta misma anotación nos permite fijar otras propiedades de la columna y por tanto del atributo (*Nullable, Length,* etc.). Por ejemplo: *@Column (nullable=false)* y una que puede ser muy útil: `@Column(unique=true)` que hará que la columna no contenga duplicados en la tabla, al igual que ocurre con la clave primaria de la tabla. En caso de intentar insertar un duplicado se produce la excepción *DataIntegrityViolationException..*

`@UniqueConstraint`

Es similar a `@Column(unique=true)` ya que permite que ciertos atributos no contengan valores duplicados. La diferencia fundamental es que *@UniqueConstraint* se aplica a nivel tabla, no a nivel columna y que podría incluir más de un atributo, lo que significaría que la suma de los dos atributos es la que no puede tener valores repetidos.

`@Table(uniqueConstraints =`
    `{@UniqueConstraint(columnNames = {"nombre", "fechaNacim"})})`

En el ejemplo anterior, puede haber nombres duplicados y fechas de nacimiento duplicadas, pero no puede haber dos filas que contengan el mismo nombre y fecha nacimiento a la vez (se lanzaría una excepción de tipo: *DataIntegrityViolationException*).

`@GeneratedValue`

Ya mencionada, acompaña a *@Id* y le dice al sistema que ese campo será gestionado de forma automática generando números no repetidos. Se suele utilizar sobre el campo que sea clave primaria y habitualmente es de tipo Long. Existen distintas estrategias para generar ese número dependiendo del gestor de base de datos subyacente. Por defecto, si no especificamos ninguna estrategia, el propio Spring la elige automáticamente según el gestor de base de datos.

Si queremos especificarla, con el parámetro *strategy*, podríamos elegir mediante los valores: *auto, sequence, identity* o *table*, siendo 'auto' el valor por defecto, y que utilizará la estrategia más adecuada para el gestor de base de datos que estemos empleando.

`@GeneratedValue (strategy=GenerationType.IDENTITY)`

Será una de la que más emplearemos y utilizará los campos de tipo *autoincremental* de gestor de base de datos. Ojo: si trabajas con Oracle no funcionará ya que no, que no tiene este tipo de datos como tal; con Oracle es mejor usar la estrategia *sequence*.

Asimismo, disponemos de otras anotaciones ya vistas en el capítulo de formularios:

    `@Min (value=0, message="{producto.id.mayorquecero}")`
    `@NotEmpty`
`@Email`

> **NOTA**
>
> En las clases que tienen un *@id* con *@GeneratedValue*, cuando se emplee el constructor que contiene todos los atributos (en Lombok *@AllArgsConstructor*), pondremos un valor por defecto para el atributo *@id*, por ejemplo, null, ya que el valor real que se asignará lo determinará de forma automática el gestor de base de datos. Esto hay que tenerlo en cuenta si queremos crear algún elemento "a mano" desde un *CommandLineRunner*.

7.4. Repositorios

Spring Data define una interfaz principal llamada *Repository* que permite tomar una entidad con su clave primaria y trabajar sobre ella. Esta interfaz es la base sobre la que se crea una jerarquía con interfaces más potentes, con métodos muy útiles (que los ORM, como Hibernate, implementan).

Una de ellas es *CrudRepository* que contiene métodos para las operaciones básicas sobre una tabla referidas habitualmente con el acrónimo CRUD (*Create, Read, Update, Delete*), un método *count()* para contar filas, etc. Otra interfaz que podríamos usar es *PagingAndSortingRepository* y finalmente **JpaRepository** es la más completa, ofreciéndonos multitud de métodos útiles. Además, *CrudRepository* trabaja más con *Iterable* y *JpaRepository* con *List*, por lo que este último será más cómodo.

Para usarla, simplemente crearíamos una interfaz con la siguiente estructura:

```
public interface ProductoRepository extends JpaRepository <Producto, Long> {}
```

Y no es necesario añadir ni una sola línea de código más: Spring Data y el ORM se encargan del resto.

El nombre asignado a la interfaz es libre y los dos parámetros que le aportamos a la interfaz genérica *JpaRepository* son la entidad (y por tanto clase y tabla) sobre la que va a trabajar y el tipo de dato del atributo anotado con *@id* en la entidad (en muchos casos será de tipo *Long*).

En el ejemplo anterior, definimos la interfaz *ProductoRepository* sobre la clase *Producto*, que estará anotada con *@Entity* y tendrá un atributo de tipo *Long* anotado con *@Id* .

7.5. Interfaces Repository

Vamos a trabajar con *JpaRepository* (y en general con cualquier interfaz derivada de Repository) de tres formas diferentes:

Métodos definidos en la interfaz. Son métodos proporcionados por la propia interfaz, los típicos CRUD: añadir, borrar, etc. así como otros para búsqueda, contar, etc. Estos métodos los podremos usar directamente en los servicios o donde deseemos sin crear ni siquiera su firma en el repositorio. Más abajo mostramos la lista de ellos.

Métodos derivados. Veremos que, si creamos métodos empleando en su firma unas palabras clave determinadas, Spring Data construirá el método por nosotros.

➢ **Ejemplo**

```
interface PersonaRepository extends JpaRepository<Persona,Long> {
        List<Persona> findByEmail (String email);}
```

Spring construirá el método al que, pasándole un email, devolverá una lista con todas las entidades (personas, en este caso) que tengan ese email.

Métodos query. Con la anotación *@Query* podremos construir métodos a medida para trabajar con los repositorios y que obtengan listados precisos, joins, etc.

 SABÍAS QUE...

Existen otros métodos de consulta que no trataremos como pueden ser QueryDSL y QueryByExample:

QueryDSL permite construir consultas a través de un API, mediante predicados, sin necesidad de saber SQL y también válido para Spring Data MongoDB, no solo Spring Data JPA.

➢ **Ejemplo**:

```
Predicate predicate =
 user.firstName("José").and(user.lastName("López");
userRepository.findAll(predicate);
```

QueryByExample: se crea un ejemplo de una instancia (a modo de ejemplo) con algunos atributos con valores asignados y que representan los criterios de búsqueda:

```
Empleado filter=new Empleado();
Empleado.setEmail("jose@mail.com");
Example<Empleado> example = Example.of(filter);
List<Empleado> result= empleadoRepository.findAll(example);
```

7.5.1. Métodos de interfaces repository

La interfaz *JpaRepository* nos ofrece métodos propios y otros heredados de *CrudRepository* y *PagingAndSortingRepository*. La lista completa la puedes consultar en:

https://docs.spring.io/springdata/jpa/docs/current/api/org/springframework/data/jpa/ repository/ JpaRepository.html

Estos son que más usaremos, siendo T la entidad del repositorio:

Devuelve	**Método y Descripción**
List<**T**>	**findAll**() Devuelve todas las entidades del repositorio.
List<**T**>	**findAll**(**Sort** sort) Devuelve todas las entidades ordenadas.
List<**T**>	**findAllById**(**Iterable**<**ID**> ids) Devuelve las entidades cuyas claves coinciden con las pasadas como parámetro
void	**flush**() Sincroniza los cambios pendientes en la base de datos.
T	**getReferenceById**(**ID** id) Devuelve una referencia a la entidad con el id indicado. *(sustituye a getById y getOne, que están deprecated)*
<S extends **T**> **List**<S>	**saveAll**(**Iterable**<S> entities) Guarda en el repositorio todas la entidades pasadas como parámetro.
<S extends **T**> **List**<S>	**saveAllAndFlush**(**Iterable**<S> entities) Guarda todas las entidades y sincroniza los cambios en la B.D.

Heredados de CRUDRepostory:

Devuelve	**Método y Descripción**
long	**count**() Devuelve el número de entidades del repositorio.
void	**delete**(**T** entity) Borra una entidad.
void	**deleteAll**() Borra todas las entidades del repositorio.
void	**deleteById**(**ID** id) Borra la entidad con clave igual al parámetro
boolean	**existsById**(**ID** id) Devuelve si existe una entidad con clave = param.
Iterable<**T**>	**findAll**() Devuelve todas las entidades del repositorio.
Optional<**T**>	**findById**(**ID** id) Devuelve la entidad cuya clave es igual al parámetro
<S extends **T**>	**save**(S entity) Guarda la entidad pasada como parámetro.

7.5.2. Métodos derivados

Como ya comentamos, estos métodos definidos sobre un repositorio JPA para obtener datos del mismo son construidos automáticamente por el framework, pero debemos seguir una serie de reglas a la hora de definir su nombre. Si lo hacemos correctamente podremos usarlos como los métodos vistos en el apartado anterior.

Los métodos se incluirán en la definición de la interfaz que extiende *JpaRepository* (o *CRUDRepository*, *PageAndSortingRepository*, etc.). Las reglas que tenemos que seguir son las siguientes:

1. El nombre del método debe empezar por: **findBy** aunque también es válido **countBy**, que contaría instancias devolviendo un Long, y otros como: *getBy*, *queryBy* o *readBy*.

2. A continuación, pondremos el nombre de atributo que usaremos para filtrar la obtención de resultados. Pueden ser varios unidos por "And" o "Or". Por convención, debemos emplear notación "*camelcase*", es decir, el principio de cada palabra (incluyendo los nombres de atributos) deberá empezar por mayúscula y el resto en minúscula.

   ➢ **Ejemplos**

   ```
   List<Empleado> findByNombre (String nombre);

   List<Empleado> findByNombreAndEmail (String nombre, String email);
   ```

   Podemos añadirle *Is* o *Equals* para mejor legibilidad, aunque no es necesario:

   ```
   List<Empleado> findByNombreEquals (String nombre);
   ```

3. Podemos restringir el número de resultados devueltos insertando la partícula "First" o "Top" y la cantidad de resultados que queremos obtener entre "find" y "By". Ejemplo:

   ```
   List<Empleado> findTop3ByNombre (String nombre);
   ```

4. Podemos usar otras partículas para componer las consultas como: *And, Or, Is, Equals, Between, LessThan, LessThanEqual, GreaterThan, GreaterThanEqual, After, Before, IsNull, IsNotNull, NotNull, Like, NotLike, StartingWith, EndingWith, Containing, OrderBy, Not, In, NotIn, True, False, IgnoreCase.*

   ➢ **Ejemplos**

   ```
   List<Empleado> findByEdadBetween (int edadInicial, int edadFinal);

   List<Empleado> findByNombreContainingIgnoreCase(String nombre);

   List<Empleado> findByEmailIsNotNull();
   ```

   Podemos complicarlo un poco

   ```
   List<Empleado> findByNombreStartingWithAndIdLessThan
                   (String nombre, Long id);
   List<Empleado> findByEmailInAndFechaNacimientoLessThan(
                   List<String> emails, LocalDate birthDate);
   ```

5. Podemos ordenar los resultados mediante la partícula final "OrderBy" más un atributo y luego "Asc", o "Desc" para ordenar ascendentemente o descendentemente los resultados. "Asc" es opcional, solo por mejorar la legibilidad, ya que la ordenación por defecto es ascendente.

   ```
   List<Empleado> findByNombreOrderByNombreAsc (String nombre);

   List<Empleado> findByNombreOrderByNombreDesc(String nombre);
   ```

6. Combinando la ordenación vista en el punto anterior con la reducción del número de resultados con *Top* o *First* podemos obtener máximos o mínimos de forma sencilla. Los siguientes ejemplos obtendrían el empleado con el salario más alto de la base de datos y el empleado con el salario más alto del departamento pasado como parámetro, respectivamente.

```
Empleado findTopOrderBySalarioDesc ();

Empleado findTopByDepartamentoOrderBySalarioDesc (Departamento dep);
```

7.5.3. Métodos @Query

JPQL y @Query

Cuando la consulta que necesitamos no se puede resolver por ninguno de los dos sistemas anteriores (los métodos de la interfaz o los métodos derivados de nombre) JPA nos ofrece una forma adicional de componer consultas a medida con lenguaje con la anotación *@Query* y el lenguaje JPQL.

Nos llevaría mucho tiempo profundizar en el lenguaje JPQL, pero podemos resumir que es una mezcla entre SQL y orientación a objetos. Así pues, una consulta típica de SQL como podría ser:

```
select * from Empleado e where e.id = 1
```

En JPQL sería:

```
select e from Empleado e where e.id = 1
```

Al llamar a una consulta JPQL el resultado se puede guardar en distintos soportes: en un tipo primitivo o *wrapper class*, en una instancia del objeto subyacente o en una lista de objetos, dependiendo que lo que hayamos especificado en la parte *select*.

➢ **Ejemplo:** este sería un ejemplo que obtendría el empleado con el número de id más alto.

```
@Query("select e from Empleado e where e.id=(select max(e2.id)
      from Empleado e2)")

Empleado queryMaxIdEmpleado();
```

En la anotación *@Query* se incluye la consulta JPQL y a continuación la firma del método que invoca esa consulta. Estas consultas se definen en el repositorio y se invocan generalmente desde una clase *@Service* de nuestra aplicación que tenga inyectado dicho repositorio.

➢ **Ejemplo:** otro ejemplo podría ser el siguiente que obtiene la suma de todos los salarios de todos los empleados:

```
@Query("select sum(e.salario) from Empleado e")
Optional <Double> querySumSalarios();
```

La operación *sum()* puede devolver null si la tabla de empleados está vacía, de ahí que la respuesta sea un *Optional<Double>* en vez de *Double*, así nos aseguramos no tener excepciones por valores nulos.

```
public Double obtenerSumaSalario(){
      return repositorio.querySumSalarios().orElse(0d);
}
```

Parámetros en @Query

Obviamente la consulta puede recibir parámetros. Tenemos varias formas de hacerlo, una es empleando el símbolo la interrogación "?" y un número que indica el orden dentro de los parámetros pasados, empezando en 1. Por ejemplo:

```
@Query("select e from Empleado e where e.nombre=?1 and e.email=?2")
Empleado obtenerEmpleadoPorNombreYEmail (String nombre, String email);
```

La otra forma de pasar un parámetro, y es la recomendada, es por nombre y no por posición. Usaríamos la anotación *@Param*. El ejemplo quedaría así:

```
@Query("select e from Empleado e where

                          e.nombre=:nombre and e.email=:email")
Empleado obtenerEmpleadoPorNombreYEmail ( @Param("nombre") String nombre,

                              @Param("email") String email);
```

El método anterior podría ser resuelto por un método derivado por nombre de forma más sencilla. Como ejemplo de consultas que debemos hacer mediante *@Query,* ya que no son compatibles con métodos derivados por nombre, tendríamos a las agregaciones. El siguiente ejemplo devuelve la suma de los salarios de todos los empleados de un género que es pasado como parámetro:

```
@Query("select sum(e.salario) from Empleado e where e.genero=:genero")
Optional<Double> querySumSalarioByGenero(@Param("genero") Genero genero);
```

Spring Data también es compatible con SQL nativo, añadiendo el parámetro *nativeQuery* a la consulta.

> **Ejemplo:**

```
@Query(nativeQuery = true,value = "select count(1) from Empleado")
long obtenerTotalFilas();
```

Actualizaciones con @Query

@Query también admite operaciones de actualización y eliminación con JPQL (no inserciones) añadiendo la anotación *@Modifying*.

```
@Modifying
@Query("update Empleado e set e.email = :email where e.id = :id")
int updateEmailById(@Param("id") Integer id, @Param("email") String email);
```

Este tipo de operaciones requiere que la llamada a este método (que se hará desde un servicio) esté anotada con *@Transactional*. Más adelante hablaremos de esta anotación.

➢ **Ejemplo:**

```
@Service
public class EmpleadoServiceImpl implements EmpleadoService {
    @Autowired
    private EmpleadoRepository emplRepository;

    @Transactional
    public int actualizarEmail(Integer id, String email) {
        int i = emplRepository.updateEmailById(id, email);
        return i;
    }
}
```

Joins en @Query

Podemos insertar joins entre diferentes entidades, pero deben tener una asociación definida previamente (en apartados posteriores veremos estas asociaciones: uno a muchos, muchos a muchos, etc.). Podremos emplear INNER JOIN y OUTER JOIN.

7.5.4. Proyecto con repositorio persistente

Partiendo del ejemplo del capítulo anterior, en el que hacíamos un CRUD de una entidad Empleado sobre un repositorio en memoria (mediante una colección de tipo *List*) vamos a hacerla persistente sobre una base de datos H2 e incluir todos los conceptos que acabamos de ver. Podemos hacer una copia de ese proyecto y estos serían los pasos a seguir.

1. Actualizar el *pom.xml* añadiendo las dependencias de JPA y H2.

```
<dependency>
    <groupId>org.springframework.boot</groupId>
    <artifactId>spring-boot-starter-data-jpa</artifactId>
</dependency>

<dependency>
    <groupId>com.h2database</groupId>
    <artifactId>h2</artifactId>
    <scope>runtime</scope>
</dependency>
```

2. Actualizar el fichero *application.properties* tal como hemos visto en el apartado de configuración, en principio con la base de datos en memoria y, cuando todo funcione correctamente, cambiándolo a disco.

   También añadimos el resto de parámetros: usuario y contraseña, habilitar la consola, etc.

   ➢ **Ejemplo**. Este sería un ejemplo de este archivo:

```
spring.datasource.url=jdbc:h2:mem:mydb
#para crearla en disco sería: jdbc:h2:file:./ruta/nombreBD
#para crearla cada vez (con nuevos cambios)
spring.jpa.hibernate.ddl-auto = create
#para no hacer cambios,solo validar BD igual a clases sería 'validate'
spring.datasource.driverClassName=org.h2.Driver
spring.datasource.username=sa
spring.datasource.password=
spring.jpa.database-platform=org.hibernate.dialect.H2Dialect
spring.jpa.show-sql=true
spring.h2.console.enabled=true
```

   No puede haber espacios en blanco al final de cada línea, si no se produce error y no permite arrancar la aplicación.

3. Añadirle a la clase *Empleado* las anotaciones **@Entity**, **@Id** y opcionalmente otras anotaciones como **@GeneratedValue**. Empleando Lombok, sería así:

```
@Data
@AllArgsConstructor
@NoArgsConstructor
@EqualsAndHashCode(of = "id")
@Entity
public class Empleado {
    @Id
    @GeneratedValue (strategy=GenerationType.IDENTITY)
    private Long id;
    @NotEmpty
    private String nombre;
    @Email
    private String email;
    private Double salario;
    private boolean enActivo;
    private Genero genero;
}
```

4. Añadir un nuevo archivo *EmpleadoRepository.java* con esta interfaz que extiende *JpaRepository* sobre *Empleado*.

```
public interface EmpleadoRepository extends JpaRepository<Empleado, Long> {}
```

5. Crear un servicio al que llamaremos por ejemplo *ServiceEmpleadoImplBD* que será similar a *ServiceEmpleadoImplMem* del proyecto del capítulo anterior, y que también implemente la interfaz *ServiceEmpleado*. Esta nueva clase tendrá inyectado el repositorio *EmpleadoRepository*.

Los métodos se denominan igual que en otro proyecto, pero en vez de actuar sobre aquella *List* en memoria, ahora se invocan a los métodos del repositorio (son los métodos que tenemos automáticamente al extender *JpaRepository*).

➢ **Ejemplo.** Servicio que invoca a los métodos del repositorio y devuelve los datos al controlador.

```
@Service
public class EmpleadoServiceImplBD implements EmpleadoService {
@Autowired
private EmpleadoRepository repositorio;
public List<Empleado> obtenerTodos() {
  return repositorio.findAll ();
  // si queremos que el resultado esté ordenado por un atributo
  // usaremos la versión de findAll que incorpora Sort, ejemplos:
  // return repositorio.findAll (Sort.by(Sort.Direction.ASC, "email"));
// return repositorio.findAll (Sort.by(Sort.Direction.DESC, "salario"));
}

public Empleado obtenerPorId (long id) throws RuntimeException {
  return repositorio.findById(id).orElseThrow(
    ()-> new RuntimeException("Empleado no encontrado"));
  // findById de JpaRepository devuelve un Optional.
  // Para simplificar, y que el servicio siga devolviendo Empleado
  // y no Optional<Empleado> hacemos que si no lo encuentra lance
  // una excepción. La otra opción sería que devolviese null:
  //    return repositorio.findById(id).orElse(null);
}
public Empleado añadir (Empleado empleado) {
  // añadiríamos lógica de negocio. P.ej: guardar si salario > 18000
  return repositorio.save (empleado);
}
public Empleado editar (Empleado empleado) throws RuntimeException   {
  obtenerPorId(empleado.getId()); // lanza excepción si no existe
  return repositorio.save (empleado);
}

public void borrar(Long id) throws RuntimeException {
  obtenerPorId(id);     // opcional:lanza excepción si no existe
  repositorio.deleteById (id);
}
}
```

6. El controlador será prácticamente igual al del proyecto del capítulo anterior. La división en capas de la aplicación hace que todos los mappings no se vean afectados por los cambios realizados (es una de las ventajas de la división en capas).

    El único problema que tenemos es que el controlador tiene "autoinyectada" la interfaz *ServiceEmpleado* pero tenemos dos clases que la implementan: que tomamos del proyecto del capítulo anterior: *ServiceEmpleadoImplMem* y la nueva: *ServiceEmpleadoImplBD*.

    Esto representa un conflicto para Spring, para resolverlo añadiremos a *ServiceEmpleadoImplBD* la anotación **@Primary** para indicarle que, por defecto, use esta implementación.

    ```
    @Service
    @Primary
    public class EmpleadoServiceImplBD implements EmpleadoService {
    ```

    La otra opción sería eliminar la implementación en memoria del capítulo anterior.

7. Las vistas son exactamente igual salvo que el *"id"* de Empleado (al haberle añadido *@GeneratedValue*), tanto en el formulario de alta como en el de edición, ya no tiene sentido que sea editable pues es Hibernate quien lo gestiona internamente. En el formulario de alta podemos eliminar este campo del formulario ya que en ese momento aún no tiene ningún valor, será al insertarlo en el repositorio cuando tomará un valor autonumérico. En el formulario de edición le añadiremos el atributo *"readonly"* o bien hacerlo *"hidden"*.

    Es importante destacar que no se debe usar el atributo *"disabled"* que no funciona bien en los formularios de edición.

    ```
    <input type="hidden" th:field="*{id}"/> o bien:
    <input type="text" readonly th:field="*{id}"/>
    ```

8. En el proyecto anterior, mediante el bean *CommandLineRunner* añadimos un par de empleados. Ahora es igual pero fijaremos el *id* a null, ya que al emplear *@GeneratedValue* en la clase, el *id* se asignará de forma automática:

    ```
    @Bean
    CommandLineRunner initData(EmpleadoService empleadoService) {
      return args -> {
        empleadoService.añadir(new Empleado( null,"José López",
            "jl@mail.com", 1000d, true, Genero.MASCULINO));
        empleadoService.añadir(new Empleado( null, "Ana Pérez",
            "ana@mail.com",2000d, true,Genero.FEMENINO));
      };
    }
    ```

9. Podemos añadir a nuestra interfaz algún método derivado de nombre, por ejemplo, obtener los empleados con un salario mayor o igual a un valor pasado como parámetro, ordenados por salario ascendentemente.

    ```
    public interface EmpleadoRepository extends JpaRepository<Empleado, Long> {
      List<Empleado> findBySalarioGreaterThanEqualOrderBySalario (double salar);
    }
    ```

10. Añadimos a la misma interfaz un método a medida hecho con @Query, por ejemplo, que devuelva los empleados que cobran un salario mayor que el salario medio.

```
public interface EmpleadoRepository exterds JpaRepository<Empleado, Long> {
  List<Empleado> findBySalarioGreaterThanEqualOrderBySalario (double salar);
  @Query("select e from Empleado e " +
      "where e.salario > (select avg (e2.salario) from Empleado e2)")
  List <Empleado> queryBySalarioOverAverage();
}
```

11. Tenemos que incorporar estos dos nuevos métodos del repositorio a la aplicación, esto es: añadirlos al servicio (Interfaz) EmpleadoService, quedando así:

```
public interface EmpleadoService {
   Empleado añadir(Empleado empleado);
   List<Empleado> obtenerTodos();
   Empleado obtenerPorId(long id);
   Empleado editar(Empleado empleado);
   void borrar(Long id);
   List<Empleado> obtenerEmplSalarioMayor (double salario);
   List<Empleado> obtenerEmplSalarioMayorMedia();
}
```

Y haríamos los mismo con la implementación del servicio, que solamente invoca al método de repositorio. Es un caso muy sencillo ya que no incorpora lógica de negocio alguna:

```
@Service
public class EmpleadoServiceImplBD implements EmpleadoService {
  @Autowired
  private EmpleadoRepository repositorio;
  . . .
  public List<Empleado> obtenerEmplSalarioMayor (double sal){
   return repositorio.findBySalarioGreaterThanEqualOrderBySalario (sal);
  }
  public List<Empleado> obtenerEmplSalarioMayorMedia() {
   return repositorio.queryBySalarioOverAverage ();
  }
 }
}
```

12. Finalmente modificamos el controlador y las vistas para incorporar estos listados. Por una parte: en el controlador incorporamos los *mapping* y hacemos que devuelvan los dos la misma vista (es una tabla de empleados) la diferencia será solo el título de la vista.

```java
@GetMapping("/listado1/{salario}")
public String showListado1(@PathVariable Double salario, Model model){
  List<Empleado> empleados =
                         empleadoService.obtenerEmplSalarioMayor(salario);
  model.addAttribute("tituloListado","Empl. salario mayor que " + salario);
  model.addAttribute("listaEmpleados", empleados);
  return "listadosView";
}
@GetMapping("/listado2")
public String showListado2(Model model) {
  List<Empleado> empleados =
                         empleadoService.obtenerEmplSalarioMayorMedia();
  model.addAttribute("tituloListado","Empleados salario > que la media");
  model.addAttribute("listaEmpleados", empleados);
  return "listadosView";
}
```

Incorporamos esa nueva vista *listadosView* con el siguiente *<body>*:

```html
<h1 th:text="${tituloListado}">Título listado</h1>
<table><thead>
        <tr><th>ID</th><th>Nombre</th><th>Salario</th></tr>
     </thead>
     <tbody>
        <tr th:each="empleado : ${listaEmpleados}">
            <td th:text="${empleado.id}">Id</td>
            <td><a th:href="@{/{id}(id=${empleado.id})}"
                   th:text="${empleado.nombre}">nombre</a></td>
            <td th:text="${empleado.salario}">salario</td>
        </tr>
     </tbody>
</table>
<a th:href="@{/}">Inicio</a><br/>
```

Y para que el usuario acceda a esos listados, en la vista con la tabla de empleados inicial, añadiremos dos enlaces que invoquen a sendos listados. El primer listado necesita el valor de corte del salario a mostrar. Podríamos hacer un formulario con una caja de texto para obtener ese importe, pero para hacerlo más simple, hacemos una función JavaScript sencilla:

```html
Salario filtro:
<input type="text" id="salario"/>
<input type="button" onclick="consultarSalario()"
            value="Salario superior" />
<script>
  function consultarSalario(){
     window.location.href ="/listado1/" +
            document.getElementById("salario").value;
  }
</script>
<a th:href="@{/listado2}">Listado 2 (salario > media)</a><br/>
```

13. En la vista con el formulario para añadir un nuevo empleado, el campo correspondiente al id no será `type="text"`, será `type="hidden"` ya que es el propio sistema el que lo gestiona al ser autogenerado. En la vista de edición de empleado podemos mantenerlo de tipo "text", pero añadiéndole el atributo `readonly` para que no se pueda modificar.

14. Un último paso sería añadirle una imagen a cada empleado. Para ello hay que seguir los pasos mostrados en el Capítulo 5 en cuanto a la subida y almacenamiento de archivos, pero adicionalmente dispones del video siguiente que explica el proceso paso a paso: *https://youtu.be/_NjSWG8bs5I.*

Ejercicio 7.1

Partiendo del proyecto del Ejercicio 6.2 del capítulo anterior, crea un proyecto que implemente aquel CRUD de la entidad *Curso* convirtiéndolo en persistente, sobre una base de datos H2.

Debe incluir toda la funcionalidad descrita para ese ejercicio e incorporar un botón en la vista principal que permita filtrar aquellos cursos cuyo importe sea menor o igual al seleccionado (ver siguiente figura).

Figura 7.2. Resultado de la ejecución del Ejercicio 7.1

Si no lo has hecho aún, deberías tener dividido el proyecto en paquetes: *domain*, *controllers*, *services*, *repositories*.

7.6. Mapeo de asociaciones

Las entidades de nuestro modelo (clases) no están aisladas, sino que se relacionan entre ellas, así pues, si tenemos en nuestro modelo de dominio una entidad *"Libro"* y una entidad *"Autor"* lo lógico es que exista una relación entre ellos. Los diagramas de clase UML son una forma de representación habitual de estas relaciones.

Un aspecto importante de estas asociaciones entre entidades es la cardinalidad o multiplicidad, es decir cuántos elementos de una entidad se pueden relacionar con los de la otra. Así hablamos de relaciones: "uno a uno", "uno a muchos" (y "muchos a uno") y "muchos a muchos".

En el ejemplo que hemos puesto hablaríamos de una relación "muchos a muchos" ya que un libro puede estar escrito por uno o varios autores, y un autor puede escribir cero o muchos libros. Si tuviésemos una entidad "*Ejemplar*" podríamos establecer una relación "uno a muchos" entre *Libro* y *Ejemplar*, ya que un libro tendrá muchos ejemplares, pero un ejemplar solo puede pertenecer a un solo *Libro*.

JPA nos permite representar las asociaciones entre clases mediante una serie de anotaciones en las entidades.

Dependiendo de su multiplicidad. Son las siguientes:

- *@ManyToOne*
- *@OneToMany*
- *@ManyToMany*
- *@OneToOne*

Estas relaciones se establecerán generando claves foráneas o tablas adicionales y realizarán los *join* necesarios cuando vinculemos instancias de las clases involucradas en la relación; todo de forma transparente para nosotros.

7.6.1. @ManyToOne

Asociación muy frecuente: "muchos a uno". El siguiente ejemplo muestra cómo un Empleado tiene una asociación "muchos a uno" con la entidad Departamento, ya que en un departamento puede haber muchos empleados, pero un empleado solo puede pertenecer a un departamento.

Es una de las relaciones que más nos vamos a encontrar y para resolverla **añadiremos la anotación *@ManyToOne* en la entidad "muchos" y esa anotación hará referencia al elemento "uno" de la relación.** Ese elemento "uno", por supuesto, también estará anotado con *@Entity*.

```
@Entity
public class Empleado {
    @Id
    @GeneratedValue (strategy=GenerationType.IDENTITY)
    private Long id;
    @ManyToOne
    private Departamento departamento;
    //resto de atributos, métodos,etc (y Lombok)
```

La clase *Departamento* podría ser así:
```
    @Entity
    public class Departamento {
        @Id
        @GeneratedValue (strategy=GenerationType.IDENTITY)
        private Long id;
        private String nombre;
        //resto de atributos, métodos,etc (y Lombok)
    }
```

Si consultamos la consola H2 después de iniciar la aplicación podemos ver que en la tabla *Empleado* añade una nueva columna llamada *Departamento_Id* y que el nombre de la restricción es generado con caracteres al azar.

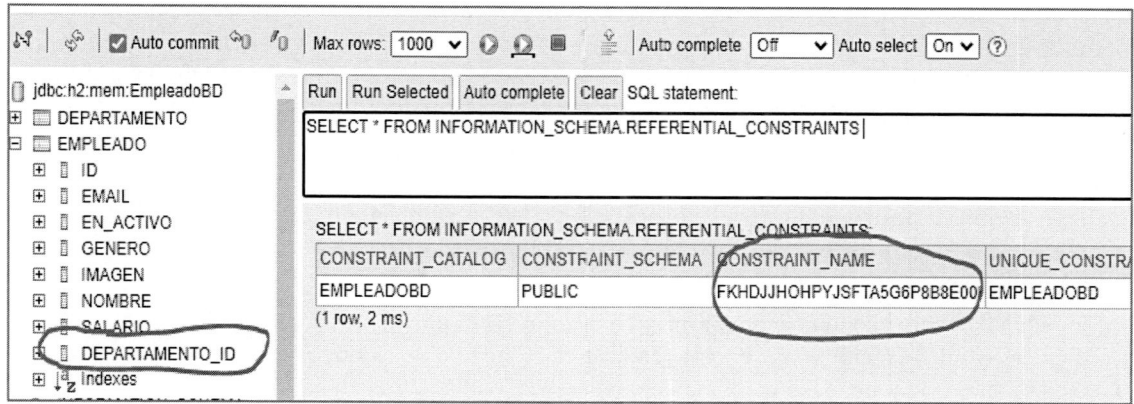

Figura 7.3. Consola H2: restricciones

Opcionalmente, podemos añadir las anotaciones @JoinColumn, que nos permite indicar el nombre de la columna que hará las funciones de clave externa, así como @ForeignKey, con la que podemos indicar el nombre de la restricción que se creará a nivel de base de datos (muy útil para depurar errores).

```
@Entity
public class Empleado {
    @Id
    @GeneratedValue (strategy=GenerationType.IDENTITY)
    private Long id;

    @ManyToOne
    @JoinColumn(name = "DEPTO_ID",
                foreignKey = @ForeignKey(name="DEPTO_ID_FK"))
    private Departamento departamento;
    //resto de atributos, métodos,etc (y Lombok)
}
```

Los pasos a seguir para incorporar esta nueva entidad y relación al proyecto serían:

1. Crear la clase Departamento según acabamos de ver.

2. Modificar la clase Empleado añadiendo la nueva relación.

3. Crear un *JpaRepository* (u otra interfaz Repository como *CrudRepository*) para *Departamento*. Podemos añadirle métodos derivados por nombre, métodos *@Query*, etc. En este caso le vamos a añadir el método derivado para obtener un departamento a partir de su nombre, aunque, en principio, no es necesario:

```
public interface DepartamentoRepository
             extends JpaRepository<Departamento, Long> {
    Departamento findByNombre(String nombre);  }
```

 SABÍAS QUE...

En los métodos derivados por nombre, cuando hay relaciones entre entidades, podemos definir métodos que hagan referencia a las entidades relacionadas, siguiendo el ejemplo descrito previamente, podríamos, en el repositorio de Empleado, incluir el método siguiente:

```
List<Empleado> findByDepartamento(Departamento depto);
```

Pero también podríamos hacer referencia a los atributos de la entidad relacionada, empleando notación *camelcase*. Por ejemplo, siguiendo el mismo ejemplo, podríamos haber añadido:

```
List<Empleado> findByDepartamentoId (Long idDepto);
List<Empleado> findByDepartamentoNombre (String nomDepto);
```

4. Crear una interfaz de servicio para las operaciones CRUD de Departamento.

```
public interface DepartamentoService {

    Departamento añadir(Departamento departamento);

    List<Departamento> obtenerTodos();

    Departamento obtenerPorId(long id);

    Departamento editar(Departamento departamento);

    void borrar(Long id);

    Departamento obtenerPorNombre(String nombre);

}
```

Y la clase que lo implementa:

```
@Service
public class DepartamentoServiceImplBD implements DepartamentoService {
    @Autowired
    private DepartamentoRepository departamentoRepository;

    public Departamento añadir(Departamento departamento) {
        return departamentoRepository.save(departamento);
    }
    public List<Departamento> obtenerTodos() {
        return departamentoRepository.findAll();
    }
    public Departamento obtenerPorId(long id) {
        return departamentoRepository.findById(id).orElse(null);
    }
```

```java
    public Departamento editar(Departamento departamento) {
        return departamentoRepository.save(departamento);
    }
    public void borrar(Long id) {
        departamentoRepository.deleteById(id);
        //también podemos usar delete, pasándole un depto.., no un id
    }
    public Departamento obtenerPorNombre(String nombre) {
        return departamentoRepository.findByNombre(nombre);
    }
}
```

5. Crear un controlador para acceder a los métodos del servicio del punto anterior. Podríamos asignarle un @RequestMapping ("/depto") a nivel clase para que se aplique a todos sus métodos (será análogo al de Empleado). No vamos a generar excepciones para hacerlo más simple.

```java
@Controller
@RequestMapping("/depto")
public class DepartamentoController {

    @Autowired
    private DepartamentoService departamentoService;

    @GetMapping({ "/", "/list" })
    public String showList(Model model) {
        model.addAttribute("listaDepartamentos",
                            departamentoService.obtenerTodos());
        return "departamento/listView";
    }
    @GetMapping("/new")
    public String showNew(Model model) {
        model.addAttribute("departamentoForm", new Departamento());
        return "departamento/newFormView";
    }
    @PostMapping("/new/submit")
    public String showNewSubmit( @Valid Departamento departamentoForm,
                                 BindingResult bindingResult) {
        if (bindingResult.hasErrors())  return "redirect:/depto/new";
        departamentoService.añadir(departamentoForm);
        return "redirect:/depto/list";
    }

    @GetMapping("/edit/{id}")
    public String showEditForm(@PathVariable long id, Model model) {
        Departamento departamento = departamentoService.obtenerPorId(id);
        if (departamento != null) {
            model.addAttribute("departamentoForm", departamento);
            return "departamento/editFormView";
        } else return "redirect:/depto/list";
    }
```

```java
@PostMapping("/edit/submit")
public String showEditSubmit( @Valid Departamento departamentoForm,
                              BindingResult bindingResult) {
    if (!bindingResult.hasErrors())
        departamentoService.editar(departamentoForm);
    return "redirect:/depto/list";
}
@GetMapping("/delete/{id}")
public String showDelete(@PathVariable long id) {
    departamentoService.borrar(id);
    return "redirect:/depto/list";
}
}
```

6. Hay que inyectar el servicio de gestión de departamentos en el controlador de empleado ya que cuando demos de alta un nuevo empleado, habrá que pasarle la lista de departamentos a la vista para que elija uno (y también para la modificación de empleados).

```java
@Controller
public class EmpleadoController {

    @Autowired
    private EmpleadoService empleadoService;

    @Autowired
    private DepartamentoService departamentoService;

    @GetMapping("/new")
    public String showNew(Model model) {
        model.addAttribute("empleadoForm", new Empleado());
        model.addAttribute("listaDepartamentos",
                        departamentoService.obtenerTodos());
        return "empleado/newFormView";
    }

    @GetMapping("/editar/{id}")
    public String showEditForm(@PathVariable long id, Model model) {
        try { Empleado empleado = empleadoService.obtenerPorId(id);
            model.addAttribute("empleadoForm", empleado);
            model.addAttribute("listaDepartamentos",
                            departamentoService.obtenerTodos());
            return "empleado/editFormView";
        }
        catch (RuntimeException e) {. . .}
        return "redirect:/";    }
}
```

7. Se pueden crear nuevas vistas relacionadas con el controlador anterior y modificar las de empleado para que traten el departamento. Podemos estructurar las vistas en la carpeta *templates* haciendo dos subcarpetas, una para empleado y otra para departamento. La vista general de departamentos podría contener:

```
<h1>Listado de Departamentos</h1>
<table>
  <thead><tr><th>ID</th><th>Nombre<th>Editar</th><th>Borrar</th></tr>
  </thead>
    <tbody>
     <tr th:each="depto : ${listaDepartamentos}">
      <td th:text="${ depto.id}">Id</td>
      <td th:text="${ depto.nombre}">nombre</td>
      <td><a th:href="@{/depto/edit/{id}(id=${ depto.id})}">Editar</a></td>
      <td><a th:href="@{/depto/delete/{id}(id=${depto.id})}">Borrar</a></td>
     </tr>
    </tbody>
   </table>
   <a th:href="@{/depto/new}">Nuevo Departamento</a><br/>
```

8. En la vista de nuevo empleado y de edición de empleado, el id de departamento se asignará a '*departamento*', que es como se llama el atributo y no *idDepartamento*.

```
Departamento:<br/>
<select name="list1" th:field="*{departamento}">
  <option value="0">select option</option><!--opcion por defecto-->
  <option th:each="departamento:${listaDepartamentos}"
    th:value="${departamento.id}" th:text="${departamento.nombre}">
  </option>
</select>
```

9. Una mejora interesante sería incluir en la vista de la lista de empleados un desplegable con los departamentos, que permita seleccionar uno y mostrar solo sus empleados. Para ello debemos añadir en la vista de la lista de empleados un *<select>*:

```
<select id="select"  onChange="changeDepartamento();">
   <option value="0">Todos</option>
   <option th:each="dep : ${listaDepartamentos}"
      th:value="${dep.id}" th:text="${dep.nombre}"
      th:selected="${dep.id}==${deptoSeleccionado} ? true : false">
   </option>
</select>
. . .
<script>
 function changeDepartamento(){
   const select = document.getElementById("select");
   if (select.value == 0) window.location.href = "/";
   else window.location.href = "/porDepto/"+select.value;
  }
</script>
```

Y en el controlador debemos adaptarnos a esos cambios en la vista, es decir, debemos pasarle la lista de departamentos y el departamento seleccionado (que inicialmente será cero o nulo):

```
@GetMapping({ "/", "/list" })
public String showList(Model model) {
    model.addAttribute("listaEmpleados", empleadoService.obtenerTodos());
    model.addAttribute("listaDepartamentos",
                                departamentoService.obtenerTodos());
    model.addAttribute("deptoSeleccionado", 0);
    . . .
```

Y, por otra parte, crear el nuevo mapping */porDepto/{idDepto}* donde si le devolveremos a la vista el departamento seleccionado.

```
@GetMapping("/porDepto/{idDepto}")
public String showbyDepto(@PathVariable Long idDepto, Model model) {
    model.addAttribute("listaEmpleados",
                        empleadoService.obtenerPorDepartamento(idDepto));
    model.addAttribute("listaDepartamentos",
                        departamentoService.obtenerTodos());
    model.addAttribute("deptoSeleccionado", idDepto);
    model.addAttribute("findForm", new Empleado());
    if (txtMsg != null) {
        model.addAttribute("msg", txtMsg);
        txtMsg = null;
    }
    return "empleado/listView";
}
```

10. En la vista inicial de la aplicación deberíamos incluir un enlace a una vista que mostrarse los departamentos y permitiese su gestión, análoga a la de Empleado.

```
<a th:href="@{/depto/}">Gestión de departamentos</a><br/>
```

11. En el *CommandLineRunner* podemos añadir departamentos de prueba antes de añadir los empleados.

```
@Bean
CommandLineRunner initData(EmpleadoService empleadoService,
                        DepartamentoService departamentoService) {
    return args -> {
    Departamento depInf = departamentoService.añadir(
                    new Departamento(0L, "Informática"));
    Departamento depRRHH = departamentoService.añadir(
                    new Departamento(0L, "RRHH"));
    empleadoService.añadir (new Empleado (null, "José López",
        "jl@mail.com", 28000d, true,Genero.MASCULINO, depInf));
    };
}
```

Con todo esto, deberíamos poder ejecutar la aplicación perfectamente, pero tendremos un problema que explicamos en el siguiente apartado.

Borrados en cascada

Siguiendo con el ejemplo de 'Departamento-Empleado', si creamos un repositorio JPA con las operaciones básicas CRUD sobre 'Departamento'. ¿Qué ocurrirá si borramos un departamento que tiene empleados asignados?

La respuesta es que, por defecto, se producirá una excepción, ya que, debido a la restricción de clave foránea, si se borrase solo el departamento, la base de datos quedaría inconsistente: habría empleados con un departamento inexistente asignado. Para solucionar esta situación tenemos varias opciones.

1. Borrado en cascada. Al borrar un departamento se borrarían todos sus empleados de forma automática. Se especifica junto al mapeo de la asociación:

```
@ManyToOne
@OnDelete (action = OnDeleteAction.CASCADE)
private Departamento departamento;
```

En apartados posteriores veremos la diferencia entre *@OnDelete y CascadeType.REMOVE.*

2. Fijar a *null* el valor de departamento en la tabla de empleados para aquellos empleados que pertenezcan al departamento eliminado. A nivel de integridad de base de datos, no es de las mejores opciones y además Hibernate no lo permite, para hacer esto deberíamos crear el esquema por fuera de *Hibernate* y añadir el atributo ON DELETE SET NULL a la restricción de clave foránea.

3. Una última opción sería verificar antes del borrado que no hay empleados asignados a ese departamento. Podríamos crear en el repositorio de Empleado un método para este fin

```
@Query("select count (e) from Empleado e where e.departamento.id = ?1")

Long cantidadEmpleadosDepto(Long idDepto);
```

Y luego, en el servicio de *Departamento*, en el método de borrado de departamentos, antes de hacer el borrado, verificar que no hay empleados en ese departamento. Necesitaríamos inyectar el repositorio de Empleados en este servicio, para poder invocar al método que acabamos de crear:

```
public void borrar(Long id) {
    Long cantEmpleadosDepto= empleadoRepository.cantidadEmpleadosDepto(id);
    if (cantEmpleadosDepto == 0) departamentoRepository.deleteById(id);
}
```

Ejercicio 7.2

Partiendo del proyecto del Ejercicio, 7.1, crea un nuevo proyecto que incorpore una nueva entidad llamada *Autor*. Tiene una relación *uno a muchos* con *Curso*, de forma que un autor ofrece varios cursos, pero un curso es solo ofrecido por un autor. De un autor mantenemos *id* (autonumérico gestionado por la base de datos), *nombre* y *email*.

- Incorpora anotaciones de validación para algunos de los atributos de la entidad, por ejemplo, para el *email* del autor.

- Crea un CRUD para la entidad *Autor* similar al de la entidad *Curso*.

- En la vista de todos los cursos y en la vista con los datos de un solo curso se mostrará el autor del curso. En las vistas de alta y modificación de curso, incorpora un *select* que permita seleccionar el autor del curso.

- Crea un fragmento con el menú superior con las opciones generales de la aplicación: "*Cursos*" y "*Autores*" y emplearlo en todas las vistas:

```
<nav th:fragment="menu" class="navbar navbar-dark bg-dark navbar-expand-sm">
<ul class="navbar-nav">
 <li><a class="nav-link active" th:href="@{/}">Cursos</a></li>
 <li><a class="nav-link active" th:href="@{/autor/}">Autores</a></li>
</ul>
</nav>
```

- Crea también un fragmento para *<head>* para compartirlo en todas las páginas.

Figura 7.4. Resultado de la ejecución del Ejercicio 7.2

Ejercicio 7.3

Haz una nueva versión del proyecto del Ejercicio 7.2, con los siguientes cambios:

- Añade al autor un nuevo atributo: *limiteCosteTotalCursos*, que limita la suma del coste del total de cursos que ofrece ese autor.

- Modifica el CRUD del autor para gestionar este nuevo atributo. A la hora de añadir o editar un curso, hay que tener en cuenta que no se sobrepase ese límite. Te obligará a crear un método de repositorio de tipo *@Query* que obtenga la suma del importe de todos los cursos de un autor.

- Modifica la entidad *Autor* para que no se permitan nombres de autor ni emails duplicados (ver anotación *@Column*).

- Añade a la vista de cursos un desplegable en el que se pueda elegir un autor y muestre solo los cursos de dicho autor.

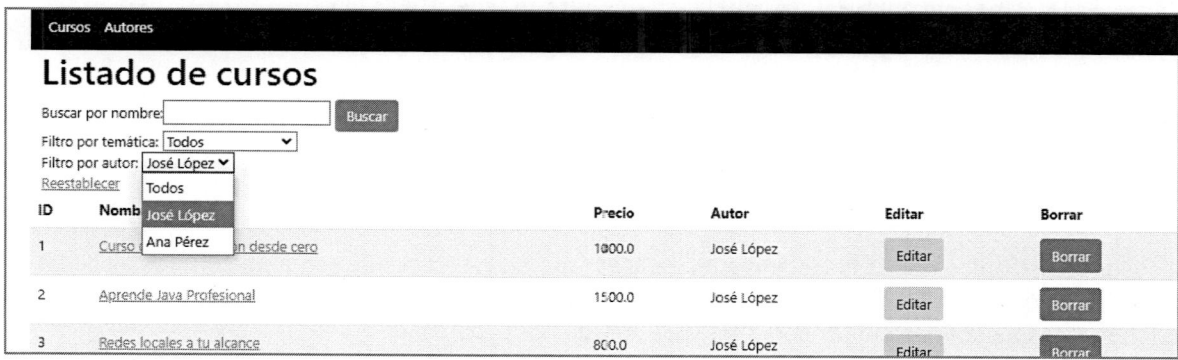

Figura 7.5. Resultado de la ejecución del Ejercicio 7.3

7.6.2. @OneToMany

Esta asociación es la inversa a la anterior, nos permite enlazar dos entidades, pero añadiendo la anotación a la entidad "uno". Para ello, en esa clase, además de *@OneToMany* incluiremos una colección de elementos "muchos".

Siguiendo con el ejemplo anterior de los empleados, podríamos pensar en una entidad formada por las *nóminas* que cobra cada empleado, que tiene claramente una relación "muchos a uno" con empleado: un empleado tiene muchas nóminas (una cada mes) pero una nómina solo pertenece a un empleado. Podríamos modelarla con una anotación *@ManyToOne* en la entidad Nómina, pero vamos a hacerla con *@OneToMany* para ver sus diferencias.

Primero creamos la entidad "*Nómina*" con sus atributos; como es la parte "muchos" no será necesario hacer nada más.

```
@Entity
public class Nomina {
    @Id
    @GeneratedValue (strategy=GenerationType.IDENTITY)
    private Long id;

    @DateTimeFormat(pattern = "yyyy-MM-dd")
    LocalDate fechaNomina;
    Double importeBruto;
    Double porcentImpuestos;
    Double importeNeto;
}
```

Ahora, en la entidad Empleado, añadiremos a sus los atributos previos, la anotación *@OneToMany* y la colección de nóminas (por el momento, no nos centramos en el atributo *cascade* ncluido en la anotación, lo veremos al final del capítulo).

```
@Entity
public class Empleado {
    @Id
    @GeneratedValue (strategy=GenerationType.IDENTITY)
    private Long id;
    . . .
    @OneToMany(cascade = CascadeType.ALL)
        private List<Nomina> nominas = new ArrayList<>();
}
```

Aunque es típico que la colección empleada sea un ArrayList puede ser también una colección de tipo conjunto (*Set*) e *Hibernate* lo recomienda por conseguir mayor eficiencia. Recordemos que los conjuntos no tienen posiciones como tal y no admite duplicados:

```
private Set<Nomina> nominas = new HashSet<> ();
```

Ejercicio 7.4

Haz un nuevo proyecto, partiendo del proyecto del Ejercicio, 7.3, e incorpora una nueva entidad llamada *Video*. De un vídeo mantenemos *id* (autonumérico gestionado por la base de datos), *descripción, duración en segundos* y su *id* de Youtube.

Hay una relación muchos a uno entre *Vídeo* y *Curso* de forma que un curso tiene muchos vídeos, pero un video solo pertenece a un Curso. En este caso, establece la relación de forma bidireccional.

- Debes crear el CRUD completo para la nueva entidad (dominio, servicio, controlador y vistas).

- En la vista de todos los cursos *(listView.html)* y en la de un solo curso *(listOneView.html)* añade un botón para mostrar los vídeos de los cursos. Al ser la relación bidireccional, será muy sencillo.

- Recuerda que debes añadir la anotación *@ToString.Exclude* en una de las entidades.

- Si quieres mejorar la presentación, en la vista de los videos, puedes añadir una miniatura del mismo, y que sea un enlace a *Youtube*. Obviamente, el *videoId* de *Youtube* debe ser real:

```
<a th:href="'https://www.youtube.com/watch?v=' + ${video.idYoutube}"
    target="_blank">
  <img th:src="'https://img.youtube.com/vi/' +
          ${video.idYoutube} + '/hqdefault.jpg'" style="width: 60px;">
</a>
```

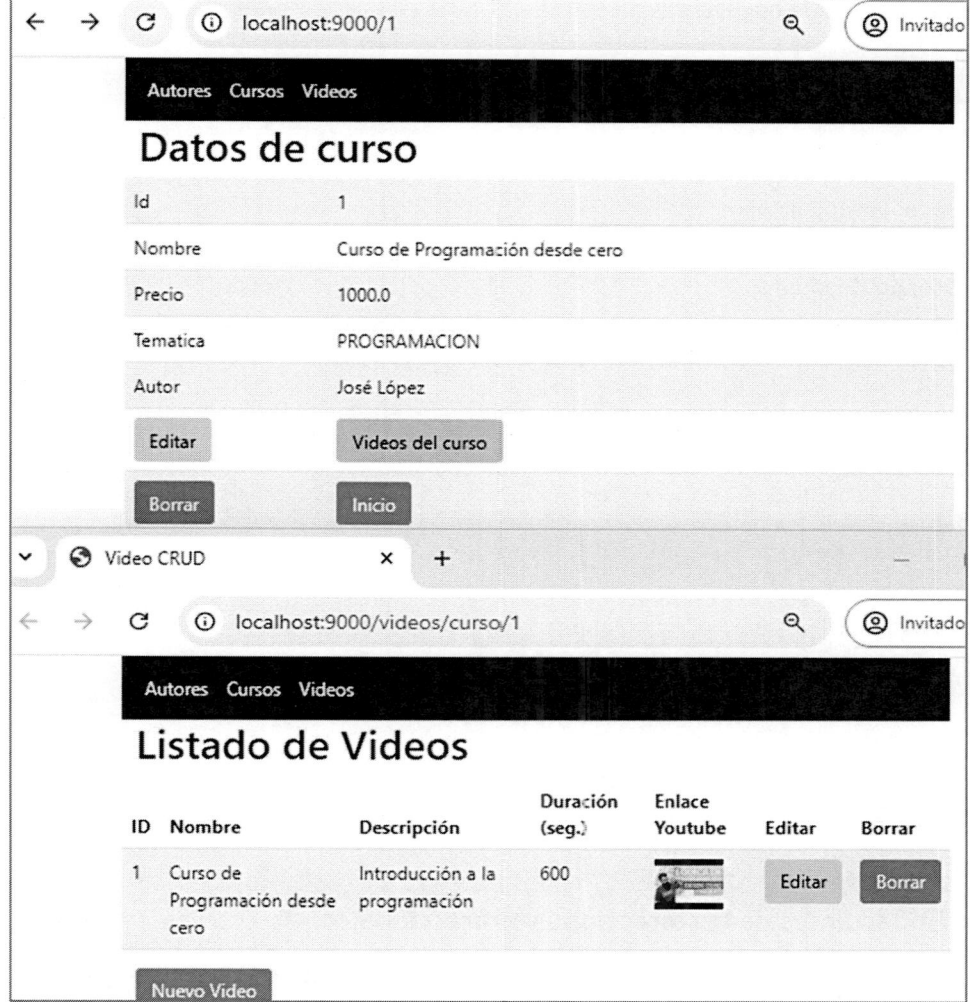

Figura 7.6: Resultado de la ejecución del Ejercicio 7.4

7.6.3. Relaciones bidireccionales

Si la asociación *@OneToMany* entre dos entidades no tiene la correspondiente *@ManyToOne* entre ellas misma en sentido contrario, decimos que es **unidireccional**, y es tal cual la acabamos de definir. En caso de que sí exista la complementaria *@ManyToOne* en la otra entidad, decimos que es **bidireccional**.

Siguiendo nuestro ejemplo, añadiríamos una asociación *@ManyToOne* en la clase *Nómina* similar a la que hicimos entre *Empleado* y *Departamento* en el apartado anterior, y en la *@OneToMany* que estábamos desarrollando en este apartado añadiríamos una nueva referencia a la que acabamos de añadir con el atributo ***mappedBy***:

La entidad *Empleado* quedaría así:

```
@Entity
public class Empleado {
  @Id
  @GeneratedValue (strategy=GenerationType.IDENTITY)
  private Long id;
  //resto de métodos, atributos y relaciones
  @ToString.Exclude
  @OneToMany(cascade=CascadeType.ALL,mappedBy="empleado",orphanRemoval=true)
  private List<Nomina> nominas = new ArrayList<>();
}
```

Y Nómina así:

```
@Entity
public class Nomina {
  @Id
  @GeneratedValue (strategy=GenerationType.IDENTITY)
  private Long id;
  . . .
  @ManyToOne
  @OnDelete (action = OnDeleteAction.CASCADE)
  private Empleado empleado;
}
```

Aspectos importantes de las direcciones bidireccionales

- Al tener la *List* "*nominas*", mediante su *getter* podemos acceder a todas las nóminas de un empleado mediante un simple *getNominas()* sin necesidad de métodos adicionales en el repositorio de nóminas (si fuese solo unidireccional, necesitaríamos un método como: *findByEmpleado(Empleado empleado* en el repositorio de nóminas).

- Gracias a la anotación `CascadeType.ALL` Las relaciones se mantendrán sincronizadas cuando empleemos los métodos típicos de los repositorios como *JpaRepository*: *save*, *remove*, etc. Es decir, al guardar un empleado se guardarán todas sus nóminas, al borrar un empleado se borrarán sus nóminas.

  Se puede probar lo siguiente:

```
//creamos un empleado con id 1 y colección de nóminas a null
Empleado empleado = new Empleado (1, "José López", resto atrib , null);
//añadimos una nómina a la colección
empleado.getNominas().add(new Nomina(1,"2024-11-30",1500d, atributos ));
empleado.getNominas().add(new Nomina(2,"2024-12-31",2000d, atributos ));
//guardamos el empleado
empleadoRepository.save(empleado);
```

Si comprobamos el resultado en la base de datos, veremos una fila nueva en la tabla de Empleado, *pero también dos nuevas filas en la tabla de nóminas, esto sin haber invocado al método save del repositorio de nóminas.*

- Incluimos la anotación @ToString.Exclude a la anotación en *Empleado* ya que un empleado referencia a sus nóminas, pero a su vez, cada nómina referencia a su empleado que, de nuevo, tiene muchas nóminas, etc., se puede producir un bucle infinito. Para arreglarlo basta con añadir esa anotación Lombok para cortar esa recursividad. *Habría que añadirla en todas las relaciones bidireccionales que pudiesen generar esa recursividad.* Se puede poner en cualquiera de los dos extremos de la relación (bien en la *Empleado* o bien en *Nomina*).

- Hibernate recomienda en su cuaderno de buenas prácticas establecer las relaciones 1 a N de forma bidireccional, ya que facilita la navegación por sus atributos en ambos sentidos. Sin embargo, habrá casos en que no sea lo más aconsejable, por ejemplo, si hubiese millones de nóminas para un mismo empleado, la colección tendría un tamaño muy grande y podría no ser muy eficiente. En estos casos es mejor plantear una sola relación de las que vimos en el apartado anterior: *@ManyToOne.*

Añadir la relación a la aplicación

Para incorporar a nuestra aplicación esta nueva entidad *Nómina* y su relación bidireccional con Empleado repetiríamos unos pasos similares a los empleados para *Departamento*, a saber:

1. Crear la entidad *Nómina* con la relación *@ManyToOne.*

2. Añadir a la entidad *Empleado* la relación *@OneToMany* con *mapped* si queremos que sea bidireccional, tal y como hemos mostrado previamente.

3. Crear un repositorio, servicio y controlador para *Nómina* similar al de departamento. Como comentamos más arriba, no es necesario en el repositorio ningún método para obtener las nóminas de un empleado concreto ya que lo haremos con el *getNominas()* del empleado.

4. El repositorio y el servicio de *Empleado* no se ven afectados.

5. En el controlador de *Nomina,* en el alta y edición de una nómina, hay que poder seleccionar el empleado: o bien mediante una lista de empleados inyectada en el controlador o bien recibiendo ya el empleado al que se le aplicará en el *mapping* (por ejemplo, a través de *@PathVariable*).

   ```
   @PostMapping ("/nomina/nueva/submit/{idEmpleado}")
   public String addNomina (@PathVariable Long idEmpleado, Nomina nomina){
   ```

6. Añadir las nuevas vistas para el CRUD de nómina y también modificar la vista de un empleado para poder acceder a sus nóminas.

7. Añadir al menú general una entrada nueva para la gestión de nóminas.

8. En el CommandLineRunner, el constructor de Empleado ahora deberá tener un parámetro más para la lista de nóminas (podemos ponerlo inicialmente a *null).*

CascadeType.ALL vs CascadeType.REMOVE vs OnDeleteAction.CASCADE vs. orphanRemoval=true

Cuando tenemos dos entidades y de ellas depende de la otra, *CascadeType* hace referencia a todas las operaciones a realizar "en cascada" sobre la entidad dependiente cuando se produce un cambio en una entidad principal. Un caso típico es el borrado, en el ejemplo que estamos viendo *Empleado-Nominas*, al borrar un empleado, se borrarían todas sus nóminas.

Este comportamiento se gestiona mediante los valores asignados al atributo *CascadeType* de forma que, si toma el valor REMOVE, solo los borrados se propagarán en cascada, y si toma el valor ALL será cualquier operación la que se propagará.

OnDeleteAction.CASCADE realiza la misma operación que *CascadeType.REMOVE* (borrado en cascada para las entidades relacionadas) pero actúan sobre los extremos opuestos de la relación.

➤ **Ejemplo.** Se ve más claramente con un ejemplo. Si tenemos una relación muchos a uno entre *Empleado* y *Nominas* (un empleado puede tener varias nóminas, pero una nómina solo pertenece a un empleado), añadiendo la anotación de la relación el atributo *@OnDelete*.

```
@Entity
public class Nomina {
    @Id
    private Long id;
    // resto de atributos y métodos
    @ManyToOne
    @OnDelete (action = OnDeleteAction.CASCADE)
    private Empleado empleado;
}
```

Al borrar un empleado, se borrarán todas sus nóminas. Por el contrario, si incluyésemos en esa entidad CascadeType.REMOVE, al borrar una nómina, se borraría su empleado, algo que no es lo deseado.

```
@Entity
public class Nomina {
    @Id
    private Long id;

    @ManyToOne (cascade = CascadeType.REMOVE)
    private Empleado empleado;

    // resto de atributos y métodos
}
```

Lo habitual es usar *CascadeType.REMOVE* o bien *CascadeType.ALL* en las relaciones inversas, las *@OneToMany*, de forma que finalmente esta relación quedaría así:

```
@Entity
public class Empleado {
    @Id
    private Long id;
    // resto de atributos y métodos
    @OneToMany(cascade = CascadeType.ALL)  // o bien CascadeType.REMOVE
    private List<Nomina> nominas = new ArrayList<>();
}
```

Así, al borrar empleado se borrarían todas sus nóminas y no al revés. Esto sí es lo habitual.

Para terminar, tenemos el atributo ***orphanRemoval*** que hace algo parecido a CascadeType.REMOVE, aunque más bien lo complementa. Supongamos que modificamos las nóminas que tiene asignados un empleado. Podría darse el caso de que quedasen nóminas "huérfanas", es decir, que no son referenciadas por nadie. Este atributo marcado a *true* los eliminaría (si no lo incluimos, su valor por defecto es *false*).

```
@Entity
public class Empleado {
    @Id
    private Long id;
    @OneToMany(cascade=CascadeType.ALL, orphanRemoval=true)
    private List<Telefono> telefonos = new ArrayList<>();
    // resto de atributos y métodos
}
```

Opciones CascadeType

Como complemento al punto anterior, vamos ver las opciones que tiene este parámetro y que, como ya hemos visto, hace referencia a cómo los cambios de estado que realizamos en una entidad se propagan a sus entidades dependientes.

Sus posibles valores serían:

- **Persist** y **Merge**: las operaciones de guardado en las entidades "padre" se propagarán a las entidades relacionadas.

- **Remove**: elimina las entidades relacionadas cuando la entidad propietaria se elimina.

- **Refresh** y **Detach**: poco habituales, las dejamos fuera del curso.

- **All**: se aplican todos los tipos.

7.6.4. @ManyToMany

Como su nombre indica, en este tipo de asociaciones una o varias instancias de una entidad pueden relacionarse con una o muchas de la otra entidad. Siguiendo con el ejemplo de empleados, podríamos tener una entidad *Proyecto* y decir que un empleado puede colaborar en varios proyectos y que en un proyecto colaboran varios empleados.

Estas asociaciones muchos a muchos necesitan una tabla que realice de enlace entre ambas entidades asociadas. También disponen de un tratamiento unidireccional y bidireccional.

@ManyToMany unidireccional

Debemos definir cuál de las entidades es la propietaria, y en ella incluiremos la lista de elementos de la clase opuesta (como en el caso de *@OneToMany*). En el caso del Empleado:

```
@Entity
public class Empleado {
  @Id
  @GeneratedValue (strategy=GenerationType.IDENTITY)
  private Long id;
  @ToString.Exclude
  @ManyToMany(cascade=CascadeType.ALL)
   private List <Proyecto> proyectos = new ArrayList<>();
   //mantenemos las asociaciones previas, constructor,etc.
}
```

Y por otra parte tendremos la otra entidad sin atributos adicionales.

```
@Entity
public class Proyecto {
  @Id
  @GeneratedValue (strategy=GenerationType.IDENTITY)
  private Long id;
  private String nombre;
}
```

@ManyToMany bidireccional

Añadiremos en el lado no propietario, en este caso Proyecto, el atributo *mappedBy* y una colección para almacenar los elementos de la entidad opuesta, en este caso Empleado.

```
@Entity
public class Proyecto {
  @Id
  private Long id;
  @NotEmpty
  private String nombre;
  @ToString.Exclude
  @ManyToMany(mappedBy ="proyectos")
  private List <Empleado> empleados = new ArrayList<>();
}
```

@ManyToMany con atributos extra

Habrá atributos que sean propios de la asociación, en este ejemplo, el "puesto" dentro de un proyecto *(product owner, team leader, etc.)* sería un atributo de este tipo, ya que un mismo empleado puede tener distintos puestos en distintos proyectos. Algunos autores llaman a este tipo de asociación con atributos: **"clase de asociación"**.

En general, este será el modelo que emplearemos para relaciones muchos a muchos, ya que, aunque en un principio parezca que no tenemos atributos extra, pueden aparecer más adelante y de emplear otro modelo, habría que rehacer de nuevo las relaciones.

Como este nuevo atributo "puesto" no es ni del empleado, ni del proyecto, no lo podemos colocar en ninguna de las dos entidades, por lo que tenemos que debemos generar una nueva entidad, a la que podemos llamar *Colaboración* (o también *EmpleadoProyecto)*, y que contendrá los nuevos atributos extra.

```
@Entity
public class Colaboracion {
    @NotEmpty
    private String puesto;
    . . .
```

Ahora tenemos que tomar una decisión sobre la clave de esta nueva entidad, por una parte, podemos hacer como en entidades anteriores y generar un nuevo atributo al que llamaríamos algo como 'id' y lo anotaríamos con *@Id*. La otra opción sería que la clave estuviese formada por dos atributos, el 'id' de empleado y el 'id' de proyecto.

Vamos a optar por la primera solución, por su sencillez, pero en un apartado posterior (bajo el epígrafe *@IdClass*) veremos la segunda aproximación. Entonces, la clase de asociación finalmente quedaría así:

```
//anotaciones Lombok
public class Colaboracion {
    @Id
    @GeneratedValue
    private Long id;
    @ManyToOne
    @JoinColumn(name = "empleado_id")
    @OnDelete(action=OnDeleteAction.CASCADE)
    private Empleado empleado;
    @ManyToOne
    @JoinColumn(name = "proyecto_id")
    @OnDelete(action=OnDeleteAction.CASCADE)
    private Proyecto proyecto;
    private String puesto;
}
```

Opcionalmente, si deseamos que la relación sea bidireccional, añadiremos cada una de las entidades extremo de la relación, las asociaciones *@OneToMany* con la nueva entidad creada.

Vemos a continuación, cómo nos quedarían en ese caso las otras dos clases base de la relación: Empleado y Proyecto.

Empleado:

```
@Entity
public class Empleado {
    @Id
    @GeneratedValue
    private Long id;
    //resto de atributos y métodos
    @ToString.Exclude
    @OneToMany(mappedBy = "empleado", cascade=CascadeType.ALL)
    private List<Colaboracion> colaboraciones = new ArrayList<>();
}
```

Proyecto:

```
@Entity
public class Proyecto {
    @Id
    @GeneratedValue
    private Long id;
    //resto de atributos y métodos
    @ToString.Exclude
    @OneToMany(mappedBy = "proyecto", cascade = CascadeType.ALL)
    private List<Colaboracion> colaboraciones = new ArrayList<>();
}
```

Añadir la relación a nuestra aplicación

Para incorporar a la aplicación la nueva entidad *Proyecto* y su relación de tipo *"muchos a muchos con atributos extra"* con *Empleado* repetiríamos los mismos pasos que en las relaciones anteriores, aunque la gestión de esta nueva asociación requiere un tratamiento ligeramente distinto a nivel controlador y vistas. Sería así:

1. Crear la entidad *Proyecto* y *Colaboracion* según acabamos de describir con sus relaciones (por sencillez, vamos a hacerlas unidireccionales, sin *@OneToMany*).

2. Crear un repositorio, servicio y controlador para *Proyecto*. Podemos copiarlos de los correspondientes a *Departamento* ya que son análogos.

3. Crear un repositorio para *Colaboracion*. Como al seleccionar un empleado vamos a querer ver sus proyectos y al seleccionar un proyecto queremos ver sus empleados asignados, incluiremos en este repositorio un par de métodos derivados por nombre para obtenerlo: *findByProyecto* y *findByEmpleado* respectivamente, o más cómodos: *findByProyectoId* y *findByEmpleadoId*.

   También puede ser útil tener un método para obtener la instancia correspondiente a un empleado en un determinado proyecto, que se llamará: *findByEmpleadoIdAndProyectoId*. Recordemos que con este tipo de métodos, empleando la sintaxis adecuada, no es necesario escribir su código, JPA lo hace por nosotros.

```
public interface ColaboracionRepository extends
                    JpaRepository<Colaboracion, Long> {
  // métodos derivado de nombre
  List<Colaboracion> findByEmpleadoId (Long empleadoId);
  //o bien: List<Colaboracion> findByEmpleado (Empleado empleado);
  List<Colaboracion> findByProyectoId (Long proyectoId);
  //o bien: List<Colaboracion> findByProyecto (Proyecto proyecto);
  Colaboracion findByEmpleadoIdAndProyectoId (Long emp, Long proy);
}
```

4. Crear un servicio para *Colaboracion* (clase e interfaz). Para simplificar no incorporamos el método de modificar (en caso de querer modificar una asignación de empleado a proyecto la eliminaríamos y haríamos una nueva). Tampoco es necesario un *findAll()* ya que nunca querremos ver todas las colaboraciones globalmente, serán los proyectos de un empleado o los empleados de un proyecto.

```
@Service
public class ColaboracionServiceImplBD implements ColaboracionService {
@Autowired
    private ColaboracionRepository colaboracionRepository;

    public Colaboracion obtenerPorId(Long id) {
        return colaboracionRepository.findById(id).orElse(null);
    }
    public Colaboracion añadir(Colaboracion colaboracion) {
        return colaboracionRepository.save(colaboracion);
    }
    public void borrar(Colaboracion colaboracion) {
        colaboracionRepository.delete(colaboracion);
    }
    public List<Colaboracion> obtenerPorEmpleadoId (Long empleadoId) {
        return colaboracionRepository.findByEmpleadoId(empleadoId);
    }
    public List<Colaboracion> obtenerPorProyectoId (Long proyectoId) {
        return colaboracionRepository.findByProyectoId(proyectoId);
    }
    public Colaboracion obtenerColaboracion(Long e,Long p) {
        return colaboracionRepository.findByEmpleadoIdAndProyectoId(e,p);
    }
}
```

Recordemos que es en el servicio donde incorporamos la lógica de negocio. Si por ejemplo hubiese un número máximo de miembros para un proyecto aquí es donde, antes de incorporar un empleado a un proyecto, deberíamos verificar si se supera ese máximo y en caso afirmativo, no proceder con el alta de la entidad.

5. Como en las asociaciones anteriores, el repositorio y el servicio de *Empleado* no se ven afectados. Tampoco el controlador de Empleado porque que el proyecto no será un atributo único de empleado, ya que un empleado puede tener varios proyectos asignados.

6. Crearemos un nuevo controlador *ColaboracionController* que es un poco distinto a los demás, ya que no responde a consultas globales de todos los empleados o de todos los proyectos: consultaremos los proyectos de un determinado empleado o los empleados de un determinado proyecto. Obviamente también tendrá un método para crear nuevas instancias de *Colaboracion* y para eliminarlas.

```java
@Controller
@RequestMapping("/colaboracion")
public class ColaboracionController {
  @Autowired
  private ColaboracionService colaboracionService;
  @Autowired
  private EmpleadoService empleadoService;
  @Autowired
  private ProyectoService proyectoService;
  @GetMapping("/emp/{id}") // lista de proyectos de un empleado
  public String showProyectsByEmpl(@PathVariable long id, Model model) {
      model.addAttribute("listaColaboracion",
                  colaboracionService.obtenerPorEmpleadoId(id));
      model.addAttribute("empleado",empleadoService.obtenerPorId(id));
      return "colaboracion/empListView";
  }
  @GetMapping("/pro/{id}") // lista de empleados de un proyecto
  public String showEmplbyProyect(@PathVariable long id, Model model) {
      model.addAttribute("listaColaboracion",
                  colaboracionService.obtenerPorProyectoId(id));
      model.addAttribute("proyecto",proyectoService.obtenerPorId(id));
      return "colaboracion/proListView";
  }
```

Faltarían los métodos de borrado y alta:

```java
@GetMapping("/delete/{id}")
public String showDelete (@PathVariable long id) {
  colaboracionService.borrar(colaboracionService.obtenerPorId(id));
  return "redirect:/";
}
@GetMapping("/new")
public String showNewColab (Model model) {
    model.addAttribute("colaboracionForm", new Colaboracion());
    model.addAttribute("listaEmpleados",empleadoService.obtenerTodos());
    model.addAttribute("listaProyectos",proyectoService.obtenerTodos());
    return "colaboracion/newFormView";
}

@PostMapping("/new/submit")
public String showNewColabSubmit(@Valid Colaboracion nuevaColaboracion,
                                 BindingResult bindingResult) {
    if (!bindingResult.hasErrors())
      colaboracionService.añadir(nuevaColaboracion);
    return "redirect:/";
}
}
```

7. Modificamos la vista inicial (la del listado de empleados) para añadir un enlace en cada línea de empleado que nos lleve a una vista con los proyectos en los que está involucrado.

```
<table>
    <thead><tr><th>ID</th><th>Nombre</th><th>Email</th><th>Salario</th>
        <th>Editar</th><th>Borrar</th><th>Proyectos</th></tr>
    </thead>
    <tbody>
      <tr th:each="empleado : ${listaEmpleados}">
        <td th:text="${empleado.id}">Id</td>
        <td th:text="${empleado.nombre}">nombre</td>
        <td th:text="${empleado.email}">email</td>
        <td th:text="${empleado.salario}">0</td>
        <td><a th:href="@{/edit/{id}(id=${empleado.id})}">Editar</a></td>
        <td><a th:href="@{/delete/{id}(id=${empleado.id})}">Borrar</a></td>
        <td><a th:href="@{/colaboracion/emp/{id}
            (id=${empleado.id})}">Proyectos</a></td>
      </tr>
    </tbody>
</table>
```

8. Modificar esta vista inicial para incluir un enlace a la e el CRUD de Proyectos.

```
<a th:href="@{/proy/}">Gestión de proyectos</a><br/>
```

9. Creamos una vista para lista de proyectos (*listView.html*), en principio similar a la de categorías o departamentos, pero debemos hacer algo análogo a lo que hemos realizado en la vista de empleados, esto es, añadir un enlace en cada línea de proyecto que nos lleve a una vista con los empleados que pertenecen a ese proyecto.

```
<h1>Listado de Proyectos</h1>
<table>
<thead><tr><th>ID</th><th>Nombre<th>Borrar</th><th>Empleados</th></tr>
</thead>
<tbody>
  <tr th:each="proyecto:${listaProyectos}">
    <td th:text="${proyecto.id}">Id</td>
    <td th:text="${proyecto.nombre}">nombre</td>
    <td><a th:href="@{/proy/delete/{id}(id=${proyecto.id})}">Borrar</a></td>
    <td><a th:href="@{/colaboracion/pro/{id}(id=${proyecto.id})}">
                                    Empleados asignados</a></td>
  </tr>
</tbody>
</table>
<a th:href="@{/proy/new}">Nuevo Proyecto</a>
```

Las vistas las organizamos en carpetas según la Figura 7.7.

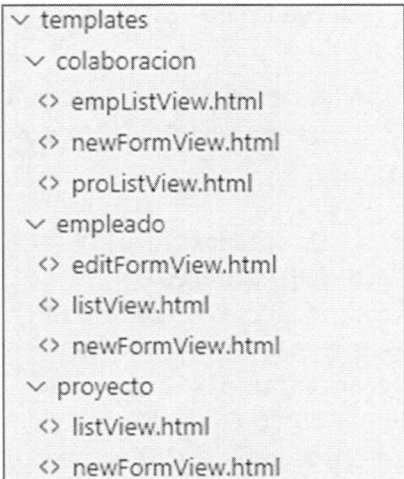

Figura 7.7. Vistas en la relación entre *Empleado* y *Proyecto*

10. Faltaría también la vista para el formulario de nuevo proyecto (y para editar proyecto):

```
<h1>Nuevo Proyecto</h1>
<form method="post" action="#" th:action="@{/proy/new/submit}"
                             th:object="${proyectoForm}">
 <label>Id(solo lect)<input type="text" readonly th:field="*{id}"/></label>
 <label>Nombre:<input type="text" th:field="*{nombre}"/></label>
 <input type="submit" value="Enviar" />
</form>
```

y otra vista para dar de alta las colaboraciones de empleados en proyectos:

```
<h1>Añadir empleados a proyectos</h1>
<form method="post" action="#" th:action="@{/colaboracion/new/submit}"
     th:object="${colaboracionForm}">
 Empleado:<br/>
 <select th:field="*{empleado}">
   <option value="0">select option</option> <!--por defecto-->
   <option th:each="empleado:${listaEmpleados}"
     th:value="${empleado.id}" th:text="${empleado.nombre}">
   </option>
 </select><br/>
 Proyecto:<br/>
  <select name="list2" th:field="*{proyecto}">
    <option value="0">select option</option><!-- por defecto-->
    <option th:each="proyecto:${listaProyectos}"
      th:value="${proyecto.id}" th:text="${proyecto.nombre}"></option>
  </select><br/>
  <label>Puesto:
  <input type="text" id="puesto" th:field="*{puesto}"/></label>
  <input type="submit" value="Enviar" />
</form>
```

11. Finalmente necesitaríamos dos vistas para mostrar las colaboraciones. La primera sería la que muestra todos los proyectos de un empleado: *colaboracion/empListView.html* con opción de borrado y nueva relación:

```html
<h1>Listado de Proyectos de un empleado</h1>
<h2 th:text="'Empleado: ' + ${empleado.nombre}">Empleado</h2>
<table>
 <thead>
    <tr><th>ID</th><th>Nombre</th><th>Puesto</th><th>Borrar</th></tr>
 </thead>
 <tbody><tr th:each="colaboracion : ${listaColaboracion}">
        <td th:text="${colaboracion.proyecto.id}">Id</td>
        <td th:text="${colaboracion.proyecto.nombre}">nombre</td>
        <td th:text="${colaboracion.puesto}">Puesto</td>
        <td><a th:href="@{/colaboracion/delete/{id}
                        (id=${colaboracion.id})}">Borrar</a></td>
      </tr>
  </tbody>
</table>
<a th:href="@{/colaboracion/new}">Añadir proyecto al empleado</a><br/>
```

También incluimos la vista en la que se muestran todos los empleados de un proyecto colaboracion/*proListView.html*.

```html
<h1>Listado de Empleados de un proyecto</h1>
<h2 th:text="'Proyecto: ' + ${proyecto.nombre}">Proyecto</h2>
<table>
  <thead><tr><th>ID</th><th>Nombre</th><th>Puesto</th><th>Borrar</th></tr>
  </thead>
  <tbody><tr th:each="colaboracion : ${listaColaboracion}">
        <td th:text="${colaboracion.empleado.id}">Id</td>
        <td th:text="${colaboracion.empleado.nombre}">nombre</td>
        <td th:text="${colaboracion.puesto}">Puesto</td>
        <td><a th:href="@{/colaboracion/delete/{id}
                    (id=${colaboracion.id})}">Borrar</a></td>
      </tr>
   </tbody>
  </table>
  <a th:href="@{/colaboracion/new/}"> Añadir empleado a proyecto </a><br/>
```

12. En el *CommandLineRunner* podemos incluir algún proyecto para tener datos iniciales.

```java
proyectoService.añadir(new Proyecto(null,"Nueva normativa UE"));
proyectoService.añadir(new Proyecto(null,"Mejora Web actual"));
```

Al ejecutar la aplicación, esta sería la estructura de tablas que nos mostraría la consola de H2:

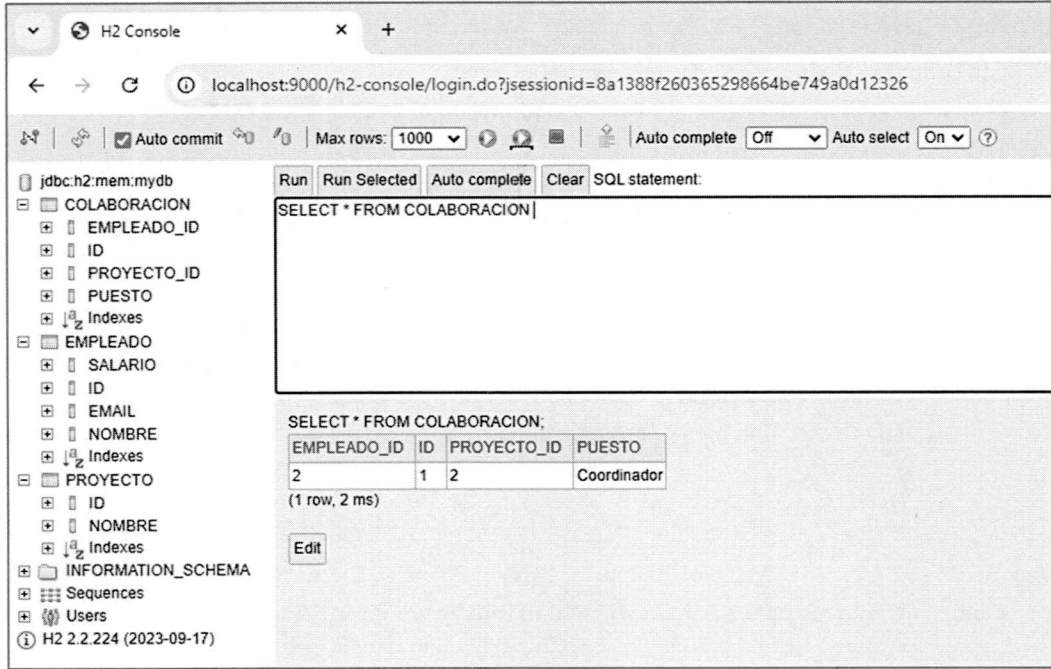

Figura 7.8. Consola H2: tablas creadas

Ejercicio 7.5

Seguimos mejorando la aplicación de gestión de cursos. En este caso crearemos un nuevo proyecto, partiendo del Ejercicio 7.4 e incorporamos una nueva funcionalidad: deseamos que determinados *influencers* promocionen nuestros cursos, por lo que debemos realizar las siguientes modificaciones:

- Crea una entidad llamada *Influencer* que tendrá como atributos un *id* autonumérico gestionado por la base de datos y su nombre de usuario en Instagram.

- Implementa su CRUD completo con controlador, servicio, repositorio y vistas, que puede incluir enlaces a la página de Instagram de los mismos.

- Establece una relación muchos a muchos, unidireccional sin *@IdClass*, entre Curso e *Influencer* a la que puedes llamar *Promocion*. Esta relación tendrá un atributos extra, que será la remuneración que recibirá el influencer por la promoción del curso.

7.6.5. @OneToOne

Son asociaciones similares a las *@OneToMany*, pero en el extremo en el que antes teníamos una colección (para la parte "many"), ahora tendremos una única instancia. Al igual que aquellas, estas relaciones también pueden ser unidireccionales o bidireccionales.

Siguiendo con nuestro ejemplo, pensemos en una entidad *Coche* (con id, matrícula, modelo, etc.) que tendría una relación 1 a 1 con el empleado ya que un empleado puede tener asignado un coche o no tenerlo, pero nunca más de uno.

Uno de los lados es el propietario, en este caso el *Empleado*:

```
//anotaciones lombok
@Entity
public class Empleado {
    @Id
    @GeneratedValue (strategy=GenerationType.IDENTITY)
    private Long id;
    private String nombre;
    //En caso de querer relación bidireccional añadiríamos:
    @OneToOne (mappedBy = "empleado")
    @ToString.Exclude
    private Coche coche;
}
```

y el otro no es propietario, en este caso la entidad *Coche*:

```
//anotaciones lombok
@Entity
public class Coche {
    @Id
    @GeneratedValue (strategy=GenerationType.IDENTITY)
    private Long id;
    private String matricula;
    private String modelo;
    @OneToOne
    private Empleado empleado;
}
```

A tener en cuenta:

- Pensando en las vistas de usuario, será en el alta/edición de coches donde introduciremos opcionalmente el empleado asignado a ese coche y no al revés, no habrá atribución de coche en el alta/edición de empleado.

- Pensando en la lógica de negocio, la matrícula de un coche debe ser única, por lo que en el alta/edición de un coche habrá que asegurarse de que la matricula introducida no está asignada a otro coche

- También, al relacionar un coche con un empleado, debemos verificar que dicho empleado no esté asignado en ningún otro coche.

- Otro aspecto a resaltar es que en este caso no hemos añadido opciones de borrado en cascada, ya que al eliminar un coche no necesariamente hay que eliminar su empleado (a ese empleado se le puede asignar otro coche) y viceversa (al eliminar un empleado, el coche queda a disposición de otro empleado). Esto provocará un error si intentamos hacer un borrado de empleado con coche asignado, ya que id de Empleado es clave foránea de Coche. Antes de borrar un empleado debemos asegurarnos de que no tiene coche asignado.

Ejercicio 7.6

Realiza un nuevo proyecto partiendo del Ejercicio 7.1 que gestionaba la entidad *Curso,* y añádele una nueva entidad llamada *Libro.* Estos libros son promociones que tienen algunos de los cursos, de forma que un curso puede no tener asignado ningún libro o bien tener uno. Un libro solo puede estar asignado a un solo curso, por lo que es una relación uno a uno. Debes realizar lo siguiente:

- Crea la entidad *Libro* que tendrá como atributos un *id* autonumérico gestionado por la base de datos y su título.

- Implementa su CRUD completo con controlador, servicio, repositorio y vistas.

- En el alta de un curso no se le asignará ningún libro. En la vista de cursos tampoco se muestran los libros que tienen asignados los cursos.

- En la vista de libros habrá una columna para el curso asignado, que puede mostrar el nombre del curso asignando o bien en blanco.

- En el alta de libro debemos validar que el título introducido no esté ya asignado a ningún otro libro. Además, podremos no asignarle ningún curso o bien asignarle un curso de los existentes, siempre que ese curso no tenga ningún otro libro asignado.

- Al editar un libro, debemos verificar lo mismo que en el alta de libro, en cuanto a título único y el curso elegido no tenga asignado otro libro.

- Al borrar un curso, si tiene un libro asignado, no se podrá eliminar, habrá que eliminar esa asociación previamente desde la vista de libros.

7.7. DTO

Una problemática recurrente cuando desarrollamos aplicaciones, es el diseño de la forma en que la información debe viajar desde la capa del controlador hasta las vistas (u hacia otros "clientes"), ya que muchas veces por desconocimiento o pereza, utilizamos las clases del modelo de dominio para enviar los datos, lo que puede ocasionar que retornemos más datos de los necesarios *(¿problemas de seguridad?)* o bien que tengamos que hacer varios envíos (uno por cada entidad) o bien datos con una estructura más compleja.

El patrón DTO tiene como finalidad de crear un objeto plano (POJO) con los atributos necesarios para enviar al cliente en una sola operación. Es frecuente que un DTO contenga información de múltiples entidades o tablas y concentrarlas en una única clase simple.

➢ **Ejemplo**

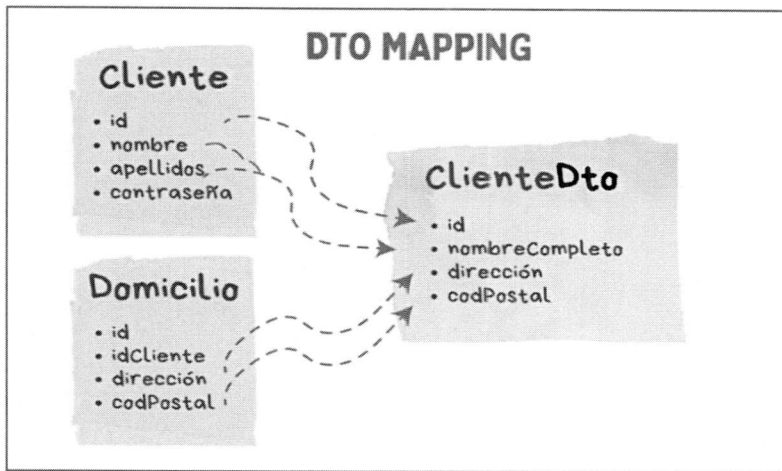

Figura 7.9. Esquema de un DTO

Para construir un DTO podemos hacerlo de dos formas: o bien "a mano", a través de los *setters* del DTO y de los *getters* de las clases origen de datos (no será mala opción para conjuntos sencillos), o bien crearlos de forma casi automática con la clase *ModelMapper* que veremos a continuación.

A nivel proyecto, los DTO pueden estar "cerca" de la carpeta (paquete) del modelo de dominio. O bien en la misma o como subcarpeta.

7.7.1. ModelMapper

ModelMapper, como acabamos de comentar, nos ayuda a transformar una o más entidades de nuestro modelo de negocio en un DTO, evitando tedioso código repetitivo. A nivel interno va a seguir unas reglas "inteligentes" de forma que a partir de los nombres que tengan los atributos del DTO y basándose en la entidad origen y sus asociaciones con otras entidades, haga el mapeo de atributos de forma automática y transparente para nosotros.

Esto sin realizar configuración alguna, aunque también nos permitiría customizar su comportamiento de forma más precisa. (En el capítulo de API REST trataremos más a fondo los DTO). Para emplear *ModelMapper* debemos:

1. Añadir su dependencia al pom.xml del proyecto.

```
<dependency>
    <groupId>org.modelmapper</groupId>
    <artifactId>modelmapper</artifactId>
    <version>3.2.0</version>
</dependency>
```

2. Debemos crear un "bean" de tipo *ModelMapper* para toda nuestra aplicación, para poder inyectar una instancia e invocar a sus métodos allá donde los necesitemos. Podemos hacerlo en una clase de configuración en archivo independiente:

ModelMapperConfig.java:

```
@Configuration
public class ModelMapperConfig {
        @Bean
        ModelMapper modelMapper (){ return new ModelMapper(); }
}
```

3. La clase DTO será una clase sencilla con *getters* y *setters* y los atributos que queramos. El nombre del DTO debería contener el nombre de la clase de la que tomamos sus atributos y puede incluir atributos de otras clases asociadas, anteponiendo el nombre de la clase al del atributo. Por ejemplo:

```
@Getter @Setter
public class EmpleadoDTO {
    private Long id;
    private String nombre;
    private String departamentoNombre;
}
```

4. El método de esta clase para generar un DTO se llama ***map()*** y se le pasa como parámetro el objeto principal del que obtendremos los datos y el tipo de clase que devolverá:

```
@Autowired
private ModelMapper modelMapper;
EmpleadoDTO empleadoDto = modelMapper.map (empleado, EmpleadoDTO.class);
```

La generación del DTO se puede hacer en diversos puntos de la aplicación. Un lugar típico sería el controlador, o bien un método dentro del propio servicio, que recibiese el objeto (o conjunto de objetos) y lo transformase en DTO.

En el siguiente ejemplo, obtenemos todos los empleados de la base de datos, y en vez de pasarlos a la vista, los convertimos al DTO creado y enviamos la lista de DTO.

En el controlador:

```
@GetMapping({ "/", "/list" })
 public String showList(Model model) {
    List<Empleado> listaEmpleados = EmpleadoService.obtenerTodos();
    List<EmpleadoDTO> listaDTO =
            empleadoService.convertEmpleadoToDto(listaEmpleados);
    model.addAttribute("listaEmpleados", listaDTO);
    return "empleado/listView";
 }
```

Y en el servicio:

```
@Autowired
private ModelMapper modelMapper;
public List<EmpleadoDTO> convertEmpleadoToDto(
                        List<Empleado> listaEmpleados) {
   List<EmpleadoDTO> listaEmpleadoDTO = new ArrayList<>();
   for (Empleado empleado : listaEmpleados)
      listaEmpleadoDTO.add(modelMapper.map(empleado, EmpleadoDTO.class));
   return listaEmpleadoDTO;
}
```

Ejercicio 7.7

Para practicar el trabajo con *dto,* desarrolla un proyecto a partir del creado en el Ejercicio 7.2 (*Curso* y su asociación con *Autor*) y crea un *dto* para *Curso* que contenga solo id, nombre y nombre de su autor.

- Sustituye la lista de cursos que se le envía a la vista por una lista que contenga solo los atributos del *dto* creado para Curso.

- Deberás usar un *ModelMapper* para obtener la lista de *CursoDTO* que pasarás a la vista, a partir de la lista de cursos completa que devuelve el servicio.

7.8. Otros conceptos JPA importantes

En este último apartado del capítulo vamos a ver conceptos complementarios que o bien no han sido mencionados previamente, o bien los pasamos por alto para no complicar en exceso cada apartado.

7.8.1. Fetch Type

Existen distintos tipos de captura o búsqueda (*Fetch Types*) en función de cómo se efectúa la búsqueda de los datos, hablando de relaciones entre entidades:

- **Lazy:** *(lectura demorada)* El dato no se solicita hasta que se referencia. Es decir, si la entidad tiene una lista para almacenar las instancias de la otra entidad con la que se relaciona, Hibernate va a esperar a que se haga una consulta sobre la lista para obtener los datos de la base de datos.

- **Eager:** los datos se consultan por adelantado.

Por defecto, JPA usa por defecto *Lazy* para *@OneToMany* y *@ManyToMany* y *Eager* para los otros dos. Esto tiene sentido, pues son esos dos tipos los que a más objetos conectan en el otro lado de la relación. Al ser "*lazy*" el comportamiento por defecto, no debemos hacer nada para declarar estas relaciones como *Lazy*. Si queremos que sean *Eager* (evitaremos problemas, pero con peor rendimiento) podemos especificarlo en la anotación de la relación:

```
@OneToMany (fetch = FetchType.EAGER)
```

Problema con fetch "Lazy": una vez una entidad contenedora ha sido desconectada (*dettached*) del gestor de persistencia (por ejemplo, al enviarla de vuelta al código cliente que la solicitó), esta se enviará tal como esté en ese momento sin importar en qué estado estén sus relaciones que hayan sido marcadas como *Lazy*.

Si una relación ha sido inicializada antes de desconectar la entidad del gestor de persistencia, podremos acceder a sus valores de forma normal; en caso contrario, la relación no apuntará a ningún objeto, y por tanto obtendremos una excepción al intentar manejarla.

7.8.2. Paginación

Cuando una consulta sobre un repositorio devuelve un volumen de datos elevado, puede ser interesante ir recuperándolos en subconjuntos más pequeños, y que, a través de distintos eventos (como puede ser la petición del usuario) vayamos recuperando cada parte del conjunto total de datos, de bloque en bloque. Esto es lo que se conoce por *paginación.*

A veces esto ocurre de forma transparente para nosotros, como cuando deslizamos el dedo por la pantalla del móvil para avanzar las fotos de Instagram. El móvil no recibe todas las fotos posibles, las va recibiendo desde el servidor en conjuntos pequeños.

Spring tiene definida dentro de la jerarquía de interfaces de repositorio la interfaz: `PagingAndSortingRepository<T,ID>` que define métodos que facilitan la ordenación y paginado.

Como la interfaz que venimos usando hasta ahora (*JpaRepository*) hereda de esta interfaz, podemos usar esos métodos directamente. Los dos métodos fundamentales que hereda son:

Iterable<T> findAll (Sort sort): devuelve las entidades ordenadas según el objeto *Sort* pasado como parámetro. Por ejemplo, para devolver los empleados ordenados por email descendentemente:

```
empleadoRepository.findAll(Sort.by(Sort.Direction.DESC, "email"));
```

Page<T> findAll (Pageable pageable): devuelve un objeto *Page* con las entidades devueltas, de acuerdo con las restricciones proporcionadas por el objeto *Pageable* pasado como parámetro.

Este objeto *Pageable* nos permite definir tres parámetros fundamentales en la paginación:

- Número de página que estamos tratando en esta petición (empezando en cero). Si la consulta devuelve 20 páginas, este parámetro los moveremos entre 0 y 19 para acceder a sus registros.

- Tamaño de la página, es decir, la cantidad de registros de cada conjunto devuelto

- Criterio de ordenación.

Suponiendo una entidad *Vehículo*, con atributos: *id*, *modelo* y *precio,* podemos definir un servicio con un método que acceda al repositorio y devuelva los vehículos paginados de 10 en 10 ordenados por modelo.

```
@Service
public class VehiculoService {
 @Autowired
 private VehiculoRepository empleadoRepository;
 private final Integer pageSize = 10;
 public List<Vehiculo> getVehiculosPaginados(Integer pageNum)  {
    Pageable paging = PageRequest.of(pageNum, pageSize, Sort.by("modelo"));
    Page<Vehiculo> pagedResult = vehiculoRepository.findAll(paging);
    if (pagedResult.hasContent()) return pagedResult.getContent();
    else return null;
 }
}
```

Consideraciones

- No es necesario extender `PagingAndSortingRepository` ya que el que usamos habitualmente `JpaRepository` es hijo de esta y por tanto incluye todos estos métodos de paginación.

- Desde el controlador debemos invocar a este método del servicio con diferentes valores de número de página, entre cero y el total de páginas de la consulta menos uno.

- El orden es un parámetro opcional, podríamos no informarlo y los mostraría desordenados.

- Si le añadimos el parámetro de ordenación, por defecto es ascendente. Hay que añadirle `.descending()` para que sea descendente.

- La clase *Page* nos ofrece dos métodos interesantes para saber el total de páginas y el total de elementos, respectivamente: `int getTotalPages()`, `long getTotalElements()`.

Puede ser interesante añadir un método al servicio para saber el total de páginas de la consulta, para que el controlador sea capaz de gestionar peticiones de páginas correctas e incorrectas:

```
public int getTotalPaginas() {
    Pageable paging = PageRequest.of(0, pageSize, Sort.by("modelo"));
    Page<Vehiculo> pagedResult = vehiculoRepository.findAll(paging);
        return pagedResult.getTotalPages();              }
```

El controlador debe hacer la llamada al servicio para obtener la página de resultados que necesite y también puede obtener el total de páginas para controlar errores (esto es, solicitar una página mayor que el total de páginas) y también para pasarle a la vista el valor de página siguiente y página anterior, para los enlaces que permitan al usuario navegar por el conjunto total de resultados:

```
@Controller
public class VehiculoController {
    @Autowired
    private VehiculoService vehiculoService;

    @GetMapping("/")
    public String showList(@RequestParam(required = false) Integer pag,
                            Model model) {
```

```
        int ultPag = vehiculoService.getTotalPaginas() - 1;
        if (pag == null || pag < 0 || pag > ultPag) pag = 0;
        Integer pagSig = ultPag > pag ? pag + 1 : ultPag;
        Integer pagAnt = pag > 0 ? pag - 1 : 0;

        model.addAttribute("listaVehiculos",
                            vehiculoService.getVehiculosPaginados(pag)) ;
        model.addAttribute("pagSiguiente", pagSig);
        model.addAttribute("pagAnterior", pagAnt);
        model.addAttribute("pagFinal", ultPag);
        return "listView";
    }
}
```

Y por último tendríamos la vista con el siguiente <body>:

```
<h1>Listado de vehiculos</h1><h3>Ordenados por modelo</h3>
<table border="1">
    <thead><tr><th>ID</th><th>Modelo</th><th>Precio</th></thead></tr>
    <tbody>
      <tr th:each="vehiculo : ${listaVehiculos}">
        <td th:text="${vehiculo.id}">1</td>
        <td th:text="${vehiculo.modelo}">Opel Astra</td>
        <td th:text="${vehiculo.precio}">34000</td>
      </tr>
    </tbody>
</table>
<a th:href="@{/?pag=0}">Pág inicial</a> | 
<a th:href="@{/(pag=${pagAnterior})}">Pág ant</a> | 
<a th:href="@{/(pag=${pagSiguiente})}">Pág sig</a> | 
<a th:href="@{/(pag=${pagFinal})}">Utl.pág</a>
```

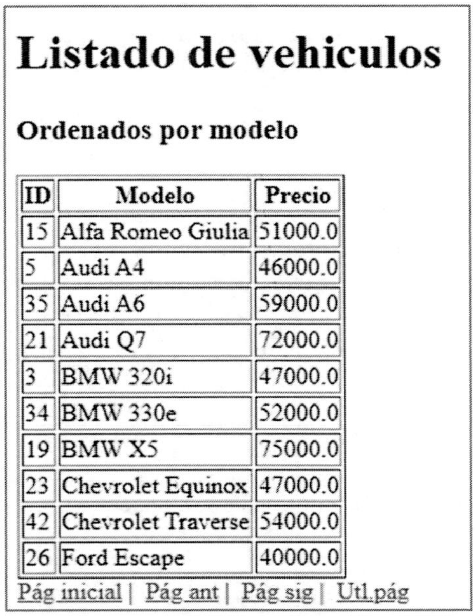

Listado de vehiculos

Ordenados por modelo

ID	Modelo	Precio
15	Alfa Romeo Giulia	51000.0
5	Audi A4	46000.0
35	Audi A6	59000.0
21	Audi Q7	72000.0
3	BMW 320i	47000.0
34	BMW 330e	52000.0
19	BMW X5	75000.0
23	Chevrolet Equinox	47000.0
42	Chevrolet Traverse	54000.0
26	Ford Escape	40000.0

Pág inicial | Pág ant | Pág sig | Utl.pág

Figura 7.10. Resultados paginados

Ejercicio 7.8

Crea un nuevo proyecto para trabajar con la paginación. Puedes partir del proyecto del Ejercicio 7.1, pero simplificado (solo atributos: *id*, *nombre* y *precio*) y que los muestre paginados, de 10 en 10.

Figura 7.11. Ejecución del Ejercicio 7.8.

- Incluye enlaces para página siguiente, página anterior, primera página y última página. Para simplificar el caso de la primera y última página, en el caso de estar en la primera página, el enlace de página anterior apuntará a esa misma página. Análogamente, si estamos en la última página, el enlace a página siguiente también apuntará a esa última página de nuevo.

- Será una aplicación solo para mostrar datos, no un CRUD completo.

- Para crear datos de ejemplo, puedes solicitárselos a una inteligencia artificial como *ChatGpt*, para que construya un archivo con los *inserts* en la base de datos (si el atributo *id* es autonumérico, no hay que incluirlo en la instrucción).

```
insert into Libro (nombre,precio) values ('Java a fondo', 1240);
```

- Debes incorporar esos *inserts* en el fichero */resources/data.sql*. Así no es necesario tener en el servicio y controlador los métodos de inserción, borrado, etc. Solo el de mostrar los datos paginados.

- Debes incluir en el archivo *application.properties* las líneas siguientes para permitir la ejecución de *scripts* y crear las tablas antes de los *inserts* del fichero *data.sql*:

```
spring.sql.init.mode=always
spring.jpa.defer-datasource-initialization=true
```

7.8.3. Herencia

Tanto en Hibernate como en JPA se definen tres estrategias para mapear esta relación de clases a tablas de nuestra base de datos:

- *Single Table*: una sola tabla para guardar toda la jerarquía de clases. Tiene la ventaja de ser la opción que mejor rendimiento da, ya que sólo es necesario acceder a una tabla (está totalmente desnormalizada). Tiene como inconveniente que todos los campos de las clases hijas tienen que admitir nulos, ya que cuando guardemos un tipo, los campos correspondientes a los otros tipos de la jerarquía no tendrán valor. Es la estrategia por defecto.

- *Joined:* Una tabla para el padre de la jerarquía, con los atributos comunes, y otra tabla para cada clase hija con los atributos concretos. Es la opción más normalizada, y por tanto, la más flexible, ya que para añadir nuevos tipos basta con añadir nuevas tablas y si queremos añadir nuevos atributos sólo hay que modificar la tabla correspondiente al tipo donde se está añadiendo el atributo. Tiene la desventaja de que, para recuperar la información de una clase, hay que ir haciendo *join* con la tabla de la clase padre.

- *Table per class:* Una tabla independiente para cada tipo. En este caso cada tabla es independiente, y los atributos del padre (atributos comunes en los hijos), tienen que estar repetidos en cada tabla. En principio puede tener problemas de rendimiento, por lo que es la menos recomendada.

Veamos un mismo ejemplo con las dos primeras estrategias. Supongamos la clase *Vehículo* descrita previamente (atributos: id, modelo y precio) y dos clases hijas: *Moto* (atributo: potencia) y *Coche* (atributo: *peso*). En todos los casos tendremos tres archivos: *Vehiculo.java, Moto.java* y *Coche.java*.

Estrategia: Single Table

Anotamos la superclase con el tipo de estrategia empleada y un discriminador, que será finalmente una columna que nos indicará el tipo de hijo ('Moto' o 'Coche' en este caso):

```java
@Data
@AllArgsConstructor
@EqualsAndHashCode(of="id")
@Entity
@Inheritance( strategy = InheritanceType.SINGLE_TABLE )
@DiscriminatorColumn(name="tipoVehiculo")//no incluimos este atributo
public class Vehiculo  {
    @Id
    private int id;
    private String modelo;
}
```

Y las clases hijas con atributo *@DiscriminatorValue* que distingue cada tipo de hijo:

```
@Data
@AllArgsConstructor
@EqualsAndHashCode(callSuper = true)
@Entity
@DiscriminatorValue( value="Moto" )
public class Moto extends Vehiculo  {
        private int potencia;
}

@Data
@AllArgsConstructor
@EqualsAndHashCode(callSuper = true)
@Entity
@DiscriminatorValue( value = "Coche" )
public class Coche extends Vehiculo {
        private int peso;
}
```

Quedando una tabla así:

id	Modelo	tipoVehiculo	potencia	peso
1	Yamaha XMax	Moto	30	
2	Seat Ibiza	Coche		1500
3	Kimko Like	Moto	10	
4	Opel Mokka	Coche		1100

Estrategia: Joined

La estructura de las clases sería exactamente igual salvo el modificador de la anotación de herencia: @Inheritance(strategy=InheritanceType.JOINED).

Ya no es necesario: @DiscriminatorColumn y @DiscriminatorValue Obtendríamos las siguientes tablas: Vehiculo, Moto y Coche:

Id	Modelo
1	Yamaha XMax
2	Seat Ibiza
3	Kimko Like
4	Opel Mokka

id	potencia
1	30
3	10

id	peso
2	1500
4	1100

Sobre estas entidades podemos generar sendos repositorios para acceder a sus datos.

Ejercicio 7.9

Toma el proyecto del ejercicio de la lista de espera de la clínica del capítulo anterior (Ejercicio 6.5) y convierte los repositorios en memoria en repositorios sobre una base de datos H2. Prueba las distintas estrategias de almacenamiento de la herencia (*single table / joined*) y haz capturas de las tablas generadas en cada caso.

- Al pasar a base de datos y no un ArrayList, no sabemos cuál es el primer paciente. La forma más sencilla de solucionarlo es añadir un 'id' autogenerado para cada paciente y crear un método en el repositorio para obtener el primero, esto es, el mínimo. Podemos hacerlo por método *@Query*:

```
@Query("select p from Paciente p where
       p.id=(select min(p2.id) from Paciente p2)"
public Paciente getFirst();
```
O por método derivado por nombre: `public Paciente findTopOrderByIdAsc();`

- Añadimos *@DiscriminatorColumn* y *@DiscriminatorValue* a las entidades en caso de estrategia Single Table.

- En vez de guardar en la tabla el ArrayList de medicamentos, para los pacientes que vienen por recetas tendremos solo la cantidad de medicamentos y no su nombre.

7.8.4. Otras anotaciones

@Transactional

Una transacción es una operación atómica de base de datos, esto es, que se realiza completamente o no se realiza. Imagina un escenario de cuentas corrientes y qué tenemos un servicio con un método de traspaso de dinero entre cuentas: realizamos primero una operación que retira un determinado importe de una cuenta y justo a continuación la operación que ingresa ese importe en otra cuenta. ¿Qué ocurre si el método falla en mitad del proceso y solo se se hecho la retirada, pero no el ingreso? La respuesta es que la base de datos quedaría inconsistente.

Anotando el método con @Transactional, o bien hará todas las operaciones o ninguna, es decir, si hubiese algún problema, hará *roll back* de las operaciones ya realizadas para volver a la situación inicial.

Podemos añadir la anotación a nivel servicio, y así afectaría a todos sus métodos. En operaciones de solo lectura, podemos añadirle a la anotación el atributo *readOnly* para mejorar el rendimiento.

```
@Transactional(readOnly = true)
```

@IdClass

En las relaciones muchos a muchos, que generaban una nueva entidad, comentábamos que teníamos dos opciones sobre la clave de esa nueva entidad, atributo 'id' o bien una clase formada por dos atributos, las claves de las entidades de los extremos, en nuestro caso el 'id' de empleado y el 'id' de proyecto. En los apartados previos optamos por la primera opción, vamos a ver a hora la segunda.

Básicamente, lo que necesitamos es crear una clase extra para la clave primaria de esta nueva entidad. Esto es necesario ya que la anotación *@Id* solo funciona como clave primaria para atributos simples. Esta clase extra que actuará como clave de la entidad asociación deberá cumplir las siguientes características:

- Debe ser una clase pública y tener un constructor sin argumentos.

- Debe implementar *Serializable*.

- No debe tener clave primaria propia.

- Debe implementar los métodos *equals* y *hashCode*.

- Contendrá como atributos las claves de las entidades implicadas (generalmente Long) pero le pondremos como nombre el de su entidad.

En nuestro caso esta clase extra será *ColaboracionId*:

```
@Data
public class ColaboracionId implements Serializable {
    private Long empleado;
    private Long proyecto;
}
```

Ahora, incorporando a la clase de asociación *Colaboracion* el *@IdClass* creado en el paso anterior, quedaría así.

```
@Data
@AllArgsConstructor
@NoArgsConstructor
@Entity
@IdClass(ColaboracionId.class)
public class Colaboracion {
    @Id
    @ManyToOne
    @OnDelete(action=OnDeleteAction.CASCADE)
    private Empleado empleado;

    @Id
    @ManyToOne
    @OnDelete(action=OnDeleteAction.CASCADE)
    private Proyecto proyecto;

    private String puesto;
}
```

El repositorio indicará que la clave de la entidad es de tipo *ColaboracionId*:

```
public interface ColaboracionRepository extends
                    JpaRepository<Colaboracion, ColaboracionId>
```

@NaturalId

Es una anotación propia de *Hibernate*. Representa un identificador único que, si bien no es el mejor candidato para clave primaria, es conveniente indicárselo a *Hibernate*, ya que lo puede usar para ser más eficiente. Podría ser el DNI en una entidad *Persona*, la matricula en una entidad *Coche*. Podríamos usar este *NaturalId* en consultas y en métodos como *equals()*.

JPA ofrece métodos ya implementados como *findBySimpleNaturalId* a los que les pasamos un valor del atributo anotado con *@NaturalId* y devuelve un *Optional* de la entidad con ese valor.

@Transient

Se asigna a atributos de una entidad y se utiliza para indicar que ese atributo no debe ser persistente, de esta manera, JPA pasa por alto el atributo y no es tomado en cuenta a la hora de persistir la entidad en la base de datos.

En la práctica no es común utilizar esta anotación, debido a que las entidades, por lo general, solo tienen los atributos que mapean con la base de datos. Sin embargo, existen ocasiones en donde puede ser útil.

Un ejemplo muy habitual es cuando agregamos un *logger* a la clase entidad. Esta instancia de *java.util.logging.Logger* será una propiedad más de la entidad, pero no deseamos que sea persistente, para lo cual lo marcamos con *@Transient*.

@Enumerated

Esta anotación se usa para definir como persistir enumeraciones de nuestro proyecto en la base de datos. Tenemos dos formas:

- **String:** persiste la enumeración por su nombre, lo que significa que será una columna alfanumérica. La anotación quedaría así:

  ```
  @Enumerated(value = EnumType.STRING)
  ```

- **Ordinal:** persiste un valor entero que corresponde al valor ordinal o posición de valor en la enumeración. La anotación quedaría así:

  ```
  @Enumerated(value = EnumType.ORDINAL)
  ```

➤ **Ejemplo:**

```
@Entity
public class Empleado {
    @Id
    private Long id;
    private String nombre;
    @Enumerated(value = EnumType.STRING)
    private Genero genero;
    //resto de atributos, constructores y métodos
}
public enum Genero { MASCULINO, FEMENINO, OTROS };
```

@Temporal

Se usa para persistir las fechas en la base de datos de forma simple. Una de las principales complicaciones cuando trabajamos con fecha y hora es determinar el formato empleado por el manejador de base de datos. Mediante el uso de *@Temporal* es posible determinar si nuestro atributo almacena Hora, Fecha u Hora y fecha, y es posible utilizar la clase Date o Calendar para estos fines. Se pueden establecer tres posibles valores para la anotación:

- **DATE:** acotará el campo solo a la Fecha, descartando la hora: @Temporal(TemporalType.DATE)

- **TIME:** acotará el campo solo a la Hora, descartando a la fecha. @Temporal(TemporalType.TIME)

- **TIMESTAMP:** toma la fecha y hora. @Temporal(TemporalType.TIMESTAMP)

➢ **Ejemplo:**

```
@Entity
public class Empleado {
    @Id
    private Long id;
    private String nombre;
    @Temporal(TemporalTyme.DATE)
    private Date fechaNacimiento;
    //resto de atributos, constructores y métodos
}
```

@MapsId

En relaciones *@OneToOne*, las dos entidades involucradas tienen su propio atributo clave, anotado con *@Id*, como es una relación uno a uno, hay una vinculación directa entre uno y otro, por lo que no es lo más eficiente tener ambos identificadores.

La anotación *@MapsId* sirve para indicarle a la entidad dependiente que use en el atributo @Id el mismo valor que en la entidad principal. En el ejemplo que habíamos visto en las relaciones *@OneToOne* entre Empleado y Coche sería:

```
//anotaciones lombok
@Entity
public class Coche {
    @Id
    @GeneratedValue(strategy = GenerationType.IDENTITY)
    private Long id;
    private String matricula;
    private String modelo;
    @OneToOne
    @MapsId
    private Empleado empleado;
}
```

7.8.5. Entity Manager

Esta es una interfaz fundamental de JPA, ya que se encarga de realizar todas las operaciones de persistencia sobre la base de datos: establece la conexión transaccional con la base de datos, mantiene en memoria una caché con las entidades gestionadas y las sincroniza correctamente con la base de datos cuando se realiza un *flush*. El conjunto de entidades que gestiona un *entity manager* se denomina su contexto *de persistencia*.

En nuestro caso, todo este proceso se está haciendo de forma transparente para nosotros, todo gestionado por los repositorios (por ejemplo, *JpaRepository*) pero podríamos crearlo nosotros mismos y usar sus métodos, por ejemplo, *persist()* para guardar los datos, *remove()* para eliminar, etc.

➢ **Ejemplo:**

```
@Repository
public class Repositorio {
        @Autowired
        private EntityManager entityManager;
        public void save (Entidad entidad) {
                entityManager.persist (entidad);
        }

}
```

 NOTA:
En los recursos complementarios del libro hay un ejemplo de subida de ficheros al servidor (es un CRUD de una entidad llamada *Cliente* sobre H2) Ahora es buen momento para echarle un ojo y retomar el capítulo de la gestión de ficheros en el servidor.

Ejercicios de ampliación

Ejercicio 7.10. Vamos a crear un proyecto desde cero, para la gestión las cuentas corrientes de una persona y movimientos de las mismas. Una cuenta corriente se caracteriza por un IBAN único, un alias o nombre, su saldo actual y un histórico de movimientos. De cada movimiento de cada cuenta tenemos un id autonumérico, una fecha/hora del mismo (que se tomará del sistema) y un importe que puede ser negativo (reduce el saldo de la cuenta) o positivo (aumenta el saldo de la cuenta). La aplicación debe permitir el CRUD de cuentas corrientes y alta y consulta de sus movimientos (una vez dado de alta un movimiento ya no se puede ni eliminar ni modificar).

Consideraciones:

- No se admiten ingresos de más de 1000 euros ni retiradas de más de 300 euros.

- Para el alta de una cuenta hay que informar de su iban y alias ya que el saldo que es cero.

- Para borrar una cuenta su saldo debe estar a cero y se borrarán automáticamente todos sus movimientos.

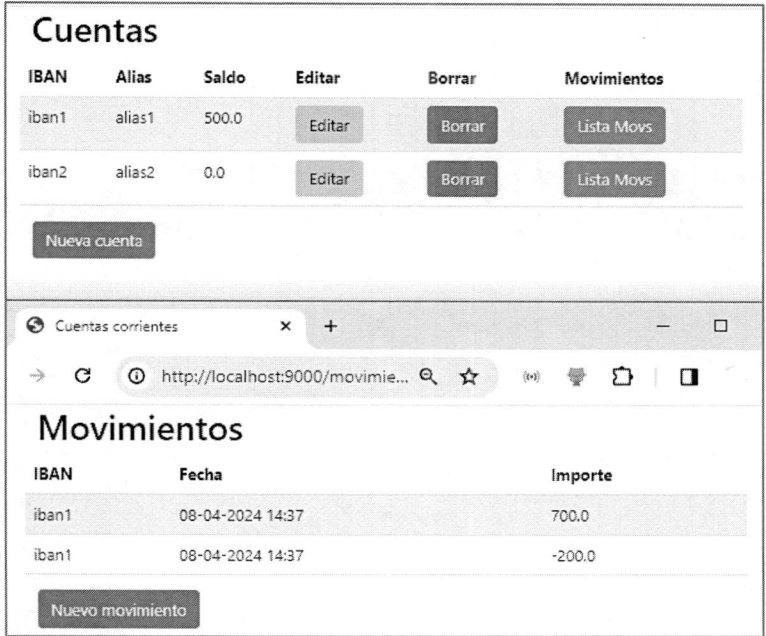

Figura 7.12. Resultado de la ejecución del Ejercicio 7.10

Ejercicio 7.11. Haz una versión del Ejercicio 7.10 con la relación bidireccional entre ambas entidades. Al incluir el ArrayList de *Movimientos* en la entidad *Cuenta*, hay ciertas operaciones que podremos hacer de forma más sencilla.

El ejemplo más claro es cuando, partiendo de una cuenta determinada, queremos pasarle a una vista todos sus movimientos; con una relación unidireccional necesitaremos crear un método *findByCuenta* en el repositorio de Movimientos y llamarlo con esta cuenta como parámetro; por el contrario, con la relación bidireccional, basta con hacer: *cuenta.getMovimientos()*.

Se hará una gestión con repositorios en base de datos H2 en disco. Primero puedes trabajar en memoria. Una vez que funcione correctamente debes ejecutarlo una vez sobre disco, que genere el esquema y haciendo la carga inicial de datos que quieras, por ejemplo, un par de cuentas (*CommandLineRunner*).

Luego debes revisar que el esquema está correctamente creado y configurar la aplicación para que no recree el esquema nunca más ni haga la carga inicial.

Ejercicio 7.12. Haz un proyecto que mantenga la clasificación de los 20 equipos de primera división de futbol en la temporada actual. El programa realmente no debe permitir actualizar la clasificación, sino que permitirá hacer las operaciones CRUD sobre las 38 jornadas de la temporada. En cada jornada habrá 10 partidos de los que se guardarán los goles marcados por el equipo local y el equipo visitante (un partido ganado supone 3 puntos, partido perdido cero y partido empatado 1 punto para cada uno). Serán por tanto los partidos de las jornadas los que van modificando la clasificación.

Para hacerlo más sencillo, no se va a hacer CRUD de equipos, estos son estáticos, se introducen los 20 equipos una sola vez en la carga inicial (si quieres con su escudo) y luego no se pueden modificar.

Se adjuntan unas vistas para comprender mejor el proceso.

Figura 7.13. Resultado de la ejecución del Ejercicio 7.12 (1)

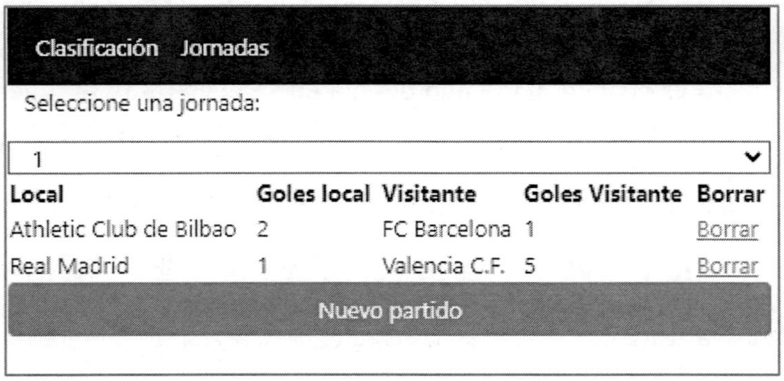

Figura 7.14. Resultado de la ejecución del Ejercicio 7.12 (2)

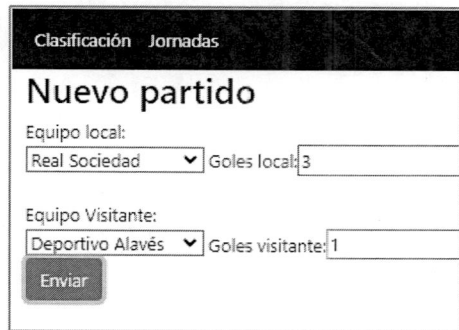

Figura 7.15. Resultado ejecución ejercicio 7.12 (3)

Proyecto BookAdvisor

En este *sprint* vamos a realizar las siguientes mejoras sobre la aplicación obtenida en el *sprint* anterior.

- Pasar la entidad *Libro* a base de datos H2 (inicialmente en memoria, no disco)

- Hacer un *'dto'* para la vista que muestra todos los libros *bookListView.html* solo informe de algunos atributos, los más importantes, pero no todos (puedes emplear *modelMapper* y hacer un método que te pase de Libro al *dto*). Sí que se verán todos sus atributos en la vista de detalle de cada libro *bookView.html*.

- Añadir las entidades *Genero* (antes era una enumeración), *Usuario*, *Valoración*, cada una con los atributos que consideres y con su CRUD. En el siguiente sprint añadiremos al usuario los atributos de contraseña y rol de permisos, pero por ahora no es necesario.

- Las entidades del punto anterior tienen las siguientes relaciones unidireccionales entre ellas:
  - — *Libro–Género*: muchos a uno.
  - — *Libro–Usuario*: muchos a muchos (genera la entidad *Valoración*, cuyos atributos propios serán la puntuación asignada y los comentarios sobre el libro)

- Por ahora, para hacer una valoración de un libro, habrá que seleccionar en un desplegable el usuario que la realiza entre todos los usuarios creados, pero en el capítulo siguiente veremos cómo esto no hará falta, ya que la valoración será del usuario conectado en ese momento.

- Un usuario podrá hacer valoraciones de todos los libros que desee, pero solo una por cada libro, no pudiendo valorar varias veces el mismo libro.

- Además de guardar cada valoración, sería conveniente por temas de rendimiento que en la clase *Libro* guardases la puntuación media de cada libro, para evitar hacer su cálculo como media de todas las valoraciones cada vez que se realiza una consulta.

Figura 7.16. Resultado de la ejecución de BookAdvisor

- Asimismo, puede ser interesante guardar en la clase *Libro* los datos para recalcular la puntuación media de forma que se facilite ese cálculo en caso de añadir o eliminar una valoración (serían la cantidad de usuarios que la han votado y la suma de las votaciones, ya que la puntuación media será el cociente de ambos datos).

- En el menú superior debemos añadir las entradas *Géneros* y *Usuarios,* para la gestión de los CRUD correspondientes.

- Podemos también añadir a ese menú, las entradas que necesitamos en el capítulo siguiente, para el control de acceso: Registrarse, Iniciar sesión, Perfil (a futuro tendrá submenús: Editar, Mis valoraciones, etc).

Figura 7.17. Resultado de la ejecución de BookAdvisor: géneros

- Asegurarse de que todas las clases de servicio lanzan excepciones en los casos de error, los métodos de los controladores capturan esas excepciones y que los mensajes de error de esas excepciones llegan a la vista del cliente.

Figura 7.18. Resultado de la ejecución BookAdvisor: detalle de libro

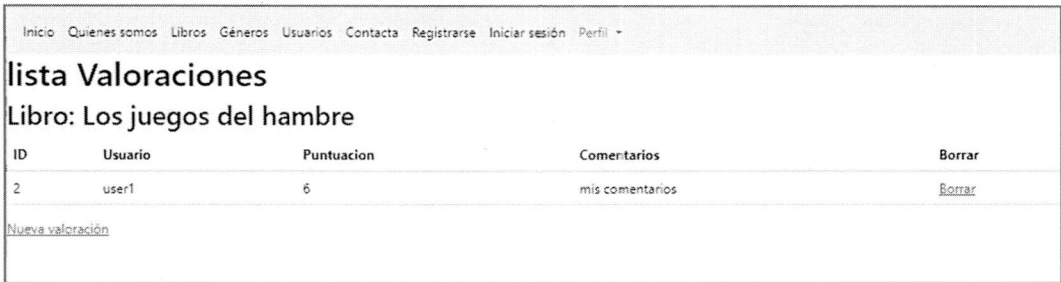

Figura 7.19. Resultado ejecución BookAdvisor: valoraciones

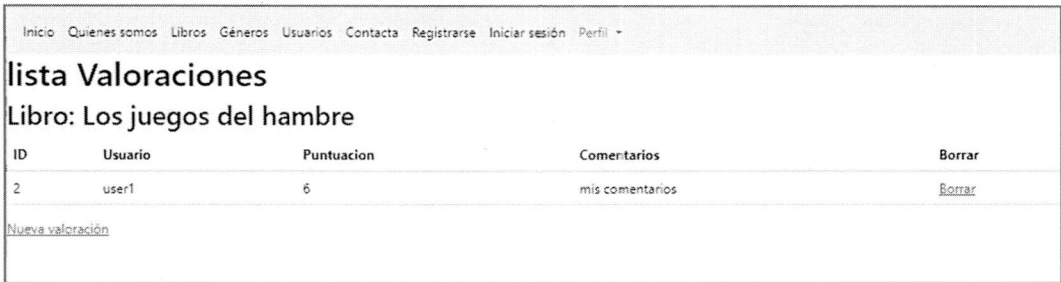

Figura 7.20: Resultado de la ejecución BookAdvisor: nueva valoración

CAPÍTULO 8

CONTROL DE ACCESO Y COOKIES

Contenidos

- Spring Security y configuración de seguridad.
- Roles y permisos de usuario.
- Autenticación y autorización.
- Personalización de páginas de login y logout.
- Manejo de cookies y sesiones de usuario.

Objetivos

- Implementar la seguridad y el control de acceso en la aplicación.
- Usar Spring Security para la autenticación y autorización.
- Gestionar roles y permisos de usuario.
- Personalizar páginas de login y logout.
- Usar cookies en nuestras aplicaciones.

RESUMEN DEL CAPÍTULO

Este capítulo se centra en la seguridad de la aplicación y el control de acceso. Se explica cómo implementar la autenticación y autorización de usuarios, a usar Spring Security, gestionar roles y permisos, personalizar páginas de login y logout y usar cookies para distintos propósitos. También aborda la gestión de cookies.

8.1. Introducción

Entendemos por control de acceso tanto la **autentificación** *(¿Quién eres?)* como a la **autorización** *(¿Qué permisos tienes?)*. En cuanto a la autentificación tendremos que encargarnos de distintas tareas como es el registro de usuarios, el proceso de login y logout de los mismos, etc. Una vez que un usuario esté identificado en la aplicación tendremos que gestionar sus permisos.

Otro concepto a tener en cuenta es de **rol**. Los roles son agrupaciones de permisos comunes a varios usuarios. Roles típicos son los usuarios registrados sin más, usuarios con más privilegios o usuarios con todos los privilegios (también llamados **administradores**), así hablaremos de roles como USER, MANAGER, ADMIN, etc. y cada usuario tendrá asignado uno de estos roles o incluso varios de ellos.

Una forma sencilla de trabajar consistirá en establecer para cada ruta de mapping de controlador (que es la forma de acceder a los recursos de nuestras aplicaciones) qué roles y por tanto, qué usuarios, pueden acceder a esa ruta. Podremos incluso discriminar con qué verbo HTTP puede acceder y con cuál no.

Así pues, siguiendo con la aplicación ejemplo con Spring MVC que llevamos planteando en este libro, correspondiente a un CRUD de una entidad *Empleado,* podríamos tener un esquema que el que los usuarios con el rol USER pudiesen acceder al alta de empleados: `@GetMapping("new")` y `@PostMapping("/new/submit")`, pero no al borrado de los ya creados con la ruta `@GetMapping("/delete/{id}")`. Esta operación la podrían hacer usuarios con otro rol, por ejemplo, los administradores. Los usuarios no identificados podrían consultar la lista de empleados, pero no hacer ningún cambio. Este sería un esquema posible, pero podríamos tener cualquier otro.

8.1.1. Sesiones

Como comentamos al principio de este libro, el protocolo HTTP es un protocolo sin estados, por lo que, cuando se envía una petición, no se *recuerda* nada de las anteriores, cada una es totalmente independiente. Esto representa un problema para la autentificación de usuarios, ya que al navegar por una aplicación que requiera estar identificados, deberíamos estar enviando nuestro usuario y contraseña en cada petición. Para solucionar esta situación están las sesiones.

Una **sesión** es un mecanismo que permite conservar información sobre un usuario al pasar de una petición a otra (de una página web a otra) dentro de un mismo sitio web. Los datos referentes a esa sesión se almacenan en el servidor. El cliente almacenará sus datos de sesión, generalmente en una *cookie*, y es esa cookie lo que se enviará en cada petición. Al llegar al servidor la petición, se compara el identificador de sesión que le llega en la *cookie* con la sesión guardada en el propio servidor, y así se autentifica al usuario en cada petición.

Cuando se cierre la sesión (por tiempo, ya que las sesiones tienen un tiempo de expiración, o porque el usuario se ha desconectado) se elimina la información de esa sesión en el servidor por lo que esa *cookie* ya no tendrá validez.

Este modelo de sesión/*cookie* es válido para las aplicaciones web clásicas, las que desarrollamos con Spring MVC, pero cuando hablemos de API Rest este modelo no es válido, ya que los clientes de nuestra aplicación serán variados y no necesariamente trabajarán con *cookies*. Para API Rest usaremos otros métodos como **JWT** (JSON Web Token), pero esto lo veremos en un capítulo posterior. Por ahora nos centraremos en el modelo MVC.

En la Figura 8.1 podemos ver el esquema de funcionamiento del proceso de login y petición de usuario registrado en el sistema.

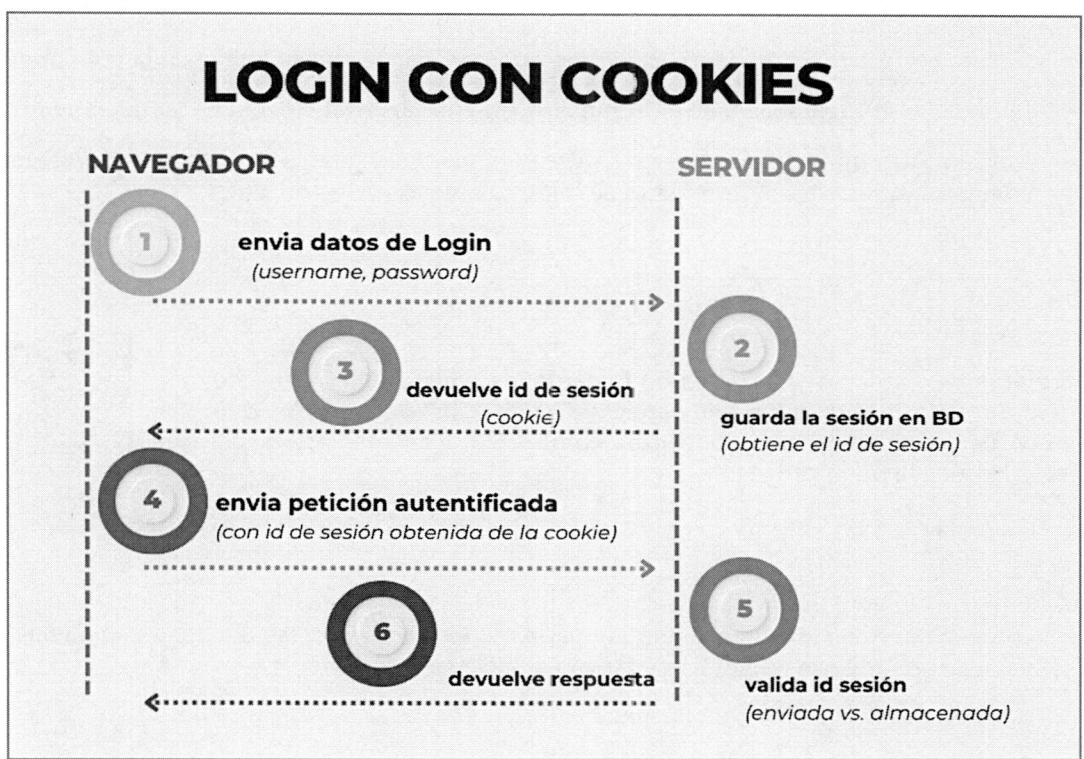

Figura 8.1. Proceso de login con cookies

8.2. Configuración básica

Spring Framework posee un módulo llamado Spring Security que se encarga de todos los aspectos de seguridad y control de acceso de nuestras aplicaciones. Es un módulo muy amplio, tanto en securización ante posibles ataques como en el tratamiento del control de acceso.

Para incluir Spring Security en un proyecto Spring Boot basta con incorporar la dependencia *starter-security* en el archivo *pom.xml*.

```
<dependency>
    <groupId>org.springframework.boot</groupId>
    <artifactId>spring-boot-starter-security</artifactId>
</dependency>
```

Por solo incluir la dependencia, sin ninguna configuración adicional, de manera predeterminada obtenemos los siguientes beneficios:

- Previene distintos tipos de ataques CSRF (Session Fixation, X-XSS-Protection, etc.).

- Protege el acceso a la aplicación, impidiendo que ningún usuario no identificado pueda invocar a cualquier ruta de los métodos de nuestros controladores y por tanto acceder a la aplicación.

- Genera un formulario de login en la ruta: */login* y una página de logout en la ruta: */logout*.

- Permite hacer login mediante el formulario anterior y permite logout en la ruta */logout*.

- Registra un filtro llamado *springSecurityFilterChain* que se encarga de proteger las contraseñas, redirigir al formulario de login cuando es necesario, etc.

 NOTA:

Si quieres profundizar en el tema de los ataques CSRF puedes ver este video: *https://www.youtube.com/watch?v=CXSE89JGnek&t=01m13s* que explica de forma muy clara conceptos como CSRF, cookies/sesiones y CORS. ¡Merece la pena verlo!

Bastaría entonces con añadir en el archivo *application.properties* las dos líneas siguientes para que solo el usuario indicado pudiese acceder a la aplicación.

```
spring.security.user.name =user
spring.security.user.password =1234
```

Cuando el usuario intente acceder a cualquier URL de la aplicación, Spring Boot y el *Security Filter* de HTTP redirigirán al usuario al formulario de identificación */login*, donde solicitará al usuario que inserte su nombre y contraseña para proceder. Este formulario se crea de forma automática.

Este mecanismo tan restrictivo podría ser suficiente para pequeñas aplicaciones monousuario donde solo se necesita restringir el acceso de forma general, pero queda muy reducido en aplicaciones en que hay secciones accesibles al público en general y otras protegidas, dependiendo de si el usuario está identificado o incluso solo si este tiene un rol determinado.

Para comenzar a configurar la seguridad, eliminaremos las dos líneas anteriores de *application.properties* y crearemos una clase anotada con ***@EnableWebSecurity*** y ***@EnableMethodSecurity*** con la configuración deseada. Podemos crearla en cualquier punto debajo del paquete raíz de la aplicación, pero lo habitual será tenerla en un paquete */security* o en el paquete */config*.

Nota: en versiones anteriores de Spring se configuraban estos aspectos extendiendo la clase *WebSecurityConfigurerAdapter*, pero desde Spring 5.7 está marcada como *deprecated* y debemos evitar su uso.

➢ **Ejemplo**: clase de configuración de seguridad incluyendo dos usuarios:

```java
@Configuration
@EnableWebSecurity
@EnableMethodSecurity
public class SecurityConfig {
  @Bean
  public AuthenticationManager authenticationManager(
          AuthenticationConfiguration authenticationConfiguration)
          throws Exception {
    return authenticationConfiguration.getAuthenticationManager();
  }


  @Bean
  public PasswordEncoder passwordEncoder() {
    return new BCryptPasswordEncoder();
  }


  @Bean
  public UserDetailsService users(PasswordEncoder passwordEncoder) {
    UserDetails user = User.builder()
          .username("user1")
          .password(passwordEncoder.encode("1234"))
          .roles("USER")
          .build();
      return new InMemoryUserDetailsManager(user);
  }
}
```

Este sería un primer ejemplo, con una sencilla autentificación de usuarios en memoria, con un solo usuario *'user1'*, que tendría un rol básico llamado *'USER'* y contraseña encriptada *'1234'*. Más adelante sustituiremos los usuarios en memoria por usuarios reales en base de datos.

Debemos fijarnos en que creamos tres beans para controlar la seguridad:

- *AutheticationManager*

- *PassWordEncoder*

- *UserDetailsService*

Podemos sustituir el *UserDetailsService* por otro que añada dos usuarios, el *user1* actual y añadir un nuevo usuario y rol (*admin1 / ADMIN*):

```
@Bean
public UserDetailsService users(PasswordEncoder passwordEncoder) {

    UserDetails user = User.builder()
        .username("user1")
        .password(passwordEncoder.encode("1234"))
        .roles("USER")
        .build();
    UserDetails admin = User.builder()
        .username("admin1")
        .password(passwordEncoder.encode("1234"))
        .roles("USER", "ADMIN")
        .build();
    return new InMemoryUserDetailsManager(user, admin);}
```

Ahora vendría la parte más interesante, en la que indicamos el comportamiento a nivel de acceso de las distintas rutas de los mappings de nuestros controladores, y por tanto definir quién puede acceder a qué parte de la aplicación. Lo haremos en el mismo archivo, en un nuevo *bean* llamado ***SecurityFilterChain***:

```
@Bean
public SecurityFilterChain filterChain(HttpSecurity http)
                                                throws Exception {
  http.headers(headersConfigurer -> headersConfigurer
    .frameOptions(HeadersConfigurer.FrameOptionsConfig::sameOrigin));
  http.authorizeHttpRequests(
    auth -> auth
    .requestMatchers("/","/list").permitAll()
    .requestMatchers("/nuevo/**").hasAnyRole("USER","ADMIN")
    .requestMatchers("/editar/**", "/borrar/**").hasRole("ADMIN")
    .requestMatchers(PathRequest.toStaticResources()
          .atCommonLocations()).permitAll() //rutas: css,js,images
    .requestMatchers(PathRequest.toH2Console()).hasRole("ADMIN")
    .anyRequest().authenticated())
    .formLogin(formLogin -> formLogin
        .defaultSuccessUrl("/", true)
        .permitAll())
    .logout(logout -> logout.permitAll())
    // .csrf(csrf -> csrf.disable())
    .csrf(csrf -> csrf.ignoringRequestMatchers(
        AntPathRequestMatcher.antMatcher("/h2-console/**")))
    .httpBasic(Customizer.withDefaults());
  http.exceptionHandling(exceptions ->
        exceptions.accessDeniedPage("/accessError"));
  return http.build();
}
```

Se puede configurar de distintas formas, pero esta sería la más sencilla. Para ello usamos el método *requestMatchers*, al que pasaremos como parámetro la ruta o rutas sobre las que gestiona su acceso y a continuación, indicar quién tiene permiso: ***permitAll(), hasRole (ROLE), hasAnyRole (ROLE1, ROLE2, ...), denyAll(), , authenticated()***, etc. Así pues:

- *requestMatchers ("/").permitAll()* : acceso al público a la ruta raíz.

- *requestMatchers ("/nuevo/**").hasRole("USER")* : acceso a la ruta */new* a aquellos usuarios autentificados y con rol "USER". Los dos asteriscos /** indican que se extienden esos permisos a las "*subrutas*" debajo de la ruta indicada, por ejemplo: */new/submit*.

- *requestMatchers("/editar/**", "/borrar/**").hasRole("ADMIN")* : acceso a la ruta */editar* y rutas debajo de ella, y */borrar* y rutas debajo de ella, solo a los administradores.

- *requestMatchers(PathRequest.toStaticResources().atCommonLocations()).permitAll()*: acceso a los recursos estáticos de la aplicación, con nombre estándar, esto es: */css, /js, /images*.

- Después de los *requestMatchers* incluimos una sola vez *anyRequest()* para indicar quién tiene acceso al resto de rutas, las no indicadas en los *requestMatchers*, en este caso, solo a usuarios autentificados (podría ser *permitAll()* para que fuesen públicas).

- A continuación, permitimos el acceso a las rutas que gestionan la autentificación y desconexión a todo el público: */login* y */logout*.

- En la última línea (*exceptionHandling*) indicamos la ruta a la que redirigimos a los usuarios que no tengan permisos suficientes para acceder a algún determinado punto de la aplicación. Debemos añadir entonces un método en un controlador con `@GetMapping(("/accessError");` con su tratamiento.

- En este ejemplo solo hemos incluido las rutas, pero *requestMatchers* admite un formato en el que también se le pase el verbo HTTP sobre el que queremos trabajar:

  ```
  .requestMatchers(HttpMethod.POST, "/path").denyAll()
  ```

- Finalmente, en las vistas de la aplicación deberemos incluir los enlaces para login y logout. Los controladores y vistas para estos enlaces los genera Spring Security por nosotros:

  ```
  <a th:href="@{/login}">Login</a> | <a th:href="@{/logout}">Logout</a>
  ```

A tener en cuenta:

- Las reglas de los *requestMatchers* se evalúan por orden: en cuanto una ruta encaja, se determinan sus permisos en función de esa línea y ya no se evalúan las siguientes, por lo que es importante el orden en el que se sitúan. Por ejemplo, si la primera fuese `.requestMatchers("/**")` con cualquier rol, ya no tendría sentido añadir ninguna más a continuación, ya que cualquier ruta encaja en ese *requestMatcher*.

- Hay que tener cuidado de no repetir la misma ruta en dos *requestMatchers,* ya que solo se tendría en cuenta el primero.

- Ya que Spring sigue esta forma de securizar las aplicaciones, **sería interesante "repensar"**

las rutas que le damos a los mappings de los controladores, para agruparlos según su acceso. Por ejemplo, sería muy cómodo que todas las rutas de acceso público sin registrarse estuviesen bajo una misma ruta, por ejemplo *"/public"*, así podríamos tener *"/public/quienes-somos"*, *"/public/contacta"*, etc. Lo mismo podríamos pensar con tareas de administración, accesibles solo a los administradores de la aplicación, podrían estar bajo *"/admin"*.

- Si una ruta tiene *PathVariable* sería una "subruta" de la ruta base, ya que el sistema no distingue */empl/3* de */empl/new*. Así pues, tendría sentido lo siguiente:

```
.requestMatchers("/empl/new/**",/empl/edit/**",/empl/delete/")
                        .hasRole("ADMIN")
.requestMatchers("/empl/**").permitAll()
```

Como evalúa los *requestMatchers* por orden, si la operación es de alta, edición o borrado solo se lo permitirá a los administradores. Para el resto de rutas (esto es, */empl* y la variable PathVariable) serán de acceso público. No funcionaría si invertimos el orden de las líneas.

Ejercicio 8.1

Crea un proyecto a partir del proyecto del Ejercicio 7.1 *(*CRUD de Curso con Spring MVC sobre una base de datos H2) y configura la seguridad siguiendo los pasos mostrados en este capítulo, creando en el bean *UserDetailsService* dos usuarios, con nombre *'user'* y *'admin'*, ambos con contraseña *1234* y con roles *'USER'* y *'ADMIN'* respectivamente.

- La vista de cursos y la vista de un solo curso deberá estar accesible a cualquier visitante, el usuario *'user'* podrá crear nuevos cursos, y el usuario *'admin'* podrá además editar y borrar curso.

- Crear la clase *SecurityConfig*, tal como se muestra en este capítulo.

- La vista general de cursos contendrá un enlace a la página de *login* y otro a la página de *logout*.

- En caso de un acceso a una página a la que no se tiene permiso, se mostrará una página con un mensaje informando de esa situación.

8.3. Gestión de usuarios

En el ejemplo anterior, solo teníamos dos usuarios: "user1" y "admin1" creados por *hard-code*. Lo habitual es que las aplicaciones web tengan distintos usuarios y que estos se creen dinámicamente y sean almacenados en una tabla de base de datos.

Para hacer una gestión de usuarios mediante base de datos, lo primero que debemos hacer es decidir qué perfiles o roles de usuarios tendremos en la aplicación y a qué rutas accederán cada uno de ellos. Los pasos a seguir serían:

1. Debemos tener una clase *SecurityConfig* como vimos en el ejemplo anterior, pero eliminando el bean *UserDetails* ya que es sustituido por el componente que crearemos más adelante y basado en los usuarios de base de datos. Aquí configuraremos mediante los *requestMatchers* los permisos efectivos.

   ➢ **Ejemplo**: clase de configuración de seguridad sin incluir usuarios:

```
@Configuration
@EnableWebSecurity
@EnableMethodSecurity
public class SecurityConfig {
@Bean
public AuthenticationManager authenticationManager(
    AuthenticationConfiguration   authenticationConfiguration)    throws
Exception {
    return authenticationConfiguration.getAuthenticationManager();
}
@Bean
public PasswordEncoder passwordEncoder() {
    return new BCryptPasswordEncoder();
}

@Bean
public  SecurityFilterChain   filterChain(HttpSecurity   http)   throws
Exception {
    http.headers(
    headersConfigurer -> headersConfigurer
     .frameOptions(HeadersConfigurer.FrameOptionsConfig::sameOrigin));
    http.authorizeHttpRequests(auth -> auth
     .requestMatchers("...").hasAnyRole(...)      //configurar  rpermisos
reales
     .requestMatchers(PathRequest.toStaticResources().
      atCommonLocations()).permitAll()        // para rutas: /css, /js
/images
     .anyRequest().authenticated())
     .formLogin(formLogin -> formLogin
       .defaultSuccessUrl("/public/home", true).permitAll())
                                 .logout(logout                ->
logout.logoutSuccessUrl("/public/home").permitAll())
      //.csrf(csrf -> csrf.disable())
     .httpBasic(Customizer.withDefaults());
    http.exceptionHandling(exceptions ->
                       exceptions.accessDeniedPage("/accessError"));
    return http.build();
  }
}
```

2. Debemos guardar en base de datos, para cada usuario, los atributos para la gestión de acceso: serían un nombre de acceso (puede ser el id de la tabla o cualquier otro campo como nombre, o email, etc. siempre que sean únicos para cada usuario), una contraseña (preferiblemente encriptada) y los datos referentes a los permisos que tiene el usuario (lo mínimo sería un único 'rol') aunque podría tener una colección de roles, una colección de permisos individuales, etc.

Para ello podemos crear una clase específica con esos datos o bien ampliar la clase que mantiene los usuarios de la aplicación añadiendo, además de todos los atributos que necesite para el correcto funcionamiento de la aplicación, los atributos que mencionamos en el párrafo anterior.

```
@Entity
public class Usuario {
    @Id
    @GeneratedValue (strategy=GenerationType.IDENTITY)
    private Long id;

    @Column(unique = true)    //evita duplicados a nivel base de datos
    private String nombre;
    private String password;
    private Rol rol;
}
```

Existe una clase llamada *Role'* ara gestionar los roles, pero es más sencillo plantearlo como una enumeración y cumple con los requisitos más habituales. Sería un archivo *Rol.java* con este contenido:

```
public enum Rol { ADMIN, TITULAR, USUARIO };
```

3. Tenemos que crear un bean que implemente la interfaz *UserDetailsService* que se encarga de la gestión del usuario que se identifica en la aplicación. Esta clase deberá implementar el método *loadUserByUserName(String username)* de la interfaz, que devuelve un objeto de tipo *UserDetails*. En caso de error lanza una excepción *UserNameNotFoundException*.

Consideramos que disponemos de los elementos necesarios para el CRUD de Usuarios: vistas, controlador con *RequestMapping("/usuarios")*, servicio y repositorio, incluyendo este último el método derivado por nombre: *findByNombre(String nombre)*.

```
@Component
public class UserDetailsServiceImpl implements UserDetailsService {

    @Autowired
    private UsuarioRepository usuarioRepository;

    @Override
    public UserDetails loadUserByUsername(String username)
                                    throws UsernameNotFoundException {
        Usuario usuario = usuarioRepository.findByNombre(username);


        if (usuario == null)
          throw (new UsernameNotFoundException("Usuario no encontrado!"));
        return User        //org.springframework.security.core.userdetails.User
          .withUsername(username)
          .roles(usuario.getRol().toString())
          .password(usuario.getPassword())
          .build();
    }
}
```

4. En el formulario de alta de usuarios habrá que añadir una contraseña y uno de los roles predefinidos. Debemos verificar que el nombre es único (o el email o el atributo que empleemos para identificar al usuario en cuanto a seguridad se refiere). Podríamos introducir la contraseña en dos campos del formulario distintos y comprobar que los dos campos son iguales, pero esto sería más una tarea de *front-end* y no de *back-end*.

   También debemos encriptar la contraseña y para ello usaremos el *passwordEncoder* definido en la clase de configuración de seguridad.

```java
public Usuario añadir (Usuario usuario) {
  if (usuarioRepositorio.findByNombre(usuario.getNombre()) != null)
     return null;                    //ya existe ese nombre de usuario
  String passCrypted = passwordEncoder.encode(usuario.getPassword());
  usuario.setPassword(passCrypted);
  return usuarioRepositorio.save(usuario);
}
```

   El control de duplicados también se puede hacer a nivel de base de datos. Podemos emplear varias formas, la más sencilla sería añadir @Column(unique=true) al atributo en cuestión en la entidad Usuario y controlando mediante try...catch la excepción *DataIntegrityViolationException* que se produciría en caso de introducir un duplicado.

```java
public Usuario añadir (Usuario usuario) {
    String passCrypted = passwordEncoder.encode(usuario.getPassword());
    usuario.setPassword(passCrypted);
    try { return usuarioRepositorio.save(usuario);
    }
    catch (DataIntegrityViolationExceptior e) {
        e.printStackTrace(); return null; }
}
```

5. En la edición de usuario también hay que verificar que, si se cambia el nombre, que el nuevo nombre no esté duplicado tampoco (al igual que en el caso del alta de nuevos usuarios).

```java
public Usuario editar(Usuario usuario) {
    String passCrypted = passwordEncoder.encode(usuario.getPassword());
    usuario.setPassword(passCrypted);
    try { return usuarioRepositorio.save(usuario);
    }
    catch (DataIntegrityViolationException e) {
        e.printStackTrace(); return null; }
}
```

6. Opcionalmente, el cambio de contraseña puede desligarse del proceso de edición, por lo que sería recomendable hacer un *dto* para la edición, que no incluyese la contraseña y otro específico para el cambio de contraseña. Además, como la contraseña está encriptada en la base de datos, en los formularios de edición no se traslada a la vista, como ocurre con el resto de campos.

7. Si queremos que la gestión de usuarios pueda ser realizada solo por usuarios con rol de administrador, tenemos que restringir las rutas del controlador de usuario, por ejemplo:

```java
.requestMatchers("/usuarios/**").hasRole("ADMIN")
```

8. Para poder iniciar la aplicación, es necesario tener un primer usuario con rol administrador. Lo haríamos en el *CommandLineRunner*:

```
usuarioService.añadir(new Usuario(null, "admin", "1234", Rol.ADMIN));
```

9. Por último, decir que Spring ofrece muchos otros medios de autentificación, por ejemplo, por LDAP, mediante usuario de Google, etc.

Ejercicio 8.2

Crea un proyecto a partir del Ejercicio 7.10 *(Cuentas corrientes y movimientos con Spring MVC sobre H2)* y configura la seguridad de la siguiente forma:

- Crea una enumeración que contenga los tres roles que tendremos en el sistema: administrador de la aplicación, titular de cuentas y resto de usuarios identificados.

- Crear una entidad "Usuario" (con atributos: id (autogenerado), nombre (sin repetidos), contraseña (como mínimo 4 caracteres) y rol. Crea un CRUD para esta entidad con repositorio, servicio, controlador y vistas. También deberás crear la implementación de la interfaz *UserDetailService*.

- En la vista de cuentas, crea un enlace para la gestión de usuarios, botón de login y logout.

- Los permisos de cada rol son los siguientes:

  — **Administrador**: tendrá acceso a toda la aplicación (solo ellos pueden acceder al CRUD de Usuarios). Hará falta tener un primer usuario de tipo administrador creado por defecto para poder acceder a ese CRUD.

  — **Titular**: tiene acceso completo al CRUD de cuentas y movimientos, pero no al de usuarios.

  — **Usuario**: tiene acceso completo al CRUD de movimientos, pero no al de cuentas, solo puede ver las cuentas, pero no crear ni editar ni eliminarlas.

  — **Visitantes** (usuarios no identificados): solo tienen permiso para ver cuentas y movimientos.

8.3.1. Obtener el usuario conectado

En muchos casos, para realizar una operación en un servicio o en cualquier otro componente, necesitaremos saber si hay un usuario conectado y en caso afirmativo, saber su nombre o los permisos que tiene.

Por ejemplo: en el CRUD de Empleados, imaginemos que solo pudiese modificar los datos de un empleado ese mismo empleado: habría que comprobar si el usuario conectado es igual al empleado que tratamos de modificar. Para ello utilizaremos el objeto *Authentication* que contiene toda la información relativa al usuario conectado.

En particular, podemos obtener su nombre con el método *getName()*, y a partir de ahí, acceder al repositorio de usuarios para obtener toda su información. Puede ser muy interesante tener un método como este:

```
public Usuario obtenerUsuarioConectado() {
    Authentication   authentication =
            SecurityContextHolder.getContext().getAuthentication();
    if (!(authentication instanceof AnonymousAuthenticationToken)) {
        String nombreUsuarioContectado = authentication.getName();
        return usuarioRepository.findByNombre(nombreUsuarioContectado);
    }
    return null;
}
```

Si lo que nos interesa es solo el rol del usuario conectado, disponemos del método *authentication.getAuthorities()* que devuelve una colección con todos los roles del mismo. Podríamos recorrer esa colección para buscar el permiso deseado. Como en nuestro caso, para simplificar, siempre estamos asignando a cada usuario un solo rol: ADMIN, MANAGER, USER, etc., podemos pasar esa colección a String y compararla con ese rol, pero con esta sintaxis: [ROLE_ADMIN], [ROLE_MANAGER], [ROLE_USER], etc.

```
String currentUserRol = authentication.getAuthorities().toString();
if (currentUserRol.equals("[ROLE_ADMIN]")) { . . . }
```

Estos datos obtenidos se los podríamos pasar al cliente, pero en el caso de aplicaciones Spring MVC con Thymeleaf podemos obtenerlos directamente en la vista, como veremos en el siguiente apartado.

8.3.2. Mejorando la presentación

Una vez implementado todo el proceso de control de acceso podemos realizar ciertas mejoras como mostrar el nombre del usuario, mostrar ciertas zonas de las vistas solo a determinados roles de usuario (por ejemplo, ciertas opciones de menú), etc.

Thymeleaf posee etiquetas orientadas a la gestión de la seguridad, pero se encuentran en una dependencia adicional, que debemos incorporar en el *pom.xml*.

```
<dependency>
    <groupId>org.thymeleaf.extras</groupId>
    <artifactId>thymeleaf-extras-springsecurity6</artifactId>
    <version>3.1.2.RELEASE</version>
</dependency>
```

En la etiqueta inicial *<html>* incluiremos su referencia:

```
<html xmlns:th="https://www.thymeleaf.org"
    xmlns:sec="https://www.thymeleaf.org/thymeleaf-extras-springsecurity">
```

Una vez incluida disponemos de estas opciones:

- Para mostrar el nombre de usuario:

```
<span sec:authentication="name"></span>
```

- Para mostrar una sección solo a usuarios autentificados:

```
<div sec:authorize="isAuthenticated()"> Contenido restringido </div>
```

- Para mostrar una sección solo a un determinado rol o varios roles:

```
<div sec:authorize="hasRole('ADMIN')">Contenido para admin</div>
<div sec:authorize="hasAnyRole('ADMIN','USER')">Contenido varios roles</div>
```

Podríamos hacer el típico menú BootStrap con una opción para login/logout, que muestre también el nombre de usuario registrado y un desplegable para operaciones típicas de usuario: perfil, cambiar contraseña, etc.

En el ejemplo siguiente se muestra ese menú, de forma que si no hay ningún usuario autenticado muestra las opciones del menú superior "Registrarse" e "Iniciar sesión". Por el contrario, si hay algún usuario autenticado, solo se mostraría en el menú superior un elemento con el nombre del usuario, y en el desplegable, las subopciones para: editar el perfil, cambiar la contraseña y cerrar sesión. También dispone de una página pública (*/home*) y otra solo para usuarios registrados (*/privado*).

➢ **Ejemplo:**

Menú de navegación con opciones para gestión de usuarios.

```
<nav th:fragment="mainMenu" class="navbar navbar-expand-sm
                              navbar-light bg-light">
 <div class="container-fluid">
   <button class="navbar-toggler" type="button" data-bs-toggle="collapse"
      data-bs-target="#navbarSupportedContent"
                   aria-controls="navbarSupportedContent"
      aria-expanded="false" aria-label="Toggle navigation">
      <span class="navbar-toggler-icon"></span></button>
   <div class="collapse navbar-collapse" id="navbarSupportedContent">
            <ul class="navbar-nav me-auto mb-2 mb-lg-0">

<!-- menú común para el público -->
<li class="nav-item"><a class="nav-link active" aria-current="page"
                  th:href="@{/home}">Inicio</a></li>

<!-- contenido solo para usuarios registrados -->
<li sec:authorize="isAuthenticated()" class="nav-item">
   <a class="nav-link active" aria-current="page"
      th:href="@{/privado}">Privado</a></li>

<!-- menú de gestión de usuarios (solo administradores) -->
<li sec:authorize="hasRole('ADMIN')" class="nav-item">
   <a class="nav-link active" aria-current="page"
      th:href="@{/usuarios/}">Usuarios</a></li>

<!-- menú: Registrarse (solo si no autenticado) -->
<li sec:authorize="!isAuthenticated()">
   <a class="nav-item nav-link active"
      th:href="@{/usuarios/registro}">Registrarse</a></li>
<!-- menú: Iniciar sesión (solo si no autenticado) -->
<li sec:authorize="!isAuthenticated()">
   <a class="nav-item nav-link active"
      th:href="@{/login}">Iniciar sesión</a></li>
```

```html
<li class="nav-item ms-md-auto dropdown " sec:authorize="isAuthenticated()">
    <a class="nav-link dropdown-toggle" href="#"  role="button"
      id="dropdownMenuLink" data-bs-toggle="dropdown"
        aria-haspopup="true" aria-expanded="false">
      <span sec:authentication="name"></span></a>
    <ul class="dropdown-menu dropdown-menu-end"aria-labelledby=
                                            "navbarDropdown">
      <li><a class="dropdown-item" href="#">Editar perfil</a></li>
      <li><a class="dropdown-item" href="#">Cambiar Contraseña</a></li>
      <li><a class="dropdown-item" th:href="@{/logout}">
          Cerrar sesión GET</a></li>
      <li><form th:action="@{/logout}" method="post">
          <button class="dropdown-item" type="submit">Cerrar sesión POST
          </button></form></li>
    </ul>
  </li>
 </ul>
 </div>
</div>
</nav>
```

Nota: se incluyen en el menú anterior las dos opciones para cerrar sesión: logout por 'POST' mediante un formulario, que haría el logout directamente, y logout por 'get' mediante un enlace, que nos llevaría a una página intermedia para confirmar el logout o no. Puedes elegir la que quieras.

8.3.3. Login/logout personalizados

Si no queremos usar los formularios de login y logout por defecto, podríamos crear unos propios, teniendo en cuenta que si personalizamos uno debemos personalizar el otro también. El proceso sería el siguiente:

1. Añadir dos nuevos mappings a un controlador existente o en un nuevo controlador (por ejemplo, *LoginController*). El primero será por GET hacia la ruta del formulario de login ("*/signin* ", "*/login* ", etc.) y devolverá una vista con dicho formulario de login, por ejemplo: "*signinView.html*" y el segundo será GET hacia la vista de confirmación de desconexión, también con el nombre que queramos, por ejemplo *signoutView.html*. Los enlaces para conectarse y desconectarse en las vistas apuntarán a estos mappings.

```java
@GetMapping("/signin")
public String showLogin() {
      return "signinView";
}


@GetMapping("/signout")
public String showLogout() {
      return "signoutView";
}
```

2. Registrar esas rutas en el bean de configuración, en la sección *formlogin()* y *logout()*:

```
.formLogin(httpSecurityFormLoginConfigurer ->
httpSecurityFormLoginConfigurer
  .loginPage("/signin")              // mapping par mostrar form. de login
  .loginProcessingUrl("/login")      // ruta post de /signin
  .failureUrl("/signin?error")       //vuelve a signin con mensaje error
  .defaultSuccessUrl("/home", true).permitAll())
  .logout((logout) -> logout
    .logoutSuccessUrl("/signin?logout").permitAll())    //u otra url
```

3. Crear en */templates/* el archivo *signinView.html* que debe cumplir una serie de restricciones: el formulario debería incluir un 'token csrf' pero Thymeleaf lo hará por nosotros, **no podemos cambiar el atributo *name* del *username* y *password*, y el destino del formulario debe ser por POST: */login*. Esta sería una plantilla básica que luego podríamos customizar.

```html
<body>
    <h2>Introduce tus credenciales:</h2>
    <div th:if="${param.error}">Credenciales incorrectas</div>
    <div th:if="${param.logout}">Te has desconectado</div>
    <form th:action="@{/login}" method="post">
     <input type="text" name="username" placeholder="Username"/><br/>
     <input type="password" name="password" placeholder="Password"/><br/>
     <input type="submit" value="Log in" />
    </form>
  </body>
```

Análogamente, para hacer logout, el método anotado con *GetMapping ("/signout")* servirá una vista llamada *signoutView.html* que ofrecerá al usuario un formulario para que confirme que desea desconectarse. El submit de este formulario nos llevará a */logout* por POST, que representa la desconexión real. Podría ser algo así:

```html
<body>
 <h2>¿Estás seguro de que quieres desconectarte?</h2>
 <form th:action="@{/logout}" method="post">
   <input type="submit" value="Logout"/>
 </form>
</body>
```

Para la operación de *logout* tendríamos otra opción, que sería hacer la desconexión directamente sin pasar por la vista de confirmación. Con *csfr* activado, la ruta */logout* mediante POST realiza la desconexión efectiva, por lo que, en las vistas, bastaría con añadir el código que hiciese este POST:

```html
<form th:action="@{/logout}" method="post">
      <input type="submit" value="Logout" />
</form>
```

Al pulsar el botón, nos devolvería directamente a la página servida por la ruta especificada en el *bean* de configuración, concretamente en el parámetro: *logoutSuccessUrl*.

Ejercicio 8.3

Crea un proyecto a partir del ejercicio Ejercicio 8.2 incorporando las siguientes modificaciones:

- Crea páginas de login y logout personalizadas.

- En la vista con la lista de cuentas, crea una capa $<div>$ que muestre el botón de login si no hay ningún usuario conectado o bien que muestre el nombre de usuario y el botón de logout en caso de que sí haya un usuario conectado.

- Modificar los permisos para que los usuarios que no sean titulares ni administradores solo puedan realizar ingresos y no retiradas; para ello deberás obtener el rol del usuario conectado en el servicio de movimientos, en el método de añadir movimiento.

Ejercicio 8.4

Toma el proyecto del Ejercicio 5.3. *(Votaciones de películas)* y crea un nuevo proyecto realizando los siguientes cambios:

- El usuario deberá autoregistrarse y estar conectado para poder votar. Ya no tiene sentido el campo de email del Ejercicio 5.3 ya que el usuario que vota se obtiene automáticamente (es el usuario conectado). La interfaz se parece entonces más a la versión del Capítulo 3, en el Ejercicio 3.6.

- Debes añadir un menú con las opciones de usuario, por ej.: *sign-in, sign-out, sign-up*.

- Un usuario solo puede votar una sola vez y no se puede anular un voto. Hay que almacenar en base de datos tanto la cantidad de votos obtenidos por cada película como lo que ha votado cada usuario.

- Sugerencia: Podrías añadir a la entidad *Usuario* un atributo *Película*, pero, de cara a futuros cambios parece más flexible mantener la votación separada en una entidad *Voto*, que tenga como atributos *Usuario, Película, fecha de valoración*.

- Puedes crear un rol adicional: ADMIN y crear usuarios de tipo administrador que puedan gestionar a los usuarios.

8.4. Resumen para securizar nuestra aplicación

En los puntos anteriores hemos visto todos los aspectos relacionados con la autentificación y autorización en un entorno de aplicación MVC. Vamos a hacer ahora un resumen de los pasos a seguir para implantar todos esos aspectos en un proyecto típico que guarde los usuarios en una tabla de base de datos y que cada uno de ellos disponga de un rol determinado. Serían los siguientes pasos:

1. Incorporar en *pom.xml* las dependencias: *starter-security* y opcionalmente (para emplear las etiquetas Thymeleaf de seguridad): *thymeleaf-extras-springsecurity6*.

2. Crear la clase *SecurityConfig.java* (típicamente en una carpeta */config* o */security*) tal cual se muestra unas páginas más atrás y que incluye los beans: *AuthenticationManager, PasswordEncoder* y *SecurityFilterChain*.

3. Ajustar en la clase del paso anterior, los permisos de los *mappings* de la aplicación con los *requestMatchers* en función de los roles que tenga la aplicación, en el bean *SecurityFilterChain*.

4. Crear la enumeración *Rol*. Crear la entidad *Usuario*, que incluya entre sus atributos el rol asignado, además de un atributo para login (puede ser nombre, DNI, email, etc.) y contraseña.

5. Crear la clase *UserDetailsServiceImpl* tal cual se muestra en las páginas anteriores.

6. Modificar el CRUD de usuario para que, al añadir y editar, encripte la contraseña y que verifique que el campo que usemos para login (nombre, email, etc.) no tenga duplicados.

7. Opcionalmente, crear vistas personalizadas para login y logout, con los correspondientes controladores y la modificación en el *SecurityFilterChain*.

8. Si deseamos incluir en la lógica de negocio criterios referentes al usuario conectado y/o a su rol, emplearemos el objeto *Authentication*.

9. Si deseamos incluir el usuario y/o rol en las vistas: emplearemos el atributo: *sec:authorize* y añadiremos a la etiqueta *<html>* el atributo *xmlns:sec*.

8.5. Otras opciones sobre autentificación

8.5.1. Autorregistro de usuarios

Para que un usuario no identificado pueda registrase, deberíamos crear una nueva entrada en el menú principal, un nuevo controlador y vistas, todo ello similar a la gestión de usuarios, pero más limitados, ya que el rol asignado será el más básico, no lo podrá seleccionar el usuario. Debemos dar permisos a todo el mundo a acceder a esta nueva URL.

```
@Bean
public SecurityFilterChain filterChain(HttpSecurity http) throws Exception {
    http.authorizeHttpRequests(auth -> auth
            .requestMatchers ("/registro/nuevo/**").permitAll()
```

Por otra parte, en muchos casos será aconsejable que el usuario proporcione una dirección de correo electrónico y que se valide el usuario cuando se envíe un email de confirmación. Dejamos esta parte fuera de este manual, aunque el proceso sería el siguiente:

1. Añadir a la clase Usuario la dirección de correo electrónico y un nuevo campo, de tipo boolean, llamado "activo" o similar. Cuando el usuario se registrase tendría valor *false* y no podría autenticarse.

2. En el proceso de alta se enviaría a esa dirección un email para que validase el usuario. Tendríamos un controlador que recibiese el enlace enviado al correo y que pasase a *true* el campo "activo" para permitir la autentificación.

Otra opción sería tener una tabla de usuarios no confirmados donde se almacenarían en el proceso de autoregistro. Una vez recibido el email de confirmación, el usuario pasaría a la tabla "real" de usuarios. Así evitamos tener en cuenta en todas las operaciones ese campo boolean "activo" del que hablamos en el primer punto.

8.5.2. Opción "Recuérdame"

Cada vez que un usuario visita nuestra aplicación que requiere autentificación debe iniciar de nuevo sesión y esto puede llegar a ser tedioso. La funcionalidad "Recuérdame" es un mecanismo para resolver esto de forma que si, una vez identificados, abandonamos el sitio sin cerrar sesión, nuestras credenciales serán recordadas por cierto tiempo, y así al volver a visitar el sitio, no necesitaremos identificarnos de nuevo. Obviamente, este mecanismo tiene problemas de seguridad en caso de alguien ajeno acceda a nuestro navegador.

Spring ofrece dos vías de implementarlo: mediante *cookies* o mediante persistencia. En este manual vamos a ver solo la primera. Al autentificarnos, normalmente se almacena una cookie llamada ***JSESSIONID*** con los datos de nuestra sesión. Esta *cookie* expira al cerrar el navegador. De todas formas, cuando cerramos sesión en la aplicación, esta *cookie* ya no funcionará por lo que no es necesario borrarla explícitamente.

Con la opción "Recuérdame" adicionalmente se almacenará una nueva *cookie* que tiene una vigencia superior a la de la sesión (por defecto dos semanas) que nos permitirá seguir logueados sin necesidad de autentificarnos de nuevo. Esta *cookie* obviamente guarda el usuario y contraseña, por lo que puede ser peligroso si es interceptada.

Lo único que debemos hacer es añadir al bean *SecurityFilterChain* la opción *rememberMe:*

```
@Bean
public SecurityFilterChain filterChain(HttpSecurity http) throws Exception {
  http.headers(
  headersConfigurer -> headersConfigurer
   .frameOptions(HeadersConfigurer.FrameOptionsConfig::sameOrigin));
  http.authorizeHttpRequests(auth -> auth
   .requestMatchers("...").hasAnyRole(...)
   . . .
   .rememberMe(Customizer.withDefaults())
    .httpBasic(Customizer.withDefaults());
  http.exceptionHandling(exceptions ->
     exceptions.accessDeniedPage("/accessError"));
  return http.build();
}
```

Con solo esta operación se hará toda la gestión de la *cookie* que recordará nuestro usuario logueado y su contraseña. También modifica automáticamente el formulario de login por defecto, añadiéndole el *checkbox* que debe marcar el usuario si quiere que guarde sus credenciales. Si hemos desarrollado un formulario de login personalizado debemos añadirle nosotros mismos este *checkbox*, y su propiedad *name* debe ser tal y como se muestra a continuación:

```
<input type='checkbox' name='remember-me'/>Remember me on this computer</p>
```

Para ver las cookies desde Google Chrome, accedemos a las herramientas para desarrolladores *(Cntrl + May + I)* y en la pestaña *Aplicación*, en el menú lateral: *Storage >> Application >> Cookies:*

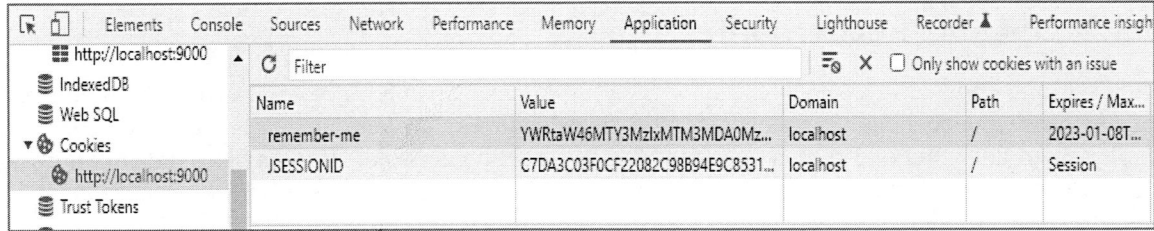

Figura 8.2. Cookies de sesión y recuérdame

8.5.3. He olvidado mi contraseña

Otro aspecto que puede ser interesante incorporar a nuestro sistema es una opción para restablecer la contraseña en caso de olvido. La forma más habitual de hacer esto es enviando un email a usuario con un enlace para establecer la nueva contraseña. Obviamente, debemos incorporar este nuevo dato, la dirección de email, en el proceso de registro de usuarios.

No lo vamos a desarrollar, pero en estos dos enlaces se describe el proceso detalladamente:

- *https://stackabuse.com/spring-security-forgot-password-functionality/*

- *https://www.baeldung.com/spring-security-registration-i-forgot-my-password #:~:text=Request%20the%20Reset%20of%20Your,an%20email%20to%20th e%20user*

8.6. Cookies

Como hemos visto en los apartados anteriores, la autentificación en la aplicación se realiza mediante *cookies* pero de una forma transparente para nosotros, siendo *spring-security* el encargado de gestionar todo el proceso, incluyendo las *cookies* involucradas en el mismo. Además de esta funcionalidad, las cookies tienen multitud usos en nuestras aplicaciones.

Una *cookie* es un pequeño archivo de texto que es almacenado en nuestro navegador por un sitio web cuando lo visitamos. Podremos tener una *cookie* por cada sitio web y por cada navegador; los distintos navegadores de nuestro ordenador no comparten sus *cookies*. Si tenemos perfiles de usuario dentro del navegador, también distintos perfiles tendrán distintas *cookies*, en caso contrario, todos los usuarios del mismo ordenador compartirán las *cookies* en cada navegador.

Las *cookies* pueden contener información para distintos propósitos, siendo estos los más importantes:

- Autentificación de usuarios, como ya hemos visto.

- Guardar preferencias del usuario: por ejemplo, si hemos seleccionado el idioma del sitio web, la moneda en la que visualizar los productos, etc.

- Estado del navegador: por ejemplo, guardar los productos del carrito de la compra para que estén disponibles en la siguiente visita.

- Gestión de ciertos aspectos de seguridad.

En cuanto al uso de las *cookies* para guardar las preferencias de usuario o el estado del navegador, debemos hacer una puntualización: si un usuario se ha registrado en nuestro sitio web, las *cookies* no son tan necesarias, porque podemos almacenar en base de datos toda la información aportada por el usuario en su visita al sitio y estará disponible siempre que ese usuario se autentifique, independientemente del dispositivo o navegador desde el que lo haga. Pero ¿qué ocurre con los visitantes de nuestro sitio que no se registran y de los que queremos guardar información sobre su visita? Ahí es donde las *cookies* son la mejor opción: guardamos en el navegador las preferencias elegidas y estas estarán disponibles en futuras visitas.

8.6.1. Lectura de cookies

Para leer una *cookie* en el *backend* disponemos de la anotación *@CookieValue*. Esta se debe incluir en la firma del método del controlador que recibe la URL. El parámetro debe ser de tipo String, ya que las cookies siempre contienen texto y el atributo *value* de la anotación contendrá el nombre de la cookie.

```
@GetMapping("/")
public String readCookie(
  @CookieValue(value="nombreCookie",required=false) String nombreCookie){
      if (nombreCookie !=null){ . . . }
}
```

Si no se recibe la *cookie*, se produciría una excepción, por lo que se añade el atributo *required=false* para que esto no ocurra. Así, si la *cookie* no está disponible, no se produce error alguno, simplemente el parámetro tomará valor *null*.

8.6.2. Añadir cookies

Para enviar una *cookie* al navegador del usuario podemos emplear la clase *Cookie* mediante la que crearemos la *cookie* y configuraremos sus características principales. Luego, mediante el método *addCookie* de *HttpServletResponse*, se añadirá a la respuesta al usuario.

El constructor de la clase *Cookie* recibe dos parámetros de tipo String, el primero será el nombre que tendrá la cookie en el navegador y el segundo es el valor asignado a dicha cookie.

El objeto de tipo *HttpServletResponse* ha de inyectarse en el método del controlador que enviará la cookie.

```
@GetMapping("/addCookie")
public String addCookie (HttpServletResponse response) {
    Cookie cookie = new Cookie("myCookie", "value");
    response.addCookie(cookie);
    return "indexView";
}
```

8.6.3. Expiración de cookies

Las *cookies* tienen un tiempo de vida determinado. Si no se especifica lo contrario, la *cookie* permanece en el navegador del usuario mientras el usuario no cierre el navegador, y es lo que se conoce como "cookie de sesión".

Si se quiere cambiar este comportamiento, para especificar cuánto durará la cookie, se puede hacer mediante el método *setMaxAge* de la clase *Cookie*. Mediante este *setter* se indica los segundos de vida de la misma.

```
Cookie cookie = new Cookie("myCookie", "value");
cookie.setMaxAge(7 * 24 * 60 * 60);          // caduca en una semana
response.addCookie(cookie);
```

Para borrar una cookie desde el servidor, podemos enviar la misma *cookie*, con los mismos parámetros, pero con valor cero en el método *setMaxAge*.

8.6.4. Otros parámetros de las cookies

Al igual que la expiración, podemos configurar otros aspectos de las cookies mediante métodos de la clase *Cookie*, como por ejemplo:

- `setSecure (true)`: convertimos la cookie en segura, de forma que solo se trasmite a través del protocolo encriptado HTTPS.

- `setHttpOnly (true)`: previene ataques a la *cookies* en el navegador, de forma que la *cookie* en cuestión no es accesible desde JavaScript, solo se puede acceder a ella desde el servidor.

- `setPath ("/url")`: por defecto, una cookie solo se envía al cliente cuando en el navegador se visita la misma URL en la que se creó. Con *setPath* cambiamos este comportamiento para que se envíe cuando se visiten URL que comiencen por la ruta indicada como parámetro. Por ejemplo: *setPath("/")* enviaría la cookie en todas sus peticiones.

8.6.5. Ejemplo de cookies

Vamos a ver un ejemplo que simula una tienda de productos en la que el usuario puede seleccionar la moneda en la que desea que aparezcan los precios. Esa selección se almacenará en una cookie durante una semana, de forma que en visitas posteriores se mantendrá dicha selección. Si no existe la *cookie*, los precios se mostrarán en euros.

Disponemos entonces de una página inicial *indexView.html* en la que puede seleccionar la moneda en la que se presentarán los precios de los productos del sitio web:

```
<h1>Demo cookies</h1>
Seleccione moneda:
<a th:href="@{/setMoneda/EUR}">EURO</a></li>
<a th:href="@{/setMoneda/GBP}">LIBRA</a>
<a th:href="@{/setMoneda/USD}">DOLAR</a><br/><br/>
<h2><a th:href="@{/showProducts}">Mostrar productos</a></h2>
```

Necesitamos un método en el controlador que reciba el mapping */setMoneda* y cree una cookie con el valor de moneda recibido:

```
@GetMapping("/setMoneda/{moneda}")
public String showIndex(@PathVariable String moneda,
                    HttpServletResponse response, Model model) {
    Cookie cookie = new Cookie("monedaPrecios", moneda);
    cookie.setMaxAge(7 * 24 * 60 * 60);                  // 7 días
    cookie.setPath("/");
    response.addCookie(cookie);
    return "redirect:/";
}
```

Tendremos otro método en el controlador, el que muestra los productos, que recibirá también la cookie con la moneda.

```
@GetMapping("/")
public String showIndex(
        @CookieValue(value = "monedaPrecios", required = false)
        String cookieMoneda, Model model) {
    String moneda = cookieMoneda == null ? "EUR" : cookieMoneda;
    model.addAttribute("moneda", moneda);
    return "productsView";
}
```

Si no existe la *cookie* (llega con valor null) mostrará los precios en euros, pero podría crear la *cookie* con un valor por defecto, tal y como hicimos en el método anterior mediante *addCookie*.

En el *model* deberíamos pasarle a la vista los productos con su precio en la moneda seleccionada, pero en nuestro caso, para simplificar, enviamos simplemente la moneda. Si arrancamos la aplicación, al pulsar el enlace de la moneda, se crea la *cookie*.

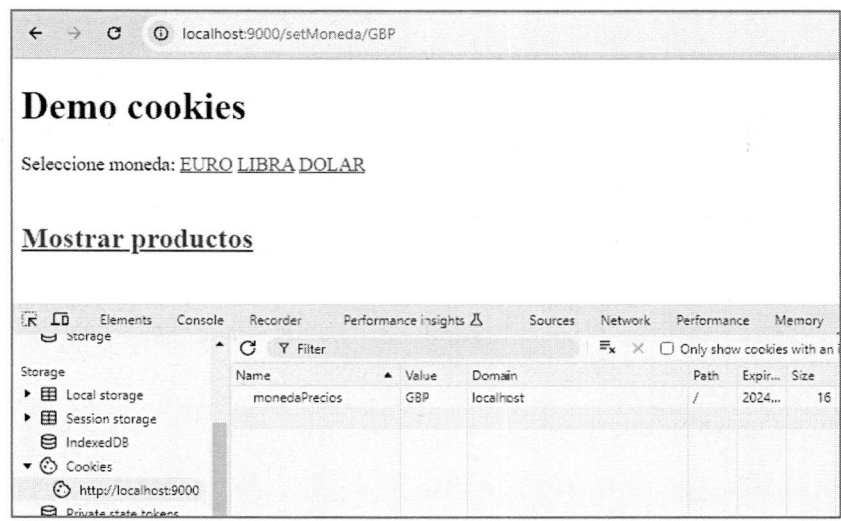

Figura 8.3. Creación de la cookie

Al ir a la vista de productos, se envía la cookie almacenada:

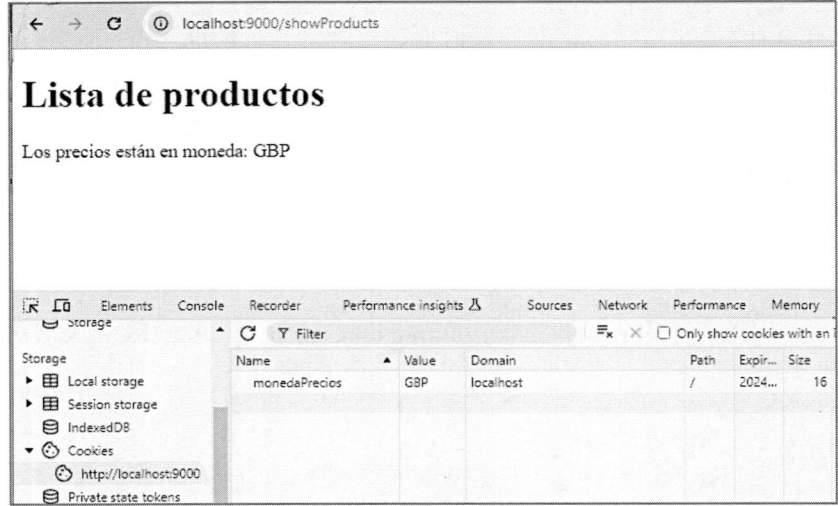

Figura 8.4. Envío de la cookie al servidor

Ejercicio 8.5

Realiza una aplicación que muestre una lista de productos almacenados en una base de datos H2. Puedes crear una entidad *Producto* con atributos *id*, *nombre* y *precio* que almacene los precios en euros.

El usuario podrá seleccionar la moneda en la que quiere que se muestren los precios y este valor se almacenará en una *cookie* para futuras visitas. Asume una tasa de cambio a dólar y libra esterlina fija y en el servicio que gestiona los productos, realiza la conversión de moneda.

```
@Service
public class ProductoService {
@Autowired ProductoRepository productoRepositorio;
private final Float TASA_USD = 1.1f;
private final Float TASA_GBP = 0.8f;
public List<Producto> obtenerTodos(String moneda) {
  List<Producto> listaProductos = productoRepositorio.findAll();
  for (Producto producto : listaProductos) {
    switch (moneda) {
      case "USD" -> producto.setPrecio(producto.getPrecio() * TASA_USD);
      case "GBP" -> producto.setPrecio(producto.getPrecio() * TASA_GBP);
    }
  }
  return listaProductos;
}
}
```

No es necesario hacer el CRUD de la entidad. Para añadir los productos puedes inyectar en un *CommandLineRunner* el repositorio y añadir unos productos de ejemplo:

```
@Bean
CommandLineRunner initData(ProductoRepository productoRepository) {
    return args -> {
        productoRepository.save(new Producto(null, "producto 1", 1000f));
        productoRepository.save(new Producto(null, "producto 2", 2000f));
    };
}
```

La aplicación constará de una sola vista, que contendrá, por una parte, los enlaces para la selección de moneda y, por otra parte, la lista de productos con su precio en la moneda elegida.

También informará al final de la página, cuál es la moneda en la que se están mostrando los precios. En caso de que no se haya seleccionado aún ninguna moneda, esto es, que no haya *cookie*, los precios se mostrarán en euros.

Una vez que funcione correctamente, añade otra cookie que permita al usuario seleccionar el tema de la página: *light* (fondo claro, letra oscura) o *dark* (fondo oscuro y letra clara). El procedimiento es idéntico al de la cookie anterior, se asume un valor por defecto, y el usuario dispone de botones para conmutar entre un tema u otro.

La vista podría ser así:

```html
<!DOCTYPE html>
<html xmlns:th="http://www.thymeleaf.org">
 <head>
    <meta charset="UTF-8">
    <meta name="viewport" content="width=device-width, initial-scale=1.0">
      <style>
        .light {background-color: white; color: black; }
        .dark { background-color: darkgray; color: white; }
      </style>
      <title>Gestión de cookies</title>
 </head>
<body th:class="${tema}">
    <h1>Listado de productos</h1>
    <table>
      <thead><tr><th>ID</th><th>Nombre</th><th>Precio</th></tr></thead>
      <tbody>
         <tr th:each="producto : ${listaProductos}">
                <td th:text="${producto.id}">Id</td>
                <td th:text="${producto.nombre}">nombre</td>
                <td th:text="${producto.precio}">0</td>
         </tr>
      </tbody>
    </table>
    <p>Los precios se muestran en: <span th:text="${moneda}">EUR</span></p>
    Cambio de moneda:
    <a th:href="@{/setMoneda/EUR}">EURO</a>
    <a th:href="@{/setMoneda/GBP}">LIBRA</a>
    <a th:href="@{/setMoneda/USD}">DOLAR</a><br/><br/>
    <p>El tema actual es: <span th:text="${tema}">light</span></p>
```

```
Cambio de tema:
<a th:href="@{/setTema/light}">Cambiar a Tema Claro</a>
<a th:href="@{/setTema/dark}">Cambiar a Tema Oscuro</a><br/><br/>
</body>
</html>
```

Una vez que la aplicación funcione correctamente, cierra el navegador y vuelve a abrirlo para comprobar que la *cookies* siguen activa.

Ejercicios de ampliación

Proyecto BookAdvisor

Toma el proyecto del *sprint* anterior y configura la seguridad de la siguiente forma:

- Mover las rutas de las páginas genéricas (inicio, contacta, etc.) bajo una ruta */public*.

- En el menú principal añadir un enlace para login y logout.

- Añadir a los usuarios el atributo contraseña, y rol (enumeración con valores: USER, MANAGER, ADMIN) y modificar el formulario de alta y edición de usuarios para incorporar los nuevos valores. Cada usuario tendrá un solo rol.

- Crear una clase de configuración de seguridad con los beans *AuthenticationManager*, *PasswordEncoder* y *SecurityFilterChain* de acuerdo a los siguientes permisos:

  — Las páginas bajo */public* serán accesibles a cualquier visitante.

  — La vista general de libros y géneros también serán accesibles a cualquier visitante.

  — El rol USER permitirá añadir valoraciones de libros, pero solo borrar las valoraciones creadas por él mismo, no las de otros (no hay edición de valoraciones).

  — El rol MANAGER podrá acceder al CRUD de libros, géneros y valoraciones de libros, pero no al CRUD de Usuarios.

  — El rol ADMIN tendrá permiso para todas las operaciones de la aplicación. Es necesario crear un usuario inicial del este tipo, de lo contrario, no se podrán crear nuevos usuarios.

- Almacenar la contraseña encriptada en la base de datos, por lo que el servicio de usuarios tendrá inyectado el *PasswordEncoder* creado previamente y lo emplearemos para el encriptado de la contraseña al guardar un usuario.

- Crear la clase que implemente la interfaz *UserDetailsService* con *userRepository* inyectado y así obtener los datos del usuario conectado y cargar sus permisos.

- En la clase de configuración, en el bean *SecurityFilterChain*, configurar el parámetro de página de error:

```
exceptions -> exceptions.accessDeniedPage("/accessError"));
```

y crear el *mapping* y la vista correspondiente.

| Inicio | Quienes somos | Libros | Géneros | Usuarios | Contacta | Registrarse | Iniciar sesión |

Figura 8.5. Proyecto BookAdvisor: menú principal

- Añadir al menú de la aplicación (es un fragmento Thymeleaf) los enlaces a /login y /logout. El primero se mostrará solo si no hay ningún usuario conectado; por el contrario, si hay un usuario conectado, se mostrará en ese menú el nombre del usuario, que será a su vez un menú desplegable con las opciones: editar perfil, cambiar contraseña y cerrar sesión *(piensa si sería adecuado crear un 'dto' para el cambio de contraseña)*. El /logout también solo se mostrará si hay un usuario conectado.

- En el alta de nuevos usuarios hay que controlar que el nombre de usuario sea único, que no lo tenga ningún otro usuario en el sistema. Y hacer algo similar en la modificación de usuario (si se modifica el nombre, que el nuevo sea único).

- El rol USER permitirá añadir valoraciones de libros, pero solo borrar las realizadas por él mismo. Al añadir una valoración de un libro, ya no será necesario introducir el usuario que realiza la valoración, ya que será el usuario que esté conectado.

- Modificar la página de valoración de libros: en la versión anterior del proyecto había que seleccionar el usuario que hacía la valoración. Ahora ya no es necesario, ya que será el usuario que esté conectado.

- El administrador solo podrá borrar valoraciones. Si crea una valoración será en su nombre, como cualquier otro usuario más y no existe la posibilidad de editar valoraciones.

- Añadir al menú la opción de autoregistro (será con rol: USER). Los roles superiores serán asignados a posteriori solo por administradores.

- Y si no está hecho aún, crear bajo /templates/error páginas de error personalizadas: 404.html, 403.html y 500.html.

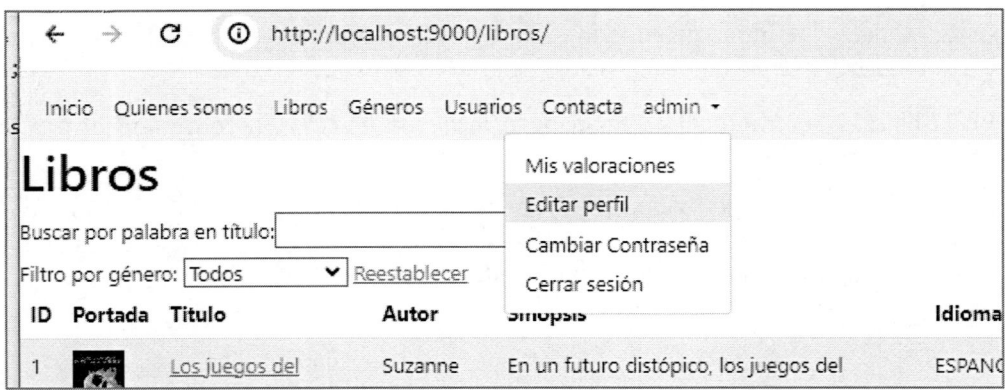

Figura 8.6. Proyecto BookAdvisor: menú de usuario

CAPÍTULO 9

API REST Y SERVICIOS WEB

Contenidos

- Aplicaciones API REST.
- Formato JSON para la serialización de datos.
- Herramientas para probar API como Postman.
- Manejo de excepciones en controladores REST.
- Documentación de API con Swagger y OpenAPI.
- Aplicaciones web híbridas.

Objetivos

- Comprender el concepto de API REST y servicios web.
- Crear endpoints REST para exponer funcionalidades.
- Usar JSON para el intercambio de datos.
- Documentar API con Swagger y OpenAPI.
- Crear aplicaciones web híbridas.

RESUMEN DEL CAPÍTULO

Este capítulo introduce el concepto de API REST y explica cómo crear servicios web. Se describe el protocolo HTTP y sus verbos, el formato JSON, las herramientas para probar API como Postman, y se abordan temas como la gestión de excepciones, el envío de archivos, HATEOAS, Spring Data REST, OpenAPI y Swagger. Describe también el proceso de construcción de aplicaciones web híbridas.

9.1. Introducción

Las aplicaciones realizadas hasta ahora incluyen en un solo proyecto todas las capas necesarias: acceso a los datos, lógica de negocio, presentación, etc. de forma que no hay elementos externos (salvo navegador de usuario y gestor de base de datos). Esta arquitectura tiene ventajas como la uniformidad de desarrollo (todo en el mismo lenguaje), el despliegue es sencillo (un solo *.jar* o *.war*), es más fácil a la hora de aprender una tecnología y también es recomendable para proyectos pequeños.

Como inconveniente fundamental de estas aplicaciones podemos decir *que no responden ante clientes heterogéneos*: una aplicación en Angular, una aplicación móvil, dispositivos IoT, etc. Nuestra aplicación solo responderá al cliente para el que fue diseñada (en nuestro caso, el navegador web).

La solución a estos problemas son los servicios web, que tratan de desacoplar algunos elementos de nuestra aplicación, en concreto la capa de presentación. Ha habido muchas tecnologías a lo largo del tiempo para el desarrollo de este tipo de arquitectura: *CORBA*, *RMI*, luego *SOAP*, siendo *GraphQL* y *REST* las más empleadas actualmente.

Con REST lo que haremos es que nuestra aplicación no tenga capa de presentación, sino que ofrecerá sus servicios a cualquier tipo de cliente, que nos harán peticiones y nosotros simplemente le serviremos los datos solicitados.

9.1.1. Descripción de API REST

REST es un nuevo enfoque propuesto por Roy Fielding en su tesis doctoral y estas son sus bases:

- La comunicación entre el cliente y el servidor se hace mediante el protocolo HTTP y sus diferentes verbos: GET, POST, PUT, DELETE, etc.

- Es una comunicación sin estados. Cada petición-respuesta es completa, no necesita sincronizarse con otras peticiones.

- Los recursos a los que acceden los diferentes tipos de clientes (navegadores, móviles, etc.) se mapean mediante una URL y se denominan *end points*.

- Los datos se envían al cliente, normalmente en formato JSON. El cliente lo procesará como desee. El cliente también puede enviar datos al servidor en la petición, en el mismo formato.

- No es propio de Java, se puede implementar con cualquier lenguaje.

- El cliente no tiene por qué ser solo un cliente final, puede ser otra aplicación. Pensemos en una aplicación que necesita en un momento dado un dato meteorológico, una cotización en bolsa, etc. Puede la aplicación hacer una solicitud REST a otro servidor que ofrezca tal servicio.

- Son la base para la arquitectura de aplicaciones en microservicios, que veremos más adelante.

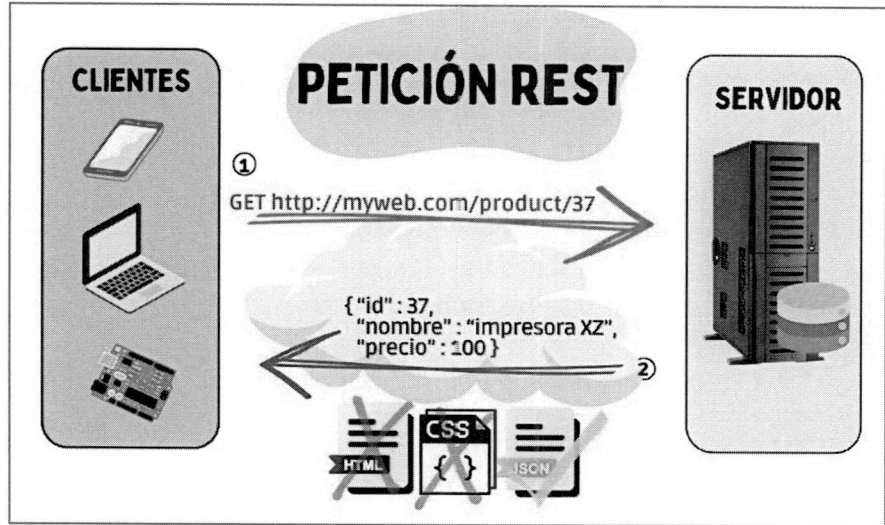

Figura 9.1. Esquema de petición API REST

Al estar basado en HTTP es buen momento para volver al Capítulo 1 y repasar los conceptos que aquí necesitáremos como son: estructura de la petición, estructura de la respuesta, verbos (GET, POST, PUT, etc.), códigos de respuesta, etc.

Los verbos HTTP que más usaremos:

- **GET**: solicitar un recurso al servidor, por ejemplo, para consultas.

- **POST**: enviar datos en el cuerpo de la petición para crear nuevos recursos en la aplicación.

- **PUT**: enviar datos en el cuerpo de la petición para editar recursos en la aplicación. Algunos desarrolladores usan POST para esta misión, pero no es correcto.

- **DELETE**: borrar un recurso del servidor.

9.1.2. API REST en Spring

Spring a través de su dependencia **starter-web** facilita el trabajo de "restificar" nuestras aplicaciones de forma sencilla. Estas son sus características:

- El cambio con respecto a las aplicaciones anteriores solo afecta a la capa del controlador y vistas, manteniendo sin cambios los servicios, repositorios, modelo de dominio, etc.

- Se sustituye la anotación @Controller por *@RestController* (Controller + ResponseBody) haciendo que sus métodos por defecto devuelvan un cuerpo de respuesta HTTP. *@Controller devolvía un String que representaba una vista.*

- Las vistas, archivos *html* estáticos y *css* no tienen sentido en este tipo de aplicaciones. Serán las aplicaciones clientes de los distintos dispositivos las que gestionen todos estos recursos. El servidor solo sirve los datos.

- Spring realiza la conversión de clase Java a cuerpo de respuesta, así nuestro método de controlador puede devolver una clase de nuestro modelo o un DTO, que se convertirá de forma transparente para nosotros en un objeto para el peticionario, normalmente en formato JSON.

> **Ejemplo:**

Suponiendo que tenemos una clase Empleado (id, nombre, email, salario) con su repositorio JPA, así sería un *RestController* para devolver un archivo JSON con los datos de un empleado.

```
@RestController
public class EmpleadoController {

    @Autowired
    private EmpleadoRepository empleadoRepository;

    @GetMapping("/buscar/{id}")
    public Empleado getEmpleado(@PathVariable Long id) {
    return empleadoRepository.findById(id).orElse(null);
    }
}
```

Puede llamar la atención que devuelve un objeto *Empleado*, no una respuesta HTTP con código de estado, cuerpo, etc. Lo explicaremos más adelante.

Disponemos de distintas clases para trabajar con peticiones y respuestas HTTP:

- *HttpMessageConverter*: se encarga de la conversión de clases a JSON y viceversa usando las librerías Jackson.

- *HttpEntity<T>* y sus dos subclases *RequestEntity<T>* y *ResponseEntity<T>*: representan una petición o repuesta HTTP completa con su cabecera y cuerpo. En el ejemplo anterior estamos devolviendo un empleado en el cuerpo de la respuesta, pero no gestionamos otros parámetros como el código de respuesta *HttpStatus*, esto lo hace Spring, pero con valores por defecto. Si empleamos estas clases tendremos un control más detallado.

- *HttpHeaders*: representa los encabezados de una petición o de una respuesta.

- *RestClient* (*antes WebClient y RestTemplate*): se emplea si queremos que nuestra API o la aplicación MVC sea a su vez cliente y haga peticiones a otras API REST remotas.

- *Spring Data Rest:* permite transformar un repositorio de Spring Data en API REST de forma sencilla sin apenas añadir código alguno.

- *Spring HATEOAS* (Hypermedia as Engine of Application State): permite incluir enlaces en los resultados devueltos en una respuesta REST para que el cliente pueda navegar de unos recursos a otros.

9.1.3. ResponseEntity <T>

Es una clase que nos va a permitir manejar la respuesta que damos a nuestros clientes de una forma más conveniente. Es una clase hija de *HttpEntity*<T> que añade un atributo más para el código de estado de la respuesta.

En el apartado anterior vimos cómo en un método del *RestController* podíamos devolver una clase de nuestro modelo y que Spring se encargaba de convertirlo al cuerpo de una respuesta HTTP. Lo que no dijimos es que la cabecera de esa respuesta se construía por defecto, y no teníamos forma de customizarla. Si lo que devolvemos es un *ResponseEntity* podremos configurar todos los parámetros de esa cabecera (sobre todo el código de estado: 200, 201, 404, etc.)

El proceso a seguir consiste en hacer que los métodos del *RestController*, en vez de devolver una clase del modelo, devuelvan un objeto de *ResponseEntity*. La clase dispone de diversos métodos estáticos que nos permiten construir la respuesta de forma sencilla. El método principal sería:

```
ResponseEntity.status(n).body(recurso);
```

siendo '*n* ' un código de estado, 200,201… y '*recurso*' el recurso que queremos enviar. Para los códigos tenemos la enumeración *HttpStatus* con valores OK, CREATED, NO_CONTENT, NOT_FOUND, FORBIDDEN, BAD_REQUEST, etc. En caso de que el cuerpo de la respuesta vaya vacío (típico por ejemplo en borrados), sustituiríamos .***body*(*recurso)*** por .***build()***. Ejemplos:

```
ResponseEntity.status(HttpStatus.CREATED).body(empleado);
ResponseEntity.status(HttpStatus.NC_CONTENT).build();
```

Los códigos de respuesta habituales para cada operación son:

- **GET:** 200 (OK) si localizamos el recurso, 404 (NOT_FOUND) si no lo localizamos.

- **POST:** 201 (CREATED) si alta ok. 400 (BAD_REQUEST) si los datos recibidos son erróneos.

- **PUT:** 200 (OK) si modificamos el recurso, 404 (NOT_FOUND) si no encuentra el recurso a modificar, y 400 (BAD_REQUEST) si los datos recibidos son erróneos.

- **DELETE:** 204 (NO_CONTENT) y sin cuerpo si encuentra el elemento a borrar o 404 (NOT_FOUND) si no encuentra el recurso a borrar.

ResponseEntity dispone de métodos adicionales, que agrupan el código de respuesta y el estado, pero no serían necesarios, simplemente nos permiten escribir la respuesta de una forma abreviada:

- `ResponseEntity.ok(e):` siendo 'e' una instancia de la clase que queremos enviar: Empleado, Producto, etc, devuelve una respuesta con estado 200 y la clase en el cuerpo.

- `ResponseEntity.notFound().build():` Construye una respuesta con código 404 y cuerpo vacío.

- `ResponseEntity.noContent().build():` Construye una respuesta con código 204 y cuerpo vacío, típica de operaciones de borrado.

Por ejemplo, para una inserción directamente en el repositorio, sin servicio intermedio, ni controlar posibles errores:

```
@PostMapping ("/nuevo")
public ResponseEntity<Empleado> nuevoEmpleado (
                            @RequestBody Empleado  nuevo){
   Empleado guardado  = empleadoRepositorio.save (nuevo);
   return ResponseEntity.status(HttpStatus.CREATED).body(guardado);
}
```

En este ejemplo hemos usado la anotación *@RequestBody*. Esta anotación será fundamental en las peticiones que lleven datos asociados ya que permite inyectar en el método los datos recibidos, probablemente JSON, que serán tratados en el método como cualquier otra clase Java. Los casos típicos de su uso en un CRUD son en el alta y modificación de recursos, no así en consultas y borrados en las que no recibimos datos adicionales.

Cuando el elemento que añadimos al cuerpo es una entidad de nuestro modelo de dominio, este se transforma a formato JSON automáticamente. Cuando lo que enviamos es un valor sencillo (por ejemplo, un entero, o un par de enteros) lo habitual es definir un DTO con la estructura de esa respuesta, bien como clase:

```
@Data
@AllArgsConstructor
public class EmpleadoDto {
   private String nombre;
   private Integer edad;
}
```

bien como récord:

```
public record EmpleadoDto (String nombre, Integer edad) {}
```

Y devolver al cliente una instancia del *dto*:

```
return ResponseEntity.ok(new EmpleadoDto("José López", 20));
```

También podríamos prescindir del DTO, y construir un mapa (la clave de cada elemento del mapa sería una cadena con el nombre del atributo y el valor de cada elemento del mapa sería el valor del atributo que llegaría al usuario).

```
String nombre = "José López";
Integer edad = 20;
Map<String, String> mapa = new LinkedHashMap<>();
mapa.put("nombre", nombre);
mapa.put("edad", edad.toString());
return ResponseEntity.ok(mapa);
```

9.2. Proyecto API REST

Partiremos del ejemplo del CRUD de empleado del Capítulo 7 para convertirla en un servicio REST. Los pasos a seguir serían para "restificar" el proyecto de empleado serían:

1. Eliminar del *pom.xml* la dependencia *Thymeleaf*, ya no es necesaria.

2. Eliminar las vistas de la carpeta *templates*

3. Sustituir la anotación *@Controller* por *@RestController* en los controladores.

4. En el método de actualización de un recurso, sustituir la anotación *@PostMapping* por **@PutMapping,** y en el método de eliminación sustituir *@GetMapping* por **@DeleteMapping**. Como no hay formulario de entrada de datos ya no es necesario el *@GetMapping* que mostraba el formulario.

5. En el caso de añadir un nuevo empleado y actualizar empleado necesitamos extraer los datos que enviará el cliente al servidor, lo haremos mediante la anotación **@RequestBody** que comentamos en el apartado anterior. Podemos seguir utilizando **@Valid** para validar las anotaciones de validación de los datos recibidos desde el cliente *(@Min, @Email, @NotEmpty*, etc.) pero no es necesario incluir *BindingResult,* en caso de que no se cumplan las restricciones devolverá código 400 BAD REQUEST. En el próximo apartado de *"Gestión de errores"* explicaremos en detalle este aspecto.
```
@PutMapping("/empleado/{id}")
public ResponseEntity<?> editElement(
                        @Valid @RequestBody Empleado editEmpleado ){
```

6. La respuesta será un *ResponseEntity* gestionando los códigos de repuesta de las peticiones y el cuerpo de la respuesta, como hemos descrito previamente:

   • `@GetMapping: 200 (OK)` si localizamos el recurso, `404 (Not found)` si no lo localizamos.

   • `@PostMaping: 201 (Created)` si alta ok. `400 (Bad request)` si los datos recibidos son erróneos.

   • `@PutMapping: 200 (OK)` si modificamos el recurso, `404 (Not found)` si no encuentra el recurso a modificar, y `400 (Bad request)` si los datos recibidos son erróneos.

   • `@DeleteMapping: 204 (No Content)` y sin cuerpo si encuentra el elemento a borrar o `404 (Not found)` si no encuentra el recurso a borrar.

7. En MVC empleábamos solo GET y POST, por lo que debíamos diferenciar las URL para cada operación: */new, /edit /delete*, etc. Ahora como cada operación CRUD va a tener su mapping: *@GetMapping, @PostMapping, @PutMapping, @DeleteMapping*, podemos usar la misma URL para todas las operaciones.

El código final resultante, por ahora **sin tratamiento de errores y suponiendo que el servicio inyectado devuelve *null* en caso de error**, quedaría como se muestra a continuación.

➢ **Ejemplo:** RestController sin gestión de errores:

```java
@RestController
public class EmpleadoController {
    @Autowired  private EmpleadoService empleadoService;

@GetMapping("/empleado")
public ResponseEntity<?> getList() {
   List<Empleado> listaEmpleados = empleadoService.obtenerTodos();
   if (listaEmpleados.isEmpty())
      return ResponseEntity.notFound().build();         // cod 404
   else
      return ResponseEntity.ok(listaEmpleados);         // cod 200
   //return ResponseEntity.status(HttpStatus.OK).body(listaEmpleados);
}


@GetMapping("/empleado/{id}")
public ResponseEntity<?> getOneElement(@PathVariable Long id) {
   Empleado empleado = empleadoService.obtenerPorId(id);
   if (empleado == null)
      return ResponseEntity.notFound().build();          // cod 404
   else return ResponseEntity.ok(empleado);              // cod 200
}


@PostMapping("/empleado")
public   ResponseEntity<?>   newElement(   @Valid   @RequestBody   Empleado
nuevoEmpleado) {
    //@Valid si no se cumple la validación devuelve BAD_REQUEST.cod 400
    Empleado empleado = empleadoService.añadir(nuevoEmpleado);
    return ResponseEntity.status(HttpStatus.CREATED).body(empleado); //201
}


@PutMapping("/empleado/{id}")
public ResponseEntity<?> editElement(
        @Valid @RequestBody Empleado editEmpleado, @PathVariable Long id) {
  //@Valid si no se cumple la validación devuelve BAD_REQUEST.cod 400
   Empleado empleado = empleadoService.obtenerPorId(id);
   if (empleado == null) return ResponseEntity.notFound().build();
   else { empleado = empleadoService.editar(editEmpleado);
       return ResponseEntity.ok(empleado);              // cod 200
   }
}


@DeleteMapping("/empleado/{id}")
public ResponseEntity<?> deleteElement(@PathVariable Long id) {
   Empleado empleado = empleadoService.obtenerPorId(id);
   if (empleado == null) return ResponseEntity.notFound().build();
   empleadoService.borrar(id);
   return ResponseEntity.noContent().build();            // cod 204
  }
}
```

En el siguiente apartado refinaremos este código para que los métodos de servicio lancen excepciones en vez de devolver *null* y también que el controlador sea capaz de gestionar esas excepciones, obteniendo un código mucho más limpio.

9.2.1. Probar con Postman

Con este tipo de aplicaciones no tenemos vistas con enlaces, o botones para navegar por nuestra aplicación. Las peticiones GET podríamos probarlas desde el propio navegador. Si hacemos la petición de un recurso, podemos seleccionar: *Inspeccionar > Network* (pestaña *All*) y ver la respuesta recibida.

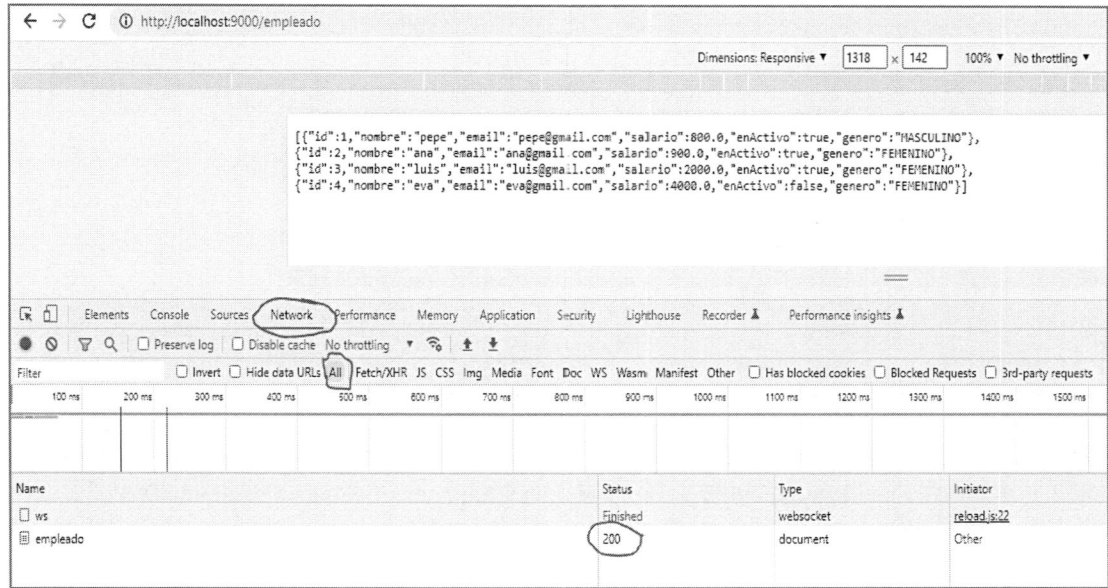

Figura 9.2. Respuesta 200 en navegador

Para otras peticiones como PUT y POST esto ya no es posible, debemos usar herramientas para enviar peticiones con cuerpo. Herramientas típicas para esta tarea son: **CURL** (desde línea de comandos, más tediosa de utilizar), **Postman** (aplicación gráfica muy potente) y si trabajamos con Visual Studio Code, disponemos también de extensiones como **Thunder Client** con un comportamiento similar a Postman.

Vamos a emplear entones Postman. Primero la descargamos desde su página oficial: *https://www.postman.com/downloads/*. En el proceso de instalación solicita crear una cuenta, pero podemos seleccionar *"skip and go to the app"* y trabajar sin registrarnos. La forma de interactuar con ella es muy sencilla:

- Abrir una nueva pestaña en la pantalla principal de la aplicación.

- Seleccionar el verbo HTTP en el desplegable.

- En caso de que la petición lleve consigo datos, seleccionamos la pestaña *"Body"*, tipo *"JSON"* y añadimos los datos necesarios.

- Pulsamos el botón *[Send]* y en la parte de abajo veremos la respuesta (cabecera con código de respuesta y *body*).

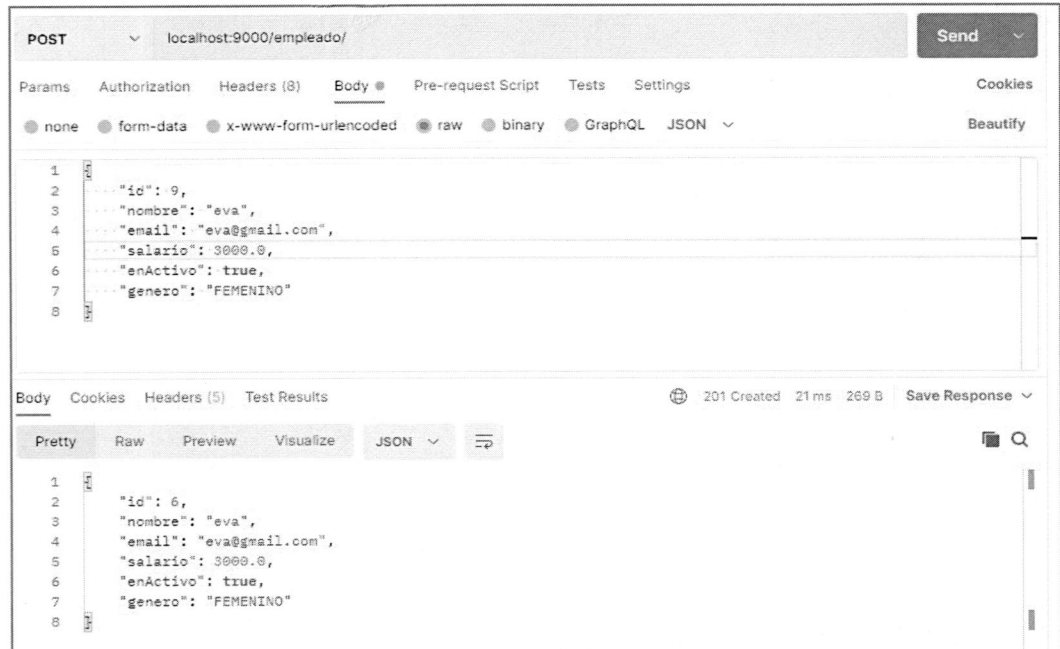

Figura 9.3. Petición API REST desde PostMan

Postman nos permite almacenar todas las peticiones que realizamos. Las agrupa en "Colecciones" que son simplemente grupos de peticiones. Podemos crear una colección por cada proyecto. Cuando tengamos una petición lista y veamos que nos devuelve los resultados deseados, en el botón *Save > Save as...* podemos añadirla a la colección actual.

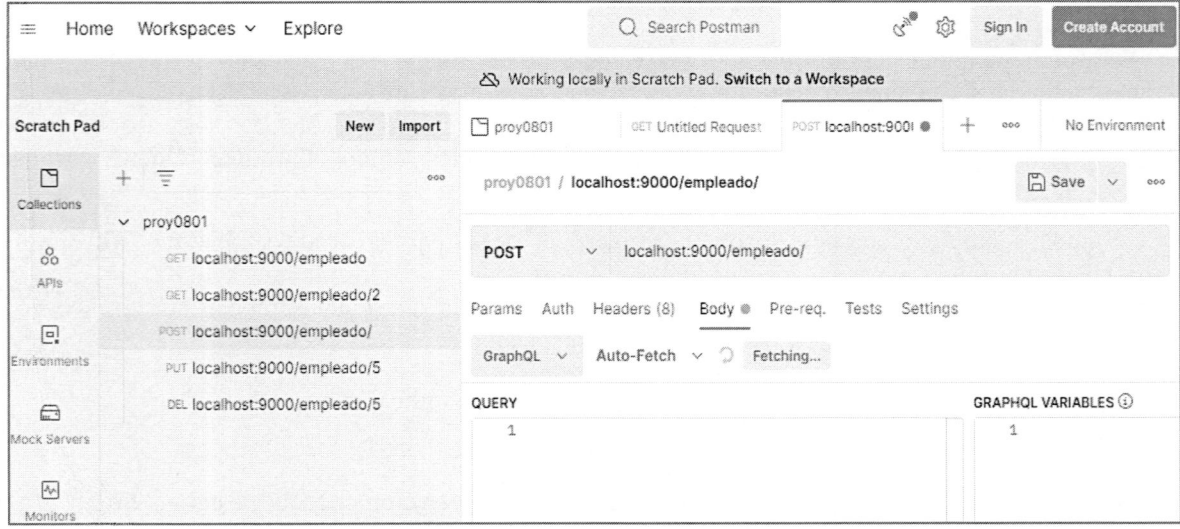

Figura 9.4. Colección de peticiones API REST en PostMan

Importante: si quieres probar todo esto desde una aplicación del lado de cliente, por ejemplo, desarrollada en JavaScript ve al apartado *"Consumiendo API"* y añade la gestión de **CORS** al proyecto en Spring, de lo contrario no funcionará la aplicación cliente.

Ejercicio 9.1

Implementa un CRUD básico de la entidad *Curso* partiendo del proyecto del Ejercicio 7.1 del Capítulo 7, convirtiéndolo en una API REST sin gestión de excepciones.

9.2.2. Añadir DTO al proyecto

Ya comentamos en el Capítulo 8 la necesidad de los DTO para evitar el envío de datos innecesarios al cliente. En el ejemplo que estamos tratando, quizás para el listado de todos los empleados, con mandar el nombre y el email sea suficiente, y solo cuando se piden los datos de un empleado concreto se informaría del resto de sus atributos.

En el caso de aplicaciones REST se presenta un problema adicional: cuando tenemos varias relaciones entre nuestras entidades el envío de los objetos de dominio puede reducir la claridad de los datos que se transfieren. Volvamos a la asociación vista en el Capítulo 8 en la que *Empleado* estaba vinculado con su *Departamento* con una asociación *@ManyToOne*. Si no empleamos DTO, ante una petición GET devolveríamos algo así, quizás más difícil de procesar por el cliente:

Y cuando el cliente quisiese editar un empleado con PUT debería enviar el mismo formato. En el caso de un alta de empleado, algo en un formato similar (igual, pero sin atributo id). Si pensamos en que el empleado tenga más asociaciones, vemos la complejidad de los datos a transferir.

```
1   {
2       "id": 2,
3       "nombre": "ana",
4       "email": "ana@gmail.com",
5       "salario": 900.0,
6       "enActivo": true,
7       "genero": "FEMENINO",
8       "departamento": {
9           "id": 2,
10          "nombre": "Comercial"
11      }
12  }
```

Figura 9.5: Archivo JSON

Los DTO sirven para resolver las dos situaciones comentadas: el envío de demasiados datos para el listado de empleados y conseguir un formato más simple para la asociación con Departamento. Estos serían los pasos a seguir, partiendo de la API REST de Empleado descrita en apartados anteriores:

1. Añadimos al *pom.xml* del proyecto la dependencia necesaria para emplear *ModelMapper* y creamos el archivo de configuración con la creación del bean de *ModelMapper*, según se indicaba en el Capítulo 8.

2. Añadimos al proyecto la entidad *Departamento* con repositorio, servicio y controlador de tipo @RestController. Podríamos tomarlos del ejemplo del Capítulo 8 en el que se plasmaba esta asociación y "restificar" el controlador de *Departamento*.

```
@RestController
public class DepartamentoController {

    @Autowired
    private DepartamentoService departamentoService;

     @GetMapping("/depto")
     public ResponseEntity<?> getList() {

      List<Departamento> listaDepartamento =departamentoService.obtenerTodos();
      if (listaDepartamento.isEmpty())
         return ResponseEntity.notFound().build();
      else
          return ResponseEntity.ok(listaDepartamento);
     }
  . . .
```

3. Creamos una carpeta/paquete llamada "*dto*" y añadimos dos DTO, uno para cuando se solicite el listado de todos los empleados (solo con id, nombre y email) y otro para cuando se crea un nuevo empleado con "*POST*", para tener esa estructura más simple. Este último lo podremos usar también para la edición de empleados "*PUT*".

```
    @Getter
    @Setter
    public class EmpleadoDto {
        private Long id;
        private String nombre;
        private String email;
    }

@Getter
@Setter
public class EmpleadoNuevoDto {
    private String nombre;
    private String email;
    private Double salario;
    . . .
    private Long departamentoId;
}
```

4. Incorporamos una clase que realice de todas las conversiones entre entidades y sus *dto*. Podemos situarla en la carpeta/paquete "services", ya que es lógica de negocio *(o bien en otra carpeta a la que podríamos llamar por ejemplo "utilities")*. También podríamos optar por no crear ningún componente y simplemente incluir sus métodos en el servicio de Empleado.

```java
@Component
public class EmpleadoDtoConverter {
@Autowired private DepartamentoService departamentoService;
@Autowired private ModelMapper modelMapper;

public Empleado convertDtoToEmpleado(EmpleadoNuevoDto empleadoNuevoDto) {
  return new Empleado(null,
    empleadoNuevoDto.getNombre(),
    empleadoNuevoDto.getEmail(),
    empleadoNuevoDto.getSalario(),
    departamentoService.obtenerPorId(empleadoNuevoDto.getDepartamentoId()));
}
public Empleado convertDtoToEmpleado(EmpleadoNuevoDto emplEditDto,Long id){
  Empleado empleado = convertDtoToEmpleado(empleadoEditDto);
  empleado.setId(id);
  return empleado;
}
public EmpleadoDto convertEmpleadoToDto(Empleado empleado) {
  return modelMapper.map(empleado, EmpleadoDto.class);
}
}
```

5. En el controlador de Empleado, para obtener todos los empleados usamos el primer DTO debiendo inyectar el componente del punto anterior:

```java
@GetMapping("/empleado")
 public ResponseEntity<?> getList() {
    List<Empleado> listaEmpleados = empleadoService.obtenerTodos();
    if (listaEmpleados.isEmpty())
       return ResponseEntity.notFound().build();
    else {
       List<EmpleadoDto> listaEmpleadoDto = new ArrayList<>();
       for (Empleado empleado : listaEmpleados)
          listaEmpleadoDto.add(
                empleadoDtoConverter.convertEmpleadoToDto(empleado));
          return ResponseEntity.ok(listaEmpleadoDto);
    }
}
```

6. En el controlador de Empleado, para el "post" emplearemos el segundo DTO y debemos convertirlo de ese DTO a una instancia de Empleado, para añadirlo al repositorio.

```
@PostMapping("/empleado")
public ResponseEntity<?> newElement(
        @RequestBody EmpleadoNuevoDto empleadoNuevoDto) {
    Empleado empleado =
        empleadoDtoConverter.convertDtoToEmpleado(empleadoNuevoDto);
    Empleado empleadoSaved = empleadoService.añadir(empleado);
    return ResponseEntity.status(HttpStatus.CREATED).body(empleadoSaved);
}
```

7. Y hacemos lo mismo para el "put", aunque en este caso en el constructor de empleado sí incluye el id de empleado, ya que no es un alta, es una edición de un empleado existente:

```
@PutMapping("/empleado/{id}")
public ResponseEntity<?> editElement(
        @RequestBody EmpleadoNuevoDto editEmpleado, @PathVariable Long id){

    Empleado empleado = empleadoService.obtenerPorId(id);
    if (empleado == null) return ResponseEntity.notFound().build();
    else {
     empleado=empleadoDtoConverter.convertDtoToEmpleado(editEmpleado,id);
     Empleado empleadoSaved = empleadoService.editar(empleado);
     return ResponseEntity.ok(empleadoSaved);
    }
}
```

Ejercicio 9.2

Crea un nuevo proyecto convirtiendo el proyecto del Ejercicio 4.3 del Capítulo 4 (Cálculos matemáticos) a API REST sin gestión de excepciones.

Como queremos los valores de respuesta lleguen al cliente en formato JSON debes crear un *DTO* con la estructura del cuerpo de la respuesta para cada petición (puedes usar clases o también probar los *records* que se incorporaron en Java 14):

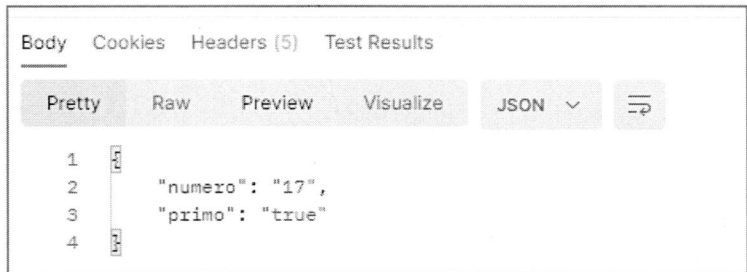

Figura 9.6. DTO del Ejercicio 9.2

Ejercicio 9.3

Crea un nuevo proyecto convirtiendo el proyecto del Ejercicio 5.2 del Capítulo 5, en su apartado a) (Cálculos de fechas) a API REST sin gestión de excepciones. Para hacerlo de forma distinta al Ejercicio 9.2. puedes crear un mapa con la respuesta en vez del *DTO*.

 RECUERDA:

Para que todos los proyectos API Rest descritos y los ejercicios que se proponen puedan ser consumidos desde una aplicación cliente, por ejemplo, una escrita en JavaScript, debes configurar CORS correctamente.

9.2.3. Relaciones bidireccionales

Cuando tenemos relaciones bidireccionales entre entidades (*@OneToMany* y *@ManyToOne*) por ejemplo como hemos visto en ejemplos y ejercicios anteriores entre *Empleado* y *Categoría* se pueden producir bucles infinitos a la hora de recuperar los datos de una petición: un empleado llevaría asociado una categoría, y esa categoría sus empleados, y así sucesivamente, cada uno de sus empleados su categoría, etc.

Para evitar este problema de recursividad tenemos varias opciones, una de ellas es generar clases DTO que no contengan la relación y adaptar controladores y servicios para trabajar con estos DTO allí donde sea necesario.

Otra opción más sencilla, es incluir la etiqueta *@JsonIgnore* en la clase "1" de la relación "1 a n", para el atributo con la lista de elementos "n". Así a la hora de generar la respuesta en formato JSON para enviar al cliente, no se enviará la relación y por tanto se parará la recursividad. Ejemplo:

```
public class Categoria {
    @Id
    @GeneratedValue (strategy=GenerationType.IDENTITY)
    private Long id;
    private String nombre;
    @OneToMany(mappedBy = "categoria",cascade = CascadeType.REMOVE)
    @JsonIgnore
    private List<Empleado> empleados = new ArrayList<>();
}
```

Ejercicio 9.4

Crea un nuevo proyecto, partiendo del proyecto del Ejercicio 9.1 e incorpórale la asociación con Autor (*@ManyToOne*) realizada previamente en el Capítulo 7. Debes crear con *ModelMapper* dos *dto* (uno para enviar los datos de cursos al cliente mostrando solo id, y nombre, y otro *dto* para la inserción y edición de cursos con autor). Puedes basarte también en el Ejercicio 7.2. para la entidad y repositorio de *Autor*.

9.3. Gestión de errores

En todos los ejemplos anteriores hemos hecho una gestión muy sencilla de los errores y sin tratamiento basado en excepciones, simplemente construíamos una respuesta vacía en la que asignábamos un código de respuesta (por ejemplo 404) para indicar el error, pero no enviábamos al cliente ningún mensaje adicional sobre el error producido.

```
@GetMapping("/empleado/{id}")
public ResponseEntity<?> getOneElement(@PathVariable Long id) {
    Empleado empleado = empleadoService.obtenerPorId(id);
    if (empleado == null) return ResponseEntity.notFound().build();// cod 404
    else return ResponseEntity.ok(empleado);                        // cod 200
}
```

En este apartado aprenderemos cómo gestionar los errores mediante excepciones y enviando al usuario una respuesta que, además del código de error, informe con un texto del error producido. Desde la versión 3.2 de Spring, disponemos de una nueva anotación llamada *@RestControllerAdvice* que permite gestionar de forma centralizada en una sola clase todas las excepciones de toda una aplicación REST.

Por otra parte, desde Spring 5, también disponemos de una clase llamada *ResponseStatusException,* que ofrece una solución básica pero rápida para la gestión de errores, pero de forma individualizada, con una llamada para cada excepción. Empezamos por esta última que es más sencilla.

9.3.1. ResponseStatusException

ResponseStatusException es una clase hija de *RunTimeException* y tiene 3 constructores mediante los que podemos asignarle el estado a devolver (*HttpStatus*), opcionalmente el mensaje de error (String) y opcionalmente, la causa del mismo. Al invocar a los constructores, enviamos al cliente la excepción producida, con los datos que acabamos de describir.

Un ejemplo sencillo de utilización sería este: supongamos un método del controlador que recibe un "id" de empleado y obtiene la instancia de empleado correspondiente del repositorio a través de un servicio. Si el servicio devuelve *null* cuando no encuentra el empleado buscado, podríamos lanzar una excepción con *ResponseStatusException*:

```
@GetMapping("/empleado/{id}")
public Empleado findById (@PathVariable Long id) {
    Empleado empleado = empleadoService.obtenerPorId(id);
    if (empleado ==null) throw new ResponseStatusException(
                    HttpStatus.NOT_FOUND, "Empleado no encontrado"));
    return empleado;
}
```

De todas formas, esta no será la forma más correcta de trabajar, ya que el método de servicio en caso de error no debería de devolver *null* sino que debería de lanzar excepciones: o bien lanzar *RuntimeException* o bien sus propias excepciones, definidas por nosotros mismos. Por ejemplo: *EmpleadoNotFoundException* en el caso de que no encontremos un empleado, *EmptyEmpleadosException* si la base de datos de empleados está vacía, o cualquier otra situación de error que queramos contemplar.

Luego, desde el controlador capturaremos esas excepciones y las llevaremos al cliente mediante *ResponseStatusException*. Este sistema nos da flexibilidad a la hora de configurar lo que llega al cliente, ya que es *ResponseStatusException* quién marca el código de estado y el mensaje, pudiendo ser distintos en diferentes controladores, aunque la excepción del servicio sea la misma.

El proceso a seguir sería el siguiente:

1. Definir las excepciones, hijas de *RuntimeException* y con un constructor que puede recibir parámetros o no. El cuerpo del constructor solo invocará al constructor de *RuntimeException* con el mensaje asociado a esta excepción.

```
public class EmpleadoNotFoundException extends RuntimeException {
    public EmpleadoNotFoundException(Long id) {
        super("No se puede encontrar empleado con ID: " + id);    }
}
public class EmptyEmpleadosException extends RuntimeException {
    public EmptyEmpleadosException() {
        super("No hay empleados en el sistema");    }
}
```

Cada excepción estará en su propio archivo y se podrán agrupar todas en un paquete o carpeta llamado *"exceptions"* o algo similar.

2. En el servicio, al llamar a los métodos del repositorio, podemos invocar a las excepciones en caso de error:

```
public Empleado obtenerPorId(long id) {
    Empleado empleado = repositorio.findById(id)
                    .orElseThrow(() -> new EmpleadoNotFoundException(id));
    return empleado;
}
```

La otra opción sería lanzar directamente *RuntimeException,* sin crear excepción alguna:

```
public Empleado obtenerPorId(long id) {
    Empleado empleado = repositorio.findById(id).orElseThrow(() ->
        new RuntimeException ("No se encuentra empleado con ID:" + id));
    return empleado;
}
```

Recordemos que el método *findById* de *JpaRepository* devuelve un *Optional* y nunca devuelve nulo. Optional tiene un método *orElseThrow* que se ejecuta si el elemento dentro del *Optional* es nulo. Así pues, la sentencia anterior, si no encuentra el empleado lanza la excepción, y si lo encuentra lo devuelve. Se puede escribir abreviado así´:

```
public Empleado obtenerPorId (long id) {
    return repositorio.findById(id).orElseThrow(() ->
                            new EmpleadoNotFoundException(id));
}
```

El formato *"lambda" ()->...* es debido al parámetro que necesita el método *orElseThrow*, no es debido a la llamada a la Excepción.

Podemos incluir la otra excepción definida, en otro método del servicio:

```
public List<Empleado> obtenerTodos() {
List<Empleado> lista = repositorio.findAll();
  if (lista.isEmpty()) throw new EmptyEmpleadosException();
  return lista;  }
```

3. En el controlador, capturamos las excepciones del servicio y procederemos a invocar a *ResponseStatusException* con el mensaje de la excepción definido en la primera excepción o bien con el mensaje que deseemos.

```
@GetMapping("/empleado/{id}")
public Empleado getOneElement(@PathVariable Long id) {
    try {
        return empleadoService.obtenerPorId(id);          }
    catch (EmpleadoNotFoundException ex) {
            throw new ResponseStatusException(
                                HttpStatus.NOT_FOUND, ex.getMessage());
    }
}
```

Haríamos lo mismo con la otra excepción, la relativa a que no hay empleados en la base de datos. En el servicio:

```
@GetMapping("/empleado")
public List<Empleado> getList() {
    List<Empleado> listaEmpleados;
    try {
      listaEmpleados = empleadoService.obtenerTodos();
    }
    catch (EmptyEmpleadosException ex) {
        throw new ResponseStatusException(
            HttpStatus.NOT_FOUND, ex.getMessage());
    }
    return listaEmpleados;
}
```

La potencia de *ResponseStatusException* está en que otro método del controlador podría enviar al cliente otro status para la misma excepción, por ejemplo, *BAD_REQUEST*.

 NOTA:

Puede llamar la atención en estos ejemplos que el controlador no devuelve un *ResponseEntity*, sino un *Empleado* o un *List<Empleado>*. La respuesta es que en caso de que todo vaya bien (sin que se hayan producido excepciones) al devolver un objeto Java, se construye de forma automática la respuesta con el archivo JSON para el cuerpo y con código de respuesta 200. Es en caso contrario, cuando ya *ResponseStatusException* genera la respuesta con el código y mensaje adecuado.

4. En los métodos *@PostMapping* y *@PutMapping*, si hay errores en los parámetros de entrada, que no se ajustan a los tipos de datos esperados, se producirá una excepción con código de estado 400 (BAD_REQUEST) sin necesidad de que nosotros programemos nada. Si además el objeto enviado tiene restricciones de validación (@Min, @Email, @NotEmpty, etc.) deberemos haber precedido el *@RequestBody* por *@Valid* para que se produzca la respuesta BAD_REQUEST. Sin *@Valid*, se produciría una respuesta más imprecisa: código de estado *500 : Internal Server Error*.

5. Para que todo esto funcione bien, debemos configurar tres aspectos más:

- Desde las últimas versiones, por seguridad, no se envía al usuario el mensaje de error (segundo parámetro del *ResponseStatusException*). Esto es así para reducir el riesgo de que al cliente le llegue información no deseada. Para cambiar este comportamiento, en *application.properties* añadimos:

```
server.error.include-message=always
```

- Con la dependencia DevTools añadida, la respuesta enviada al cliente incluye un campo llamado "trace" que incorpora información del servidor que es mejor ocultar a los clientes, por seguridad. Añadimos a *application.properties* la siguiente línea (o bien eliminamos la dependencia DevTools al pasar a producción nuestra aplicación):

```
server.error.include-stacktrace=never
```

- Internamente, al producirse una excepción de este tipo, accede a una ruta */error* aunque realmente no exista esa URL. Entonces, si tenemos configurada la seguridad como vimos en el Capítulo 8, debemos permitir el acceso a esta ruta en el bean *SecurityFilterChain*:

```
.requestMatchers("/error").permitAll()
```

Podemos probar con Postman, a solicitar un empleado que no existe:

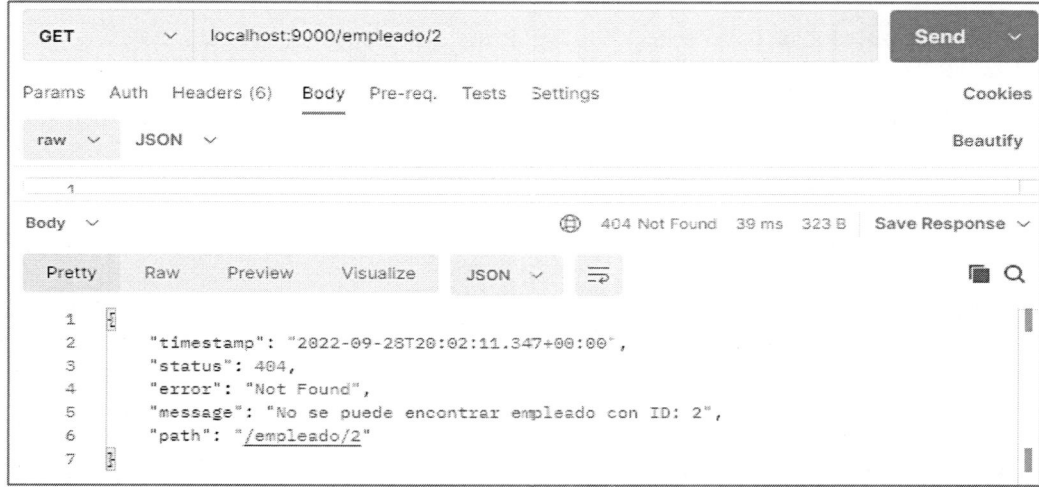

Figura 9.7. Petición errónea desde PostMan: no existe registro

O la lista de empleados cuando no hay ninguno en la base de datos:

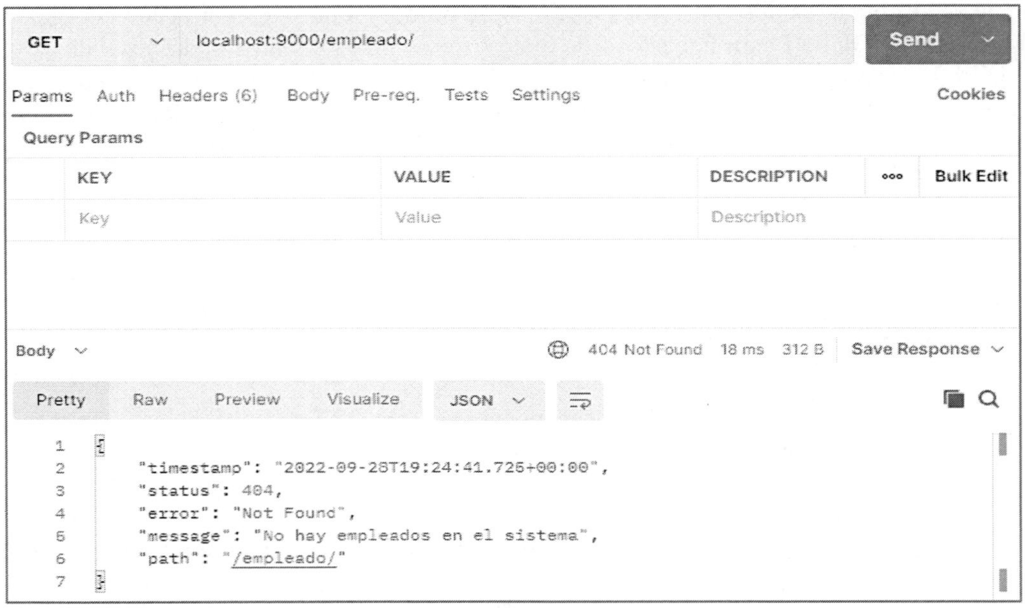

Figura 9.8. Petición errónea desde PostMan: sin datos

Ejercicio 9.5

Desarrolla un nuevo proyecto, partiendo del proyecto del Ejercicio 9.1 (CRUD de *Curso*) incorporando una gestión de errores basada en el modelo *ResponseStatusException*.

- Crea las excepciones *'curso no encontrado'* y *'base de datos sin cursos'* e invócalas desde la capa de servicio. La primera se lanzaría en los métodos *obtenerPorId* y *borrar* y la segunda en el método *obtenerTodos*.

- En el controlador, invocar a los métodos de servicio dentro de un *try... catch*, y que en caso de que se produzca enviar al cliente un *ResponseStatusException*.

- Configura los dos parámetros en *application.properties* para que funcione *ResponseStatusException*.

Ejercicio 9.6

Partiendo del proyecto de las cuentas corrientes sin control de acceso del Capítulo 7 (Ejercicio 7.10) crea un nuevo proyecto que lo convierta a API REST con una gestión de errores basada en el modelo *ResponseStatusException*.

- Por hacerlo más simple, no es necesario hacer el mapping de edición de cuentas, solo hay que listar cuentas, crear nueva cuenta, borrar cuenta y, por otra parte, listar movimientos de una cuenta y añadir movimiento.

- Crea un DTO para nueva Cuenta (el cliente solo envía Iban y alias ya que el saldo será cero y un DTO para nuevo Movimiento (el cliente solo envía Iban e importe ya que el Id lo genera Hibernate y la fecha se toma del sistema). Deberás crear un método *convertDtoToCuenta* y *convertDtoToMovimiento* (puede ser en los propios servicios *CuentaService* y *MovimientoService*).

- El repositorio de movimientos puede incluir un método derivado por nombre: *findByCuenta* o bien *findByCuenta*.

- Puedes definir 5 excepciones de servicio: cuenta no encontrada, tabla de cuentas vacía, la cuenta a borrar no tiene saldo cero, movimiento con importe incorrecto, tabla de movimientos vacía.

- Añade a los controladores *try...catch* que capturen las excepciones de servicio y llamen a *ResponseStatusException*.

- Si en el Capítulo 7 hiciste la relación entre Cuenta y Movimiento de tipo bidireccional, recuerda añadir *@JsonIgnore* en el atributo List<Movimiento> en la clase Cuenta, para evitar bucles infinitos al recuperar cuentas con movimientos en el cliente.

9.3.2. RestControllerAdvice

La forma de tratar las excepciones que acabamos de ver no es centralizada, es decir, tenemos que incorporar la gestión de la excepción en cada método en el que pueda ocurrir, llevándonos a duplicar código en algunos casos y a una organización menos controlada cuando tengamos en nuestro código muchos puntos en los que controlar excepciones.

Una clase anotada con *@ControllerAdvice* es una clase que contendrá todos los métodos para tratar todas las excepciones que se produzcan en cualquier método de servicio y lleguen a los controladores de nuestra aplicación. *@RestControllerAdvice* es una especialización de *@ControllerAdvice* que incluye un *@ResponseBody*, y será la que emplearemos nosotros.

Cada método de esta clase tendrá que incluir una anotación llamada *@ExceptionHandler* y el nombre de la excepción que gestiona con *.class*. Siguiendo con nuestro ejemplo:

```
@ExceptionHandler(EmpleadoNotFoundException.class)
public ResponseEntity<?> handleEmpleadoNotFound(Long id){
   return ResponseEntity.status(HttpStatus.NOT_FOUND).body(body)
}
@ExceptionHandler(EmptyEmpleadosException.class)
public ResponseEntity<?> handleEmptyEmpleados(Long id){
   return ResponseEntity.status(HttpStatus.NOT_FOUND).body(body);
}
```

En lugar de crear la clase desde cero podemos declararla como hija de *ResponseEntityExceptionHandler* y aprovechar toda su funcionalidad. Entre todos los métodos que tiene esta superclase, es muy útil sobrescribir el método *handleExceptionInternal* que permite customizar el cuerpo por defecto de cualquier excepción que se pueda producir.

Así podemos tratar por una parte nuestras excepciones específicas y por otra el resto de excepciones que se puedan producir. Podríamos sobrescribir otros como *handleMissingPathVariable* o *handleTypeMismatch*.

Podemos crearla en cualquier punto de la aplicación, quizás el paquete *exceptions* sea un buen lugar. Entonces, los pasos a seguir para incluir la gestión de errores centralizada con *@RestControllerAdvice* serían los siguientes:

1. Definir las excepciones que queremos que sean consideradas en nuestra aplicación, al igual que hicimos el caso de *ResponseStatusException*, hijas de *RuntimeException*.

```
public class EmptyEmpleadosException extends RuntimeException {
    public EmptyEmpleadosException() {
        super("No hay empleados en el sistema");
    }
}
```

2. Crear la clase anotada con *@RestControllerAdvice*, hija de *ResponseEntityExceptionHandler* como se muestra a continuación. Un buen lugar sería el mismo paquete/carpeta donde hayamos situado las excepciones del punto anterior.

```
@RestControllerAdvice

public class GlobalControllerAdvice extends ResponseEntityExceptionHandler {

    @ExceptionHandler(EmpleadoNotFoundException.class)
    public ResponseEntity<?> handleEmpleadoNotFound(
                    EmpleadoNotFoundException ex, WebRequest request) {
      ExcepcionBody body =  new ExcepcionBody(LocalDateTime.now(),
        HttpStatus.NOT_FOUND, ex.getMessage(),
        ((ServletWebRequest)request).getRequest().getRequestURI());
      return new ResponseEntity<Object>(body, HttpStatus.NOT_FOUND);
    }
    @ExceptionHandler(EmptyEmpleadosException.class)
    public ResponseEntity<?> handleEmptyEmpleados(
                    EmptyEmpleadosException ex, WebRequest request) {
      ExcepcionBody body = new ExcepcionBody(LocalDateTime.now(),
        HttpStatus.NOT_FOUND, ex.getMessage(),
        ((ServletWebRequest) request).getRequest().getRequestURI());
      return new ResponseEntity<Object>(body, HttpStatus.NOT_FOUND);
    }
    @Override
    protected ResponseEntity<Object> handleExceptionInternal(
        Exception ex, @Nullable Object body, HttpHeaders headers,    //(*)¹
        HttpStatusCode status, WebRequest request) {
        ExcepcionBody myBody = new ExcepcionBody(
            LocalDateTime.now(),status, ex.getMessage(),
            ((ServletWebRequest) request).getRequest().getRequestURI());
      return ResponseEntity.status(status).headers(headers).body(myBody);
    }
}
```

Y definimos en este mismo archivo la clase *ExceptionBody* (sin public), con los atributos que queremos que se devuelvan al cliente en la respuesta JSON:

---

[1] El import de Nullable no es de Lombok, es de: *org.springframework.lang.*

```
@AllArgsConstructor
@Getter
class ExcepcionBody {
  private LocalDateTime timestamp;
  private HttpStatusCode status;
  private String message;
  private String path;
}
```

3. Los métodos de los controladores ahora son mucho más sencillos que en el caso de *ResponseStatusException,* e incluso también más sencillos que en los que hacíamos al principio de este capítulo, ya que no tenemos que tener en cuenta para nada si se produce un error o no.

Por ejemplo, un método *@GetMapping* podría ser así de sencillo, ya que la respuesta por defecto es con código 200, OK y el resto de situaciones con sus códigos de estado se traspasan al gestor de excepciones.

```
@GetMapping("/empleado")
public List<Empleado> getList() {
    List<Empleado> listaEmpleados = empleadoService.obtenerTodos();
    return listaEmpleados;
}
```

En el caso de @PostMapping podemos validar los datos enviados con las anotaciones de validación incluidas en la entidad *(@Min, @Max, @NotEmpty,@Email*, etc.) de forma que devuelva un error 400 *BAD_REQUEST*. Esto lo lograremos simplemente añadiendo la anotación **@Valid** a los datos enviados, esto es, al *@RequestBody*. Por otra parte, no queremos un código 200 de respuesta, queremos 201, por lo que sería algo así:

```
@PostMapping("/empleado")
public ResponseEntity<?> newElement(
                    @Valid @RequestBody Empleado nuevoEmpleado) {
    Empleado empleado = empleadoService.añadir(nuevoEmpleado);
    return ResponseEntity.status(HttpStatus.CREATED).body(empleado);
}
```

El caso del *@PutMapping,* para modificar un elemento, es similar a *@PostMapping,* pero antes de modificar el objeto, podemos añadir una llamada al *findById* de dicho objeto, para verificar que el elemento que vamos a modificar existe. Si no existe se producirá una excepción *404 NOT_FOUND:*

```
@PutMapping("/empleado/{id}")
public Empleado editElement(@Valid @RequestBody Empleado editEmpleado,
                            @PathVariable Long id) {
    empleadoService.obtenerPorId(id); //para ver si se produce excepc
    return empleadoService.editar(editEmpleado);
}
```

Aspectos a tener en cuenta:

- Podríamos tener más de una clase *@ControllerAdvice* o de su especialización *@RestControllerAdvice* en nuestra aplicación, aunque no es frecuente. Lo habitual es que una sola clase agrupe la gestión de todas las excepciones.

- Por defecto, las clases anotadas con *@ControllerAdvice / @RestControllerAdvice* van a controlar las *excepciones* que lleguen a cualquier método de cualquier controlador de la aplicación, pero se podría restringir para que tratasen solo las de algún controlador, alguna sola clase, etc. Por ejemplo:

```
@ControllerAdvice("my.chosen.package")
```

Ejercicio 9.7

Crea un nuevo proyecto igual al Ejercicio 9.5 (CRUD de la entidad *Curso* con gestión de errores con *ResponseStatusException*) pero con una gestión de errores basada en *@RestControllerAdvice*.

- Solo tienes que eliminar los *try...catch* del controlador y añadir la clase que gestiona de forma centralizada todas las excepciones (no son necesarios los dos parámetros en *application.properties* del Ejercicio 9.5)
- Comprueba con Postman que funciona tanto para las dos excepciones definidas como para una excepción genérica (por ejemplo, una URL mal formada con un texto en vez de un número de empleado: *GET /curso/aaa*).

9.4. Elementos avanzados

9.4.1. Envío de ficheros

La recepción de archivos en nuestro servidor procedentes del cliente ya fue tratada en capítulos anteriores, pero bajo el esquema Spring MVC. Para las aplicaciones REST es válido todo lo que comentamos en aquel capítulo en cuanto al servicio de recepción y almacenamiento de archivos (*FileStorageService*), pero obviamente, el controlador será distinto y también la forma en la que nuestros clientes enviarán los archivos.

Para subir archivos en nuestros métodos del controlador (@PostMapping y PutMapping) tendremos que indicarle que lo que recibimos son datos *multiparte*, es decir, no son solo datos en formato JSON inyectables con *@RequestBody* si no que tendremos distintos tipos de datos. Para ello emplearemos la anotación ***@RequestPart*** *(podríamos usar @RequestParm, pero nos implicaría algún proceso de conversión de formatos adicional)*.

➢ **Ejemplo:**

```
@PostMapping(value="/nuevoEmpleado",
             consumes=MediaType.MULTIPART_FORM_DATA_VALUE)
public ResponseEntity<?> newElement(
             @RequestPart("data") Empleado nuevoEmpleado,
             @RequestPart("file") MultipartFile file) {
```

En este ejemplo, el parámetro *value* es la ruta a la que responderá el controlador (lo que hasta ahora poníamos habitualmente sin *value)* y el parámetro *consumes,* opcional, indica el tipo de dato que recibiremos.

A continuación, mediante la anotación *@RequestPart* le indicamos que recibiremos:

- `RequestPart("data") Empleado nuevoEmpleado`: datos textuales en un elemento llamado "data" y que mapearemos en una instancia de una clase de nuestro dominio (Empleado en este caso) y por defecto en formato JSON.

- @RequestPart("file") MultipartFile file: archivo que puede ser una imagen, un PDF, etc. Podemos definir los nombres "data" y "file", pero la aplicación cliente que envíe los datos deberá conocerlos.

CRUD de Empleado con imagen

Vamos a ver cómo sería el proceso de modificar nuestro proyecto de CRUD de Empleado con API REST para añadir un archivo al empleado, por ejemplo, una imagen. Los pasos serían:

1. Añadir un nuevo campo a la entidad Empleado de tipo String, que almacene el nombre de la imagen. También habría que modificar los DTO relacionados, si existiesen.

2. Desarrollar un servicio *FileStorageService* igual al del Capítulo 5 y crear en la raíz del proyecto la carpeta *uploadDir*. El servicio sería así:

```
@Service
public class FileStorageService {
    private final Path rootLocation = Paths.get("uploadDir");

    public String store(MultipartFile file) throws Exception {
     String filename = StringUtils.cleanPath(file.getOriginalFilename());
     String extension = StringUtils.getFilenameExtension(filename);
     String storedFilename = System.currentTimeMillis() + "." + extension;
     if (file.isEmpty())  throw new Exception("archivo enviado vacío");
     if (filename.contains(".."))
                throw new Exception("nombre de archivo incorrecto");
     try (InputStream inputStream = file.getInputStream()) {
        Files.copy(inputStream, this.rootLocation.resolve(storedFilename),
                StandardCopyOption.REPLACE_EXISTING);
        return storedFilename;
    } catch (IOException ioe) {
        throw new Exception("Error al almacenar el archivo"); }
    }

      public Resource loadAsResource(String filename) {
        try {
          Path file = rootLocation.resolve(filename);
          Resource resource = new UrlResource(file.toUri());
          if (resource.exists() || resource.isReadable())
              return resource;
          else {  throw new Exception(); }
        } catch (Exception e) {System.err.println("Error IO");  }
        return null;
      }
      public boolean delete(String filename) {
        try { Path file = rootLocation.resolve(filename);
              if (Files.exists(file)) { Files.delete(file); return true;}
              else return false;
        } catch (IOException ioe) { return false;    }
      }
    }
```

3. Modificar el RestController para que, en los casos de POST y PUT, sea capaz de recibir dos parámetros distintos desde el cliente, por una parte, los datos del empleado en formato JSON (como en los ejemplos anteriores) y por otra parte el fichero, tal y como acabamos de explicar en el apartado anterior.

```java
@RestController
public class EmpleadoController {
@Autowired
private EmpleadoService empleadoService;
@Autowired
private FileStorageService fileStorageService;

@GetMapping("/empleado")
 . . .
@GetMapping("/empleado/{id}")
 . . .

@PostMapping(value="/empleado",
                      consumes=MediaType.MULTIPART_FORM_DATA_VALUE)
public ResponseEntity<?> newElement(@RequestPart("data")
                         Empleado nuevoEmpleado,
                         @RequestPart("file") MultipartFile file) {
    if (!file.isEmpty()) {
       try { nuevoEmpleado.setImagen(fileStorageService.store(file));
       } catch (Exception e) {  nuevoEmpleado.setImagen(null);  }
    }
    else   nuevoEmpleado.setImagen(null);
    Empleado empleado = empleadoService.añadir(nuevoEmpleado);
    return ResponseEntity.status(HttpStatus.CREATED).body(empleado);
}


@PutMapping(value = "/empleado/{id}",
                      consumes =MediaType.MULTIPART_FORM_DATA_VALUE)
public ResponseEntity<?> editElement(@RequestPart("data")
                         Empleado editEmpleado,
                         @RequestPart("file") MultipartFile file,
                         @PathVariable Long id) {
    Empleado empleado = empleadoService.obtenerPorId(id);
    if (empleado == null)   return ResponseEntity.notFound().build();
    fileStorageService.delete(empleado.getImagen());
    if (!file.isEmpty()) {
       try {
           editEmpleado.setImagen(fileStorageService.store(file));
       } catch (Exception e) {editEmpleado.setImagen(null);  }
    }
    else editEmpleado.setImagen(null);
    empleado = empleadoService.editar(editEmpleado);
    return ResponseEntity.ok(empleado);
}
}
```

4. En el RestController también añadimos un método para enviar los ficheros cuando sean solicitados.

```
@GetMapping(value = "/files/{filename:.+}")
public ResponseEntity<Resource> serveFile(
              @PathVariable String filename,
              HttpServletRequest request) {
    Resource file = fileStorageService.loadAsResource(filename);
    String contentType = null;
    try { contentType = request.getServletContext().getMimeType
                        (file.getFile().getAbsolutePath());
    } catch (IOException ex) {
        System.err.println("No se puede determinar el tipo de archivo.");
    }
    if (contentType == null)
        contentType = "application/octet-stream";
    return ResponseEntity.ok()
        .contentType(MediaType.parseMediaType(contentType))
        .body(file);
}
```

Prueba desde Postman

En este caso el cuerpo de la petición no será de tipo JSON, será de tipo *form-data* e incluiremos dos pares de clave-valor según se ve en la Figura 9.9. Por una parte, la clave "data" con un archivo JSON con los datos textuales del empleado, y por otra parte la clave "file" con el archivo de imagen. Los nombres de las claves se corresponden con los definidos en los parámetros *@RequestPart* del controlador.

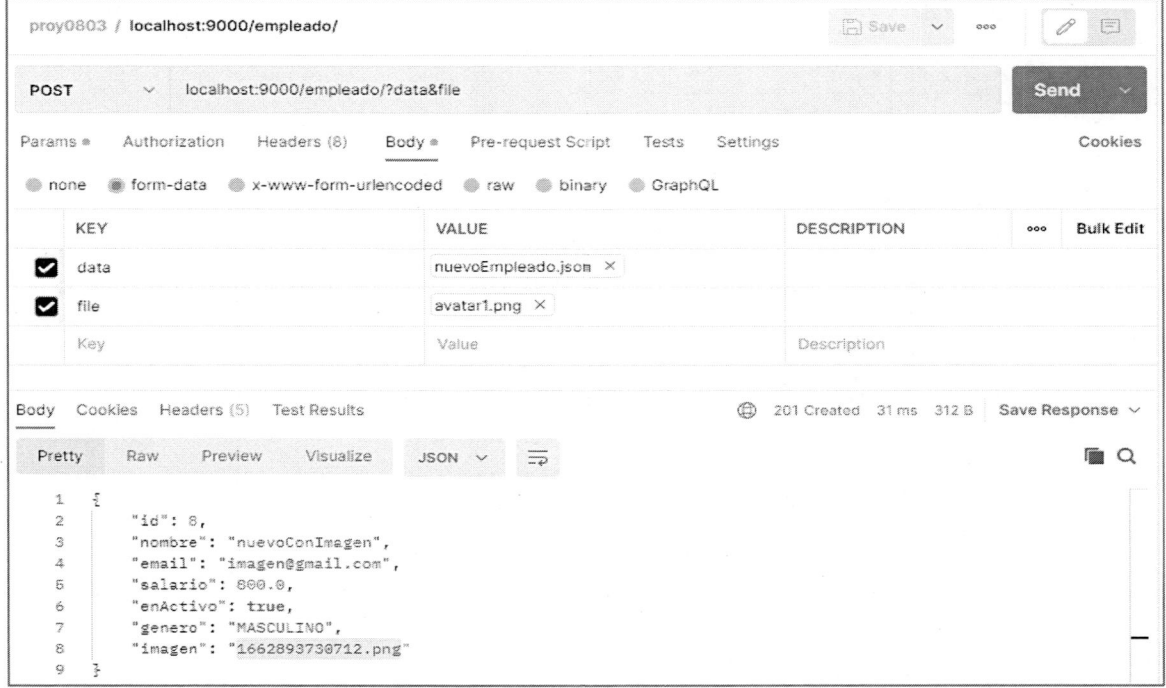

Figura 9.9. Petición desde Postman con imagen

9.4.2. HATEOAS

Este acrónimo se corresponde con *Hypermedia As The Engine Of Application State* y viene a decir que el cliente debe poder "moverse" por la aplicación web únicamente a través de hipervínculos incluidos en las respuestas recibidas, sin necesidad de crear peticiones nuevas independientes.

Un ejemplo del estándar HATEOAS podría ser que, si una petición me devuelve un archivo JSON con los nombres de los empleados de una empresa, esta respuesta debería incluir no solo el nombre del empleado, sino que también un enlace para cada uno de ellos, que nos devolviese el detalle de cada empleado. Si además, para cada empleado, la respuesta ofrece el departamento al que pertenece, también debería incluir un enlace a los datos de ese departamento. De esta forma se podría navegar por toda la aplicación "saltando" de enlace en enlace sin tener que elaborar nuevas peticiones independientes.

También se puede configurar para facilitar al cliente el saber qué operaciones puede hacer y cuáles no puede hacer, introduciendo en la respuesta enlaces para eliminar el recurso, actualizarlo, etc.

En la parte negativa está que HATEOAS añade complejidad a la API, que afecta tanto al desarrollador de la API como al consumidor de la misma. Hay que realizar un trabajo adicional para añadir los enlaces apropiados en cada respuesta según el estado de la entidad. Esto provoca que la API sea más compleja de construir que una que no implementa HATEOAS. Los clientes de la API también tienen complejidad añadida para entender la semántica de cada enlace además de tener y procesar la respuesta para obtener los enlaces.

```
←  →  C    ⓘ http://localhost:9000/empleadoes

{
  "_embedded" : {
    "empleadoes" : [ {
      "nombre" : "pepe",
      "email" : "pepe@gmail.com",
      "salario" : 800.0,
      "enActivo" : true,
      "genero" : "MASCULINO",
      "_links" : {
        "self" : {
          "href" : "http://localhost:9000/empleadoes/1"
        },
        "empleado" : {
          "href" : "http://localhost:9000/empleadoes/1"
        },
        "departamento" : {
          "href" : "http://localhost:9000/empleadoes/1/departamento"
        }
      }
    }, {
      "nombre" : "ana",
      "email" : "ana@gmail.com",
      "salario" : 900.0,
      "enActivo" : true,
      "genero" : "FEMENINO",
      "_links" : {
        "self" : {
          "href" : "http://localhost:9000/empleadoes/2"
        },
        "empleado" : {
          "href" : "http://localhost:9000/empleadoes/2"
        },
        "departamento" : {
          "href" : "http://localhost:9000/empleadoes/2/departamento"
        }
      }
    }, {
      "nombre" : "luis",
```

Figura 9.10. Archivo JSON con estructura HATEOAS

En la Figura 9.10 se ve que cada elemento tiene un link "self" que enlaza al propio elemento y otros links como "departamento" que enlazan con relaciones del recurso con otras clases.

Spring nos ofrece tres clases para incorporar estos enlaces a las representaciones de nuestros recursos:

- *RepresentationModel*: clase base para que nuestras clases de dominio (o mejor aún, nuestros DTO) incorporen los enlaces.

- *Link*: clase cuyas instancias contienen tanto el hipervínculo, así como la relación del enlace con el recurso, por ejemplo "self".

- *WebMvcLinkBuilder*: permite construir instancias de *Link* que incluyan los mappings de los controladores de nuestra aplicación.

HAL

A veces se confunde el término HATEOAS con HAL (*Hypertext Application Language*) y en realidad son complementarios. Para implementar HATEOAS es necesario un lenguaje que represente los recursos que contendrán hipervínculos para navegar por la aplicación.

HAL es uno de esos lenguajes, es decir, un formato específico para la representación de recursos (con enlaces) pero podría emplearse cualquier otro lenguaje para implementar HATEOAS.

Los niveles de madurez REST

Son distintos niveles de utilización de la semántica del protocolo HTTP y, en cierto modo, una medida de calidad de los servicios web ofrecidos por nuestra aplicación.

- Nivel 0, *transporte HTTP*: Usa HTTP como medio de transporte, pero sin usar la semántica de la web. Cada petición tiene su propia dirección de *endpoint*.

- Nivel 1, *recursos*: cada recurso tiene su propia dirección web, *endpoint* o URL.

- Nivel 2, *verbos*: Se usan los verbos HTTP (GET, PUT, POST, DELETE) para las operaciones CRUD.

- Nivel 3, *controles hipermedia:* permiten la navegación (HATEOAS).

Añadir HATEOAS al proyecto

Para que las respuestas de nuestra aplicación API REST incluyan la navegación por enlaces de la que estamos hablando debemos seguir los siguientes pasos:

1. Incorporar al *pom.xml* la dependencia *starter-hateoas*:

```
<dependency>
     <groupId>org.springframework.boot</groupId>
     <artifactId>spring-boot-starter-hateoas</artifactId>
</dependency>
```

2. Las clases de modelo de dominio (o los *DTO*) que pretendemos adaptar deberán ser hijas de la clase *RepresentationModel* para poder usar los métodos que nos ayudarán a crear los enlaces del recurso. Heredamos un método *add ()* con el que añadiremos los enlaces a la representación del recurso sin tener que añadir nuevos atributos a la clase.

```
public class Empleado extends RepresentationModel <Empleado> { . . . }
```

3. Creamos los links que deseamos añadir a la representación con la clase *Link*. El siguiente ejemplo crearía un enlace estático (no es lo que buscamos):

```
Link link = Link.of("http://localhost:9000/empleado/1");
Empleado empleado.add(link);
```

Para crear enlaces dinámicos (no en hard-code) podemos usar ***WebMvcLinkBuilder*** que simplifica esta tarea. El siguiente ejemplo crea el enlace "self" de un empleado:

```
Empleado empleado = empleadoService.obtenerPorId(id);
Link link = WebMvcLinkBuilder.linkTo(EmpleadoController.class)
            .slash("empleado").slash(empleado.getId()).withSelfRel();
empleado.add(link);
```

Así, ante la URL: *http://localhost:9000/empleado/2*, obtendríamos algo como:

```
{
    "id": 2,
    "nombre": "Ana García",
    "email": "ana_garcia@mail.com",
    "salario": 39000.0,
    "_links": {
        "self": {
            "href": "http://localhost:9000/empleado/2"
        }
    }
}
```

Podríamos añadir otro enlace para navegar a todos los empleados: (*http://localhost:9000/empleado*)

```
Link link2 = WebMvcLinkBuilder.linkTo(EmpleadoController.class)
                    .slash("empleado").withRel("all");
empleado.add(link2);
```

Obteniendo:

```
{   "id": 2,
    "nombre": "Ana García",
    "email": "ana_garcia@mail.com",
    "salario": 39000.0,
        "_links": {
        "self": {
            "href": "http://localhost:9000/empleado/2"
        },
        "all": {
            "href": "http://localhost:9000/empleados"
        }
    }
}
```

Estas operaciones se harán típicamente en el controlador que devuelve el objeto o DTO.

4. Podríamos crear enlaces para las relaciones del recurso con otras clases, por ejemplo, para un empleado con su Departamento.

Ejercicio 9.8

Crea un nuevo proyecto basado en el del Ejercicio 9.6 (Cuentas y Movimientos), añadiendo HATEOAS, de forma que la respuesta a una cuenta incluya un enlace a sí misma (*self*) y otro a la URL que devuelve una respuesta con todas las cuentas *(repositorio.findAll)*.

9.4.3. Spring Data Rest

Aunque hemos visto que no es complicado crear un servicio API REST sobre un determinado repositorio, sí que es cierto que hay que escribir cierta cantidad de código para crear todos los métodos CRUD del servicio y asociarlos al repositorio correspondiente.

Spring Data Rest es un módulo de Spring que permite crear un servicio de forma transparente para nosotros con las operaciones típicas CRUD de un repositorio JPA dado, con soporte hipermedia (HATEOAS + HAL) de forma automática y sin escribir una línea de código, tan solo incorporando una anotación.

En este caso no es necesario incluir ningún servicio ni controlador en la aplicación; esto aporta sencillez, pero no permite customizar el acceso como, por ejemplo, añadir lógica de negocio en el servidor.

Podríamos configurar su comportamiento en detalle, pero vamos a verlo en funcionamiento con sus parámetros por defecto. Para que funcione, solo añadiremos a nuestro proyecto la **dependencia starter-data-rest** (y opcionalmente HAL Explorer).

Solo con hacer esto, nuestras respuestas ya cumplen el estándar HATEOAS. Si lo probamos sobre uno de los ejemplos anteriores, el CRUD de Empleado con asociación *@ManyToOne* con Departamento, se generarán nuevas rutas, formadas por los "plurales a la inglesa" de las entidades (*empleadoes*, *departamentoes*) con el formato HATEOAS.

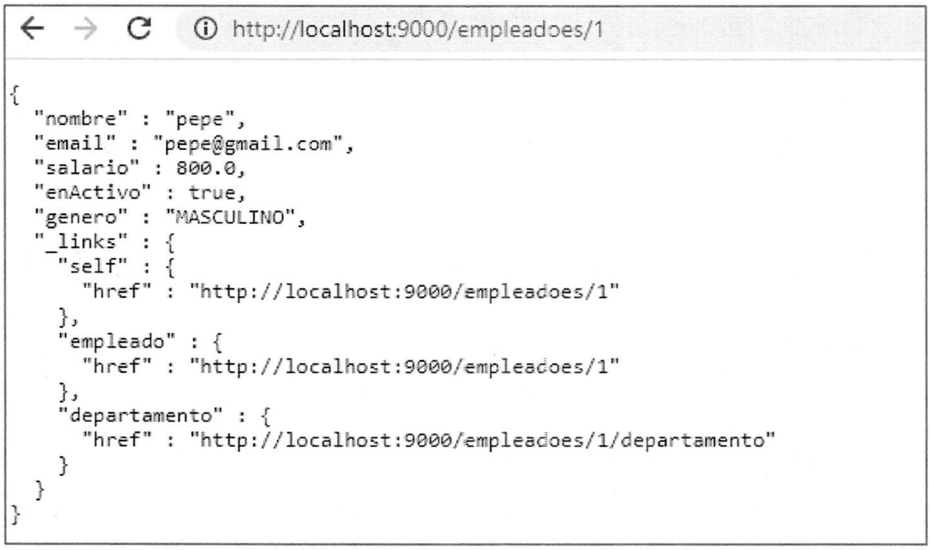

Figura 9.11. Archivo JSON con estructura HATEOAS

En la imagen anterior podemos ver cómo disponemos de un enlace a el mismo y también un enlace a su departamento. Las anotaciones @RepositoryRestResource para Repositorios y @RestResource para Entidades son opcionales y permiten modificar este comportamiento por defecto, por ejemplo, para excluir ciertos repositorios y que no se comporten de esta forma y se sigan mostrando como antes.

Un parámetro que también podemos modificar es la ruta en plural que va a generar, para que lo haga correctamente, es decir, *empleados* en vez de *empleadoes* y *departamentos* en vez de *departamentoes*.

```
@RepositoryRestResource(path = "empleados", collectionResourceRel = "empleados")
public interface EmpleadoRepository extends JpaRepository <Empleado,Long>{}
```

Por último, comentar que si añadimos la dependencia HAL Explorer también se genera un explorador de la API del proyecto para realizar operaciones sobre la misma. Se accede a ella con http://localhost:*puerto*

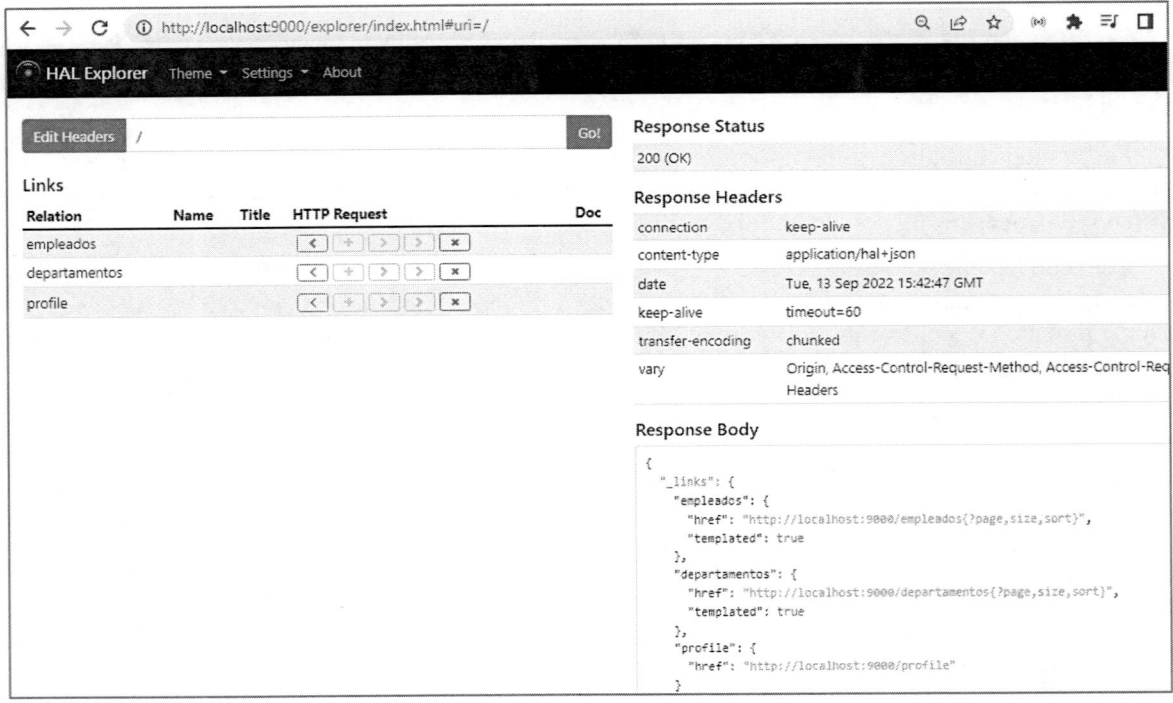

Figura 9.12: Explorador HAL de API

El proceso a seguir sería tan sencillo como:

1. Añadir la dependencia starter Data Rest al *pom.xml* (además de JPA y la del gestor de base de datos como pueda ser H2):

```
<dependency>
    <groupId>org.springframework.boot</groupId>
    <artifactId>spring-boot-starter-data-rest</artifactId>
</dependency>
```

Y opcionalmente:

```
<dependency>
    <groupId>org.springframework.data</groupId>
    <artifactId>spring-data-rest-hal-explorer</artifactId>
</dependency>
```

2. Si queremos corregir los plurales (*empleadoes* en vez de *empleados*), podemos añadir la anotación ***@RepositoryRestResource*** al repositorio y tendremos un servicio totalmente funcional con un entry point llamado */empleados.*

```
@RepositoryRestResource(
        collectionResourceRel="empleados",path = "empleados")
public interface EmpleadoRepository extends JPARepository <Empleado,Long>{
}
```

Ejercicio 9.9

Crea un nuevo proyecto partiendo del Ejercicio 9.4 pero empleando el modelo Spring Data Rest. Se deben eliminar los servicios y los controladores ya que Data Rest se encarga de esa tarea. Comprueba que las respuestas cumplen el estándar HATEOAS.

9.5. OpenAPI y Swagger

Como hemos comentado, una aplicación o servicio API REST ofrece una serie de recursos para ser consumidos mediante HTTP por diferentes clientes, estos pueden ser aplicaciones cliente finales, o bien otras aplicaciones de servidor, en cualquiera de los casos, serán otros programadores, no usuarios finales, los que harán uso de nuestra API por lo que una buena documentación es fundamental: funcionalidad de la aplicación, qué verbos HTTP emplear, qué parámetros se requieren, qué valores se devuelven.

Open API es una especificación, esto es una serie de reglas para documentar todos estos aspectos de nuestra API y es el estándar de facto utilizado actualmente. Swagger es una herramienta que permite construir y consultar esa documentación de una forma sencilla (a veces se confunden los términos Open API y Swagger).

Open API trabaja a partir de un archivo, por defecto JSON con toda la documentación del API, y Swagger, mediante su herramienta SwaggerUI, permite un acceso en entorno gráfico de forma que no solo podremos consultar la documentación, sino que podremos probar su funcionalidad.

En *https://petstore.swagger.io/* podemos ver un ejemplo en funcionamiento.

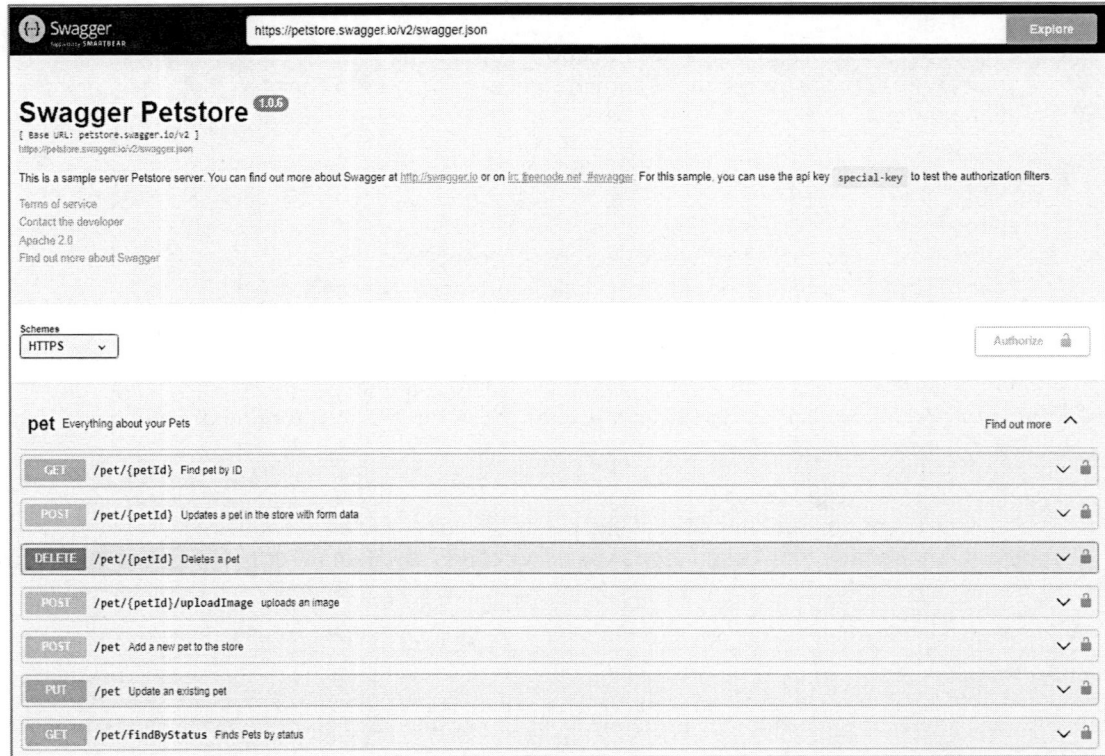

Figura 9.13. Ejemplo de Swagger

La parte más tediosa de Swagger podría ser la de construir ese archivo "json" origen con toda la información de la API. Este sería un ejemplo de ese tipo de archivo:

```
1   {
2       "swagger": "2.0",
3       "info": {
4         "title": "Ejemplo de API",
5         "description": "Esta es una API de ejemplo para mostrar un archivo Swagger.",
6         "version": "1.0.0",
7         "termsOfService": "http://example.com/terms/",
8         "contact": {
9           "name": "Soporte API",
10          "url": "http://example.com/support",
11          "email": "soporte@example.com"
12        },
13        "license": {
14          "name": "MIT",
15          "url": "http://opensource.org/licenses/MIT"
16        }
17      },
18      "host": "api.example.com",
19      "basePath": "/v1",
20      "tags": [
21        {
```

Figura 9.14. Fichero JSON para Swagger

Como ya se supone, no tendremos que construir "a mano" ese archivo, será Spring el que lo construirá por nosotros mediante la librería **SpringDoc**, tal como veremos a continuación.

Por una parte, SpringDoc generará la estructura básica de la documentación de nuestra API y por otra, nos ofrecerá clases para afinar aún más esa documentación.

9.5.1. Incorporar Open API al proyecto

1. Añadir la dependencia SpringDoc: ***springdoc-openapi-starter-webmvc-ui*** *(esto es para la versión 3, para anteriores eran necesarias otras dependencias).*

```
<dependency>
    <groupId>org.springdoc</groupId>
    <artifactId>springdoc-openapi-starter-webmvc-ui</artifactId>
    <version>2.2.0</version>
</dependency>
```

2. Solo por añadir la dependencia anterior, en la ruta ***/v3/api-docs*** tendremos acceso a la documentación de nuestra api en formato JSON. Podemos cambiar esta ruta por defecto a la que deseemos, con el siguiente parámetro en el fichero *application.properties*, por ejemplo:

```
springdoc.api-docs.path=/api-docs
```

3. La dependencia incluye Swagger, por lo que en la ruta *http://localhost/swagger-ui/index.html* podremos visualizarla e interactuar con ella.

   También podremos cambiar en el *application.properties* las conocidas como *Swagger-ui properties* como la ruta de la documentación en formato Swagger, o si incluimos los endpoints de Actuator en la documentación Swagger.

```
springdoc.swagger-ui.disable-swagger-default-url=true
springdoc.swagger-ui.path=/mydoc
springdoc.swagger-ui.tryItOutEnabled=true
springdoc.show-actuator=true
```

   Si accedemos a la documentación generada, comprobaremos que tendrá muchos valores por defecto, como el título, descripción, etc.

4. Podemos crear una clase de configuración que incluya información genérica de nuestra API: título, descripción, versión, contacto, etc:

```
import io.swagger.v3.oas.models.OpenAPI;
import io.swagger.v3.oas.models.info.Contact;
import io.swagger.v3.oas.models.info.Info;
import io.swagger.v3.oas.models.info.License;
import io.swagger.v3.oas.models.servers.Server;
import java.util.List;
import org.springframework.context.annotation.Bean;
import org.springframework.context.annotation.Configuration;
```

```
@Configuration
public class OpenApiConfig {
    @Bean
    public OpenAPI myOpenAPI() {
      Server prodServer = new Server();
      prodServer.setUrl("http://localhost:9000");
      prodServer.setDescription("Server URL in Production environment");
      Contact contact = new Contact();
      contact.setEmail("rdf@mycompany.com");
      contact.setName("Fernando Rodríguez");
      contact.setUrl("https://www.mycompany.com");
      License mitLicense =new License()
              .name("MIT License")
              .url("https://choosealicense.com/licenses/mit/");

      Info info = new Info()
              .title("Ejemplo de documentación API")
              .version("1.0")
              .contact(contact)
              .description("Esta API es un ejemplo del uso de Swagger")
              .termsOfService("https://www.mycompany.com/terms")
              .license(mitLicense);
        return new OpenAPI().info(info).servers(List.of(prodServer));
    }
 }
```

Si mostramos ahora la documentación:

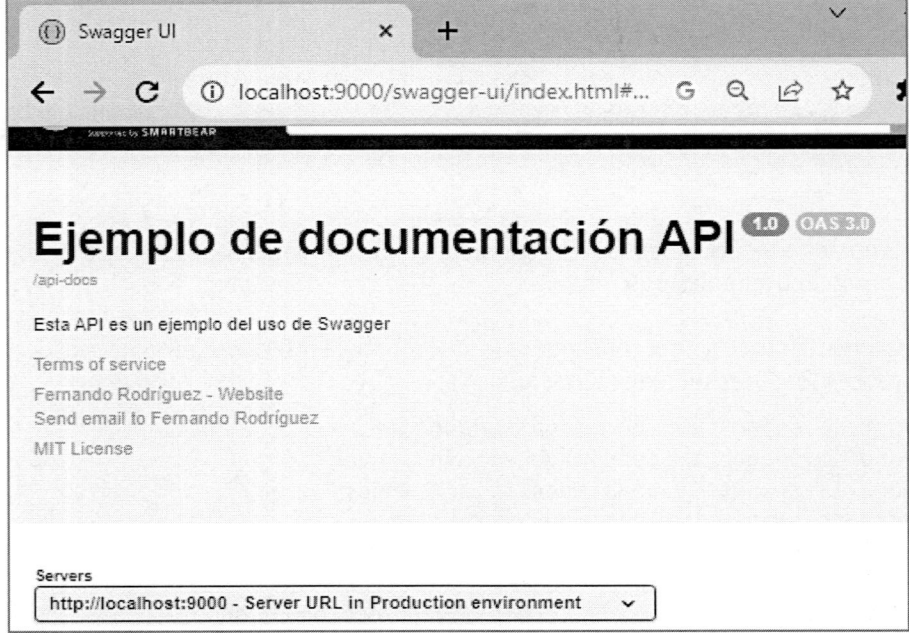

Figura 9.15. Documentación de API con Swagger

5. Además de esta documentación general de la API, disponemos de anotaciones que permiten afinar más la documentación. A nivel controlador:

```
@Tag(name = "Nombre de la clase", description = "Descripción de la clase")
@RestController
@RequestMapping("/empleado")
public class EmpleadoController {
```

A nivel de método de controlador disponemos de:

- *@Operacion*: describe qué hace el método del controlador.

- *@ApiResponse/s*: describe las distintas respuestas que puede dar el método.

- *@Parameter*: describe cada parámetro que recibe el método.

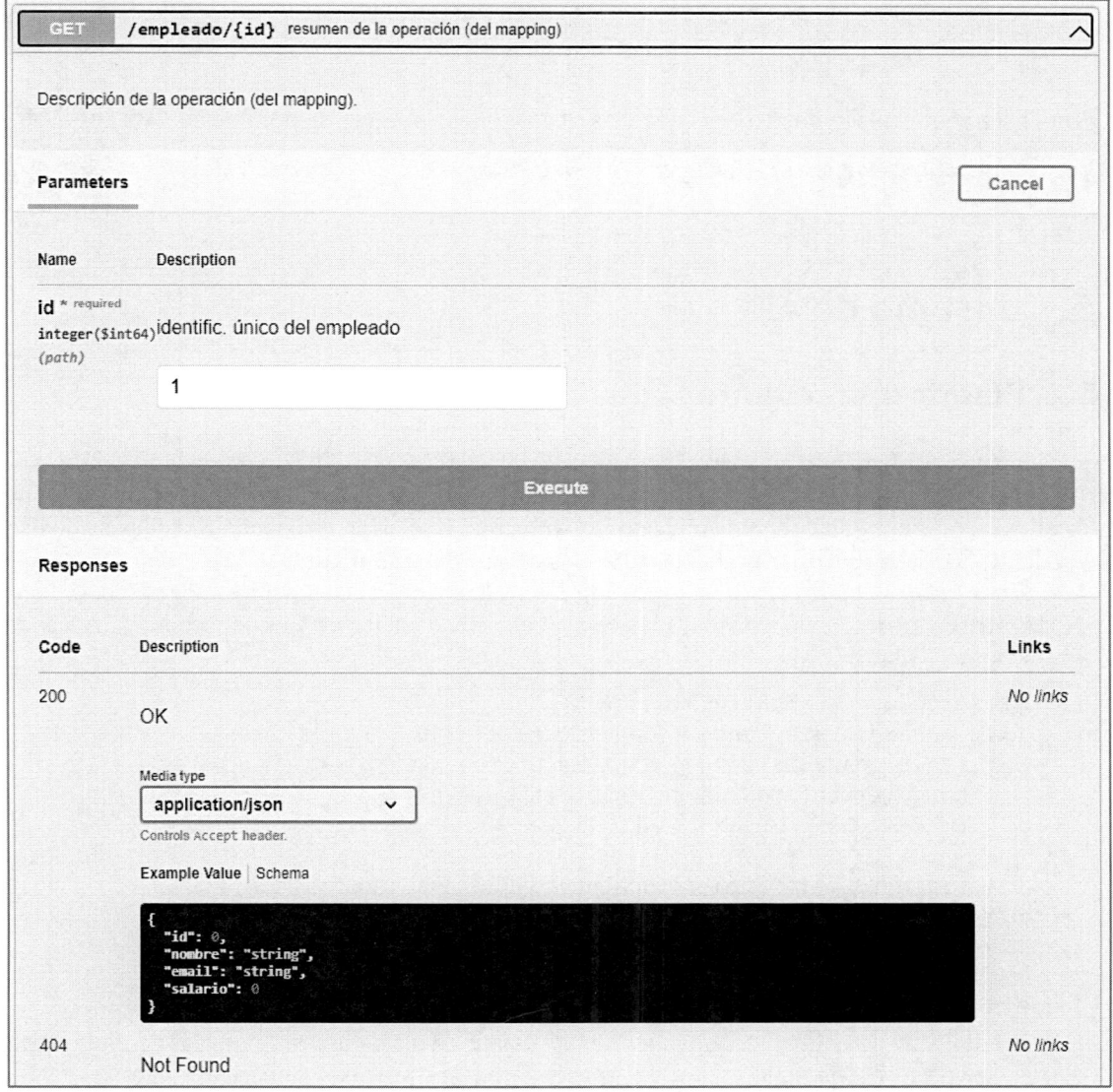

Figura 9.16. Detalle de documentación de API con Swagger

```java
@Operation(summary = "resumen de la operación (del mapping)",
    description = "Descripción de la operación (del mapping).",
    tags = {"etiquetas calificadoras", "get" })
@ApiResponses({    @ApiResponse(responseCode = "200",
                    content = {@Content(schema =
                        @Schema(implementation = Empleado.class),
                        mediaType = "application/json") }),
                    @ApiResponse(responseCode = "404",
                        content = { @Content(schema = @Schema()) }) })
@GetMapping("/{id}")
public Empleado getOneElement(@Parameter(name = "id",
        description = "identific. único del empleado", example = "1", required
        = true)    @PathVariable Long id) {
  if (empleado != null) return ResponseEntity.ok(empleado);
  else return ResponseEntity.notFound().build();
}
```

En el siguiente enlace puedes ver todas las anotaciones Swagger disponibles:

https://github.com/swagger-api/swagger-core/wiki/Swagger-2.X---OpenAPI-3.1

9.6. Consumo de API

9.6.1. Plataformas cliente

Como llevamos comentando a lo largo de este capítulo, las API REST son aplicaciones que están a disposición de otras aplicaciones para que consuman los recursos a través del protocolo HTTP. Unos de los clientes más habituales serán aplicaciones web con JavaScript. Existen varias formas de llamar a una API REST desde JavaScript. Estas serían las cuatro más habituales:

1. **XMLHttpRequest**: es un estándar clásico y el elemento básico en el que se basa AJAX y otros frameworks y librerías:

    ```javascript
    var xhttp = new XMLHttpRequest();
    xhttp.onreadystatechange = function() {
      if (this.readyState == 4 && this.status == 200) {
        console.log(JSON.parse(this.responseText));
      }
    };
    xhttp.open("GET", "http://localhost:9000/empleado", true);
    xhttp.setRequestHeader("Content-type", "application/json");
    xhttp.send(null);
    ```

2. **Fetch.** Similar a XMLHttpRequest pero con una notación más sencilla y basada en promesas. Es la más empleada actualmente, apoyándonos en **async await** para gestionar esas promesas de una forma sencilla. El ejemplo siguiente presenta unas funciones genéricas para realizar dos operaciones típicas de un CRUD: GET y PUT.

```javascript
const BASE_URL = 'http://localhost:9000';
async function api_get(getURL) {
    try { const response = await fetch(BASE_URL + getURL);
        if (!response.ok)  {
            const textErr = await response.text();
            throw new Error(textErr);
        }
        return await response.json();
    } catch (error) { console.error('Error al obtener datos:', error);
                    return false;  }
}
async function api_put(putURL, id, data) {
    try {  const response = await fetch(BASE_URL + putURL + id, {
            method: 'PUT',
            headers: {'Content-Type': 'application/json'},
            body: JSON.stringify(data ) });
            if (!response.ok) {
                const textErr = await response.text();
                throw new Error(textErr);
            }
            return true;
    } catch (error) { console.error('Error al modificar datos:', error);
                    return false;  }
}
```

Las operaciones de POST y DELETE son similares y se muestran en el material complementario de este libro. La aplicación JavaScript que las emplee deberá llamar a estas funciones para las URL correspondientes y actualizar el documento HTML con los valores recibidos.

```javascript
async function actualizarTabla() {
  const empleados = await api_get('/empleado');
  construirTabla(empleados);
}
function construirTabla(empleados) {
  document.getElementById('tablaEmpleadosBody').innerHTML = '';
  empleados.forEach(empleado => {
    agregarFilaATabla(empleado);
  });
}
function agregarFilaATabla(empleado) {
  const tablaBody = document.getElementById('tablaEmpleadosBody');
  const fila = document.createElement('tr');
  fila.innerHTML = `
      <td>${empleado.id}</td><td>${empleado.nombre}</td>
      <td>${empleado.email}</td><td>${empleado.salario}</td>
      <td><button onclick="modificarEmpleado(${empleado.id})">
          Modificar</button>
          <button onclick="eliminarEmpleado(${empleado.id})">
          Borrar</button></td>`;
  tablaBody.appendChild(fila);}
```

3. **JQuery**. Esta es una librería muy utilizada anteriormente, tanto para el consumo de API como para la manipulación de objetos del DOM (*Modelo de Objetos de Documento*). Actualmente está cayendo en desuso debido a las mejoras incorporadas en las tecnologías subyacentes, especialmente en JavaScript.

4. **Axios**. A diferencia de las dos anteriores, es una librería externa que deberemos importar a nuestro proyecto para usarla. Axios era muy popular hasta la aparición de *fetch* por su sencillez y funcionalidades adicionales como establecer *time outs* en llamadas fallidas, y hacer conversiones JSON de forma automática en las respuestas.

Axios tiene más funcionalidades como los interceptores, que permiten interceptar las llamadas y reaccionar a ellas, esto se usa, por ejemplo, cuando el backend tiene un sistema de seguridad que necesita que las llamadas lleven un token. Podemos añadir el token a la llamada desde un interceptor para no tener que teclearlo en código cada vez que lo vayamos a usar.

9.6.2. CORS

Si probamos el ejemplo anterior, desde fuera del servidor, obtendremos un error de seguridad, de tipo CORS y no podremos ejecutarlo correctamente.

El Intercambio de Recursos de Origen Cruzado (CORS) es un mecanismo que utiliza cabeceras HTTP adicionales para permitir que un cliente obtenga permiso para acceder a recursos seleccionados desde un servidor, en un origen distinto (dominio). En el ejemplo anterior ocurre esto, ya que la petición desde JavaScript no está ubicada en *localhost*.

Por razones de seguridad, las aplicaciones Spring Boot restringen las solicitudes HTTP de origen cruzado iniciadas dentro de un script externo. Si ubicásemos la aplicación cliente (archivos .html, .js, etc.) en la carpeta */resources/static* no tendríamos este problema.

Figura 9.17. Error CORS en el navegador

Para evitar este error debemos configurar el bean *WebMvcConfigurer* en el que podemos filtrar los orígenes permitidos a nivel verbo HTTP, cabeceras permitidas, y sobre todo los dominios origen permitidos: *una vez que nuestra aplicación cliente esté desplegada en un servidor, debería ser ese el único origen permitido.* Por simplificar, implementaremos una configuración global que permita cualquier tipo de acceso.

Obviamente esta configuración es menos segura, pero más simple. Haríamos una clase anotada con @Configuration con el siguiente contenido.

```
@Configuration
public class CorsConfig {
    @Bean
    public WebMvcConfigurer corsConfigurer() {
        return new WebMvcConfigurer() {
            @Override
            public void addCorsMappings(CorsRegistry registry) {
                registry.addMapping("/**").allowedOrigins("*")
                        .allowedMethods("*").allowedHeaders("*");
    } };}
}
```

9.7. Aplicaciones web híbridas

Una **aplicación web híbrida** es aquella que combina componentes propios, como todo lo que hemos desarrollado en este manual hasta el momento, con recursos y servicios de otros sitios web o aplicaciones externas. Este paradigma ofrece múltiples ventajas:

- **Integración rápida de funcionalidades externas:** aprovechar API de terceros permite que nuestra aplicación ofrezca funcionalidades avanzadas (como pagos en línea, mapas, análisis de datos, etc.) sin necesidad de desarrollarlas desde cero.

- **Actualización de datos en tiempo real:** al consumir API externas, nuestra aplicación puede acceder a datos en tiempo real, como servicios meteorológicos, tasas de cambio, o noticias. Esto es especialmente útil en aplicaciones que dependen de información actualizada de manera continua.

- **Escalabilidad y flexibilidad:** podemos ampliar las funcionalidades de nuestra aplicación con servicios adicionales a medida que surgen nuevas necesidades, sin modificar la arquitectura básica, simplemente añadiendo las nuevas API.

- **Menor mantenimiento y carga en nuestro servidor**: al delegar funcionalidades específicas a servicios externos, el backend propio puede mantenerse más simple y ligero, reduciendo la carga de mantenimiento. Esto puede mejorar el rendimiento y la eficiencia.

- **Aprovechamiento de recursos especializados:** podemos usar servicios que proporcionan funcionalidades avanzadas mediante API especializadas (por ejemplo, aprendizaje automático, procesamiento de imágenes o traducción automática), lo cual permite que la aplicación se beneficie de tecnologías avanzadas sin necesidad de tener experiencia técnica profunda en todas ellas.

9.7.1. RestClient

La comunicación con estos servicios externos se hace principalmente mediante solicitudes HTTP hacia las API de estos sitios, de forma inversa a lo comentado sobre API REST. Con API REST los recursos que nuestra aplicación servidor se ponían a disposición de otros desarrolladores, bien clientes como navegadores o dispositivos móviles, bien otras aplicaciones de entorno servidor. Ahora será nuestra aplicación la que consumirá recursos de otros aplicativos, y para ello disponemos de un componente llamado *RestClient*. Obviamente los recursos que consumimos deberán seguir el estándar REST, pero no necesariamente estarán desarrolladas con Spring, para nuestra aplicación eso será indiferente.

RestClient es una interfaz que representa el punto de entrada principal para hacer peticiones web. Es una novedad de Spring 6.1 que sustituye a *WebClient* de Spring 5, que a su vez sustituía la anterior *RestTemplate*. *WebClient* seguía los principios de programación reactiva y pertenecía a la librería *spring-webflux* por lo que había que añadir la dependencia starter-webflux, no siendo necesaria para la actual *RestClient*.

Para utilizarla, simplemente debemos crear una instancia de WebClient, mediante su método estático *create():*

```
RestClient restClient = WebClient.create();
```

O bien:

```
String baseUri=" https://jsonplaceholder.typicode.com";
RestClient restClient = RestClient.create(baseUri);
```

Aunque también dispone del método builder():

```
RestClient restClient = RestClient.builder()
    .baseUrl("https://jsonplaceholder.typicode.com")
    .defaultHeader(HttpHeaders.AUTHORIZATION,
                encodeBasic("username","password"))
    .build();
```

 NOTA:

Vamos a emplear una web que ofrece un servicio de API fake muy útil para pruebas. Su nombre es: *https://jsonplaceholder.typicode.com* y permite consultar una lista de tareas mediante la ruta "*/todos*", consultar una tarea concreta mediante: "*/todos/{id}*", añadir una nueva tarea mediante: "*/todos/*" con *post*, etc.

Luego, sobre esa instancia, podemos llamar a sus métodos: get, post, etc... que invocan los correspondientes verbos HTTP:

```
String result = restClient.get()
    .uri("/todos/3")
    .retrieve()
    .body(String.class);
System.out.println(result);
```

Si queremos obtener no solo el body, sino una respuesta completa, con cabeceras y códigos de estado, podemos añadir el método *toEntity* a la petición:

```
ResponseEntity<String> result = restClient.get()
  .uri("/todos/3")
  .retrieve()
  .toEntity(String.class);
System.out.println("Response status: " + result.getStatusCode());
System.out.println("Response headers: " + result.getHeaders());
System.out.println("Contents: " + result.getBody());
```

RestClient puede convertir también las respuestas JSON a objetos:

```
Todo todo = restClient.get()
  .uri("/todos/{id}", id)
  .accept(APPLICATION_JSON)
  .retrieve()
  .body(Todo.class);
```

Cuando lo que devuelve es una clase genérica, por ejemplo, *List* podemos usar la clase abstracta *ParameterizedTypeReference* para que el infiera el tipo real por nosotros. En el siguiente ejemplo, obtendríamos un *List* de *Todo:*

```
List<Todo> todos = restClient.get()
  .uri("/todos/")
  .accept(APPLICATION_JSON)
  .retrieve()
  .body(new ParameterizedTypeReference<>() {});
  //.body(new ParameterizedTypeReference<List<Todo>>() {});
```

Si queremos hacer un POST o PUT, la petición es análoga:

```
Todo todo = new Todo (...);
ResponseEntity<Void> response = restClient.post()
  .uri("/todos/")
  .contentType(APPLICATION_JSON)
  .body(todo)
  .retrieve()
  .toBodilessEntity();
```

Y para borrado:

```
ResponseEntity<Void> response = restClient.delete()
    .uri(/todos/1")
    .retrieve().toBodilessEntity();
```

Gestión de errores

RestClient lanza una subclase de *RestClientException* cuando recibe un código de estado *4xx* o *5xx,* pero este comportamiento puede ser modificado por nosotros añadiendo *onStatus:*

```
String result = restClient.get()
        .uri("/wrong-url")
        .retrieve()
        .onStatus(HttpStatusCode::is4xxClientError, (request, response) -> {
            throw new MyCustomRuntimeException(response.getStatusCode(),
                                    response.getHeaders())})
        .body(String.class);
```

Aplicación con RestClient

Vamos a ver un ejemplo completo de un servicio que realiza todas estas operaciones sobre una API de ejemplo. Este servicio podría inyectarse en cualquier otro servicio o en un controlador y emplearlo directamente.

Para poder llamar a los métodos de la API REST necesitamos conocer por una parte las URLs que debemos invocar y por otra la estructura de los archivos JSON que recibiremos en caso de llamadas *get* o los que enviaremos en peticiones de tipo *post* o *put*.

Podemos hacer una llamada de prueba desde Postman y ver la estructura del JSON devuelto:

Figura 9.18. Ejemplo de servicio API fake

Debemos entonces crear una clase que se corresponda con esa estructura (hay servicios en internet para crearla automáticamente desde el archivo JSON):

```java
@Data
@NoArgsConstructor
@AllArgsConstructor
public class Todo {
    public int userId;
    public int id;
    public String title;
    public boolean completed;
}
```

Luego el servicio podría ser así:

```java
@Service
public class RestClientService {
    private RestClient restClient;

    public RestClientService() {
      this.restClient =
            RestClient.create("https://jsonplaceholder.typicode.com");
    }

    public List<Todo> obtenerTodos() throws RuntimeException {
        String url = "/todos/";
        List<Todo> result = restClient.get()
                .uri(url)
                .retrieve()
                .body(new ParameterizedTypeReference<List<Todo>>() {
                });
        return result;
    }
    public Todo obtenerPorId(Integer id) throws RuntimeException {
        String url = "/todos/" + id;
        ResponseEntity<Todo> result = restClient.get()
                    .uri(url)
                    .retrieve()
                    .toEntity(Todo.class);
        return result.getBody();
    }
    public void añadir(Todo todo) throws RuntimeException {
        String url = "/todos/";
        ResponseEntity<Void> result = restClient.post()
                    .uri(url)
                    .contentType(MediaType.APPLICATION_JSON)
                    .body(todo)
                    .retrieve()
                    .toBodilessEntity();
    }
}
```

Ahora, solo deberíamos inyectar este servicio en cualquier componente (por ejemplo, un controlador u otro servicio) y llamar a sus métodos, teniendo en cuenta que puede lanzar excepciones hijas de *RestClientResponseException*.

➢ **Ejemplo** para obtener todas las '*todo*':

```
@Controller
public class RestClientController {
    @Autowired
    private RestClientService restClientService;

@GetMapping("/lista")
    public String getAll(Model model) {
      try {
       model.addAttribute("todos",restClientService.obtenerTodos());
      } catch (RestClientResponseException e) {
          model.addAttribute("error", e.getMessage());
          return "errorView";
      }
      return "showAllView";
    }
}
```

Se podrían definir en el servicio métodos análogos para otras operaciones, como obtener una sola tarea, añadir una nueva tarea, etc., siempre que la API destino lo permita.

```
@GetMapping("/get/{id}")
public String getOne(@PathVariable Integer id, Model model) {
  try {  model.addAttribute("todo",restClientService.obtenerPorId(id));
  } catch (RestClientResponseException e) {
      model.addAttribute("error", e.getMessage());
      return "errorView";
  }
  return "showOneView";
}

@PostMapping("/nuevo")
public String postOne(Todo todo, Model model) {
    try {   restClientService.añadir(todo);
            model.addAttribute("todo", todo);
    } catch (RestClientResponseException e) {
        model.addAttribute("error", e.getMessage());
        return "errorView";
    }
    return "showPostView";
}
```

Ejercicio 9.10

Construye una aplicación web híbrida. Para ello partiremos de un proyecto Spring MVC desde cero, que contenga una vista como la que se muestra en la Figura 9.19. Cuando se envíe el formulario, se consultará la cotización de la moneda origen/moneda destino y se mostrará en otra vista el importe resultante de aplicar el cambio sobre el importe introducido.

Figura 9.19. Vista del Ejercicio 9.10

Para obtener la cotización se empleará la API externa: *https://api.frankfurter.dev/*, con una URL que deberá tener un formato así:

*https://api.frankfurter.dev/v1/latest?from=**XXX**&to=**YYY**.*

Las posibles monedas origen *(XXX)* y destino *(YYY)* serán: EUR, GBP, JPY, USD. Por ejemplo: *https://api.frankfurter.dev/v1/latest?from=GBP&to=EUR*

La clase que devuelve la API tiene una estructura así:

```
@Getter
@Setter
public class CambioData {
    private float amount;
    private String base;
    private String date;
    private HashMap<String, Float> rates;
}
```

siendo la clave del mapa la moneda destino y el valor la tasa de cambio. Por ejemplo:

```
←  →  C   ⊖  https://api.frankfurter.dev/v1/latest?from=GBP&to=EUR

{"amount":1,"base":"GBP","date":"2025-02-10","rates":{"EUR":1.2007}}
```

Figura 9.20. JSON devuelto por API del Ejercicio 9.10

9.7.2. Recursos externos públicos

En el apartado anterior empleamos *https://jsonplaceholder.typicode.com* como servicio *fake* para mostrar el funcionamiento de *RestClient,* pero existen multitud de servicios públicos a los que podemos acceder, de forma gratuita, y que ofrecen información valiosa y actualizada.

Para el acceso a dichos sitios existen diversas posibilidades en cuanto a la autentificación de nuestra aplicación en el servidor externo:

- **Sin autentificación:** este es el caso más sencillo, en el que no se solicita autentificación alguna, directamente ejecutamos la petición.

- **Claves API (API Keys):** es uno de los más habituales, se solicita una sola vez una clave al proveedor de la API obteniendo un token o clave única, donde debemos adjuntar todas las peticiones que hagamos a partir de ese momento.

- **Tokens de autenticación:** en este caso debemos autentificarnos en cada sesión en el proveedor (por ejemplo con usuario y contraseña) y el proveedor generará un token válido solo para esa sesión, que deberá enviarse con cada solicitud.

- **OAuth:** es similar al sistema anterior, pero con un protocolo que proporciona un nivel de seguridad más alto.

La siguiente URL nos dirige a un repositorio de API públicas que, con o sin autentificación ofrecen multitud de información de diferentes temáticas: *https://github.com/public-apis/public-apis*

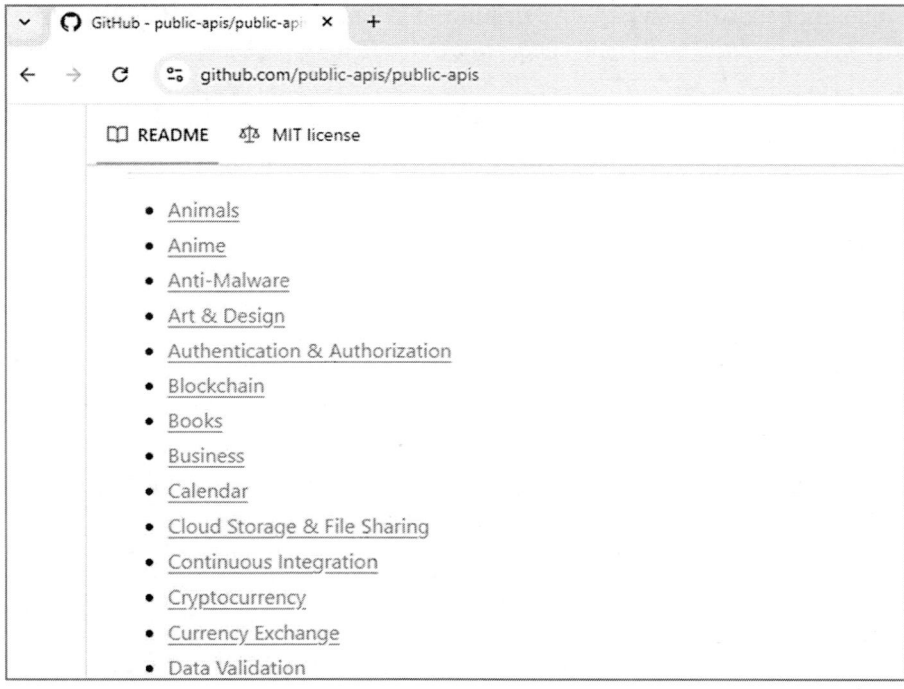

Figura 9.21. Repositorio de API

9.8. Librerías de código externo

El uso de código externo desarrollado por terceros va a permitir incorporar funcionalidades avanzadas y ahorrar tiempo de desarrollo. Estas librerías, también conocidas como *dependencias*, se incorporan de forma sencilla en nuestras aplicaciones ya que, al emplear Maven, simplemente hay que añadirlas en el archivo *pom.xml*.

El uso de librerías de código presenta las siguientes ventajas:

- Ahorro en tiempo y recursos de desarrollo.

- Uso de funciones avanzadas sin disponer de los conocimientos ni experiencia en el ámbito de la librería, por ejemplo, algoritmos de inteligencia artificial, procesamiento de datos (Big Data), etc.

- Calidad y seguridad: al ser un código público (mantenido por comunidades activas o equipos especializados) suele ser seguro, muy probado, bien documentado y actualizaciones regulares de errores y brechas de seguridad.

- Estandarización: usar librerías reconocidas ayuda a que el código se mantenga en estándares ampliamente aceptados, más comprensible y más fácil de mantener.

Como inconvenientes podemos citar:

- Dependencia de terceros: al usar una librería externa, dependemos del equipo que la ha desarrollado, para actualizaciones y correcciones.

- Peso y rendimiento: en ocasiones, añadir dependencias puede aumentar el tamaño del proyecto, ralentizar el rendimiento de la aplicación o incluso presentar conflictos entre distintas librerías.

Como ejemplo de dependencia, podríamos citar *Lombok*, que ya vimos en el Capítulo 6; esta librería nos reducía el código en las clases del dominio, mejorando la legibilidad del código y ahorrándonos tiempo de desarrollo.

Vamos a ver otro tipo de librerías, en este caso las orientadas a Big Data.

9.8.1. Librerías Big Data

Estas bibliotecas proporcionan herramientas para procesar y analizar grandes volúmenes de datos de manera eficiente. Internamente optimizan el manejo de datos masivos mediante estructuras de datos avanzadas y algoritmos de alto rendimiento, integrándose con plataformas hardware también orientadas a esta tarea.

Entre las bibliotecas más populares están Apache Hadoop, que facilita el almacenamiento y procesamiento distribuido de datos en clústeres; Apache Spark, que permite análisis en memoria para una velocidad superior; y Apache Flink, que ofrece procesamiento de flujos en tiempo real. Otras herramientas destacadas incluyen Apache Kafka, que permite el manejo de flujos de datos, y Apache Mahout, enfocada en el aprendizaje automático.

A modo de ejemplo, vamos a emplear la librería "Weka" orientada al análisis y la minería de datos, especialmente en aplicaciones de aprendizaje automático. Incluye un conjunto completo de herramientas para tareas de clasificación, regresión, agrupamiento y una gran diversidad de algoritmos de aprendizaje supervisado y no supervisado, como árboles de decisión, redes neuronales, regresión logística y k-means, entre otros.

Vamos a desarrollar una aplicación que, mediante árboles de decisión, prediga a partir de un conjunto de variables, si tenemos una patología o no, en este caso, diabetes. Los pasos a seguir serían los siguientes:

1. Incorporar la librería Weka al proyecto, como siempre como una dependencia más en el *pom.xml*. Partimos de un proyecto con la configuración típica (dependencias starter-web, thymeleaf, Lombok y starter-validation) y añadimos esta dependencia, no siendo necesaria ninguna configuración adicional:

```
<dependency>
        <groupId>nz.ac.waikato.cms.weka</groupId>
        <artifactId>weka-stable</artifactId>
        <version>3.8.6</version>
</dependency>
```

2. Necesitamos un archivo con un volumen elevado de datos, que usaremos para entrenar el modelo. El sitio *https://www.kaggle.com* ofrece multitud de ellos, de distintas temáticas. En nuestro caso, hemos descargado uno de predicción de diabetes en función de 8 variables diferentes: *Diabetes prediction dataset © Mohammed Mustafa.* Dispones de este archivo en formato *csv* en el área de descargas.

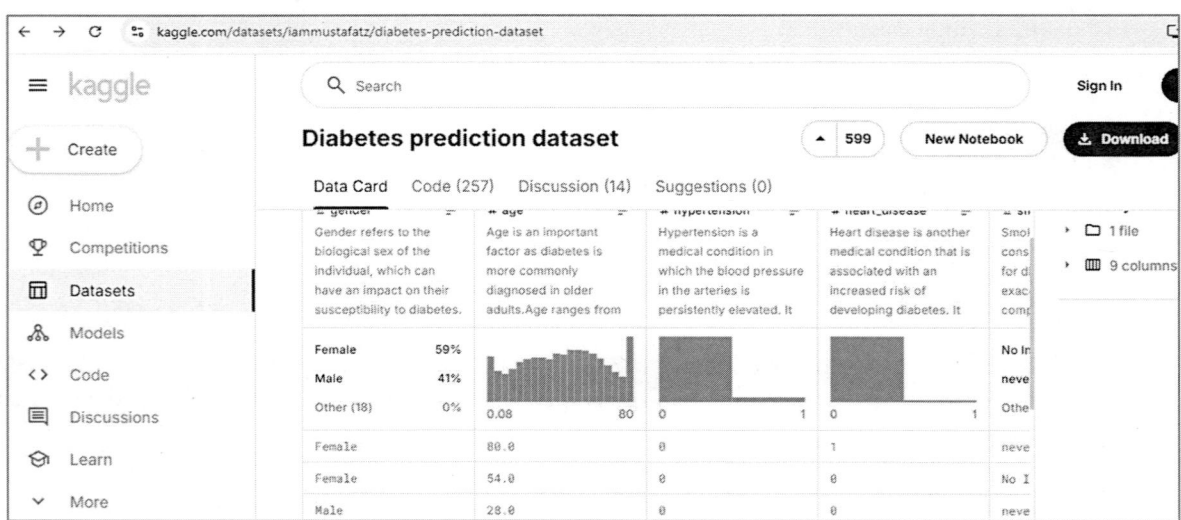

Figura 9.22. Dataset para proceso Big Data

3. Debemos crear una clase de servicio con dos métodos: uno para la carga y el entrenamiento del modelo y otro para que, a partir de los datos que introduzca el usuario, le demos una predicción basada en la información del dataset.

```java
//imports weka.classifiers.*  y weka.core.*

    @Service
    public class DiabetesPredictionService {

        Classifier j48Tree;
        Instances dataset;
        private final String FILE_PATH = "data/diabetes.csv";

    public void loadModel() {
        File dataFile = new File(FILE_PATH);
        if (!dataFile.exists()) {
            System.out.println("El archivo de datos no se encuentra en /data.");
            System.exit(0);
        }
        try { DataSource source = new DataSource(dataFile.getPath());
            dataset = source.getDataSet();
            if (dataset.classIndex() == -1)
                dataset.setClassIndex(dataset.numAttributes() - 1);
            j48Tree = new J48();
            j48Tree.buildClassifier(dataset);
         } catch (Exception e) { System.out.println(e.getMessage());
                            System.exit(0);
        }
    }

    public String calculatePrediction(PatientForm patientForm) {
      Instance instance = new DenseInstance(dataset.numAttributes());
      instance.setDataset(dataset);
      instance.setValue(0, patientForm.getEmbarazos());  // Pregnancies (0-17)
      instance.setValue(1, patientForm.getGlucosa());      // Glucose (0-199)
      instance.setValue(2, patientForm.getPresionSangre());//Blood Pr. (0-122)
      instance.setValue(3, patientForm.getGrosorPiel());//SkinThickness (0-99)
      instance.setValue(4, patientForm.getInsulina());     // Insulin (0-846)
      instance.setValue(5, patientForm.getIndiceMasaCorporal());// B.M. (0-67)
      instance.setValue(6, patientForm.getHerencia());   // Heritance (0-2)
      instance.setValue(7, patientForm.getEdad());           // Age (21-81)
      // Realizar prediccion y obtener el valor de la clase predicha
      try { double predictionJ48 = j48Tree.classifyInstance(instance);
          return dataset.classAttribute().value((int) predictionJ48);
      } catch (Exception e) { return null;     }
    }
    }
```

Sin entrar en mucho detalle, el método *loadModel ()* lee el fichero *csv* y crea una variable de tipo *Classifier* para el árbol de decisión y otra de tipo *Instances* con la información del dataset. Estas dos variables se usarán en el siguiente método.

El método *calculatePrediction* recibe los datos del paciente para el que queremos hacer la predicción y, a partir de las instancias creadas en el método anterior, calcula y devuelve la predicción, que tendrá valores: *test_positive* o *test_negative*.

4. El método *loadModel()* debe ser llamado al iniciar la aplicación, por lo que podemos incluir una llamada al mismo en un *CommandLineRunner* en la clase que incluye el *main* de la aplicación:

```
@Bean
CommandLineRunner initData(DiabetesPredictionService diabetesPredService) {
    return args -> {  diabetesPredService.loadModel();        };
}
```

5. Finalmente, tenemos que hacer la operativa para que el paciente introduzca sus datos en un formulario y, a través de un controlador, lleguen al método *calculatePrediction* del servicio. Para ello necesitamos

Vista con el formulario

```
<!DOCTYPE html>
<html lang="es" xmlns:th="http://www.thymeleaf.org">
<head>. . .</head>
<body>
 <h2>Predicción de diabetes</h2>
  <form action="#" th:action="@{/prediction}" th:object="${patientForm}"
            method="post">
  <label>Número de embarazos (0-20):</label>
  <input type="number" th:field="*{embarazos}" min="0" max="20"/><br/>
  <label>Glucosa (1-200):</label>
  <input type="number" th:field="*{glucosa}" min="1" max="200"/><br/>
  <label>Presión Sangre (0-140):</label>
  <input type="number" th:field="*{presionSangre}" min="0" max="140"/><br/>
  <label>Grosor de la piel (0-100):</label>
  <input type="number" th:field="*{grosorPiel}" min="0" max="100"/><br/>
  <label>Insulina (0-900):</label>
  <input type="number" th:field="*{insulina}" min="0" max="900"/><br/>
  <label>Índice de masa corporal  (0-80):</label>
  <input type="number" th:field="*{indiceMasaCorporal}" min="0"
                                              max="80"/><br/>
  <label>Herencia  (0-2 con decimales):</label>
  <input type="text" th:field="*{herencia}" min="0" max="2"/><br/>
  <label>Edad (18-100):</label>
  <input type="number" th:field="*{edad}" min="0" max="100"/><br/>
  <button type="submit">Calcular predicción</button>
 </form>
</body>
</html>
```

Vista que muestre los resultados

```
<body>
<h2>Predicción de diabetes</h2>
<p>Según el modelo: <span th:text="${prediction}"></span></p>
</body>
```

Clase con los datos del formulario

```java
@Data
@NoArgsConstructor
@AllArgsConstructor
public class PatientForm {
    @Min(0) @Max(20)
    private Integer embarazos;
    @Min(1) @Max(200)
    private Integer glucosa;
    @Min(0) @Max(140)
    private Integer presionSangre;
    @Min(0) @Max(100)
    private Integer grosorPiel;
    @Min(0) @Max(900)
    private Integer insulina;
    @Min(0) @Max(80)
    private Integer indiceMasaCorporal;
    @Min(0) @Max(2)
    private Float herencia;
    @Min(18) @Max(100)
    private Integer edad;
}
```

Controlador

```java
@Controller
public class DiabetesPredictionController {
    @Autowired
    private DiabetesPredictionService predictionService;

@GetMapping("/")
 public String showForm(Model model) {
  model.addAttribute("patientForm",new
                    PatientForm(3,100,100,50,80,60,0F,40));
  return "formView";
 }

 @PostMapping("/prediction")
 public String calculatePrediction(@Valid PatientForm pacientForm,
                         BindingResult bindingResult, Model model) {
  if (bindingResult.hasErrors()) return "redirect:/";
  String prediction = predictionService.calculatePrediction(pacientForm);
  model.addAttribute("prediction", prediction);
  return "resultView";
 }
}
```

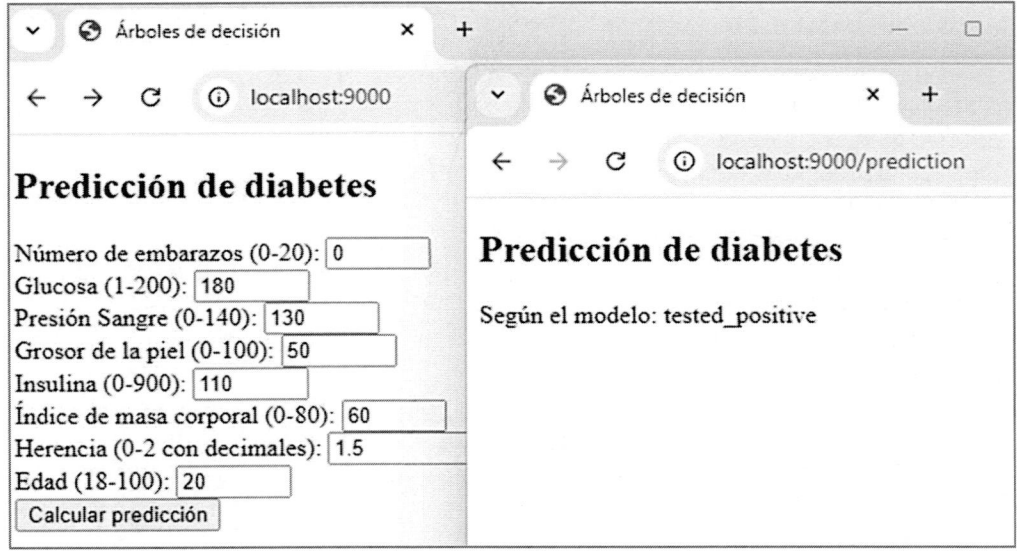

Figura 9.23. Ejecución de la predicción con árboles de decisión

Ejercicio 9.11

Crea un nuevo proyecto con la librería Weka para realizar una regresión lineal que obtenga la probabilidad de tener un ataque al corazón en función de los valores de unas variables de entrada. El fichero de datos es ficticio, lo tienes en el área de descargas:

```
heartAttackRisk.csv
  1  exercise_days_per_week,cigarettes_per_day,alcohol_per_week,healthy_food_score,heart_attack_probability
  2  3,12,4,6,0.55
  3  5,0,0,9,0.2
  4  1,25,5,4,0.85
  5  6,0,1,8,0.15
  6  0,30,8,3,0.9
  7  7,0,0,10,0.08
  8  2,18,3,5,0.7
  9  4,5,2,7,0.35
 10  3,22,6,3,0.85
 11  5,3,1,8,0.25
```

Figura 9.24. *Dataset* ficticio para entrenar un modelo

Puedes basarte en el ejercicio anterior, pero el servicio cambia ligeramente, como se muestra a continuación: guardamos los coeficientes de la regresión lineal obtenidos al entrenar el modelo. Esos coeficientes son la base del cálculo, para obtener la probabilidad de ataque al corazón, en función de los valores introducidos en el formulario por el paciente:

```java
import java.io.File;
import org.springframework.stereotype.Service;
import com.example.myapp.domain.PatientForm;
import weka.classifiers.functions.LinearRegression;
import weka.core.Instances;
import weka.core.converters.ConverterUtils.DataSource;
@Service
public class HeartAttackRiskService {
    public double intercept;
    public double coefExercise;
    public double coefCigarettes;
    public double coefAlcohol;
    public double coefHealthyFood;
    private final String FILE_PATH="data/heartAttackRisk.csv";

    public void loadModel() {
        File dataFile = new File(FILE_PATH);
        if (!dataFile.exists()) {
            System.out.println("El archivo de datos no en /data.");
            System.exit(0);
        }
        try {
            // Cargar datos
            DataSource source = new DataSource(dataFile.getPath());
            Instances dataset = source.getDataSet();
            // Último atributo como variable objetivo
            if (dataset.classIndex() == -1) {
                dataset.setClassIndex(dataset.numAttributes() - 1);
            }
            // Crear y entrenar el modelo de regresión lineal
            LinearRegression model = new LinearRegression();
            model.buildClassifier(dataset);
            // Extraer los coeficientes y asignarlos a variables del servicio
            double[] coefficients = model.coefficients();
            this.intercept = coefficients[coefficients.length - 1];
            this.coefExercise = coefficients[0]; // Ejercicio
            this.coefCigarettes = coefficients[1]; // Cigarrillos
            this.coefAlcohol = coefficients[2]; // Alcohol
            this.coefHealthyFood = coefficients[3]; // Comida saludable
        } catch (Exception e) {
            System.out.println(e.getMessage());
            System.exit(0);
        }}

    public double calculateRisk(PatientForm patientForm) {
        double heartAttackRiskProb = (intercept +
            coefExercise * patientForm.getExerciseDaysPerWeek() +
            coefCigarettes * patientForm.getCigarettesPerDay() +
            coefAlcohol * patientForm.getAlcoholPerWeek() +
            coefHealthyFood * patientForm.getHealthyFoodScore()) * 100;
        return Math.round(heartAttackRiskProb * 100) / 100.0;
    }
}
```

Debes crear el formulario, el controlador e invocar a *loadModel()* desde un *CommandLineRunner*. Este sería el objeto asociado al formulario:

```
@Data
@AllArgsConstructor
@NoArgsConstructor
public class PatientForm {
    @Min(0) @Max(7)    private Integer exerciseDaysPerWeek;
    @Min(0) @Max(40)   private Integer cigarettesPerDay;
    @Min(0) @Max(10)   private Integer alcoholPerWeek;
    @Min(0) @Max(10)   private Integer healthyFoodScore;
}
```

9.9. Seguridad en API REST

Como comentamos al principio este capítulo, el modelo de sesión con *cookies* es válido para webs orientadas a navegadores, como las que desarrollamos con Spring MVC. Cuando hablamos de aplicaciones API REST debemos ser capaces de dar respuesta a distintos tipos de clientes y muchos de ellos no trabajarán con *cookies*. Para este tipo de aplicaciones existen otros métodos como JWT o OAuth2. En este manual veremos la primera opción.

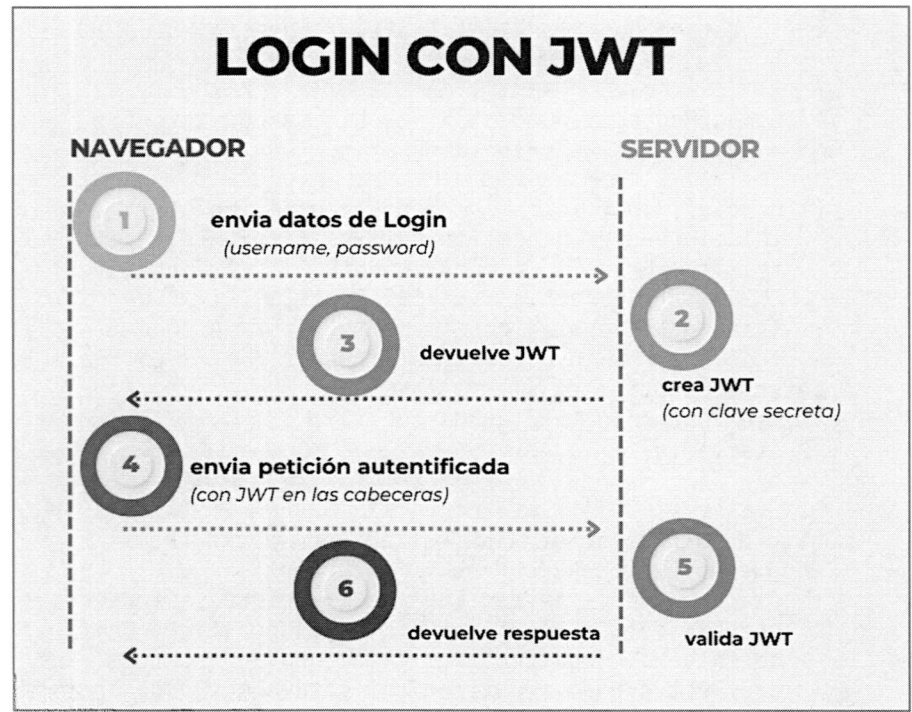

Figura 9.25. Proceso de login con JWT

9.9.1. JSON Web Token: JWT

Cuando un usuario se identifica, en vez de crear una sesión, el servidor genera un *token y* se lo envía al cliente y este, en las sucesivas peticiones que haga al servidor, adjuntará dicho *token*. Para almacenar el token en el cliente, dependerá del tipo de dispositivo y aplicación. Generalmente el token se envía en la cabecera de la petición.

Al llegar cualquier petición, el servidor validará que el token recibido corresponde con el enviado inicialmente y procederá a enviar la respuesta. El token no securiza los datos, no los encripta, solo garantiza el origen de los datos. Ante un ataque de tipo *Man-in-the-middle* se podría obtener información del usuario, para evitar esto deberíamos emplear encriptado HTTPS.

No vamos a entrar en detalle, pero diremos en un JWT se compone de tres partes: **header** (con la identificación y algoritmo empleado para generar el token), **payload** (con el contenido del token, formado por datos propios como la fecha de expiración del token y datos del usuario: id, nombre, contraseña, etc.) y **signature** (firma o *hash* obtenido al codificar el token).

9.9.2. Configuración JWT en el proyecto API REST

Para securizar una aplicación API REST mediante JWT debemos seguir varios pasos, algunos comunes a los vistos para aplicaciones Spring MVC con sesión/cookies pero también con algunos nuevos, referentes a la construcción y validación del token JWT, ya que no emplea *cookies*. Vamos a describirlos paso a paso, sobre un proyecto genérico con varios perfiles (roles) que dispondrán de diversos niveles de acceso a los *endpoints* de la API.

En los recursos complementarios proporcionados con este manual se entrega el código fuente del proyecto que se describe a continuación y que puede servir de base para la realización de cualquier otro. Partimos de la entidad *Usuario*, base para la autenticación:

```
//añadir atributos lombok
@Entity
@Table(name = "users", uniqueConstraints = {
    @UniqueConstraint(columnNames = "nombre"),
    @UniqueConstraint(columnNames = "email")
})
public class Usuario {
  @Id
  @GeneratedValue(strategy = GenerationType.IDENTITY)
    private Long id;
  @NotBlank  @Size(max = 20)
    private String nombre;
  @NotBlank @Size(max = 50)   @Email
    private String email;
  @NotBlank
    private String password;
    private Rol rol;
}
```

Y su repositorio:

```
public interface UsuarioRepository extends JpaRepository<Usuario, Long> {
  Usuario findByNombre(String nombre);
  Boolean existsByNombre(String nombre);
  Boolean existsByEmail(String email);
}
```

Estos serían los pasos a seguir, suponiendo que ya tenemos una entidad Usuario, con atributos mostrados previamente.

1. Incorporar la dependencia *starter-security* en el archivo *pom.xml*, al igual que en Spring MVC y adicionalmente, tres dependencias *jsonwebtoken*:

```
<dependency>
    <groupId>org.springframework.boot</groupId>
    <artifactId>spring-boot-starter-security</artifactId>
</dependency>
<dependency>
    <groupId>io.jsonwebtoken</groupId>
    <artifactId>jjwt-api</artifactId>
    <version>0.11.5</version>
</dependency>
<dependency>
    <groupId>io.jsonwebtoken</groupId>
    <artifactId>jjwt-impl</artifactId>
    <version>0.11.5</version>
    <scope>runtime</scope>
</dependency>

<dependency>
    <groupId>io.jsonwebtoken</groupId>
    <artifactId>jjwt-jackson</artifactId>
    <version>0.11.5</version>
    <scope>runtime</scope>
</dependency>
```

2. Crear la clase *SecurityConfig* (similar a la creada en proyectos Spring MVC, pero con alguna diferencia) en la que se crean todos los beans necesarios:

```
@Configuration
@EnableMethodSecurity
public class SecurityConfig {
  @Autowired  private UserDetailsService userDetailsService;
  @Autowired  private AuthEntryPointJwt authEntryPointJwt;

  @Bean
  public AuthTokenFilter authenticationJwtTokenFilter() {
    return new AuthTokenFilter();
  }
```

```java
@Bean
public DaoAuthenticationProvider authenticationProvider() {
  DaoAuthenticationProvider authProvider = new
                                    DaoAuthenticationProvider();
  authProvider.setUserDetailsService(userDetailsService);
  authProvider.setPasswordEncoder(passwordEncoder());
  return authProvider;
}
@Bean
public AuthenticationManager authenticationManager
            (AuthenticationConfiguration authConfig) throws Exception {
  return authConfig.getAuthenticationManager();
}
@Bean
public PasswordEncoder passwordEncoder() {
  return new BCryptPasswordEncoder();
}
@Bean
public SecurityFilterChain filterChain(HttpSecurity http)throws Exception
{
  http.csrf(csrf -> csrf.disable())
    .exceptionHandling(exception ->
         exception.authenticationEntryPoint(authEntryPointJwt))
    .sessionManagement(session ->
        session.sessionCreationPolicy(SessionCreationPolicy.STATELESS))
    .authorizeHttpRequests(auth -> auth
    .requestMatchers("/api/auth/**","/error").permitAll()
    .requestMatchers("/api/test/all").permitAll()
    .requestMatchers("/api/test/user")
                                  .hasAnyRole("USER","MANAGER", "ADMIN")
    .requestMatchers("/api/test/manager").hasAnyRole("MANAGER","ADMIN")
    .requestMatchers("/api/test/admin").hasAnyRole("ADMIN"));

  http.authenticationProvider(authenticationProvider());
  http.addFilterBefore(authenticationJwtTokenFilter(),
                UsernamePasswordAuthenticationFilter.class);
  http.cors(Customizer.withDefaults());
  return http.build();
}
}
```

Recordemos lo que comentamos en apartados anteriores, que *requestMatchers* admite también que se le pase el verbo HTTP sobre el que queremos trabajar:

```java
.requestMatchers(HttpMethod.POST, '/path").denyAll()
```

3. Crear las clases que implementan *UserDetailsService* y *UserDetails* que gestionan el usuario que está conectado en este momento. La primera clase accede al repositorio de usuarios de la aplicación. Para simplificarlo, vamos a considerar que cada usuario tiene un solo rol.

UserDetailsServiceImpl.java

```java
@Service
public class UserDetailsServiceImpl implements UserDetailsService {
 @Autowired
 private UsuarioRepository usuarioRepository;

 @Override
 @Transactional
 public UserDetails loadUserByUsername(String nombre)
                                     throws UsernameNotFoundException {
  Usuario usuario = usuarioRepository.findByNombre(nombre);
  if (usuario==null)
     throw  new UsernameNotFoundException("Usuario no encontrado");
     return UserDetailsImpl.build(usuario);    //distinto a la seguridad MVC
  }
}
```

UserDetailsImpl.java

```java
@Data
@AllArgsConstructor  @NoArgsConstructor
@EqualsAndHashCode(of = "id")
public class UserDetailsImpl implements UserDetails {
  private Long id;
  private String username;
  private String email;
  @JsonIgnore
  private String password;
  private Collection<? extends GrantedAuthority> authorities;

  public static UserDetailsImpl build(Usuario usuario) {
    List<GrantedAuthority> authorities = new ArrayList<>();
    authorities.add(new SimpleGrantedAuthority ("ROLE_" +
                                        usuario.getRol().name()));
    return new UserDetailsImpl( user.getId(),usuario.getNombre(),
           usuario.getEmail(), usuario.getPassword(),authorities);
  }
  @Override
  public boolean isAccountNonExpired() {  return true;  }

  @Override
  public boolean isAccountNonLocked() {   return true;  }

  @Override
  public boolean isCredentialsNonExpired() { return true;  }

  @Override
  public boolean isEnabled() {  return true;  }
}
```

4. Debemos crear las clases **AuthEntryPointJwt**, **AuthTokenFilter** y **JwtUtils** para la gestión del token en la que fijamos todos sus parámetros. No se incluye aquí el código ya que no nos aportan ningún concepto adicional, pero sí en los recursos complementarios de este manual.

5. La aplicación tendrá tres clases *dto* para la gestión de los usuarios:

   1. **LoginDto**: con los datos del usuario que se identifica en la aplicación:

   ```
   @Getter @Setter
   public class LoginDto {
           @NotBlank
           private String nombre;
           @NotBlank
           private String password;
   }
   ```

   2. **SignupDto**: con los datos de registro de usuario.

   ```
   @Getter @Setter
   public class SignupDto {
       @NotBlank
       @Size(min = 3, max = 20)
           private String nombre;
       @NotBlank
       @Size(min = 6, max = 40)
           private String password;
       @NotBlank
       @Size(max = 50)
       @Email
           private String email;
       private String rol;
   }
   ```

   3. **JwtResponseDto**: son los datos que se envían al cliente cuando se ha validado correctamente el usuario y contraseña y se ha permitido el acceso.

   ```
   @Data
   @AllArgsConstructor
   public class UsuarioJwt {
           private String accessToken;
           private String tokenType;
           private Long id;
           private String nombre;
           private String email;
           private String rol;
   }
   ```

   Hay que fijarse en el primer atributo de esta clase, además de todos los datos del usuario, se envía el token que tendrá que ser añadido a todas las peticiones siguientes.

6. Los roles pueden ser entidades con su propio repositorio implementando un CRUD sobre el mismo o, de forma más sencilla, una simple enumeración:

```
public enum Rol { USER, MANAGER, ADMIN }
```

7. Debemos crear el controlador que se encargará tanto del registro de usuarios (*/signup*) como del login de los mismos (*/signin*). **No crearemos controlador para el logout, ya que la sesión finaliza al expirar el token**.

```java
@CrossOrigin(origins = "*", maxAge = 3600)
@RestController
@RequestMapping("/api/auth")

public class AuthController {

    @Autowired private AuthenticationManager authenticationManager;

    @Autowired private UsuarioRepository usuarioRepository;

    @Autowired private PasswordEncoder encoder;

    @Autowired private JwtUtils jwtUtils;


    @PostMapping("/signin")
    public ResponseEntity<?> authenticateUser
            (@Valid @RequestBody LoginDto loginDto) {
        Authentication authentication = authenticationManager.authenticate(
            new UsernamePasswordAuthenticationToken(loginDto.getNombre(),
                    loginDto.getPassword()));
        SecurityContextHolder.getContext().setAuthentication(authentication);
        String jwt = jwtUtils.generateJwtToken(authentication);
        UserDetailsImpl userDetails =
            (UserDetailsImpl) authentication.getPrincipal();
        String rol = userDetails.getAuthorities().stream().
            findFirst().map(a -> a.getAuthority()).orElse("ERROR");

        return ResponseEntity.ok(new JwtResponseDto(jwt, "Bearer",
            userDetails.getId(), userDetails.getUsername(),
            userDetails.getEmail(),rol));
    }


    @PostMapping("/signup")
    public ResponseEntity<?> registerUser
        (@Valid @RequestBody SignupDto, signUpRequest) {
      if (usuarioRepository.existsByNombre(signUpRequest.getNombre())) {
        return ResponseEntity.badRequest()
                            .body(new MessageResponse
                            ("Error: Ya existe usuario con ese nombre"));
      }
      if (usuarioRepository.existsByEmail(signUpRequest.getEmail())) {
        return ResponseEntity.badRequest()
                            .body(new MessageResponse
                            ("Error: Ya existe un usuario con ese email"));
      }
```

```java
// Crear la cuenta de nuevo usuario
Usuario usuario = new Usuario(null, signUpRequest.getNombre(),
            signUpRequest.getEmail(),
            encoder.encode(signUpRequest.getPassword()),
            Rol.valueOf(signUpRequest.getRol()));
usuarioRepository.save(usuario);
return ResponseEntity.ok(
        new MessageResponse("Usuario registrado correctamente "));
    }
}
```

8. Habría que añadir a la aplicación los controladores y servicios con la lógica de negocio. Un ejemplo de prueba podría ser este:

```java
@CrossOrigin(origins = "*", maxAge = 3600)
@RestController
@RequestMapping("/api/test")
public class TestController {
  @GetMapping("/all")
  public String showContentForAll() {
    return "Contenido público";
  }
  @GetMapping("/user")
  public String showContentForUsers() {
    return "Contenido para usuarios";
  }
  @GetMapping("/manager")
  public String showContentForManager() {
    return "Contenido para usuarios de tipo Manager";
  }
  @GetMapping("/admin")
  public String showContentForAdmins() {
    return "Contenido para administradores";
  }
}
```

9. Para completar el proyecto necesitaríamos la clase *User* y su repositorio *UserRepository*, la clase *MessageResponse* y la configuración de CORS.

```java
@Getter
@Setter
@AllArgsConstructor
public class MessageResponse {
    private String message;
}
```

En capítulos anteriores ya habíamos hablado de la configuración CORS, pero permitíamos cualquier tipo de tráfico. En este momento aún no tenemos desplegada la aplicación cliente, por lo que no podemos limitar el "origin" de las peticiones, pero si podemos restringir los verbos HTTP permitidos y el tipo de peticiones:

```
@Configuration
public class CorsConfig {
    @Bean
    public WebMvcConfigurer corsConfigurer() {
        return new WebMvcConfigurer() {
            @Override
            public void addCorsMappings(CorsRegistry registry) {
                registry.addMapping("/**")
                    .allowedOrigins("*")     //dominio de la app cliente
                    .allowedMethods("GET", "POST", "PUT", "DELETE")
                    .allowedHeaders("Content-Type", "Authorization",
                                    "Origin", "Accept");
            }
        };
    }
}
```

9.9.3. Testing de la autentificación JWT

Vamos a probar el proyecto completo desde Postman.

1. Registrar un nuevo usuario, usando el DTO correspondiente.

Figura 9.26. JWT Registro de usuario

2. Hacer login con ese usuario. Importante: devuelve el token asignado y debemos incluirlo en las siguientes peticiones.

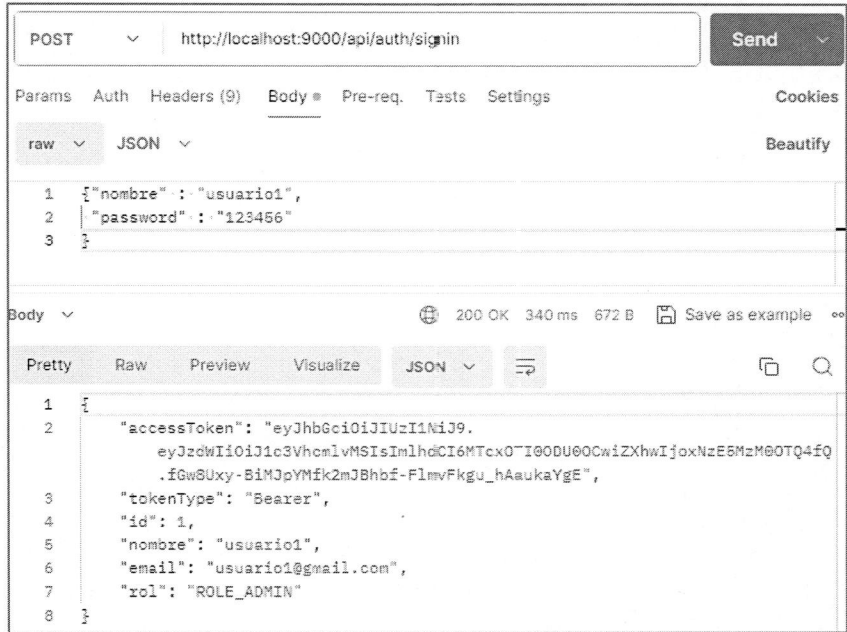

Figura 9.27. JWT Login de usuario

3. Hacer petición a zona restringida, añadiendo en el campo *"Authorization"* el token en la cabecera de la petición, precedida de la palabra "Bearer" y un espacio en blanco.

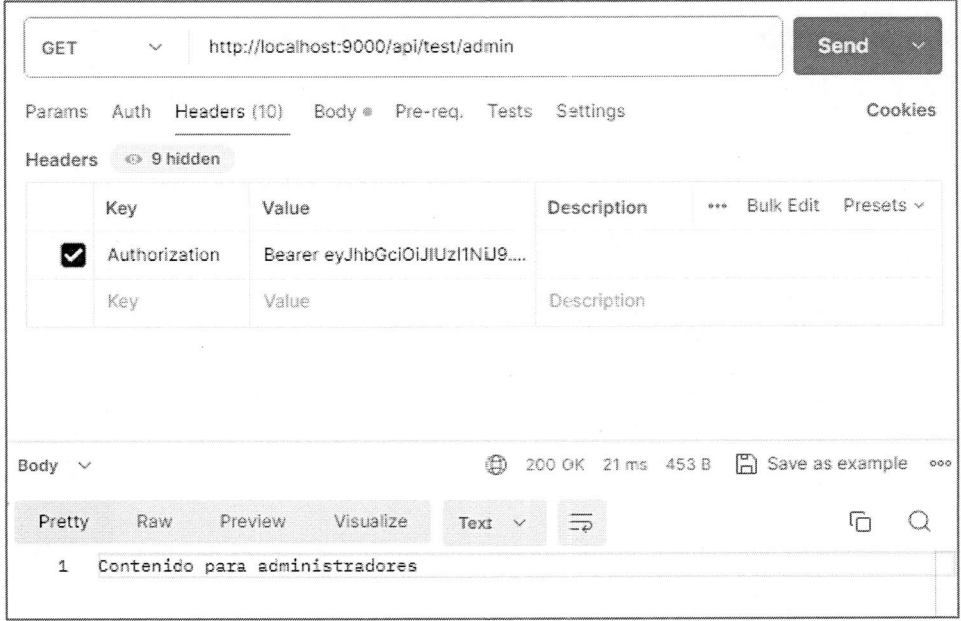

Figura 9.28. JWT Acceso a zonas restringidas

Refresh del token

Una última tarea relacionada con el token sería su regeneración (*refresh*) en caso de que haya expirado, para que el cliente pueda seguir trabajando sin tener que enviar sus credenciales de nuevo.

Ejercicio 9.12

Crea un proyecto a partir del 9.5 *(CRUD de Curso con API REST y gestión de excepciones)* incorporando control de acceso con token JWT tal y como se ha descrito previamente. Recuerda que en el área de descargas de este libro dispones del código del ejemplo mostrado y que podrás adaptar a este ejercicio. Tendrá las siguientes características:

- Habrá dos tipos de usuarios: USER y ADMIN.

- Si accede a la API un usuario no registrado solo podrán consultar la lista de cursos y acceder a las rutas de login y registro.

- Los usuarios de tipo USER podrán dar de alta cursos, pero solo podrán borrar y modificar cursos que hayan sido creados por ellos mismos. Puedes añadir una nueva excepción *"NoPermitidoException"* para aquellos que intenten realizar una edición/borrado sobre un curso no creado por ellos (será por tanto necesario modificar la clase *Curso* para añadirle una relación con el usuario que lo ha creado).

- Los usuarios de tipo ADMIN tiene permisos completos sobre la aplicación.

9.9.4. Acceso desde el cliente con autentificación JWT

Mostramos, a modo de ejemplo, como se consumiría desde JavaScript una API con una autentificación previa mediante JWT. Emplearemos la técnica de *fetch* con *async/await*. El primer paso sería la función de autentificación que recibiría un usuario y contraseña y devolvería el token JWT:

```
async function api_signin(username, pass) {
  const credenciales = { username: username,  password: pass  };
  try { const response = await fetch("localhost:9000/api/auth/signin", {
        method: 'POST',
        headers: { 'Content-Type': 'application/json', },
        body: JSON.stringify(credenciales), });
      if (!response.ok)
        const textErr = await response.text(); throw new Error(textErr);
      const { accessToken } = await response.json();
      return accessToken;
  } catch (error) { console.error('Error al obtener datos:', error);
              return false;
  }}
```

Una vez recibido el *token*, éste deberá ser guardado (bien como variable global en el script, bien en *LocalStorage*, etc.) e incorporarlo en las siguientes peticiones al servidor. Ponemos como ejemplo lo que sería una modificación de un recurso (PUT) de tipo *empleado* a través de su *id*.

```
async function api_put(id, data, token) {
  try {
    const response = await fetch(("localhost:9000/empleado/" + id, {
    method: 'PUT',
    headers: {'Content-Type': 'application/json',
              'Authorization': `Bearer ${token}`},
    body: JSON.stringify(data )
  });
    if (!response.ok) { const textErr = await response.text();
                        throw new Error(textErr);
    }
    return true;
  }
  catch (error) {
      console.error('Error al modificar datos:', error); return false;
  }
}
```

9.9.5. Seguridad en una aplicación mixta con MVC y API REST

En este capítulo hemos visto cómo securizar una aplicación API REST mediante JWT y en el Capítulo 8 vimos cómo hacer lo mismo con una aplicación web tipo MVC basándonos en sesiones de navegador. La duda que puede surgir ahora es cómo llevar a cabo este proceso de securización en una aplicación que tenga una parte MVC con vistas y Thymeleaf y otra parte con *endpoints* API REST.

El proceso a seguir sería el siguiente:

1. Las URL de la parte MVC y API deben estar claramente delimitadas. Una forma sencilla de hacerlo es que todas las rutas de la API comiencen por */api*.

2. Tanto para una parte como para la otra debemos seguir todos los pasos tal cual se han explicado en ambos capítulos.

3. Implementando el paso anterior, nos encontraremos una diferencia en la clase *UserDetailImpl* ya que no se define de la misma forma en el caso de MVC y en el de API. Debemos usar el código explicado en este capítulo de API, que será válido para ambos esquemas.

4. Una de las diferencias más notables entre ambos esquemas es el contenido del bean *SecurityFilterChain* definido en la clase *SecurityConfig*. La solución para estas aplicaciones mixtas será crear dos beans diferentes, indicando sobre el referente a API REST las URL a las que afecta, que serán las que comiencen por */api* según comentamos en el primer punto de este apartado.

➤ **Ejemplo**: Clase *SecurityConfig* con seguridad mixta MVC y API REST:

```java
@Configuration
@EnableWebSecurity
@EnableMethodSecurity
public class SecurityConfig {

    @Autowired private UserDetailsService userDetailsService;
    @Autowired private AuthEntryPointJwt authEntryPointJwt;

    @Bean
    public AuthTokenFilter authenticationJwtTokenFilter() {
      return new AuthTokenFilter();
    }
    @Bean
    public DaoAuthenticationProvider authenticationProvider() {
      DaoAuthenticationProvider authProvider =
                        new DaoAuthenticationProvider();
      authProvider.setUserDetailsService(userDetailsService);
      authProvider.setPasswordEncoder(passwordEncoder());
      return authProvider;
    }
    @Bean
    public AuthenticationManager authenticationManager(
     AuthenticationConfiguration authenticationConfiguration)throws Exception {
       return authenticationConfiguration.getAuthenticationManager();
    }
    @Bean
    public PasswordEncoder passwordEncoder() {
        return new BCryptPasswordEncoder();
    }
    @Bean
    @Order(1)
    public SecurityFilterChain ApifilterChain
        (HttpSecurity http)throws Exception {http.securityMatcher("/api/**");
     http
      .csrf(csrf -> csrf.disable())
      .exceptionHandling(exception ->
              exception.authenticationEntryPoint(authEntryPointJwt))
      .sessionManagement(session -> session
      .sessionCreationPolicy(SessionCreationPolicy.STATELESS))
      .authorizeHttpRequests(auth -> auth
         // PERMISOS API
      .requestMatchers("/api/**").permitAll() //añadir aquí permisos api
      );
     http.authenticationProvider(authenticationProvider());
     http.addFilterBefore(authenticationJwtTokenFilter(),
                    UsernamePasswordAuthenticationFilter.class);
     http.cors(Customizer.withDefaults());
     return http.build();
  }
```

```
@Bean
@Order(2)
public SecurityFilterChain MvcfilterChain(HttpSecurity http) throws Exception
{
    http.headers(headersConfigurer -> headersConfigurer
     .frameOptions(HeadersConfigurer.FrameOptionsConfig::sameOrigin));
    http
     .authorizeHttpRequests(auth -> auth
     // PERMISOS MVC
     .requestMatchers("/**").permitAll()   )   //añadir aquí perm. mvc
     .formLogin(httpSecurityFormLoginConfigurer ->
                                      httpSecurityFormLoginConfigurer
        .loginPage("/signin")
        .loginProcessingUrl("/login")
        .failureUrl("/signin?error")
        .defaultSuccessUrl("/public/home", true).permitAll())
     .logout((logout) -> logout.logoutSuccessUrl("/public/home").permitAll())
     .csrf(csrf -> csrf.ignoringRequestMatchers(PathRequest.toH2Console()))
     .rememberMe(Customizer.withDefaults())
     .httpBasic(Customizer.withDefaults())
     .exceptionHandling(exceptions ->
         exceptions.accessDeniedPage("/accessError"));
    return http.build();
  }
}
```

Ejercicios de ampliación

Ejercicio 9.13. Toma el proyecto del Ejercicio 9.1 y añádele una imagen para cada curso. Deberás seguir los pasos indicados en el apartado *"Envío de ficheros"* de este capítulo y probarlo con Postman.

Proyecto BookAdvisor

Modifica el proyecto obtenido en el *sprint* anterior añadiendo *restcontrollers* que incorporen los siguientes *endpoints* API REST:

- GET: /api/book/list: obtener todos los libros con sus valoraciones (haz un *dto* con los atributos que creas interesantes, pero no todos ellos).

- GET: /api/book/id/{id}: obtener todos los atributos del libro con identificador {id}. En caso de que no lo encuentre gestionará la excepción mediante *@ResponseStatusException*.

- GET: /api/book/img/{id}: obtener la imagen de portada del libro con identificador {id}.

- GET: /api/genre/list: obtener todos los géneros de películas.

- POST: /api/genre/: añadir un nuevo género de películas.

A continuación, documenta la API mediante Swagger: tanto documentación general: descripción, autor, etc. como información de cada *endpoint*: descripción, valores devueltos y parámetros necesarios.

Finalmente, Incorpora control de acceso mediante JWT sobre los *endpoints* anteriores, siguiendo las mismas políticas de acceso en el Capítulo 8. Deberás incluir un *@RestController* con estos dos *endpoints*:

- POST: /api/signin: login para usuario registrado con el *dto* correspondiente.

- POST: /api/signup: registro de nuevo usuario con el *dto* correspondiente.

CAPÍTULO 10

PASO A PRODUCCIÓN Y TESTING

Contenidos

- Pruebas unitarias con JUnit y Mockito.
- Pruebas de integración con Spring Test.
- Logging con SLF4J y Logback.
- Despliegue "war" en servidor Apache Tomcat.
- Docker para la contenerización.
- Ejecución sobre MySQL.

Objetivos

- Escribir pruebas unitarias e de integración para el código.
- Implementar logging para la monitorización de la aplicación.
- Desplegar la aplicación en un servidor de producción.
- Usar Docker para la contenerización.
- Introducir el concepto de microservicios.

RESUMEN DEL CAPÍTULO

Este capítulo trata las últimas etapas del desarrollo de una aplicación, incluyendo el testing, el despliegue en un servidor de producción y la monitorización. Se introducen herramientas como JUnit, Mockito, JavaDoc, Swagger, Apache Tomcat, MySQL, Docker y se abordan conceptos como los logs, actuator y microservicios.

10.1. Introducción

Una vez terminado el desarrollo de una aplicación, quedan aún tareas importantes a realizar como puede ser el testing (JUnit, Mockito) y documentación (JavaDoc, Swagger), aunque idealmente deberían hacerse a la par del desarrollo; y por último el despliegue en un entorno de producción.

La aplicación desarrollada puede ser empaquetada de dos formas diferentes, en un archivo ".jar" que contendrá su propio servidor web, o bien en un archivo ".war" que necesitará un servidor web, como veremos a continuación.

En esta fase de despliegue podríamos hablar de la **integración continua**, esto es, la automatización del pase a producción, con todo lo que ello conlleva: compilación, ejecución de los test automatizados, integración con el resto de las aplicaciones, etc. Existen herramientas para esta tarea como **Jenkins**.

Otro aspecto importante es el uso de **contenedores** con tecnologías como **Docker** o **Kubernetes**, etc. Un contenedor vendría a ser una máquina virtual que contendría nuestro sistema operativo, el servidor web, la aplicación, todas las librerías necesarias y entornos de ejecución, configuración, etc. para que la aplicación se pueda ejecutar sobre cualquier máquina real. En definitiva, los contenedores representan un mecanismo de empaquetado lógico donde las aplicaciones tienen todo lo que necesitan para ejecutarse.

En este capítulo hablaremos de diferentes aspectos a incorporar en nuestras aplicaciones para su pase a producción, como son los que acabamos de comentar.

10.2. Empaquetado "war"

Hasta ahora hemos empaquetado nuestras aplicaciones, en un archivo ".jar" que contenía su propio servidor web integrado y por lo tanto era autónomo para su ejecución. Otra posibilidad es empaquetar en un archivo ".war" que necesitará un servidor web en el que desplegarse, compatible con la tecnología empleada. En nuestro caso, para Spring, podemos usar Tomcat, GlassFish, JBoss, etc.

Los pasos a seguir serían los siguientes:

- Al generar la aplicación (desde el IDE o *start.spring.io*) indicar que el empaquetado es *"war"*. Esto generará los siguientes cambios en nuestro proyecto, con respecto al empaquetado *.jar*.

  — Añadirá en el archivo de configuración *pom.xml* la línea: `<packaging>war</packaging>`

  — Añadirá en el *pom.xml* dependencia *starter-tomcat*.

  — Creará una clase adicional llamada *ServerInitializer* con el siguiente código:

```
public class ServletInitializer extends SpringBootServletInitializer {
    @Override
    protected SpringApplicationBuilder configure
                (SpringApplicationBuilder application) {
    return application.sources(DemoApplication.class);}}
```

- En la terminal de Visual Studio Code, en la raíz del proyecto, ejecutamos el comando Maven: `mvn clean package` y obtendremos el "ejecutable" de nuestra aplicación en formato *.war* en la carpeta *target*. El nombre del archivo estará formado por el *artifactId* y *versión* establecidos en el *pom.xml*. Podríamos obtenerlo con otro nombre añadiendo en el *pom.xml* la etiqueta:

`<finalName>myAppName<finalName>`

- El siguiente paso será instalar Apache Tomcat: lo descargamos desde *https://tomcat.apache.org/*, descomprimimos en una carpeta cualquiera y añadimos la variable de entorno CATALINA_HOME con la ruta a esa carpeta en la que descomprimimos. También necesita la variable JAVA_HOME apuntando a la ruta del *jdk*. El puerto por defecto de Tomcat es 8080, por lo que, si no lo cambiamos, la aplicación Spring debería tener el mismo puerto. En cuanto a qué versión utilizar, debemos instalar Tomcat 10 o superior para proyectos Spring 3 (usan la librería *jakarta* en vez de *javax*).

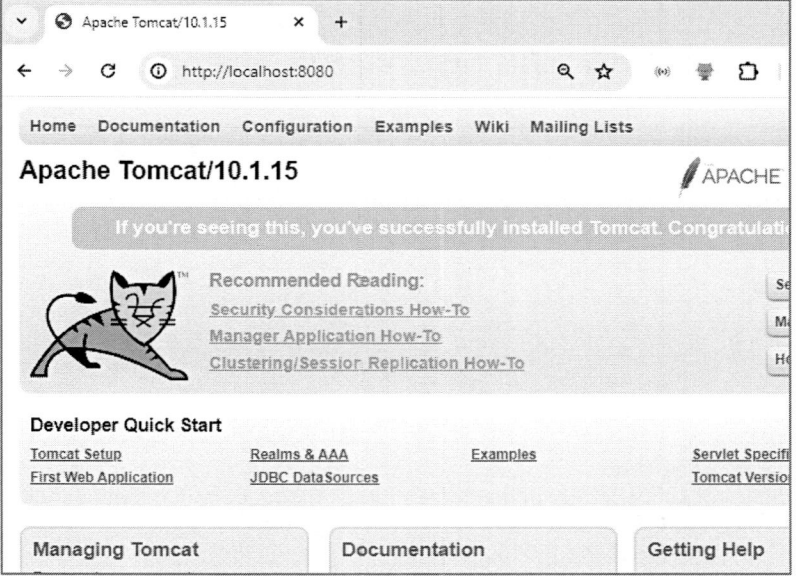

Figura 10.1. Apache Tomcat: página de inicio

- Arrancamos el servidor Tomcat ejecutando: *apache-tomcat-10\bin\startup.bat*. Podemos comprobar su funcionamiento visitando: *http://localhost:8080*.

- Movemos el archivo *.war* a la carpeta *apache-tomcat-10\webapps* y pasados unos segundos se generará una carpeta con el mismo nombre que el archivo *war* y la aplicación quedará instalada.

- Ahora ya podríamos eliminar el archivo *.war* ya que la aplicación realmente está en la carpeta que acabamos de obtener. Para acceder a la aplicación: *http://localhost:8080/nombreCarpeta*.

- A diferencia de lo que ocurre en el empaquetado *.jar,* los archivos de la aplicación no están instalados en la raíz de servidor, sino que están en una carpeta con el nombre del proyecto. Es aquí donde podemos comprobar la diferencia entre emplear en una página *html* con

Thymeleaf la etiqueta: `<a href="/">` y la etiqueta: `<a th:href="@{/}">` La primera nos llevaría a la raíz del servidor, esto es, a la página que se muestra en la imagen anterior y la segunda nos llevaría a la raíz de nuestra aplicación.

- Por último, para parar el servidor Tomcat: *apache-tomcat-10\bin\shutdown.bat.*

10.3. MySQL

MySQL es un gestor de bases de datos relacional bajo licencia dual (libre y comercial), perteneciente a Oracle y una de las más populares actualmente, empleada por Wikipedia, Twitter, etc. Existe un *fork* llamado MariaDB, desarrollado por el creador de MySQL, y con licencia GPL.

10.3.1. Instalación

Lo primero que debemos hacer es descargar el archivo de instalación del servidor (MySQL versión Community) desde: *https://dev.mysql.com/downloads/mysql/.*

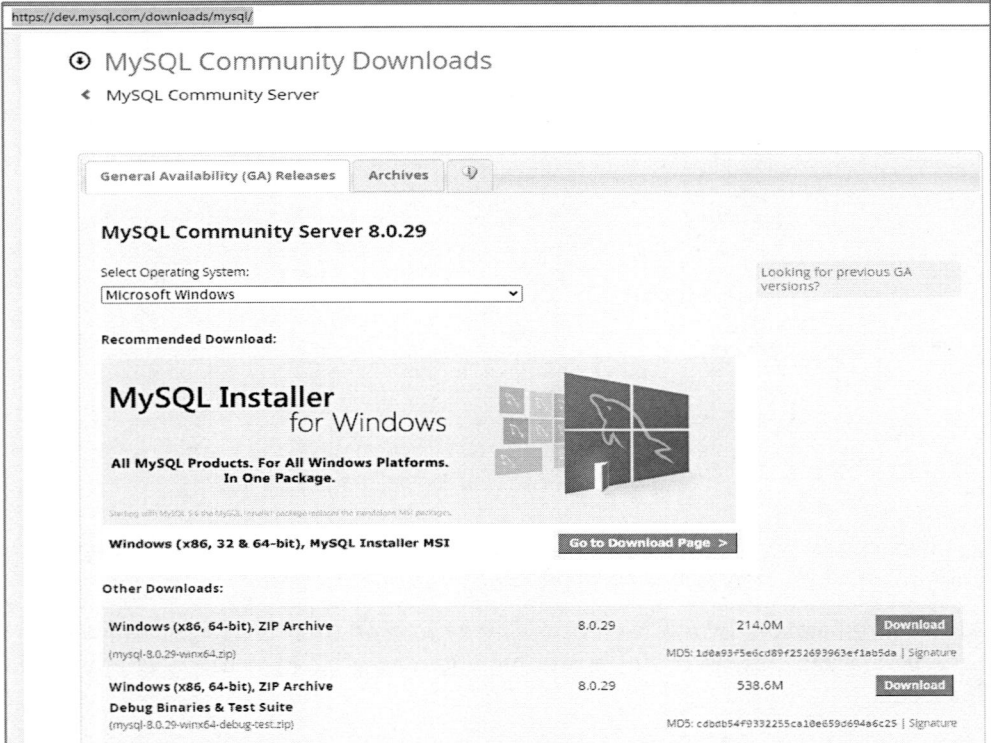

Figura 10.2. MySQL: descarga

Elegimos *"MySQL Installer for Windows" (All MySQL Products)*, que incluirá también MySQL Workbench, herramienta que usaremos para conectarnos al servidor para tareas administrativas como arrancar y parar el servidor y desde la que podremos realizar consultas a la base de datos. Hay que señalar que no es obligatorio instalar MySQL Workbench no es obligatorio ya que podríamos acceder a MySQL mediante otras herramientas, como puede ser *phpmyadmin*.

Hacemos doble click sobre el instalador y seleccionamos el tipo de instalación "*Custom*".

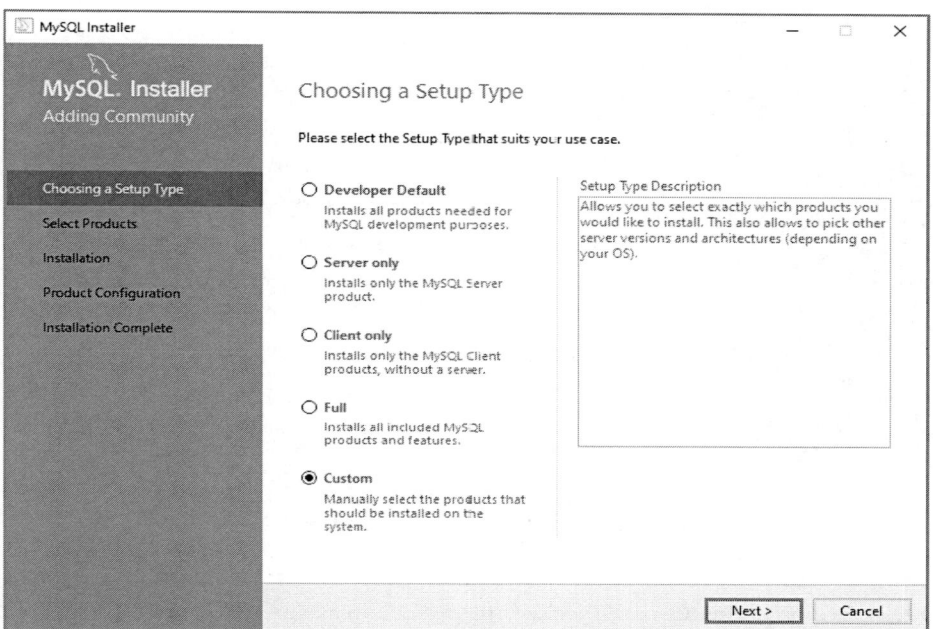

Figura 10.3. MySQL: instalación

Y en los productos a instalar, seleccionamos solo el MySQL Server, MySQL WorkBench, documentación y ejemplos.

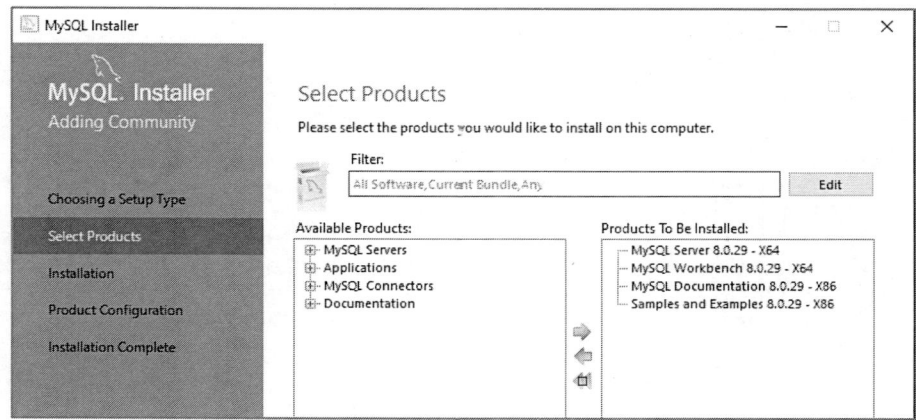

Figura 10.4. MySQL: Instalación: selección de componentes

Pasaremos entonces a la configuración. No cambiamos nada:

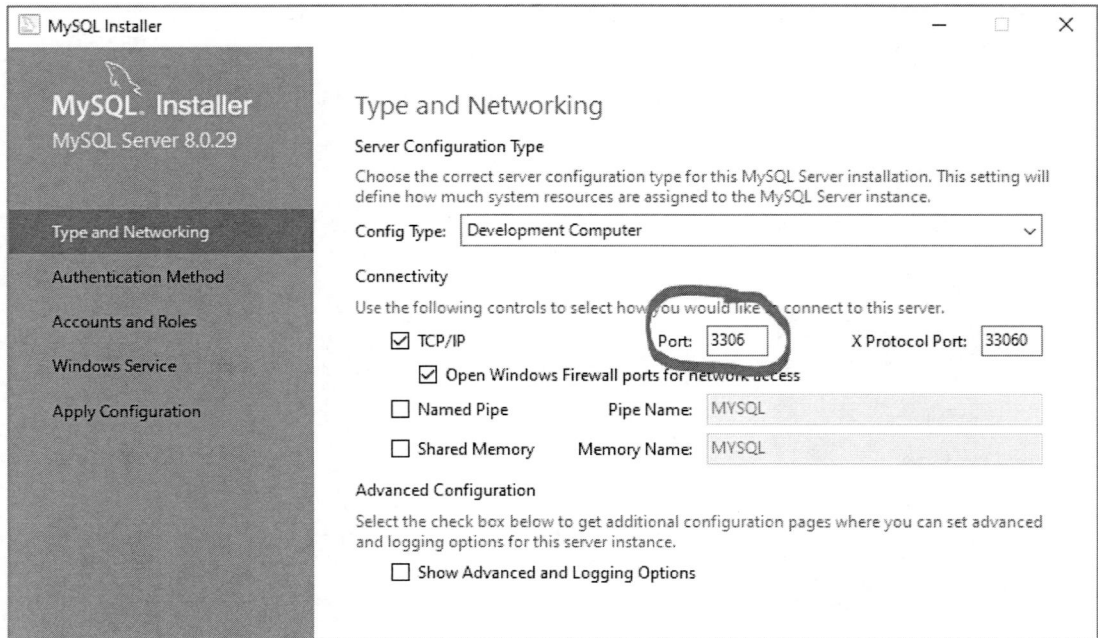

Figura 10.5. MySQL: instalación: parámetros de red

Seguimos en la configuración, asignando contraseña al usuario *root*, en nuestro caso, *abc123*.

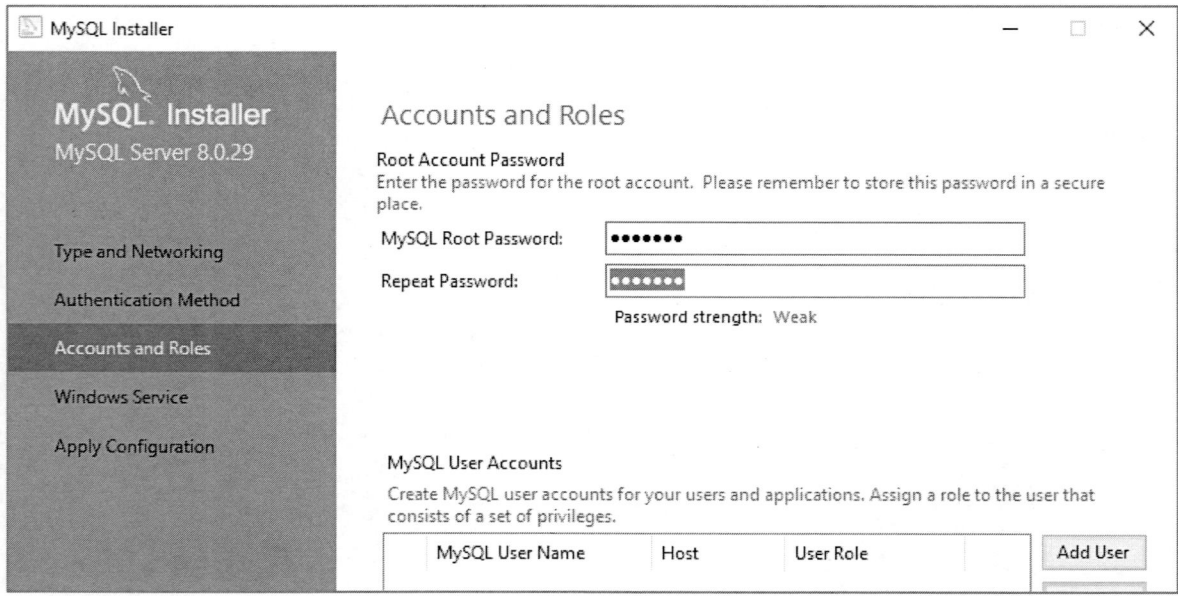

Figura 10.6. MySQL: usuario administrador

Desmarcamos que arranque al iniciar el sistema:

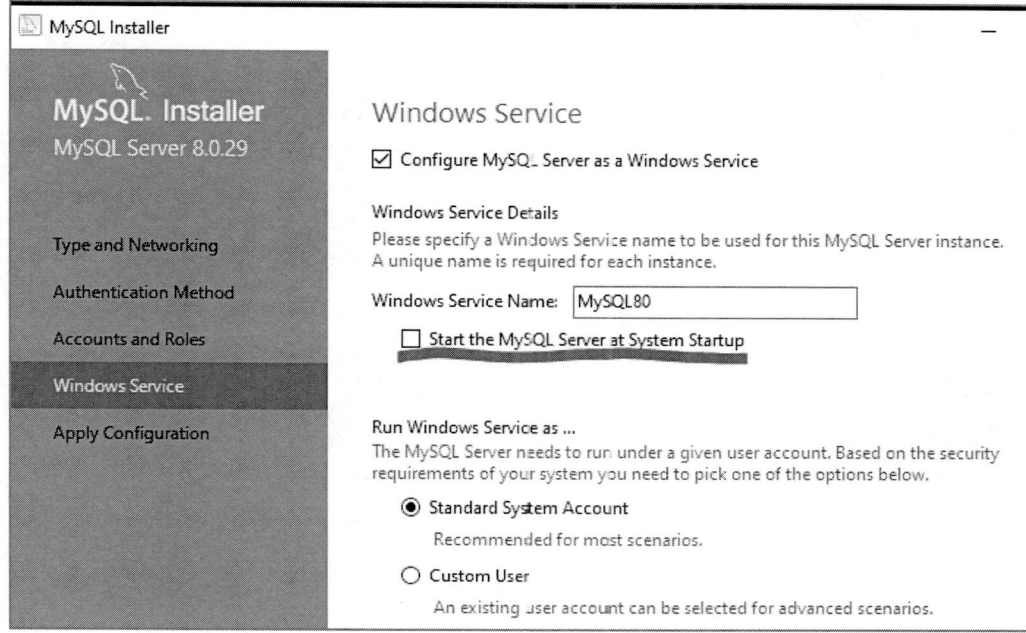

Figura 10.7. MySQL: configuración del servicio

Instalamos los ejemplos, conectándonos como root:

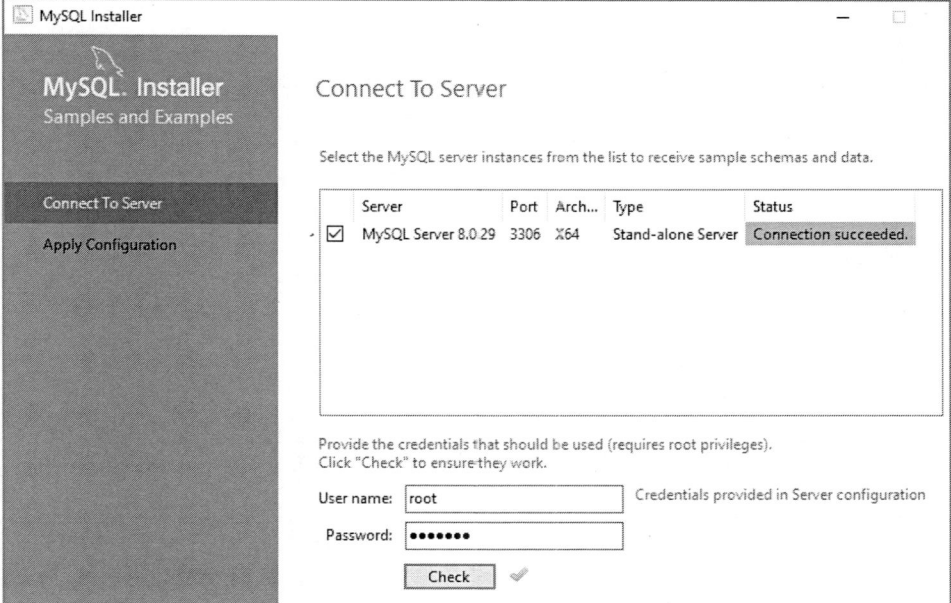

Figura 10.8. MySQL: finalizar instalación

Una vez finalizada la instalación, podemos crear un acceso directo en el escritorio al ejecutable del servidor MySQL para arrancarlo y pararlo y otro acceso directo al ejecutable de MySQL Workbench para operar con las bases de datos.

10.3.2. Operaciones habituales

Conexión al servidor

Para arrancar el servidor iremos a los servicios de Windows, buscaremos el servicio MySQL80 (o como le hayamos llamado en la instalación) y lo iniciamos. Ahora usaremos MySQL Workbench para todas nuestras operaciones. Lo primero que debemos hacer es seleccionar nuestro servidor para conectarnos a él (nos pedirá la contraseña de root):

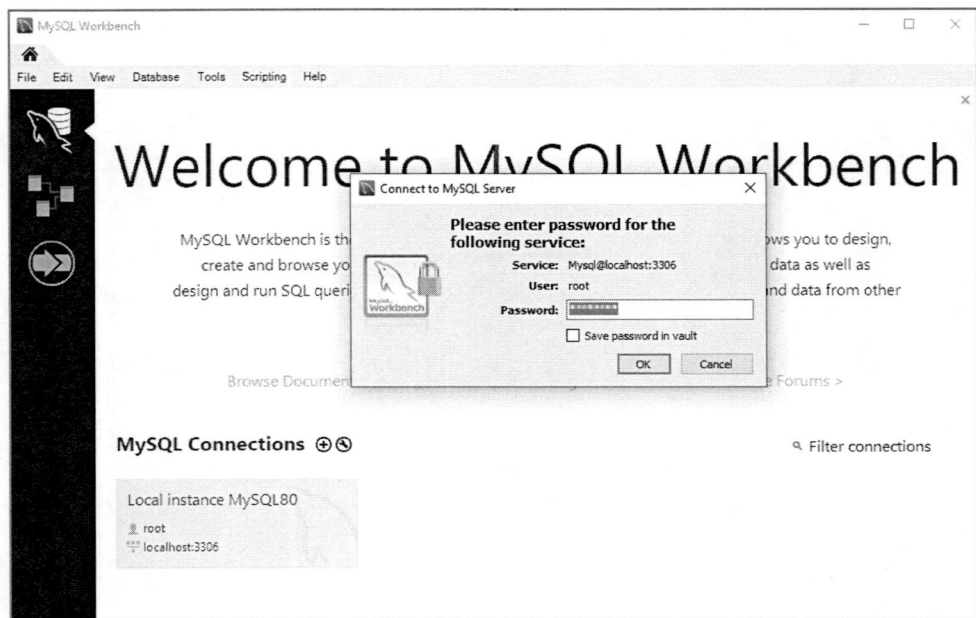

Figura 10.9. Login en MySQL

La siguiente operación a realizar es comprobar el estado del servidor: Menú superior *Server > Server Status*. Podemos recibir este error:

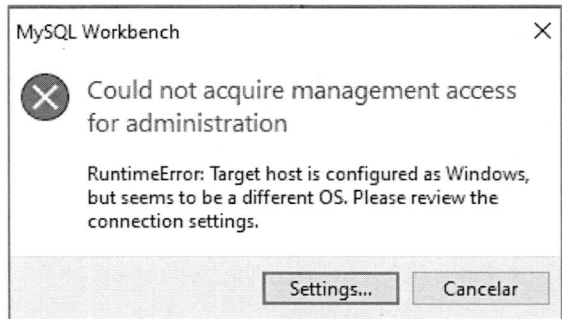

Figura 10.10. MySQL: error en estado del servidor

En ese caso, nos dirigimos al Panel de Control de Windows > Región. Pestaña Administrativo. Botón [Cambiar configuración regional del sistema…] y marcamos el check: *Versión beta. Use UTF-8 Unicode*. Reiniciamos el sistema y reiniciamos el servicio MySQL80.

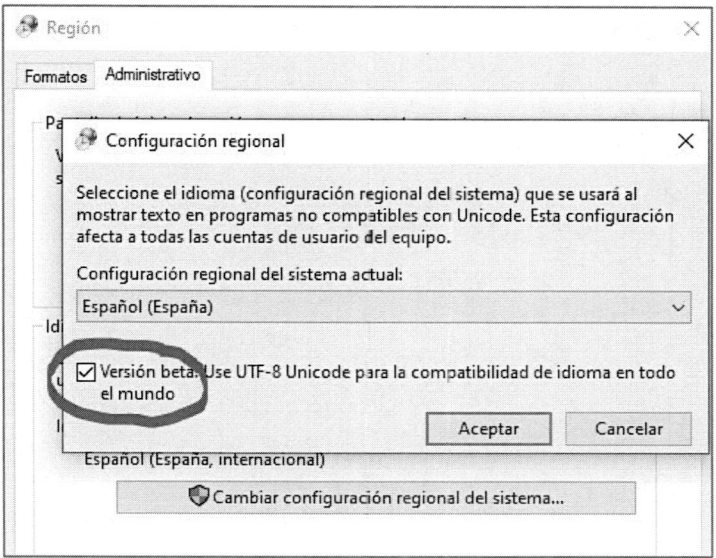

Figura 10.11. MySQL: corrección error en estado del servidor

Creación de la base de datos

Hibernate necesita trabajar sobre una base de datos creada previamente, aunque no es necesario que contenga tablas ni datos ya que es el propio Hibernate puede crearlas en el momento de iniciar la aplicación (este comportamiento lo controlamos mediante el parámetro *spring.jpa.hibernate.ddl-auto* del archivo *application.properties*). Para crearla:

1. Abrir MySQL Workbench y conectarse al servidor

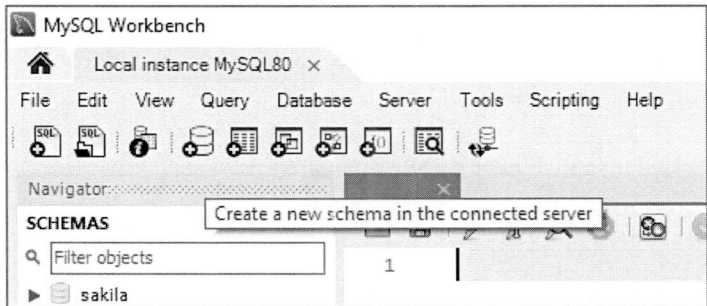

Figura 10.12. MySQL: crear base de datos

2. Crear una nueva base de datos (un nuevo esquema) desde el icono indicado y asignándole un nombre, por ejemplo: *'empresa'* o mediante la sentencia: `create database empresa;`

3. Ahora podríamos crear las tablas y llenar los datos mediante el lenguaje SQL, por ejemplo: *"create table nombreTabla..."* , *"insert into nombreTabla values ("*, etc. pero sabemos que Hibernate crea las tablas por nosotros. También lo podríamos hacer mediante un archivo que ya tuviese todas esas instrucciones SQL preparadas en forma de script, para que las ejecute. Para ello, en el editor de SQL, seleccionamos el icono de abrir un script y seleccionamos el archivo .sql que contenga las instrucciones (create, insert, etc.).

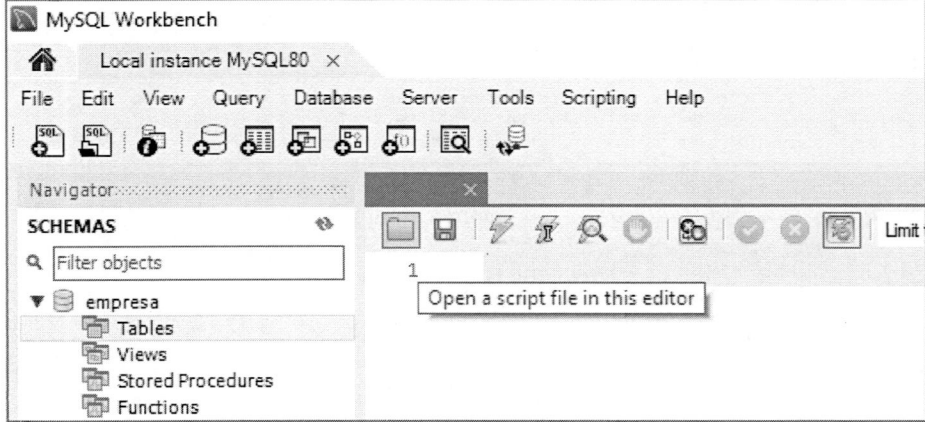

Figura 10.13. MySQL: cargar script sql

Haríamos doble clic sobre nuestra base de datos en el panel lateral para seleccionarla y pulsamos en el icono del "rayo" para ejecutarlo.

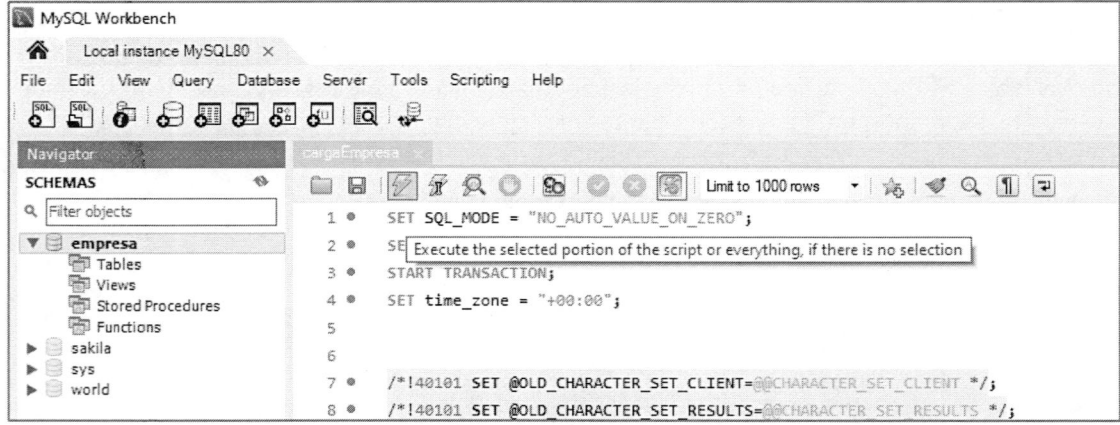

Figura 10.14. MySQL: ejecutar script sql

Exportar/Importar el esquema de la base de datos

En algunas ocasiones nos interesará modificar el esquema de base de datos creado por Hibernate, por ejemplo, para añadir un índice a una tabla, para añadir una nueva restricción a una columna, etc. Para ello, en vez de construir el esquema desde cero, podemos hacer una primera ejecución de nuestra aplicación para que Hibernate haga el "trabajo sucio" y modificar ese esquema.

Los pasos serían:

- Ejecutar la aplicación para que Hibernate genere el esquema de base de datos.

- Exportar el esquema a archivo. Desde MySQL Workbench, menú superior *Server > Data export.* Seleccionamos el esquema y sus tablas y marcamos las opciones *Export to Self-Contained File* y *Include create schema.* Obtendremos un archivo con extensión *sql*.

- Modificar el archivo anterior con los cambios que deseemos en el esquema.

- Borrar el esquema actual. Desde MySQL Workbench, hacer clic con el botón derecho sobre la base de datos > *Drop schema*.

- Ejecutar el archivo con el esquema para que regenere con los nuevos cambios. Desde MySQL Workbench, menú superior *Server > Data import.* Opción: *Import from Self-Contained file* y seleccionamos el archivo anterior.

- Ahora debemos configurar Hibernate para que no regenere el esquema cada vez que se ejecuta. Ya vimos cómo hacerlo para H2 y en el siguiente apartado se muestra para MySQL.

Parar el servidor

Para finalizar la sesión, de nuevo desde los Servicios de Windows, buscamos el servicio MySQL, botón derecho > Detener.

10.3.3. Configuración del proyecto

Al igual que con H2, la configuración se hace en dos partes: en el *pom.xml* añadimos la dependencia necesaria y en el fichero *application.properties* establecemos la conexión y configuramos los parámetros de uso.

MySql en pom.xml

Añadir al fichero *pom.xml* las dependencias **starter-jpa** y la de la base de datos con la que trabajaremos, en el capítulo de acceso a datos vimos H2, ahora lo configuraremos para MySQL:

```
<dependency>
    <groupId>org.springframework.boot</groupId>
    <artifactId>spring-boot-starter-data-jpa</artifactId>
</dependency>
<dependency>
    <groupId>com.mysql</groupId>
    <artifactId>mysql-connector-j</artifactId>
    <version>8.2.0</version>
</dependency>
```

MySQL en application.properties

Debemos indicarle en este archivo la URL de conexión al servidor MySQL y otros parámetros, igual que hicimos con la base de datos H2:

```
spring.datasource.url=jdbc:mysql://localhost:3306/nombreBD
spring.datasource.username=root
spring.datasource.password=abc123.
spring.jpa.hibernate.ddl-auto=create
spring.jpa.properties.hibernate.dialect= org.hibernate.dialect.MySQLDialect
spring.jpa.show-sql=true
```

Como ya vimos, la propiedad *spring.jpa.hibernate.ddl-auto* con el valor *create* hace que recree las tablas del esquema en cada ejecución. La pasaremos a *validate* o *none* cuando el esquema de base de datos ya no tenga más cambios y queramos conservarlo, incluso con los datos introducidos.

Obviamente si realizamos una carga inicial de datos, bien con un archivo *data.sql*, bien con un *CommandLine Runner*, solo debemos hacer esta carga una sola vez y luego eliminar cualquiera de los dos procesos de carga inicial empleados.

Recordemos que la base de datos vacía debe ser creada previamente, por ejemplo, con MySQL Workbench. Hibernate creará las tablas al tener la opción: *spring.jpa.hibernate.ddl-auto=create.*

Ejercicio 10.1

Toma el proyecto del Ejercicio 7.1 (CRUD de la entidad *Curso* sobre base de datos H2 en memoria) y pasa la base de datos a MySQL.

- Instala MySQL y MySQL Workbench.
- Hay que crear previamente la base de datos vacía desde MySQL Workbench.

10.4. Testing

Como ya sabemos, el **testing** consiste en verificar que nuestras aplicaciones funcionan correctamente, esto es, sin errores y respondiendo a las funcionalidades requeridas. Lo primero que debemos hacer es elaborar una estrategia de pruebas, eligiendo los casos a testear.

Dentro del testing, distinguimos pruebas unitarias y pruebas de integración como describiremos más adelante y Spring nos ofrece soporte para implementar ambos tipos de prueba de una forma sencilla, empleando las librerías más populares para esta misión: principalmente JUnit y Mockito. Sería muy largo de explicar JUnit desde cero, así que puedes ver este video para ponerte al día de lo que es JUnit y luego continuar con este apartado: *https://www.youtube.com/watch?v=ZOGz_1XtTKc*

Para incluir test en una aplicación Spring Boot es necesaria la dependencia: **starter-test**. Por defecto, esta dependencia no incluye el módulo JUnit5 Vintage que da soporte a test JUnit4 por lo que si queremos conservar pruebas de esta versión anterior deberíamos incluir la dependencia *junit-vintage-engine*. También incluye Mockito (librerías para simular la ejecución de métodos, como veremos más adelante), Hamcrest y JAssert. Dentro de la dependencia starter están incluidas otras necesarias como las siguientes: *json-path*, *json-path-assert*, *rest-assured*…

Los proyectos tienen una carpeta **/src/test/** con una estructura similar a /src/main/ donde trabajamos con nuestra aplicación habitualmente. En caso de necesitar un entorno diferente, por ejemplo, usar otra base de datos con datos no reales (e incluso sobre otro gestor de base de datos), podemos incluir un archivo de configuración distinto al de ejecución de la aplicación, estaría en la ubicación: *src/**test**/resources/application.properties* y lo cargaría en el momento de la ejecución de los test.

10.4.1. Test unitarios

Estos test van a permitir verificar una unidad o módulo de nuestro código de forma independiente. En general, esa unidad será un método de la aplicación, y probaremos las posibles distintas casuísticas del mismo, es decir, le proporcionaremos distintas entradas para probar que funciona en todas ellas.

Un ejemplo sencillo sería un método que nos devuelve si un número es par o no; deberíamos hacer al menos un test unitario proporcionándole un número par y comprobar que devuelve *true* y otro test proporcionándole uno impar comprobando que devuelve *false*. En resumen, estos test se encargan de probar y verificar métodos de forma aislada del resto de código con el que se relaciona.

Para realizar estar pruebas en Spring, dentro de la carpeta de test crearemos una estructura de carpetas análoga a la empleada en la aplicación: sevices, controllers, etc. que contendrán los test unitarios de cada una de las clases que queremos testear. Para cada clase a testear, crearemos una clase con su mismo nombre añadiendo el sufijo Test, por ejemplo: *EmpleadoServiceTest* para testear los métodos de *EmpleadoService*.

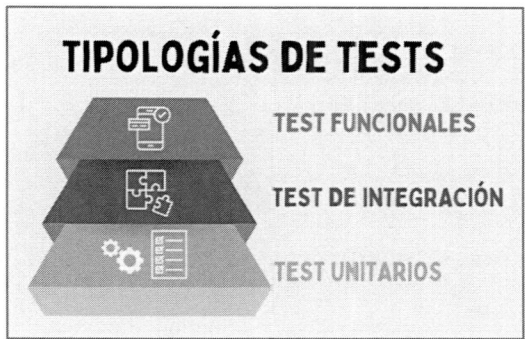

Figura 10.15. Tipos de testing

Dentro de cada clase de test, precedidos de la anotación **@Test**, añadimos todos los test que queramos hacer sobre los métodos de la misma. En los test ejecutamos el código a probar y contrastamos el resultado obtenido respecto al esperado, mediante una instrucción *assert* como es **assertEquals**, *assertTrue*, etc.

A modo de ejemplo, vamos a crear un servicio con dos métodos sencillos: *sumar()* y *dividir()*, que realizan cálculos sencillos y que lanzan excepciones en caso de que los parámetros no sean correctos.

```
@Service
public class MainService {
  public Integer sumar(Integer op1, Integer op2) {
     if (op1 > 0 && op2 > 0)  return op1 + op2;
     else    throw new IllegalArgumentException(
                   "Los dos operandos deben ser positivos");
  }
  public Float dividir(Integer op1, Integer op2) {
     if (op2 != 0)  return (float) op1 / op2;
     else throw new IllegalArgumentException(
                     "No se puede dividir por cero");
  }
}
```

Para probar estos métodos podríamos crear test que tratasen todas las situaciones posibles, tanto que la operación se ejecuta correctamente como que se produce excepciones. Para este último caso, emplearemos *assertThrows.*

➢ **Ejemplo:** Test unitario con *assertEquals* y *assertThrows.*

```
@SpringBootTest
@TestInstance(Lifecycle.PER_CLASS) //import org.junit.jupiter.api
public class MainServiceTest {

        @Autowired
        private MainService mainService;

        Integer a, b;

        @BeforeEach                    //antes de cada test inicia las variables
        public void init() {
                a = 3;    b = 2;
        }
        @Test
        public void sumarTest_ok() {
          assertEquals(5, mainService.sumar(a, b));
        }
        @Test
        public void sumarTest_except() {
          a = -1;
          assertThrows(IllegalArgumentException.class, () ->
                            { mainService.sumar(a, b); });
        }
        @Test
        public void dividirTest() {
          assertEquals(1.5f, mainService.dividir(a, b));
        }
}
```

Vemos que tenemos la anotación *@Test* para cada test que realizamos, en este caso son tres test y hemos incluido un método con la anotación *@BeforeEach* que se ejecutará antes de cada test. Podríamos incluir otras anotaciones JUnit: *@BeforeAll*, *@AfterAll*, que se ejecutarían, como indica su nombre antes del conjunto de test o a finalizar el conjunto de test.

Hay que destacar dos consideraciones sobre las pruebas a nivel operativo:

- **Las pruebas deben ser independientes** unas de otras, es decir, que el resultado o cálculos de un test no deben ser empleados en otro test. De hecho, si no incluimos la anotación *@Order(1)*, *@Order(2)* etc. a cada test, no se garantiza que se ejecuten en un orden determinado.

- **Las pruebas deben ser idempotentes**, es decir, que se pueden ejecutar una o varias veces y siempre obtendremos el mismo resultado. Para ello es necesario que, si las pruebas han modificado algún recurso, este sea restaurado a su situación inicial al finalizar la prueba. Por ejemplo: si la prueba crea una instancia de cliente en el repositorio de clientes, al terminar la prueba la borraremos.

Ejecución de los test

Si trabajamos con Visual Studio Code, se pueden ejecutar los test clicando en el icono (círculo verde) que aparece a la izquierda cada test. Si clicamos en ese mismo icono, en el nombre de la clase de test ejecutaría todas las pruebas definidas para esa clase.

```
38    @SpringBootTest
39    @TestInstance(Lifecycle.PER_CLASS)
40    @AutoConfigureMockMvc
41    public class CuentaControllerTest {
42        @Autowired
43        private MockMvc mockMvc;
```

Figura 10.16. Ejecución de test

En proyectos Maven, una forma muy cómoda de ejecutar todos los test del proyecto es mediante el comando: ***mvn test.***

Mocking de capas

Como nuestras aplicaciones están organizadas en capas: controlador, servicio, repositorio, etc. cuando realizamos un test unitario de un método de una capa, debemos "simular" (en inglés: *mock*) las capas dependientes, para que nuestros test sean realmente "unitarios" y no de integración de capas. Para ello, partiendo de una clase de test como la que acabamos de ver como ejemplo, haríamos los siguientes cambios:

- Incluir la clase a testear precedida de la anotación *@InjectMocks*. Debe ser siempre una clase, no una interfaz, así que en aquellos casos que tenemos ambas (por ejemplo: la interfaz *EmpleadoService* y la clase que la implementa *EmpleadoServiceImpl*, debemos anotar la clase).

- Incluir las clases dependientes de la clase a testear que queramos que no ejecuten su versión real si no la falseada. Los repositorios irán precedidos de la anotación de *Mockito @Mock*, y los servicios de la anotación de Spring Boot *@MockitoBean (antes @MockBean).*

Lo vemos más claro en el siguiente ejemplo, en el que vamos a testear una clase de servicio, que generalmente tiene inyectado un repositorio. Cuando queremos probar solo el servicio no queremos que se haga una llamada a los métodos reales del repositorio, ya que no queremos que errores en el repositorio puedan afectar al resultado de la prueba del servicio.

Testing del Servicio

El siguiente ejemplo se basa en el proyecto de CRUD de Empleado visto durante este manual pero al que añadimos un número método de servicio *obtenerActivos()* que llama al método *findAll()* del repositorio de *Empleado* pero devuelve solo aquellos que tengan *true* el atributo *activo*. Testearemos este método de servicio y también el clásico *obtenerTodos()*.

➢ **Ejemplo:** Test del servicio *obtenerActivos()* con "mock" de repositorio.

```java
public List<Empleado> obtenerActivos() {
  List<Empleado> empleados = repositorio.findAll();
  List<Empleado> activos = new ArrayList<>();
  for (Empleado empleado : empleados)
      if (empleado.isEnActivo()) activos.add(empleado);
  return activos;
}


@SpringBootTest
@TestInstance(Lifecycle.PER_CLASS)
public class EmpleadoServiceTest {
  ArrayList<Empleado> mockList;    //variable que usaremos en los tests
  @InjectMocks
  EmpleadoServiceImpl empleadoService;

  @Mock
  EmpleadoRepository empleadoRepository;

  BeforeAll              //inicialización previa al conjunto de tests
  public void init() {
    mockList = new ArrayList<>();
    mockList.add( new Empleado(
        1L, "test1", "test1@mail.com", 30000d, true,Genero.MASCULINO));
    mockList.add( new Empleado(
        2L, "test2", "test2@mail.com", 40000d, false, Genero.FEMENINO));
    mockList.add(new Empleado(
        3L, "test3", "test3@mail.com", 45000d, true, Genero.OTROS));
  }

  @Test
  public void obtenerTodosTest() {
    when(empleadoRepository.findAll()).thenReturn(mockList);
    List<Empleado> empList = empleadoService.obtenerTodos();
    assertEquals(3, empList.size());
    verify(empleadoRepository, times(1)).findAll();
  }

  @Test
  public void obtenerActivosTest() {
    when(empleadoRepository.findAll()).thenReturn(mockList);
    List<Empleado> empList = empleadoService.obtenerActivos();
    assertEquals(2, empList.size());
    verify(empleadoRepository, times(1)).findAll();
  }
}
```

Vamos a analizarlo paso a paso: primero se referencia con *@InjectMocks* la clase a testear, en este caso *EmpleadoServiceImpl*. Luego se crea una instancia de la dependencia *empleadoRepository* que "falsearemos" mediante *@Mock* para que, cuando el método de servicio llame a un método del repositorio, no sea una llamada real, si no que devuelva los datos falsos incluidos en el propio test.

A continuación, en la sección *@BeforeAll*, que se ejecuta al principio de todo el conjunto de pruebas, inicializa un *arraylist* de empleados "falsos" que usaremos en los test siguientes, para simular la llamada al método *findAll* del *JpaRepository* de empleados.

Los siguientes pasos son los test en sí, anotados con *@Test*. La cláusula **when** hace que, cuando se invoque al método *findAll()*, del repositorio devuelva la lista creada, en vez de los datos reales del repositorio.

Finalmente, invocamos al método del servicio que estamos testeando, que a su vez llamará al método *findAll()* del repositorio (¡pero el falso!), y ya podemos hacer los *asserts* de validación que deseemos. En el primer test, el que valida *obtenerTodos()*, se verifica mediante *assertEquals* que se han obtenido 3 empleados.

```
assertEquals(3, empList.size());
```

Mientras que en el siguiente test solo debe obtener dos empleados, aquellos que están con el atributo 'activo' igual a *true* en el Arraylist *mockList*.

Otra validación, mediante **verify**, consiste en validar el número de veces que se ha llamado al método del repositorio, en este caso debe ser una sola vez.

```
verify(empleadoRepository, times(1).findAll();
```

Podemos añadir nuevos test a esta clase, para el resto de métodos del servicio, como por ejemplo: *obtenerPorId()*, *añadir()* o *borrar()*.

➢ **Ejemplo:** Test de otros métodos de servicio, con "mock" de repositorio.

```
@Test
public void obtenerPorIdTest()   {
   when(empleadoRepository.findById(1L)).
                           thenReturn(Optional.of(mockList.get(0)));
   Empleado empleado = empleadoService.obtenerPorId(1L);
   assertEquals("test1", empleado.getNombre());
   assertEquals("test1@mail.com", empleado.getEmail());
   assertEquals(30000, empleado.getSalario());
}
@Test
public void añadirTest_ok() {
    Empleado empleadoNew = new Empleado(
       4L,"test4","test4@mail.com",55000d,true, Genero.MASCULINO);
    when(empleadoRepository.save(empleadoNew)).thenReturn(empleadoNew);
    Empleado insertado = empleadoService.añadir(empleadoNew);
    assertEquals("test4", insertado.getNombre());
    verify(empleadoRepository, times(1)).save(empleadoNew);
}
```

```
@Test
public void borrarTest_ok() {
    when(empleadoRepository.findById(1L)).
                            thenReturn(Optional.of(mockList.get(0)));
    empleadoService.borrar(1L);
    verify(empleadoRepository, times(1)).findById(1L);
    verify(empleadoRepository, times(1)).delete(mockList.get(0));
}
@Test
public void borrarTest_notFound() {
    when(empleadoRepository.findById(999L)).
                            thenReturn(Optional.empty());
    empleadoService.borrar(999L);
    verify(empleadoRepository, times(1)).findById(999L);
    verify(empleadoRepository, times(0)).deleteById(999L);
}
}
```

Hay que resaltar que hay dos test para el borrado, uno en el que sí se borra (se encontró el empleado con el *findById* previo que se hace en el método de servicio de borrado) y otro que no borra porque no lo encuentra (*findById* devuelve un *Optional* con valor nulo).

Si hubiera más reglas de negocio en el servicio, deberíamos implementar más test. Imaginemos que no se pudiese dar de alta un empleado con un salario de más de 10000 euros y que se produjese una excepción. Deberíamos probar el caso también con *assertThrow*.

Testing del Controlador API REST

La filosofía de un test unitario de controlador es similar a la de un test de servicio, pero debemos tener en cuenta las siguientes consideraciones:

- De forma análoga a lo que ocurre con los test de servicio, en un test de controlador debemos inyectar la clase a testear con la anotación *@InjectMocks* y las clases dependientes falseadas con *@MockitoBean* (en general, será la clase de servicio la falseada).

- Necesitaremos una instancia de la clase **MockMvc** que se encargará de hacer las llamadas a los métodos de controlador, es decir, que simulará las llamadas a la API desde el cliente. Podremos hacer llamadas de tipo get, post, put, etc.

- Disponemos opcionalmente de la anotación *@WebMvcTest* para que, en caso de que nuestra aplicación conste de varios controladores, solo cargue el controlador especificado y sus dependencias sin cargar toda la aplicación, por ejemplo:

  ```
  @WebMvcTest(HomeController.class)
  ```

➤ **Ejemplo:** vamos a ver un ejemplo sencillo, consistente en un RestController que recibe en el *path* de la URL dos números y llama a un método de servicio que calcula y devuelve su suma:

```
@RestController
public class MainController {
 @Autowired
 private MainService mainService;

 @GetMapping("/suma/{id1}/{id2}")
 public ResponseEntity<?> getSuma(@PathVariable Integer id1,
                                  @PathVariable Integer id2) {
     Integer suma = mainService.sumar(id1, id2);
     return ResponseEntity.ok(new Respuesta(id1, id2, suma));
 }
}
```

Siendo la clase *Respuesta*:

```
@AllArgsConstructor
@Data
public class Respuesta {
        private Integer sumando1;
        private Integer sumando2;
        private Integer resultado;
}
```

➤ **Ejemplo:** test del método del controlador:

```
@SpringBootTest
@AutoConfigureJsonTesters
@AutoConfigureMockMvc
@TestInstance(Lifecycle.PER_CLASS)
public class MainControllerTest {
        @InjectMocks  MainController mainController;
        @MockitoBean  MainService mainService;
        @Autowired    MockMvc mockMvc;

        @Test
        public void getSumaTest() throws Exception {
            when(mainService.sumar(2, 3)).thenReturn(5);
            mockMvc.perform(get("/suma/2/3")
                    .contentType(MediaType.APPLICATION_JSON))
                    .andExpect(status().isOk())
                    .andExpect(jsonPath("$.resultado", is(5)));
        }
}
```

Vemos como inyecta el propio controlador y el servicio falseado que utiliza el primero. Y por otra parte inyecta una instancia de *MockMvc* para simular las llamadas al controlador. El método **perform** acompañado del verbo HTTP y la URL, es el que realmente hace la llamada al método del controlador, en el ejemplo, hace una petición GET a la ruta "*/suma/2/3*".

Mediante las clausulas ***andExpect*** indicamos tanto el estado de la respuesta esperado (Ok-200, Created-201, etc.) como datos a validar en el cuerpo de la respuesta. ***jsonPath $*** representa el objeto devuelto, en este caso una instancia de la clase *Respuesta*. Si la respuesta recibida fuese una colección, por ejemplo, de 3 elementos, podríamos incluir validación siguiente:

```
.andExpect(jsonPath("$", hasSize(3))
.andExpect(jsonPath("$[0].email", is("test1@mail.com"))
.andExpect(jsonPath("$[1].email", is("test2@mail.com"))
.andExpect(jsonPath("$[2].email", is("test3@mail.com")));
```

Veamos ahora cómo sería un ejemplo de validación de un RestController de un CRUD completo. Seguimos con el ejemplo de la entidad Empleado seguido a lo largo de este manual.

➢ **Ejemplo:** test de RestController

```
@SpringBootTest
@AutoConfigureJsonTesters
@AutoConfigureMockMvc
@TestInstance(Lifecycle.PER_CLASS)
public class EmpleadoControllerTest {
   List<Empleado> mockList;      //variables que emplearemos en varios tests
   Empleado empleadoSinId, empleadoConId;
   @InjectMocks  EmpleadoController empleadoController;
   @MockitoBean  EmpleadoService empleadoService;
   @Autowired  MockMvc mockMvc;

   @BeforeAll
   void initTest() {
      mockList = new ArrayList<>();
      mockList.add(new Empleado(1L, "José", "jose@mail.com", 30000d));
      mockList.add(new Empleado(2L, "Juan", "juan@mail.com", 45000d));
      empleadoSinId = new Empleado(null, "Eva", "eva@mail.com", 35000d);
      empleadoConId = new Empleado(3L, "Eva", "eva@mail.com", 35000d);
   }

   @Test
   public void getAllEmpleadoTest() throws Exception {
      when(empleadoService.obtenerTodos()).thenReturn(mockList);
      mockMvc.perform(get("/empleado")
               .contentType(MediaType.APPLICATION_JSON))
               .andExpect(status().isOk())
               .andExpect(jsonPath("$", hasSize(2)))
               .andExpect(jsonPath("$[0].id", is(1)))
               .andExpect(jsonPath("$[0].nombre", is("José")))
               .andExpect(jsonPath("$[0].email", is("jose@mail.com")))
               .andExpect(jsonPath("$[0].salario", is(30000d)))
               .andExpect(jsonPath("$[1].id", is(2)))
               .andExpect(jsonPath("$[1].nombre", is("Juan")))
               .andExpect(jsonPath("$[1].email", is("juan@mail.com")))
               .andExpect(jsonPath("$[1].salario", is(45000d)));
   }
```

```java
@Test
public void getOneEmpleadoTest() throws Exception {
    when(empleadoService.obtenerPorId(1L)).thenReturn(mockList.get(0));
    mockMvc.perform(get("/empleado/1")
            .contentType(MediaType.APPLICATION_JSON))
            .andExpect(status().isOk())
            .andExpect(jsonPath("$.nombre", is("José")))
            .andExpect(jsonPath("$.salario", is(30000d)));
}

@Test
public void addEmpleadoTest() throws Exception {
    when(empleadoService.añadir(empleadoSinId)).thenReturn(empleadoConId);
    mockMvc.perform(post("/empleado")
            .contentType(MediaType.APPLICATION_JSON)
            .content(new
                    ObjectMapper().writeValueAsString(empleadoSinId)))
            .andExpect(status().isCreated())
            .andExpect(jsonPath("$.id", is(3)))
            .andExpect(jsonPath("$.nombre", is("Eva")))
            .andExpect(jsonPath("$.salario", is(35000d)));
}

    @Test
    public void deleteOneEmpleadoTest() throws Exception {
        when(empleadoService.obtenerPorId(1L)).thenReturn(mockList.get(0));
        mockMvc.perform(delete("/empleado/1")
                .contentType(MediaType.APPLICATION_JSON))
                .andExpect(status().isNoContent());

    }
}
```

Ejercicio 10.2

Haz una copia del proyecto del Ejercicio 9.1 (API Rest con CRUD de la entidad *Curso*). Si se envía al servidor un alta o modificación de curso con un precio que no cumple las reglas de negocio, el método de servicio devolverá *null* (podría lanzar una excepción, pero así es más sencillo), y al cliente se le devolverá una respuesta con estado *BAD_REQUEST*.

Por otra parte, en el método de servicio: *obtenerTodos()* añade un filtro para que solo devuelva al controlador los cursos de menos de 1000 euros. Es decir, del método de repositorio *findAll()* le llegarán al servicio todos los cursos y el servicio devolverá al controlador algunos de ellos.

Incorpora test unitarios para los métodos del controlador y servicio. Deberás incluir test (tanto en servicio como en controlador) para el alta de curso que cumpla el requisito de precio y para el que no lo cumpla y otro que verifique que el filtro de cursos en *obtenerTodos()* que acabamos de definir en el párrafo anterior funciona correctamente.

Testing del Controlador MVC / Thymeleaf

El proceso para este tipo de test es similar al anterior, con la diferencia de que, en vez de recibir un archivo JSON como respuesta, será una vista con un modelo que contiene los datos.

Para el envío de datos desde el cliente, con POST por ejemplo, no será mediante archivos JSON, al ser mediante un formulario lo haremos mediante *params,* como veremos en el ejemplo.

Podremos validar que la vista devuelta es la correcta y que los valores de los atributos del *model* también son los correctos. Para ello emplearemos el objeto ***MockMvcResultMatchers.*** Esta clase dispone de métodos como ***view ()***, ***model ()*** para acceder a los elementos recibidos.

➢ **Ejemplo**: test de controlador:

```
@SpringBootTest
@TestInstance(Lifecycle.PER_CLASS)
@AutoConfigureMockMvc

public class EmpleadoControllerTest {

@Autowired    private MockMvc mockMvc;
@InjectMocks EmpleadoController empleadoController;
@MockitoBean EmpleadoService empleadoService;
List<Empleado> mockList; Empleado empleadoSinId, empleadoConId;
@BeforeAll
void initTest() {
  mockList = new ArrayList<>();
  mockList.add(new Empleado(1L, "José", "jose@mail.com", 30000d));
  mockList.add(new Empleado(2L, "Juan", "juan@mail.com", 45000d));
  empleadoSinId = new Empleado(null, "Eva", "eva@mail.com", 35000d);
  empleadoConId = new Empleado(3L, "Eva", "eva@mail.com", 35000d);
}
@Test
void addElementTest() throws Exception {
  when(empleadoService.añadir(empleadoSinId)).thenReturn(empleadoConId);
  mockMvc.perform(post("/nuevo/submit")
        .contentType(MediaType.APPLICATION_FORM_URLENCODED)
        .param("nombre", "Eva")
        .param("email", "eva@mail.com")
        .param("salario", "35000"))
        .andExpect(status().is3xxRedirection())
        .andExpect(redirectedUrl("/"));
} // también es posible: .andExpect(redirectedUrlPattern("/myURL/*")
@Test
void listElementsTest() throws Exception {
  when(empleadoService.obtenerTodos()).thenReturn(mockList);
```

```
mockMvc.perform(get("/list"))
    .andExpect(status().isOk())
    .andExpect(view().name("listView"))
    .andExpect(model().attributeExists("listaEmpleados"))
    .andExpect(model().attribute("listaEmpleados",
                                    instanceOf(ArrayList.class)))
    .andExpect(model().attribute("listaEmpleados", hasSize(2)))
    .andExpect(model().attribute("listaEmpleados",hasItem(allOf(
            hasProperty("nombre", equalTo("Juan")),
            hasProperty("salario", equalTo(45000d))))))
     .andExpect(model().attribute("listaEmpleados", hasItem(allOf(
            hasProperty("nombre", equalTo("José")),
            hasProperty("salario", equalTo(30000d))))));
    }
 }
```

Podemos ver que sobre el *model* de la vista recibido podemos hacer distintas validaciones:

- **model().attributeExists()**: comprueba si el *model* contiene el atributo.

- **model().attribute(***"nombreAtributo", instaceOf(Clase.class)***)** : comprueba que el atributo del modelo de un tipo determinado: ArrayList.class, Empleado.class, etc.

- **model().attribute(***"nombreAtributo","valor"***):** equivalente a un *asserEquals*, es decir, comprueba si el atributo del model tiene el valor indicado.

En el caso de que el elemento del *model* sea una colección, disponemos de otras validaciones como:

- **model().attribute(***"lista", hasSize(X)***)** : comprueba si la lista tiene X elementos.

- **model().attribute(***"lista", hasItem(E)***)**: comprueba si la lista contiene un elemento E.

- **model().attribute(***"lista", hasItem(allOf(hasProperty...))***)**: comprueba si la lista contiene un elemento que tenga todas las propiedades indicadas en los *hasProperty*.

Cuando queremos hacer un post (simulando envío de formulario), si este incluye un archivo, en el método *perform* de la clase *MockMvc* se emplea **multipart** en vez de *post* y no se informa el *contentType*. El siguiente ejemplo hace el test de formulario que envía un nombre y una imagen.

```
byte[] imageBytes = Files.readAllBytes(Paths.get("path/imagen.png"));
MockMultipartFile myimg= new MockMultipartFile(
            "file", // El nombre del campo del formulario
            "path/imagen.png", // Nombre del archivo
            "image/png", // Tipo de contenido
            imageBytes // Contenido del archivo
);
mockMvc.perform(multipart("/form/submit")
            .file(myimg)
            .param("nombre", "Ana")) //resto de parámetros del form
            .andExpect(status().isOk());
```

Para testear mappings de controlador que necesitan estar autenticados en la aplicación y tener los permisos adecuados, se debe anotar el test con *@WithMockUser*. Así, la ejecución se hará bajo un usuario ficticio con nombre *'user'* y rol *'USER'*.

Si se necesita otro tipo de rol se puede especificar, como se puede ver en el siguiente ejemplo. Asimismo, los métodos de envío de formulario deben llevar: .with(csrf()).

➢ **Ejemplo**: Testing con usuario autentificado.

```
@Test
@WithMockUser(roles = "ADMIN")
void myTest() throws Exception {
    mockMvc.perform(post("/adminform/submit")
            .contentType(MediaType.APPLICATION_FORM_URLENCODED)
            .with(csrf())
            .param("formfield", "value"))
            .andExpect(status().isOk());
}
```

10.4.2. Test de integración y funcionales

Los **test de integración** son aquellos que prueban varias capas a la vez. Su objetivo es ver y analizar los posibles defectos y errores en la interacción y comunicación entre las diferentes capas. Se diferencian de los test unitarios en que la petición es más amplia, no falseando todas las capas. Por ejemplo, se podría hacer un test de integración entre un método de controlador, sin falsear la lógica de negocio, pero falseando la capa de repositorio.

Los **test funcionales**, también llamados test de aceptación, son aquellos que prueban todas capas como un todo, es decir, que la funcionalidad del caso de uso del cliente funciona correctamente en todas sus partes (interacción con el usuario, lógica de negocio, acceso a datos, etc.). No hay ninguna capa de la aplicación en su versión "*mock*", así pues, serían similares a un test de controlador (con una instancia de *MockMvc*) pero incluyendo el resto de capas reales, sin *mocks*.

Estas pruebas son las más importantes, ya que prueban la aplicación en su conjunto. Si no disponemos de tiempo o recursos para la fase de testing de nuestros proyectos, deberíamos al menos implementar los test funcionales de las partes más críticas de la aplicación; por ejemplo, en una tienda virtual, un test que cree un carrito de la compra y añadiese algún producto.

Ejercicio 10.3

Haz una copia del proyecto del Ejercicio 7.10 (Cuentas Corrientes y Movimientos) y realiza un test funcional completo que incluya un ingreso sobre una cuenta creada previamente y que compruebe que la lista de cuentas devuelta al navegador en el *model* de la vista tiene el saldo de la cuenta actualizado. También puedes hacer otro test en el que se haga una retirada de dinero por un importe no permitido para comprobar que el saldo de la cuenta no se ve afectado. Deberás hacer varios *MockMvc.perform* en un mismo test.

Puede encontrarse más información sobre testing en:

https://refactorizando.com/ejemplos-testing-spring-boot/

https://www.baeldung.com/spring-boot-testing

10.5. Perfiles de configuración

Spring permite configurar de distinta forma los distintos entornos en los que se puede ejecutar la aplicación, a saber: desarrollo, integración o testing, producción, etc. Un ejemplo típico suele ser el gestor de base de datos empleado, podríamos usar H2 en desarrollo y testing y MySQL en producción. También podemos hacer que ciertos componentes (beans) estén disponibles en un entorno y no en otro.

La forma más sencilla de configurar distintos entornos, cada uno con sus características, es crear distintos *archivos* de propiedades del proyecto, uno para cada perfil. Así, dejaríamos en *application.properties* las propiedades comunes a todos los perfiles, y luego crearíamos archivos con nombre *application-perfil.properties,* por ejemplo:

```
application-dev.properties
application-prod.properties
```

Para establecer cuál de los perfiles está activo en cada momento, añadiremos al archivo *application.properties* general la propiedad *spring.profiles.active* con el perfil activo, por ejemplo:

```
spring.profiles.active=dev
```

Existen otras formas de definir el perfil activo, mediante una variable de entorno del sistema, mediante parámetros de la JVM o mediante el *pom.xml.* Adicionalmente, podríamos crear componentes que solo estuviesen disponibles en un determinado perfil.

Para ello, añadiríamos la anotación **@*Profile*** con perfil en el que el componente está disponible. Por componentes entendemos todos los *@Bean, @Configuration, @Component* (*@Controller, @Service*), etc.

```
@Configuration
@Profile("prod")
public class ProductionConfiguration { . . .}
```

Otro ejemplo típico puede ser un *CommandLineRunner* que haga una carga inicial, pero solo en test:

```
@Bean
@Profile("dev")
public CommandLineRunner initData(ProductRepository pr) {
    return args -> {
        pr.add(new Product("Prod 1", 100.0f));
        pr.add(new Product("Prod 2", 200.0f));
    };
}
```

Ejercicio 10.4

Toma el proyecto del Ejercicio 10.1 (CRUD de entidad *Curso* sobre base de datos MySQL) y haz, mediante perfiles de configuración, que en desarrollo emplee H2 y en producción MySQL, todo ello mediante diferentes archivos de propiedades, por ejemplo: *application-dev.properties, application-prod.properties*. El perfil a utilizar en cada momento se configurará en el archivo *application.properties* general.

10.6. Logging

Por *logging* o **registro** nos referimos a la publicación de información sobre los distintos eventos que ocurren durante la ejecución nuestra aplicación. Esta información sirve para identificar qué está pasando en el sistema, incluyendo errores, problemas o avisos menores, y en qué momento han sucedido. Por defecto, los logs se muestran por la terminal, pero podemos configurarlos para que sean guardados en ficheros. En entorno de producción, el logging es vital para encontrar problemas, monitorizar el sistema y comprobar su salud. En entorno de desarrollo, nos ayuda a comprender el flujo de la aplicación y ayuda al "debug" o detección de errores.

En Spring podemos usar distintas librerías de *logging* (Logback, Log4j2, etc.) siendo Logback la configurada por defecto. Además, disponemos SLF4J *(Simple Logging Facade for Java)* que como su nombre indica es una fachada, actúa como una capa de abstracción que permite usar las mismas llamadas independientemente del sistema de log que tengamos instalado. Usando SLF4J el cambio de sistema de log será transparente para la aplicación.

10.6.1. Niveles de logging

Los mensajes que enviamos a nuestro log se pueden dividir en distintas categorías dependiendo de su importancia. Los niveles estándar son:

- ERROR: error que puede hacer que la aplicación deje de funcionar correctamente.

- WARN: aviso de un potencial problema que puede llegar a generar problemas mayores y que debemos atender.

- INFO: proporciona información general sobre las tareas que está realizando la aplicación, confirmando que está funciona como se esperaba.

- DEBUG: ofrece información a los desarrolladores para resolver de ejecución. No deberíamos mostrar estos mensajes en entorno de producción.

- TRACE: Similar a DEBUG pero ofreciendo más detalle.

En la configuración fijaremos el nivel de logging que queremos mostrar, incluyendo los niveles superiores al que establezcamos. Es decir, si lo fijamos a *WARN*, veremos también *ERROR* pero no los restantes.

10.6.2. Uso del logger

El sistema de logging ya viene preconfigurado, por lo que, para usarlo, solo debemos crear una variable que gestione el *log* y luego, cuando queramos añadir un mensaje al *log*, emplear uno de los métodos que se corresponden a los niveles de log.

Una forma de crear la variable podría ser así:

```
Logger log = LoggerFactory.getLogger(LoggingController.class);
```

Podemos simplificar la tarea usando Lombok, mediante la anotación *@Slf4j* para que realice la misma tarea. En este caso la variable será estática y se llamará 'log'.

```
@Slf4j
@Controller
public class MiControlador {
public String showHome(){
    log.info("Un usuario acaba de acceder a la aplicación");
    return "homeView";
}
```

Los métodos disponibles son:

```
log.trace("mensaje");
log.debug("mensaje");
log.info("mensaje");
log.warn("mensaje");
log.error("mensaje");
```

La siguiente imagen muestra el log de una aplicación en la que sus tres últimas líneas se corresponden a llamadas: *log.error()*, *log.info()* y *log.warn()* situadas en distintos puntos de la aplicación.

```
16:52:09.088+01:00  INFO 6232 --- [  restartedMain] o.s.b.w.embedded.tomcat.TomcatWebServer  : Tomcat initialized with port(s): 9000 (http)
16:52:09.134+01:00  INFO 6232 --- [  restartedMain] o.apache.catalina.core.StandardService   : Starting service [Tomcat]
16:52:09.138+01:00  INFO 6232 --- [  restartedMain] o.apache.catalina.core.StandardEngine    : Starting Servlet engine: [Apache Tomcat/10.1.15]
16:52:09.426+01:00  INFO 6232 --- [  restartedMain] o.a.c.c.C.[Tomcat].[localhost].[/]       : Initializing Spring embedded WebApplicationContext
16:52:09.470+01:00  INFO 6232 --- [  restartedMain] w.s.c.ServletWebServerApplicationContext : Root WebApplicationContext: initialization completed in 4
16:52:11.757+01:00  INFO 6232 --- [  restartedMain] o.s.b.d.a.OptionalLiveReloadServer       : LiveReload server is running on port 35729
16:52:11.876+01:00  INFO 6232 --- [  restartedMain] o.s.b.w.embedded.tomcat.TomcatWebServer  : Tomcat started on port(s): 9000 (http) with context path
16:52:11.912+01:00  INFO 6232 --- [  restartedMain] com.example.empleado.Main                : Started Main in 7.592 seconds (process running for 9.185)
16:52:11.927+01:00  INFO 6232 --- [  restartedMain] com.example.empleado.Main                : Carga inicial de empleados correcta
16:52:29.720+01:00  INFO 6232 --- [nio-9000-exec-1] o.a.c.c.C.[Tomcat].[localhost].[/]       : Initializing Spring DispatcherServlet 'dispatcherServlet'
16:52:29.721+01:00  INFO 6232 --- [nio-9000-exec-1] o.s.web.servlet.DispatcherServlet        : Initializing Servlet 'dispatcherServlet'
16:52:29.726+01:00  INFO 6232 --- [nio-9000-exec-1] o.s.web.servlet.DispatcherServlet        : Completed initialization in 4 ms
16:52:29.846+01:00 ERROR 6232 --- [nio-9000-exec-1] c.e.e.controllers.EmpleadoController     : Usuario quiere borrar empleado inexistente
16:52:29.969+01:00  INFO 6232 --- [nio-9000-exec-2] c.e.e.controllers.EmpleadoController     : Un usuario acaba de acceder a la aplicacin
16:53:40.717+01:00  WARN 6232 --- [nio-9000-exec-6] c.e.e.controllers.EmpleadoController     : Usuario enva formulario con errores
```

Figura 10.17. Ejemplo de log de aplicación

El nivel de logging por defecto es INFO, por lo que los mensajes TRACE y DEBUG no serán visibles, aunque veremos en el apartado de configuración como cambiar este comportamiento.

Un uso típico de los logs es en la gestión de excepciones (en lugar de usar el método *printStackTrace()*):

```
try {
    // código que puede lanzar una excepción
}
catch (Exception ex) {
    log.error("An error occurred", ex);
}
```

Si queremos que los mensajes tengan un contenido dinámico, no es necesario concatenar texto y variables. SLF4J nos ofrece parametrización:

```
String orderId = "012345";
log.info("Processing order with ID: {}", orderId);
```

10.6.3. Configuración

Aunque el sistema de logging funciona perfectamente sin parametrización alguna, podemos configurar el comportamiento del sistema de distintas formas, siendo el *application.properties* un lugar muy apropiado para ello. Estos son los principales parámetros que podemos configurar en ese archivo.

- **Nivel global** de **logging:** añadimos la propiedad *logging.level.root:*

```
logging.level.root=WARN
```

y también podríamos distinguir distintos niveles para distintas clases o paquetes:

```
logging.level.com.myapp.mypackage=TRACE
logging.level.com.myapp.myservice=INFO
```

A la hora de ejecutarlo, podemos cambiar también el comportamiento por defecto, con parámetros: `java -jar myApp-0.0.1-SNAPSHOT.jar –trace` o bien: `mvn spring-boot:run -Dspring-boot.run.arguments=--logging.level.org.springframework=WARN`.

- Guardar **el log en fichero:** si queremos que los logs se almacenen en fichero, por ejemplo, llamado *myapp.log* y no solo se muestren por consola, basta con añadir al *application.properties* la línea: `logging.file.name=myapp.log`.

Disponemos de parámetros adicionales para gestionar el tamaño del archivo de log y rotar su contenido.

- Mostrar colores en los mensajes: `spring.output.ansi.enabled=always`.

- Configuración del formato del log: usando los parámetros `logging.pattern.console` y `logging.pattern.file`, podemos definir el formato de salida de cada línea de log, tanto para consola como para fichero, respectivamente. El siguiente ejemplo limitaría el tamaño del nombre del log a 36 caracteres:

```
logging.pattern.console=%d{yyyy-MM-dd HH:mm:ss} - %logger{36} - %msg%n
```

Configuración más detallada

Por último, podríamos hacer una configuración mucho más detallada en archivos específicos de cada sistema de log, por ejemplo, para *LogBack* mantendríamos en la carpeta */resources* un fichero llamado *logback-spring.xml* o *logback.groovy*.

Para usar el otro sistema de log comentado, Log4j2 debemos eliminar la dependencia de *Logback* en el *pom.xml* y añadir la de *Log4j2*.

```
<dependency>
    <groupId>org.springframework.boot</groupId>
    <artifactId>spring-boot-starter-web</artifactId>
    <exclusions>
        <exclusion>
            <groupId>org.springframework.boot</groupId>
            <artifactId>spring-boot-starter-logging</artifactId>
        </exclusion>
    </exclusions>
</dependency>
<dependency>
    <groupId>org.springframework.boot</groupId>
    <artifactId>spring-boot-starter-log4j2</artifactId>
</dependency>
```

Y haríamos la configuración en un archivo llamado *log4j2-spring.xml*.

Buenas prácticas

- **Registra mensajes significativos:** asegúrate de que cada mensaje de registro proporciona un contexto y es lo suficientemente claro como para que alguien no familiarizado con el código pueda entenderlo. Deben evitarse mensajes ambiguos como "Se ha producido un error".

- **Utiliza niveles de registro adecuados**: un uso incorrecto de los niveles de registro puede hacer que se pierda información crítica o que se llenen los registros. Utiliza el nivel adecuado: ERROR, WARN,... En un entorno de producción no deberían mostrarse mensajes de DEBUG ni TRACE.

- **Evita registrar información sensible**: como contraseñas, números de tarjetas de crédito o información personal identificable.

- **Utiliza mensajes de log parametrizados** en lugar de la concatenación de cadenas, utiliza el registro parametrizado que proporciona SLF4J.

- **Rotación y archivo de logs**: asegúrate de están configurados para rotar los logs, evitando que un único archivo se haga demasiado grande y garantizando que los archivos de log más antiguos se archivan para posibles análisis futuros.

- **Evita el log dentro de bucles**: el registro dentro de bucles puede ralentizar significativamente una aplicación y generar archivos de log enormes.

- **Revisa y elimina regularmente los logs**: los logs pueden contener a menudo *"log noise"*, es decir, mensajes que en su día fueron útiles pero que ahora los saturan. Revisa y elimina periódicamente estos mensajes para que los registros sigan siendo un recurso valioso.

10.7. Monitorización con Actuator

Actuator es un conjunto de características adicionales que ayudan a monitorizar y gestionar las aplicaciones Spring en producción incorporando métricas y funciones de auditoria.

Su utilización es muy sencilla, usando *endpoints* HTTP, aunque también admite JMX. Se dice que es "agnóstico" de la tecnología, lo que quiere decir, que lo podemos usar tanto sobre aplicaciones web como otro tipo de aplicaciones que permite Spring. Para activar Actuator basta con añadir la dependencia **starter-actuator** al *pom.xml*.

```
<dependency>
   <groupId>org.springframework.boot</groupId>
   <artifactId>spring-boot-starter-actuator</artifactId>
</dependency>
```

10.7.1. Endpoints

Los **endpoints** nos permiten monitorizar e interactuar con la aplicación. Actuator tiene muchos definidos como veremos a continuación, pero además podríamos incorporar otros creados por nosotros. Se accede a los *endpoints* como a cualquier otra URL de nuestra aplicación, partiendo de la raíz de la misma y seguidos del prefijo */actuator*.

Un ejemplo de endpoint es */health*, el cual nos proporciona información de estado básica de la aplicación. Ejemplo: *http://localhost:9000/actuator/health*.

Configuración de endpoints

Actuator viene con la mayoría de los *endpoints* desactivados, los únicos que por defecto vienen activados son */health* e */info* (siempre precedidos de */actuator*). Para activarlos, incluimos en *application.properties* la propiedad *management.endpoints*. Para activar todos añadiremos:

```
management.endpoints.web.exposure.include=*
```

Si queremos activar solo un *endpoint* específico, por ejemplo, *flyway:*

```
management.endpoint.flyway.enabled=true
```

Por otro lado, también podemos activar todos los *endpoints* menos uno, por ejemplo, *flyway*:

```
management.endpoints.web.exposure.include=*
management.endpoints.web.exposure.exclude=flyway
```

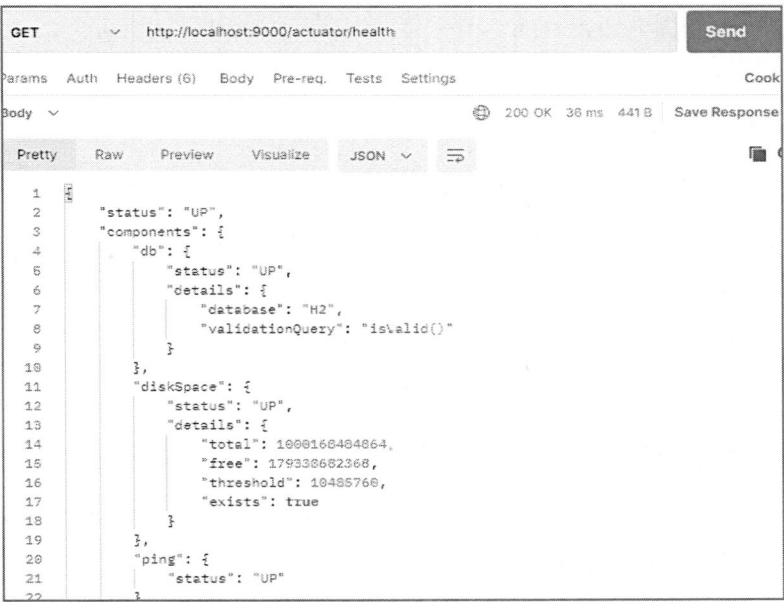

Figura 10.18. Ejemplo de actuator

Los *endpoints* ofrecen alguna configuración, que se hace desde el mismo fichero, por ejemplo, *health* permite indicarle que muestre más información mediante la propiedad *show-details:*

```
management.endpoint.health.show-details=ALWAYS
```

Figura 10.19. Ejemplo de actuator health

Un último aspecto importante a comentar es que deberíamos restringir el acceso a los endpoints, de forma que solo usuarios administradores pudiesen ejecutarlos. Como todos están bajo la ruta */actuator* es sencillo, tal como vimos en el Capítulo 9, en el *SecurityFilterChain:*

```
.requestMatchers("/actuator/**").hasRole("ADMIN")
```

Lista de todos los endpoints

- **/auditevents**: muestra un listado de los eventos relacionados con la auditoría de seguridad, como como el login.
- **/beans**: devuelve todos los beans que se encuentran en *BeanFactory*.
- **/conditions**: crea un informe de las condiciones.
- **/configprops**: permite obtener todos los beans de *@ConfigurationProperties*.
- **/env**: devuelve el actual entorno de properties.
- **/flyway**: proporciona información sobre *Flyway*.
- **/health**: el estado de salud de nuestra aplicación.
- **/heapdump**: devuelve el head dump de la JVM que es usada por la aplicación.
- **/info**: devuelve información general.
- **/liquibase**: se comporta como el endpoint de *flyway* pero para Liquibase.
- **/logfile**: logs de aplicación.
- **/loggers**: permite consultar y modificar el nivel de logs.
- **/metrics**: devuelve las métricas de nuestra aplicación.
- **/prometheus**: devuelve las métricas formateadas para *prometheus*.
- **/scheduledtasks**: proporciona información sobre las *tasks* de la aplicación.
- **/sessions**: devuelve las HTTP Session que estamos usando en *Spring Session*.
- **/shutdown**: apagado de la aplicación
- **/threaddump**: vuelva la información del hilo de JVM

Ejercicio 10.5

Haz una copia del proyecto del Ejercicio 10.3, e incorpora *actuator*, activando todos los *endpoints*. Configura el *endpoint health* para que muestre más información y comenta la información mostrada por algunos de ellos.

10.8. Despliegue (Deploying)

En este apartado podríamos hablar de herramientas de integración continua/entrega continua (CI/CD), pero sería muy amplio. Dejemos solo a modo de introducción unas definiciones y herramientas:

Integración continua: CI/CD (*continuous integration*) es una práctica por la cual los desarrolladores integran o combinan el código en un ***repositorio común*** (como GitHub) durante el proceso de desarrollo, no al final, facilitando la realización de pruebas y evitar conflictos entre sí.

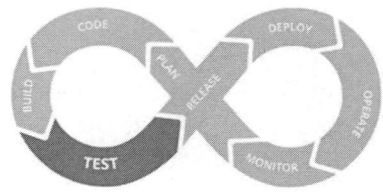

Entrega continua: CI/CD (*continuous delivery*) consiste en la *automatización del proceso de pase a producción del software* de forma ágil y sólida. La entrega continua acelera la entrega de software a los usuarios y puede ser realizada varias veces al día, a la semana, según el proyecto.

Despliegue continuo: *(continuous deployment)* en inglés, tiene las mismas iniciales que entrega continua (CD), por lo que a veces genera confusión, porque además están muy relacionados ya que el despliegue continuo va un más allá de la entrega continua, automatizando todo el proceso de entrega de software al usuario, *eliminando la acción manual o intervención humana* necesaria en la entrega continua. Si alguno de estos pasos no se concluye de forma satisfactoria (por ejemplo, los test), el despliegue no se llevará a cabo.

DevOps: es una metodología que integra a los desarrolladores de software y a los administradores de sistemas, para llevar a cabo todas las fases del desarrollo y despliegue de software.

Jenkins: es una aplicación que ayuda en la automatización de la integración continua y facilita ciertos aspectos de la entrega continua. Permite trabajar con herramientas de control de versiones como Git y ejecutar proyectos basando en Ant o Maven, así como secuencias de comandos de consola. **GitHub Actions** es una herramienta con funcionalidad similar.

10.8.1. Despliegue en la nube

Un aspecto importante en el despliegue es la publicación de la aplicación en un entorno web público como puede ser Amazon Web Services. Básicamente debemos crear una máquina virtual en la plataforma, la que AWS llama "instancia", configurar el entorno de red, puertos, sistema operativo de la instancia, etc.

Una vez que la máquina virtual o instancia esté operativa, nos conectaremos a ella, por ejemplo, mediante una consola SSH, instalaremos Java, subiremos el archivo "jar" de nuestra aplicación y la ejecutaremos mediante el comando *java –jar*.

Con esto sería suficiente, aunque no sería la forma ideal de trabajar, ya que lo ideal es disponer de un sistema automatizado de subida de las nuevas versiones de nuestra aplicación, que incluya la también ejecución de los test incluidos en ella.

El siguiente video explica muy bien qué es AWS y como subir nuestra aplicación a la plataforma: *https://www.youtube.com/watch?v=_vOInY6SRVE*.

Por otra parte, AWS nos ofrece una utilidad llamada *Elastic Beanstalk* que facilita el trabajo con nuestras aplicaciones. Elastic Beanstalk es una capa de abstracción que permite configurar un entorno de ejecución que podrá contener uno o varios servidores (instancias), también una base de datos, así como otros componentes de AWS, como Elastic Load Balancer, Auto-Scaling Group, Security Group. Aquí tienes más información: *https://www.bezkoder.com/deploy-spring-boot-aws-eb/*.

10.8.2. Docker

Docker es una plataforma de contenedores que nos permite empaquetar y distribuir aplicaciones de manera eficiente. Las aplicaciones se ejecutan en su contendor, que está aislado, con su sistema operativo y con todo el software necesario, lo que significa que se pueden mover fácilmente de un entorno de desarrollo a un entorno de producción sin tener que preocuparse por las diferencias en la configuración del sistema anfitrión.

Es un sistema similar al de máquinas virtuales similar al usado por VirtualBox o WMWare, pero con imágenes mucho más ligeras ya que no "reparten el hardware" ni disponen de un sistema operativo propio independiente, sino que el *Docker Engine* (o motor de Docker), gestiona y comparte los recursos del sistema operativo anfitrión.

Docker utiliza un sistema de imágenes para describir la configuración de un contenedor. Podemos considerar que las imágenes son "plantillas" de las máquinas que queremos desplegar y un contenedor es una imagen en ejecución. Las imágenes se crean a partir de un archivo *Dockerfile*, que es un script que define los pasos para construir una imagen.

La imagen no tiene por qué ser creada desde cero, se puede descargar una imagen base de un repositorio público (el más popular es **Docker Hub**) y completarla con lo que necesitemos. Esta es la característica más potente del sistema. *Por ejemplo: si tenemos una aplicación hecha con Wordpress, podemos partir de una imagen con Linux, un servidor web Apache, PHP, el gestor de base de datos, y Wordpress y sobre ella añadir los datos nuestra aplicación y la configuración necesaria.*

El proceso sería entonces:

1. Configurar la imagen mediante el *Dockerfile* partiendo de una imagen base y en la que añadiríamos la aplicación y todo el software necesario no incluido en la imagen base.

2. Crear y ejecutar una instancia de esa imagen, a la que llamaremos **contenedor**. Si es la primera vez que la usamos, se descargará la imagen base.

3. Ejecutar el contenedor desde el anfitrión, con Docker instalado.

Docker permite que las aplicaciones funcionen de la misma manera en cualquier entorno, lo que reduce los problemas de compatibilidad y facilita el despliegue y escalado de las mismas. Se puede encontrar más información sobre uso y comandos de Docker en: *https://www.youtube.com/watch?v=CV_Uf3Dq-EU*.

Instalación

Para instalar Docker en Windows (la aplicación de escritorio se denomina Docker Desktop) debemos dirigirnos a su página oficial: *www.docker.com*, a la sección *Products*. Debes consultar los requisitos de instalación dependiendo del hardware, sistema operativo e incluso la versión del mismo. Para los sistemas de Microsoft tienes toda la información se puede encontrar en: *https://docs.docker.com/desktop/setup/install/windows-install/*.

Comenzamos la instalación seleccionando WSL 2 o Hyper-V, tienen ligeras diferencias, pero ambas son válidas para nuestras necesidades. Finalizada la instalación, reiniciamos el equipo, aceptamos el contrato de licencia y nos registramos para poder acceder a las imágenes de Docker Hub.

Arrancando el programa, desde el menú lateral *Add Extensions*, podemos añadir plugins como *Portainer* y *Disk Usage* que nos facilitan la gestión de los contenedores. Una vez en funcionamiento, trabajaremos desde una terminal de comandos, aunque la interfaz gráfica de Docker Desktop permite realizar gestiones básicas sobre imágenes y contenedores.

Dockerización de aplicaciones

Estos serían los pasos para desplegar una aplicación Spring Boot en Docker; esta primera aproximación será válida las aplicaciones que no necesiten almacenamiento permanente.

1. Obtener el archivo *"jar"* de la aplicación; lo podemos hacer desde la terminal de Visual Studio Code, en la carpeta raíz del proyecto, con el comando:

```
mvn clean package -DskipTests
```

El fichero *jar* se generará en la carpeta */target* con el nombre compuesto por el *<ArtifactId>* y *<versión>* que tengamos en el *pom.xml.*

2. Crear la imagen Docker. Para ello escribiremos un fichero **Dockerfile** (exactamente con ese nombre, sin extensión y en la raíz del proyecto) con las características de la misma. En nuestro caso tan solo es necesario el JDK ya el archivo jar contiene el servidor web y el resto de dependencias recursos necesarios:

```
FROM eclipse-temurin:21
ADD target/ejemplo-0.0.1-SNAPSHOT.jar /app.jar
ENTRYPOINT ["java", "-jar", "/app.jar"]
```

La primera línea indica que queremos partir de una imagen Linux con *jdk-21* procedente de Docker Hub. La segunda línea añade nuestra aplicación a la imagen, y por último se indica el comando de arranque que debe utilizar el contenedor una vez inicializado.

El siguiente paso es construir la imagen con el comando **build** (hay un punto al final que representa el directorio actual):

```
docker build -t myimage .
```

Podemos añadirle al nombre un "tag" que representa la versión: *myimage:latest* o *myimage:2.3.* Esta imagen ya quedará lista para ser "levantada" en uno o más contenedores, siempre que deseemos. También podremos distribuirla públicamente mediante Docker Hub. Podemos ejecutar: *docker images* para ver que se ha creado correctamente la imagen.

3. Crear y ejecutar el contenedor a partir de la imagen mediante el comando **run**:

```
docker run --name mycontainer -itp 80:9000 myimage
```

El parámetro *–it* indica que se ejecute de forma interactiva (*–d* ejecutaría en *background* y liberaría la terminal). La opción *–p* hace el mapeo de puertos indicando el puerto usado en la máquina anfitrión y el puerto de la imagen Docker al que el anfitrión redirigirá las peticiones, y que es el puerto de la aplicación Spring especificado en el *application.properties.*

4. A partir de este momento podríamos acceder a nuestra aplicación dockerizada desde la máquina anfitrión mediante la URL: *http://localhost* si hemos mapeado el puerto host 80 o bien http://localhost:*puertoHost* si hemos mapeado cualquier otro.

5. Disponemos de comandos Docker para gestionar el contenedor en ejecución: ver los detalles, pararlo o borrarlo, aunque también podemos hacerlo desde Docker Desktop:

```
docker inspect mycontainer
docker stop mycontainer (también start)
docker rm mycontainer    (docker rmi imagen para borrar la imagen)
```

Volúmenes Docker

Los contenedores no tienen un espacio de almacenamiento propio por lo que el esquema mostrado en el apartado anterior es válido para aplicaciones que no guardan datos en disco o bien lo hacen sobre otro servidor externo.

Para solucionar este inconveniente/flexibilidad, Docker ofrece los volúmenes, que son almacenes de datos que podemos emplear en nuestros contenedores. Los pasos serían los mismos que en el caso anterior, pero con las siguientes salvedades:

1. En el archivo Dockerfile incluiremos los ficheros y carpetas necesarios para la aplicación. El siguiente ejemplo se corresponde con un programa que tuviese una base de datos H2 almacenando sus datos en un archivo llamado *mydb.mv.db* dentro de la carpeta *h2dbfiles*, desde la raíz del proyecto.

```
FROM eclipse-temurin:21
ADD target/ejemplo-0.0.1-SNAPSHOT.jar /app.jar
RUN mkdir h2dbfiles
ADD h2dbfiles/mydb.mv.db /h2dbfiles
ENTRYPOINT ["java", "-jar", "/app.jar"]
```

   Y crearíamos la imagen como en el apartado anterior:

```
docker build -t myimage .
```

2. Construimos el volumen en el que se guardarán los datos:

   `docker volume create appvol` (lo borraremos con: *docker volume rm appvol*)

3. Ya podemos ejecutar el contenedor, indicando el volumen en el que guarda los datos

   `docker run --name mycontainer -itp 80:9000 -v appvol:/h2dbfiles myimage`

Podríamos probar a eliminar el contenedor y crear otro nuevo sobre el mismo volumen y veríamos que los datos se mantienen persistentes.

Servidores externos en contenedores

Un uso muy interesante de los contenedores es el mantener servidores en los que se apoyan nuestras aplicaciones, por ejemplo, el servidor de base de datos, un servidor para la autentificación, servidores de correo, etc. Así no tenemos que instalarlos y configurarlos en nuestra máquina real, simplemente lanzamos el contenedor que nos interese y de esta forma, aislamos esos procesos de nuestra máquina.

En nuestro caso, creando un contenedor MySQL evitamos todo el proceso de instalación descrito al principio de este capítulo. Para MySQL, en el repositorio Docker Hub ya hay disponibles imágenes por lo que podríamos crear el contenedor simplemente con:

```
docker run --name mysqlcontainer -itp 3306:3306
    -e MYSQL_ROOT_PASSWORD=1234 -e MYSQL_DATABASE=mydb -d mysql
```

En el parámetro *–e* le indicamos los valores para las variables de entorno definidas en la imagen, en este caso, la contraseña de *root* y el nombre de la base de datos por defecto sobre la que actuará nuestra aplicación (que se creará vacía).

Estos parámetros deben coincidir con los definidos en el *application.properties* de la aplicación. El último valor de la instrucción: *"mysql"* es el nombre de la imagen en DockerHub, podríamos añadirle el tag con la versión, por ejemplo: `mysql:8.0-debian`

Si queremos que los datos sean persistentes necesitamos un volumen Docker para el almacenamiento de los datos y **tiene que vincularse obligatoriamente a la carpeta */var/lib/mysql*,** quedando así:

```
docker volume create mysqlvol
docker run --name mysqlcontainer -itp 3306:3306
     -e MYSQL_ROOT_PASSWORD=1234 -e MYSQL_DATABASE=mydb
     -d -v mysqlvol:/var/lib/mysql mysql
```

Los parámetros de conexión en el *application.properties* serían:

```
spring.datasource.url=jdbc:mysql://localhost:3306/mydb
spring.datasource.username=root
spring.datasource.password=1234
spring.jpa.hibernate.ddl-auto=create
spring.jpa.properties.hibernate.dialect=org.hibernate.dialect.MySQLDialect
```

Comunicación entre contenedores

En el caso visto en el apartado anterior, tenemos un solo contenedor, que es visible desde la máquina anfitriona. Un caso diferente es aquel en el que tenemos varios contenedores que necesitan comunicarse entre sí, por ejemplo, supongamos que tenemos un contenedor con el servidor MySQL y que nuestra aplicación esté en otro contenedor.

En este caso, necesitamos establecer una red de comunicación entre ambos contenedores. Los pasos serían los siguientes:

1. Crear la red en la que estarán conectados ambos contenedores:

   ```
   docker network create --driver=bridge mynetwork
   ```

2. Ejecutamos un contenedor con el servidor MySQL, tal como hemos explicado previamente, creando un volumen, pero asignándolo a la red creada en el paso anterior mediante *- -network*:

   ```
   docker run --name mysqlcontainer -itp 3306:3306
     -e MYSQL_ROOT_PASSWORD=1234 -e MYSQL_DATABASE=mydb
     -d -v mysqlvol:/var/lib/mysql  --network mynetwork mysql
   ```

   Hay que tener cuidado con los espacios en blanco, saltos de línea y el tipo de guion ya que pueden producir un error al ejecutarlos: *"docker : invalid reference format"*.

3. Una vez arrancado el contenedor, podemos conectarnos a él, abrir una terminal de comandos (shell) y ver si el servicio MySQL está corriendo. Para ello usamos el comando *exec:*

   ```
   docker exec -it mysqlcontainer /bin/bash
   ```

   y en la consola:

   ```
   mysqladmin -u root -p status
   ```

   Si estuviese parado el MySQL podríamos arrancarlo:

   ```
   docker exec -it mysqlcontainer mysql -u root -p
   ```

4. Ahora ya podemos crear el contenedor para nuestra aplicación (sin almacenamiento) como hicimos en el primer apartado, desde el Dockerfile, pero reflejando la red a la que queremos conectarlo, la misma que el servidor MySQL:

```
docker  build -t myimage .
docker run —name appcontainer -itp 80:9000 --network mynetwork myimage
```

5. En el *application.properties* tendremos un problema: si ponemos el nombre del contenedor donde está el MySQL, a la hora de generar el "jar" producirá un error de conexión ya que ese valor no es capaz de interpretarlo en este momento. Si ponemos *localhost* compilará correctamente (teniendo el contenedor con MySQL ejecutándose), pero en el entorno real no tendrá sentido esa configuración ya que el MySQL se está ejecutando en otro contenedor, no en la máquina anfitriona.

   Para resolverlo optaremos por una solución intermedia, asignarle una variable de entorno que se especificará al crear el contenedor, pero con un valor por defecto de *localhost*.

   Así, podremos generar el "jar" teniendo un contenedor MySQL activo y luego le asignaremos el nombre real del contenedor:

```
spring.datasource.url=jdbc:mysql://${MYSQL_HOST:localhost}:3306/mydb
```

y luego:

```
docker run --name mycontainer
           -e MYSQL_HOST=mysqlcontainer -itp 80:9000
           --network mynetwork myimage
```

Docker Compose

Lo visto hasta ahora es una aproximación adecuada para manejar pocos contenedores, pero hemos tenido que ejecutar desde línea de comandos las operaciones de crear la red, levantar cada contenedor, etc. Para trabajar con varios o muchos contenedores, disponemos de una herramienta más avanzada llamada Docker Compose.

Docker Compose permite definir y gestionar entornos multi-contenedor, configurando contenedores, redes y volúmenes en un solo archivo, simplificando la orquestación de todo el esquema. Aquí tenemos un ejemplo de cómo podríamos crear una red de tres contenedores, uno con MySQL, otro con phpmyadmin y otro con nuestra aplicación.

El fichero está en formato 'yaml' y su nombre por defecto debe ser **docker-compose.yml** (o .yaml):

```
services:
  mysqlserver:
    image: mysql:latest
    container_name: mysqlcontainer
    environment:
      MYSQL_ROOT_PASSWORD: 1234
      MYSQL_DATABASE: mydb
    volumes:
      - mysqlvol:/var/lib/mysql
    ports:
      - "3306:3306"
```

```
      networks:
        - mynetwork
      healthcheck:
        test: ["CMD", "mysqladmin", "ping", "-h", "localhost"]
        interval: 10s
        timeout: 5s
        retries: 3
    phpmyadmin:
      image: phpmyadmin/phpmyadmin:latest
      container_name: phpmyadmincontainer
      environment:
        PMA_HOST: mysqlserver
        PMA_PORT: 3306

      ports:
        - "9001:80"
      networks:
        - mynetwork
      depends_on:
        - mysqlserver
    app:
      build:
        context: .
        dockerfile: Dockerfile
      container_name: appcontainer
      environment:
        MYSQL_HOST: mysqlserver
      ports:
        - "80:9000"
      networks:
        - mynetwork
      depends_on:
        - mysqlserver
networks:
  mynetwork:
    driver: bridge
volumes:
  mysqlvol:
      driver: local
      name: mysqlvol
```

Mientras que Dockerfile se centra en la construcción de imágenes individuales, Docker Compose se enfoca en la coordinación y despliegue conjunto de múltiples contenedores (a partir de imágenes o Dockerfiles).

Vamos a explicar su estructura paso a paso: el archivo tiene tres secciones distintas:

1. *Services,* en la que se describe cada uno de los contenedores.

2. *Networks,* para definir la red.

3. *Volumes,* para definir los volúmenes o discos del entorno.

Servicios: podemos asimilar el concepto cada servicio al de cada máquina virtual que se ejecutará en el entorno. Se debe especificar obligatoriamente la imagen a partir de la cual se crea (`image:`), el nombre que se le asignará al contenedor (`container_name:`), el mapeo de puertos anfitrión/contenedor (`ports:`) y la red (`networks:`)

Opcionalmente se le pueden añadir variables de entorno (`environment:`) y otros parámetros que detallaremos más abajo.

Networks: para definir la red y su tipo, que generalmente será de tipo *bridge*.

Volumes: para definir los volúmenes empleados en los servicios.

El archivo dispone de funcionalidad adicional, entre la que vamos a destacar:

- Cada contenedor puede establecer valores para **variables de entorno** definidas en la imagen. En nuestro caso, la imagen de *phpmyadmin,* tiene dos de ellas: `PMA_HOST` y `PMA_PORT`, para indicarle el nombre del servidor y el puerto respectivamente, donde está el gestor de base de datos MySQL con el que se comunicará. En el caso de nuestra aplicación, como ya hemos comentado, en el *application.properties* teníamos la variable `MYSQL_HOST` para indicarle el nombre del servidor.

- Crear el contenedor a partir de *Dockerfile*. En vez de indicarle la imagen, podemos proporcionar un archivo *Dockerfile*; en esta caso, primero creará la imagen y a continuación el contenedor a partir de dicha imagen. Para ello, se emplean las etiquetas `build:`, `context:` y `dockerfile:`

- Podemos crear dependencias de ejecución, para que, hasta que un contenedor no esté terminado, no genere otro. En nuestro caso, si comenzamos la creación del contenedor de nuestra aplicación, y el contenedor MySQL no está operativo, se producirá un error. Para ello incorporamos en el servicio de la aplicación que debe esperar la etiqueta `depends_on:` y el servicio por el que espera. Además podemos incluir en cada servicio una etiqueta `healthcheck:` que, como su propio nombre indica, validará que la instalación ha terminado con éxito. En nuestro ejemplo, sobre el servicio MySQL: `test: ["CMD", "mysqladmin", "ping", "-h", "localhost"]` representa que se ejecutará un comando (cmd), y ese comando será: `mysqladmin ping`. Este comando, propio de los servidores MySQL, devuelve "ok" si el servidor está funcionando correctamente. El modificador del comando `mysqladmin -h` indica la máquina sobre la que ejecutar la operación.

   Podemos concluir que el despliegue del contenedor con nuestra aplicación, y el despliegue del contenedor con phpmyadmin no tendrán lugar hasta el que el contenedor con MySQL esté totalmente operativo.

Para probar el funcionamiento de este esquema ejecutaremos:

```
docker-compose up -d
```

(para pararlo emplearemos: docker-compose down)

Ahora podremos abrir un navegador en nuestra máquina anfitrión sobre la URL: *http://localhost.* Al no indicarle ningún puerto, se hace la petición al puerto 80.

Tal como está configurado, pasará dicha petición al contenedor con nuestra aplicación, a su puerto 9000, según está definido este en el archivo application.properties y se ejecutará normalmente. Los accesos a la base de datos están configurados en ese mismo archivo, mediante la variable de entorno MYSQL_HOST, que ha sido establecida también en la configuración del servidor, por lo que también funcionará correctamente.

Ejercicio 10.6

En este ejercicio vamos a "contenerizar" distintos proyectos de ejercicios realizados previamente. Para ello instalaremos Docker Desktop y, en cada apartado, obtendremos un archivo ejecutable "jar" de cada proyecto, generaremos un archivo Dockerfile y pondremos a funcionar el contenedor.

a) Toma el Ejercicio 6.1 e instálalo en un contenedor. No necesita ningún almacenamiento.

b) Toma el Ejercicio 7.1, haz que la base de datos H2 sea persistente en disco e instálalo en un contenedor. Necesita almacenamiento para los ficheros que componen la base de datos, por lo que debes crear previamente un volumen Docker.

c) Crea un contenedor con un servidor MySql y ejecuta una copia del proyecto del Ejercicio 10.1 sobre este contenedor. No se pide crear un contenedor para el proyecto, solo para el servidor MySql. En el proyecto solo debes cambiar la ruta del servidor de base de datos, en vez de *localhost*, debes poner el nombre del contenedor. Tampoco hay que crear una red Docker.

d) Toma el Ejercicio 10.1, haz una copia e instálalo en un contenedor. Debes crear un contenedor adicional con MySQL como el del apartado anterior. En este caso, sí debes crear una red de tipo *bridge* para que ambos contenedores se puedan comunicar.

e) Haz un ejercicio similar al anterior pero empleando Docker Compose y añadiendo un contenedor adicional con *phpmyadmin* para acceder al contenido de la base de datos MySQL.

10.9. Tareas planificadas

La ejecución automática de programas va a permitir la realización de tareas sin intervención humana, y podemos planificarlas para que se realicen a horas específicas (por ejemplo, todos los días a las 2 a.m.), o bien cada cierto intervalo de tiempo (por ejemplo, ejecutar cada hora).

Tareas típicas de esta naturaleza son la copia de datos, volcado de información a repositorios históricos, gestión de logs. En los ejemplos que hemos visto durante el manual sobre la entidad *Empleado*, podríamos planificar una tarea para cada 1 de enero se subiese el salario a todos los empleados. También nos sirven para posponer tareas no críticas, para que se realicen en horas de menos tráfico, así optimizamos el rendimiento del sistema.

A nivel de código, disponemos de una anotación *@Scheduled* que hará que el método sobre el que se aplica sea planificado. No es necesaria ninguna dependencia adicional para emplearla, simplemente la clase que la emplee deberá ser un *bean* anotado con *@EnableSheduling*.

Para tareas que deseamos que se ejecuten periódicamente, la anotación *@Scheduled* llevará el atributo *fixedDelay* con los milisegundos de intervalo. La tarea se ejecutará al arrancar la aplicación, y luego, de forma repetitiva, cada vez que transcurra el intervalo indicado.

```
@Component
@EnableScheduling
public class TareaPlanificada {
  @Scheduled (fixedDelay = 1000 * 60)
  public void tarea1() {
    System.out.println ("Ejecución cada minuto:" + LocalDateTime.now());
  }
}
```

Si queremos ejecutar algo a una hora determinada, emplearemos el atributo *cron*. El valor de este atributo es una cadena, formada por seis bloques, cada uno con una referencia temporal concreta (segundos, minutos, horas, día mes y día de la semana). A cada bloque le asignaremos el valor deseado o bien un asterisco para expresar que sea "todos" en esa referencia temporal. También puede incluir una interrogación "?" para que no se tenga en cuenta ese bloque.

Es más fácil de entender con un ejemplo:

```
@Scheduled(cron = "00 15 10 * * ")    // todos los días a la 10:15h
  public void tarea2() {
    System.out.println ("Ejecución a una hora dada:"
                       + LocalDateTime.now());    }
```

Los tres primeros bloques indican que se ejecute a las 10 h, 15 min, 00 segundos. El resto de los bloques indican que se ejecute siempre, es decir, todos los días de todos los meses, cualquier día de la semana. Los valores posibles para cada bloque son, respectivamente: 0 a 59 para segundos y minutos, 0 a 23 para horas, 1 a 31 para días, 1 a 12 para meses y 0 a 6 para días de la semana, empezando el cero en lunes.

Existen otros atributos que podemos aplicar como: *fixedRate*, *initialDelay*, etc. y también podríamos usar fracciones y rangos en cada bloque del atributo. Aquí se muestran otros ejemplos:

```
"0 0 * * * *"            // al comienzo de cada hora
"*/10 * * * * *"         // cada 10 segundos
"0 0 8-10 * * *"         // a las 8, 9 y a las 10 de la mañana, cada día
"0 0 8,10 * * *"         // a las 8 y a las 10, cada día
"0 0/30 8-10 * * *"      // 8:00, 8:30, 9:00, 9:30 y 10:00 cada día
"0 0 9-17 * * MON-FRI"   // cada hora de 9 a 17h, de lunes a viernes
"59 59 23 31 12 ?"       // a la hora de las campanadas de fin de año
```

10.10. Microservicios

Una aplicación monolítica se define normalmente en un archivo .jar o .war manteniendo toda su funcionalidad concentrada y empaquetada en ese archivo. Por ejemplo, un carrito de compras puede tener gestión de usuarios, catálogos de productos, las órdenes de compra y muchas otras funcionalidades.

Esta aproximación tiene ventajas e inconvenientes. Como mayor ventaja, tenemos todo el contenido junto con lo que es más fácil su comprensión, gestión y despliegue; además al no haber "piezas" no es necesario establecer un sistema de comunicación entre ellas.

Como inconvenientes, es más complicado un desarrollo ágil (despliegue por partes) y, sobre todo, una asignación dinámica de recursos, es decir, poder asignarle más servidores a una funcionalidad de la aplicación sobre otra funcionalidad menos pesada.

Ventajas de los microservicios:

- Se ejecutan de manera autónoma, centrándose en una única área de negocio.

- Se despliegan y redimensionan de forma autónoma sin afectar a los demás microservicios.

- Pueden estar escritos en distintos lenguajes de programación ya que se comunican a través de API.

- Permiten una gestión ágil del ciclo de desarrollo y operación. Evitan que el mantenimiento de las aplicaciones sea costoso debido a la poca reutilización del código. Además, un fallo queda localizado en un microservicio y no tiene por qué afectar a todo el sistema.

10.10.1. Arquitectura de microservicios

Para trabajar con microservicios debemos descomponer la aplicación funcionalmente en diferentes API. Siguiendo con el ejemplo del carrito de la compra, podríamos tener un componente o microservicio para la gestión de *Usuario,* otro para *Producto,* otro para *Compra,* etc. y cada uno en su archivo jar o war.

La cantidad de microservicios en la que descomponemos una aplicación se conoce como **granularidad**. Una granularidad alta implica muchos microservicios que, por una parte, facilitan la escalabilidad y autonomía, pero generan más complejidad de orquestación de los mismos.

Este tipo de arquitecturas tienen una serie de componentes específicos que detallaremos y que cada uno se corresponderá con una aplicación independiente. En nuestro ecosistema, están amparados bajo el proyecto Spring Cloud.

- **Servicio de registro:** se encarga de "registrar" cada uno de los microservicios, para saber cuáles están activos y cuáles no, su ubicación, cómo acceder a ellos, etc. Uno de los más empleados en Spring es ***Netflix Eureka***.

- **Servicio API Gateway:** es la "puerta" única a través de la cual entrarán las peticiones a nuestros microservicios. Así evitamos que los clientes de los microservicios tengan que conocer la ubicación de los mismos. Este elemento distribuirá la petición al microservicio adecuado. Recuerda que, en algunos casos, nuestros propios microservicios serán clientes de otros de nuestros microservicios. En nuestro ámbito, anteriormente se usaba *Netflix Zuul,* actualmente ***Spring Cloud Gateway***.

- **Comunicación entre microservicios:** la comunicación entre los microservicios puede ser síncrona o asíncrona. En el primer caso, el proceso cliente espera por la respuesta del proceso servidor para seguir su ejecución y su implementación se base en llamadas API, por ejemplo, mediante ***RestClient*** o bien mediante ***OpenFeign***.

  En el segundo caso, se implementa un sistema de mensajería asíncrona para la gestión de esta comunicación mediante publicaciones y suscripciones en un canal de comunicación. A este sistema, el más adecuado en entornos de alto rendimiento, se le denomina ***broker de mensajes***, siendo los más habituales: ***Apache Kafka***, ***RabbitMQ*** o ***Redis***.

- **Balanceadores de carga:** para distribuir el tráfico de manera equitativa entre múltiples instancias de un microservicio, se utiliza el balanceo de carga. *Ribbon*, componente de *Spring Cloud*, ofrece esta funcionalidad, permitiendo que las solicitudes se distribuyan de manera eficiente y que se gestionen las fallas de manera transparente.

Cabe destacar que, dada la complejidad de estos sistemas, se recomienda, aunque no es obligatorio, centralizar toda la configuración de los servicios implicados en un lugar común, un repositorio accesible y modificable sin necesidad de recompilar los proyectos.

Para ello disponemos de *Cloud Config Server,* un servicio que permitirá tener en un repositorio de Github (o similar) la configuración de todos los microservicios implicados en nuestra aplicación.

Otros componentes de este tipo de arquitecturas son las herramientas de tolerancia a fallos, herramientas de monitorización, contenedores, etc.

10.10.2. Proyecto Spring Boot con MicroServicios

Vamos a ver un ejemplo que incluya los componentes mínimos de un proyecto basado en microservicios, esto es: el servidor de registro *Netflix Eureka Server*, el *API Cloud Gateway* y algún microservicio registrado (Eureka client). Dejamos fuera de este ejemplo la comunicación mediante un broker de mensajes de forma que supondremos que los clientes se comunican por API mediante *RestClient*. Veremos en un apartado posterior como incorporar *Cloud Config Server* para centralizar la configuración.

También quedan fuera de este ejemplo los filtros que se pueden aplicar en el Gateway, por ejemplo, la autorización de operaciones a los usuarios.

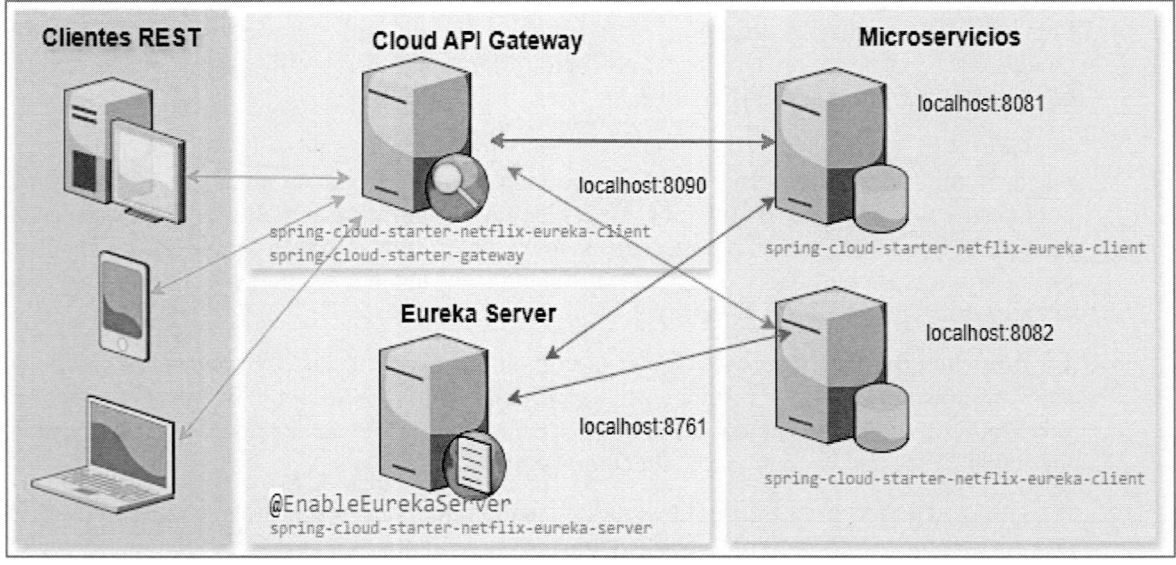

Figura 10.20. Arquitectura de microservicios

Service Registry: Netflix Eureka

El servicio Netflix Eureka será una aplicación Spring similar a las que hemos creado hasta ahora, con las siguientes características:

- Incluir la dependencia *spring-cloud-starter-netflix-eureka-server* además de *starter-web*.

- Anotar la clase Main del proyecto Spring Boot con **@EnableEurekaServer** para activar la autoconfiguración como servidor Eureka.

- Configurar en *application.properties* las propiedades del servidor:

```
server.port=8761
eureka.cliente.fetch-registry=false
eureka.register-with-eureka=false
spring.application.name=servicio-eureka-server
```

Podemos navegar la interfaz gráfica de Eureka (*http://localhost:8761/*) y validar los servicios que se vayan incorporando.

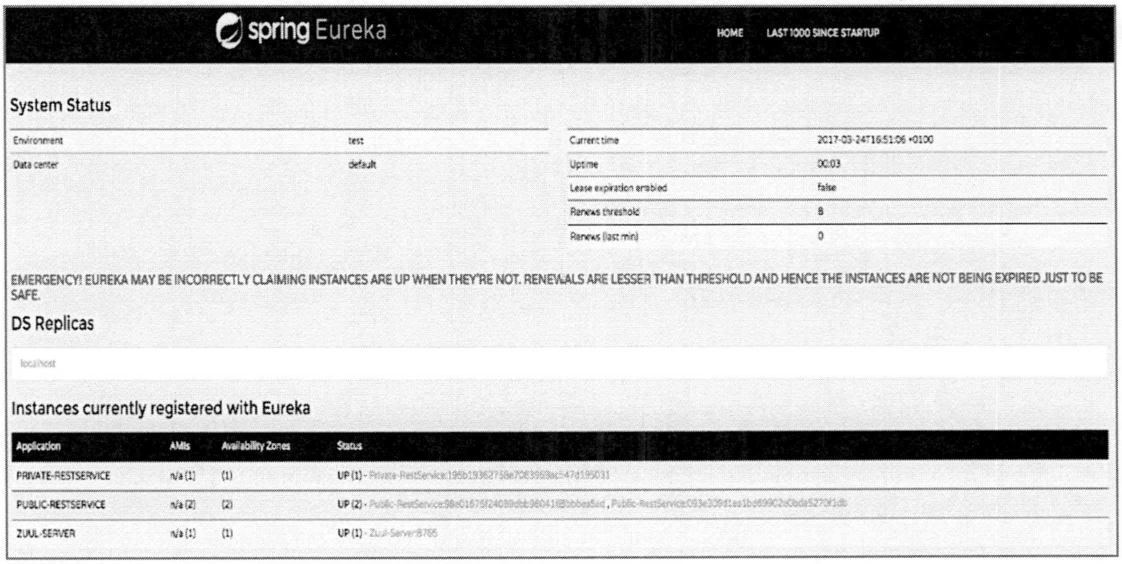

Figura 10.21. Registro de microservicios

API Cloud Gateway

Otro componente fundamental en esta arquitectura es el API Gateway, que es una "puerta" a través de la cual entrarán las peticiones a nuestra aplicación y se distribuirán a los microservicios correspondientes. Será una vez más una aplicación Spring con estas características:

- Incluir las dependencias *spring-cloud-starter-gateway* y *spring-cloud-starter-netflix-eureka-client* además de *starter-web*.

- Registrar en *application.yml* las rutas de los microservicios que queramos exponer:

```
server:
  port: 8090
eureka:
  client:
    register-with-eureka: true
spring:
  application:
    name: gateway-service
  cloud:
    gateway:
      routes:
        - id: prod
          predicates:
            - Path=/productos/**
          uri: http://localhost:8081/
        - id: cli
          predicates:
            - Path=/clientes/**
          uri: http://localhost:8082/
        - id: auth-server
          predicates:
            - Path=/login/**
          uri: http://localhost:8088/
```

Microservicios (Eureka Clients)

A continuación, debemos construir nuestros microservicios, también con la siguiente configuración.

- Incluir la dependencia *spring-cloud-starter-eureka* además de *starter-web*.

- En el *application.properties* añadimos la configuración para que pueda localizar el Servicio de Registro de Eureka.

```
server.port=8081
spring.application.name=micro1
eureka.client.register-with-eureka= true
eureka.client.service-url.defaultZone=http://localhost:8761/eureka
```

- Los microservicios consumirán recursos de otros microservicios mediante RestClient, empleando API REST y ofrecerán recursos mediante sus *endpoints* empleado API Rest.

- La comunicación entre los microservicios se hará siempre a través de la URL del API Gateway, no la propia de cada microservicio.

10.10.3. Cloud Config Server

Este servicio se encarga de mantener la configuración de todos los componentes de una arquitectura de microservicios en un en un único lugar, en vez de que cada uno tenga la suya propia dentro de cada proyecto Spring.

Gestionará toda la configuración mediante un único repositorio en una ubicación como Github o GitLab, con las ventajas evidentes que conlleva:

- La configuración centralizada facilita los cambios en la arquitectura.

- Almacenando la configuración en un repositorio externo incorporamos gestión de versiones.

- Al tener la configuración fuera de los proyectos, los cambios en la misma no implican modificar ni recompilar los proyectos.

Los pasos a seguir serían:

1. Crear un repositorio en Github. Si lo hacemos mediante push de una carpeta local, debe estar ubicada fuera de las carpetas de los proyectos Spring. Este repositorio contendrá la configuración de cada uno de los elementos de nuestra aplicación. Cada servicio tendrá su propio archivo en el repositorio, con el nombre del servicio y extensión .yml.

2. Crear el servidor de configuración. Este servidor será una aplicación Spring que tendrá anotada su clase Main con: @EnableConfigServer.

3. Debe incluir también las siguientes dependencias:

```
spring-cloud-config-server
spring-cloud-starter-bootstrap
```

4. Eliminamos del servidor el archivo *application.properties* y añadimos un archivo *bootstrap.yml* que cumple la misma función. En él se indica el repositorio Github del punto 1 de donde debe tomar la configuración. Debemos incluir las credenciales Github (el usuario y el *token*). Estos *tokens* se generan en: *https://github.com/settings/tokens*.

```
server:
  port: 8888
spring:
  application:
    name: configserver
  cloud:
    config:
      server:
        git:
          uri: https://github.com/username/cloudconfig.git
          username: username
          password: ghp_a1NLzzWB9AWag8z0gqTbd31df4dgoU3PdQQd
          default-label: main
```

Como el *name* indicado en el archivo anterior es *configserver,* en el repositorio deberemos tener un archivo *configserver.yml* de donde tomará la configuración.

5. Para cada microservicio del que queramos externalizar la configuración deberemos realizar los siguientes cambios en los mismos:

- Añadir las dependencias:

```
spring-cloud-starter-bootstrap
spring-cloud-starter-config
```

- Sustituir su *application.properties* por *bootstrap.yml* informándole solo del nombre del microservicio y la ubicación del servidor de configuración descrito en los pasos previos.

```
spring:
  application:
   name: microservicio1
  cloud:
    config:
      uri: http://localhost:8888
```

El archivo *bootstrap.yml* podría incluir propiedades por defecto, por si no puede conectarse con el servidor de configuración.

En el repositorio Github, tendremos un archivo *microservicio1.yml* con la configuración.

➢ **Ejemplo**:
```
server:
  port: 9000
```

Se puede encontrar más información en: *https://www.baeldung.com/spring-cloud-netflix-eureka*

Se puede ver un ejemplo completo en: *https://github.com/mcwumbly/spring-boot-eureka-example*

Ejercicios de ampliación

Proyecto BookAdvisor

Toma el proyecto del sprint anterior y realiza las siguientes mejoras:

- Crea dos perfiles de ejecución, uno para producción y otro para test. El de producción tendrá la base de datos sobre MySQL y el de test seguirá en H2.

- Prueba el funcionamiento del perfil de producción creado en el punto anterior sobre un contenedor Docker con MySQL.

- Incorpora *actuator* con todos los *endpoints* activos y que solo los administradores tengan acceso a ellos.

- Crea un test funcional en el que se dé de alta un libro y luego, mediante el método de controlador para buscar por parte de título, confirme que el libro se ha creado correctamente.

Pistas:

— Como para dar de alta un libro hay que estar autentificado y tener los permisos adecuados, puedes anotar el test con: `@WithMockUser (roles="ADMIN")`. Asimismo, los métodos de envío de formulario deben llevar: `.with(csrf())`

— Si para dar de alta un libro es imprescindible añadirle la imagen de portada, en el método *perform* de la clase *MockMvc* debes usar *multipart* en vez de *post*.

ANEXO

ERRORES FRECUENTES

Contenidos

- Errores en Thymeleaf.
- Errores habituales en las clases Java de la aplicación.
- Errores de Visual Studio Code.
- Errores en el servidor.

Objetivos

- Solucionar errores típicos en nuestras aplicaciones.

RESUMEN DEL ANEXO

Este anexo muestra una serie de errores habituales que se pueden presentar en las aplicaciones y aporta la solución a cada uno de ellos. Abarca errores en todo el ámbito del desarrollo bajo Spring Framework.

1. **No informa de ningún error, pero no muestra los resultados en la vista.**

Figura A.1. Error: no muestra datos

Generalmente es un error de sintaxis: no coincide la variable pasada como parámetro en *model.addAttribute* con la variable reflejada en la vista:

Vista:
```
<tr th:each="empleado : ${listaEmpledos}">
```
Controlador:
```
model.addAttribute("listaEmpleados", empleadoService.obtenerTodos());
```

2. **Error 500: An error happened during template parsing**

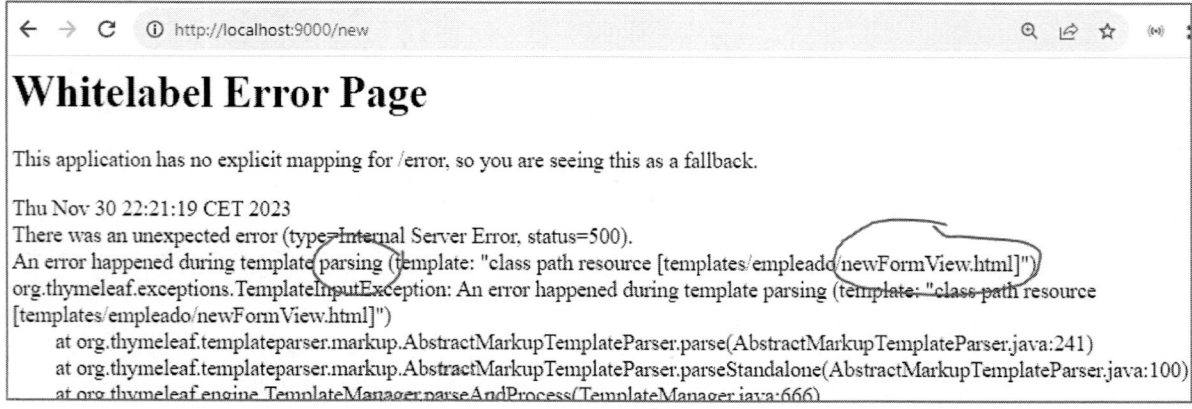

Figura A.2. Error "*during template parsing*"

Error similar al anterior, no coincide la variable pasada como parámetro en *model.addAttribute* con la variable reflejada en la vista. Este mensaje de error, más abajo, informa de la línea en la que se produce el error.

```
at java.base/java.lang.Thread.run(Thread.java:833)
Caused by: org.attoparser.ParseException: Error during execution of processor
'org.thymeleaf.spring6.processor.SpringInputGeneralFieldTagProcessor' (template: "empleado/newFormView" - line 15, col 58)
    at org.attoparser.MarkupParser.parseDocument(MarkupParser.java:393)
    at org.attoparser.MarkupParser.parse(MarkupParser.java:257)
    at org.thymeleaf.templateparser.markup.AbstractMarkupTemplateParser.parse(AbstractMarkupTemplateParser.java:230)
    ... 51 more
```

Figura A.3. Error en Thymeleaf

Es típico en formularios: erratas o bien que el objeto que se pasa al formulario no tiene getters y setters estándar sobre sus atributos.

3. Error 404: Not found

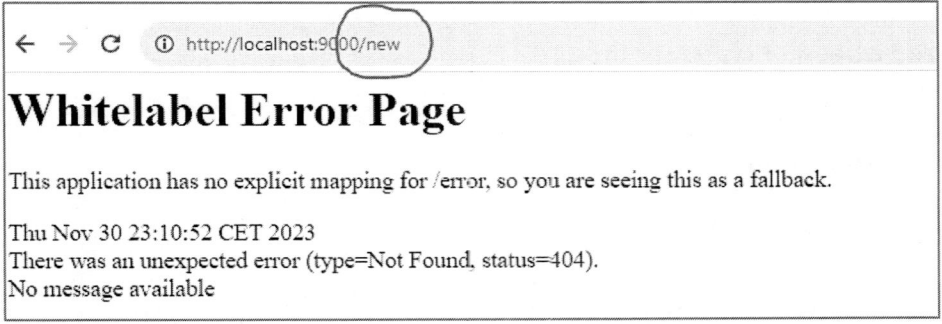

Figura A.4. Error en URL

La URL solicitada (el *mapping*) no es tratada por ningún controlador. Esta URL puede ser escrita directamente por el usuario en la barra de direcciones del navegador o proceder de un enlace o botón de una vista. Puede ser debido a varias causas:

- Errata en la vista o en la anotación *Mapping* del controlador y estas no coinciden, por ejemplo, por mayúsculas/minúsculas.

- El controlador tiene un *@RequestMapping* global, este tiene que reflejarse en las URLs. El error mostrado es debido a que la URL del enlace *"Nuevo empleado"* es /new y el mapping tratado por el controlador es /empleado/new.

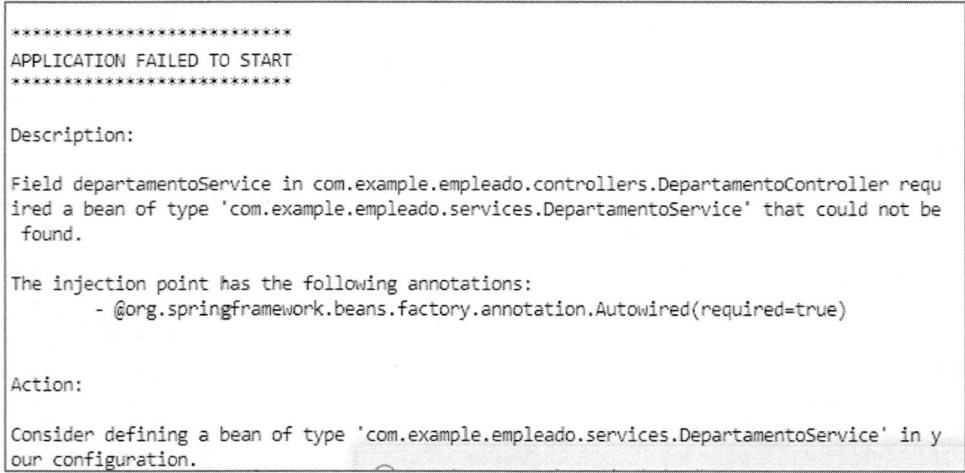

Figura A.5. Error en controlador

- El controlador no está situado en la carpeta de la clase "Main" de la aplicación o bien en una subcarpeta. Con Spring Boot todos los archivos Java deben cumplir este requisito: *estar en la carpeta de la clase "Main" o bien en subcarpetas debajo de esta.*

- Entendemos por clase "Main", la que está anotada con @*SpringBootApplicacion* y tiene el método main. Es en la clase que nos situamos para ejecutar la aplicación.

4. Required a bean of type... not found

```
*****************************
APPLICATION FAILED TO START
*****************************

Description:

Field departamentoService in com.example.empleado.controllers.DepartamentoController requ
ired a bean of type 'com.example.empleado.services.DepartamentoService' that could not be
 found.

The injection point has the following annotations:
        - @org.springframework.beans.factory.annotation.Autowired(required=true)


Action:

Consider defining a bean of type 'com.example.empleado.services.DepartamentoService' in y
our configuration.
```

Figura A.6. Error: *Bean* no encontrado

Falta anotación @*Service*, @*Controller*, etc. en alguna clase de la aplicación, o bien, la clase está bien anotada pero se encuentra en una carpeta incorrecta, como se comentó en el error anterior.

5. Web server failed to start. Port ..... was already in use

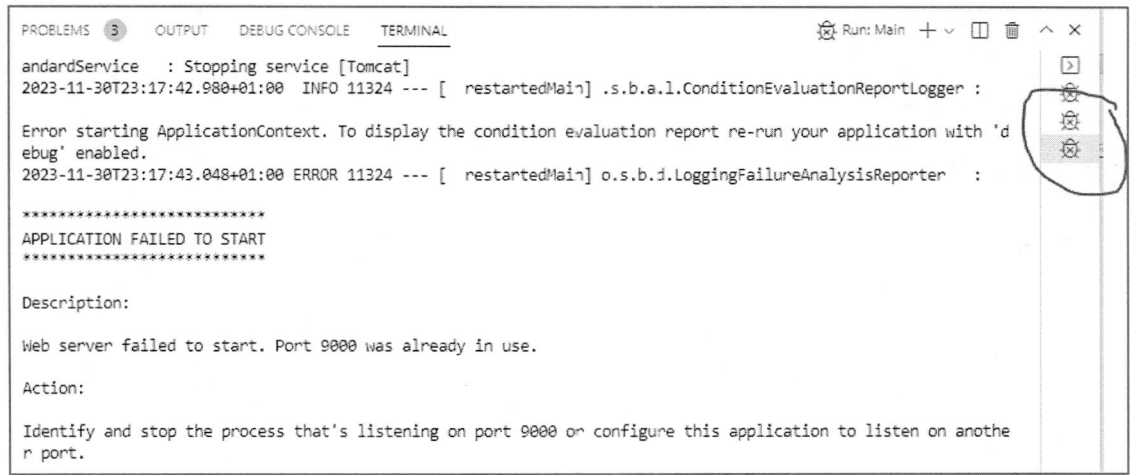

Figura A.7. Error: puerto en uso

Este error se produce cuando se está ejecutando una aplicación y ejecutamos otra aplicación o bien volvemos a solicitar la ejecución de la misma de nuevo.

Para solucionarlo hay que hacer un "Kill Terminal" de las sesiones previas para liberar el puerto, mediante los botones de la derecha en la consola.

Si estamos ejecutando una aplicación, hacemos una modificación, y queremos relanzarla, no ejecutaremos "Run", sino "ReStart":

Figura A.8. Relanzar aplicación

Otra causa de este error puede ser que este puerto esté siendo usado por otra aplicación que se esté ejecutando en el ordenador. Para solucionarlo, cambia el puerto del programa en el fichero *application.properties*.

6. Error en la primera línea de todos los archivos .java de la aplicación

Aparece un mensaje de error en la primera línea de todos los archivos Java de la aplicación, la que indica el "package" en donde está ubicado el archivo.

Este error suele ser debido a que tenemos abierto en VSC no la carpeta del proyecto sino su carpeta "padre"; lo ideal con VSC es abrir la carpeta del proyecto, no carpetas por encima de esta. Si esta acción no resuelve el error, prueba la solución aportada en el punto siguiente.

7. Comportamientos extraños, no ejecuta el código modificado

En algunas ocasiones el IDE no compila las nuevas modificaciones y realiza un comportamiento extraño. En esos casos, suele ser una buena opción limpiar su caché. Para ello, desde el menú: *View > Command Palette > Clean Java Language Server WorkSpace.*

8. Could not determine recommended JdbcType for...

```
org.springframework.beans.factory.BeanCreationException: Error creating bean with name 'entityManagerFactory'
]: Could not determine recommended JdbcType for `com.example.empleado.domain.Departamento`
        at org.springframework.beans.factory.support.AbstractAutowireCapableBeanFactory.initializeBean(Abstra
        at org.springframework.beans.factory.support.AbstractAutowireCapableBeanFactory.doCreateBean(Abstract
        at org.springframework.beans.factory.support.AbstractAutowireCapableBeanFactory.createBean(AbstractAu
```

Figura A.9. Error JdbcType

Alguna de las entidades de la aplicación (clases anotadas con @Entity) contiene como atributo otra entidad y dicho atributo no está anotado reflejando la relación entre entidades.

Para solucionarlo, simplemente hay que añadir al atributo entidad la anotación de relación entre entidades: *@ManyToOne*, *@OneToOne*, etc. y el resto de anotaciones opcionales como *@JoinColumn*, *@OnDelete*, etc.

En la siguiente imagen se muestra un ejemplo de código que causaría este error:

```
23
24   @Entity
25   public class Empleado {
26
27       @Id
28       @GeneratedValue
29       private Long id;
30
31       @NotEmpty
32       private String nombre;
33
34       // @ManyToOne   <<<---Falta esta anotación
35       private Departamento departamento;
36
37   }
```

```
17   @Entity
18   public class Departamento {
19
20       @Id
21       @GeneratedValue
22       private Long id;
23
24       @NotEmpty
25       private String nombre;
26   }
27
```

Figura A.10. Ejemplo de error JdbcType

En el ejemplo de la imagen, quitando los comentarios en la línea 34, se resolvería el error.